Subreihe Künstliche Intelligenz

Herausgegeben von W. Brauer in Zusammenarbeit mit dem
Fachausschuß 1.2 „Künstliche Intelligenz und
Mustererkennung" der Gesellschaft für Informatik (GI)

W. Hoeppner (Hrsg.)

# Künstliche Intelligenz

GWAI-88, 12. Jahrestagung

Eringerfeld, 19.-23. September 1988

Proceedings

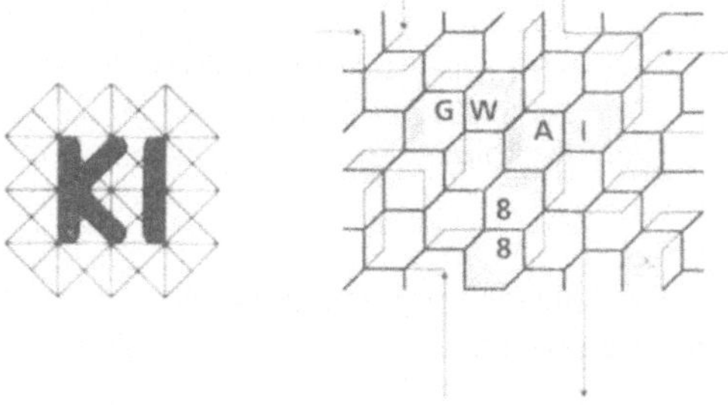

Springer-Verlag

Berlin Heidelberg New York

London Paris Tokyo

**Herausgeber**

Wolfgang Hoeppner
Universität Hamburg, Fachbereich Informatik – WISBER
Postfach 302762, D–2000 Hamburg 36
und
EWH Koblenz, Rheinau 3-4, D–5400 Koblenz


**12. Jahrestagung 'Künstliche Intelligenz' (GWAI-88)**

Der Fachausschuß 1.2 „Künstliche Intelligenz und Mustererkennung"
der Gesellschaft für Informatik bildete das Programmkomitee:

Christian Freksa (TU München)        Siegfried Stiehl (Univ. Hamburg)
Heinz Marburger (Univ. Hamburg)      Herbert Stoyan (Univ. Konstanz)
Katharina Morik (TU Berlin)          Peter Struß (Siemens, München)
Bernd Neumann (Univ. Hamburg)        Christoph Walther (Univ. Karlsruhe)
Bernd Owsnicki-Klewe (Philips, Hamburg)

Vorsitzender des Programmkomitees:
Wolfgang Hoeppner (Univ. Hamburg, EWH Koblenz)

Die Fachtagung wurde von den folgenden Firmen finanziell unterstützt:

Daimler-Benz AG
IBM Deutschland GmbH
NTE Neue Technologien Entwicklungsgesellschaft
SEL Standard Elektrik Lorenz AG
Siemens AG
Software AG
Sun Microsystems Inc.
Systemtechnik Berner & Mattner


CR Subject Classifications (1987): I.2

ISBN-13: 978-3-540-50293-7        e-ISBN-13: 978-3-642-74064-0
DOI: 10.1007/978-3-642-74064-0

# VORWORT

Auf der 12. Jahrestagung 'Künstliche Intelligenz' sind wiederum diejenigen Teilbereiche der KI am stärksten vertreten, die in der deutschen Forschungslandschaft traditionell intensiv bearbeitet werden: *Wissensrepräsentation* und *Natürlichsprachliche Systeme*, diesmal mit etlichem Abstand gefolgt von *Deduktion*. Diese Sachlage spiegelt nicht unbedingt die zahlenmäßige Verteilung der eingereichten Papiere wider - beispielsweise wurden auch für den Themenbereich *Expertensysteme* zahlreiche Beiträge eingereicht. Die in diesem Band enthaltenen Arbeiten sind vom Programmkomitee als Beiträge zu einer wissenschaftlichen Jahrestagung akzeptiert worden, und unter dem Kriterium internationaler Wissenschaftsmaßstäbe erscheint mir die Schwerpunktbildung als durchaus typisch für die bundesrepublikanische KI-Forschung im Jahre 1988.

Insgesamt wurden 59 Beiträge für die GWAI-88 eingereicht. Jeder Beitrag wurde von einem Mitglied des Programmkomitees als Hauptgutachter betreut, der mindestens zwei Nebengutachten eingeholt hat. Für die Wahl eines Hauptgutachters war neben seiner thematischen Kompetenz entscheidend, daß 'Hausgutachten' ausgeschlossen sein sollten, d.h. daß kein Beitrag von einem Gutachter beurteilt wurde, der - wenn auch nur zufällig - an derselben Institution wie der Autor arbeitet.

Im Vergleich zur letzten Jahrestagung sind erheblich weniger Papiere eingereicht worden (fast genau ein Drittel), was wahrscheinlich damit zusammenhängt, daß in diesem Jahr mehrere internationale Konferenzen in Europa stattfinden (z.B. die ECAI in München und die COLING in Budapest). Von den 59 eingereichten Papieren wurden 28 nicht akzeptiert, 11 wurden in der eingereichten Form akzeptiert und bei den restlichen 20 Beiträgen wurden Bedingungen an die Annahme geknüpft. Für diese letzte Kategorie wurde eine erneute Begutachtung der überarbeiteten Version durchgeführt, die nur in einem Fall zur endgültigen Ablehnung führte.

Wie dem aufmerksamen Leser des vorliegenden Bandes nicht entgehen wird, lassen sich die einzelnen Beiträge nicht in allen Fällen eindeutig als Lang- bzw. Kurzpapiere (10 bzw. 5 Seiten) identifizieren. Das Programmkomitee war sich dahingehend einig, daß für die Version im Tagungsband Klarheit und Verständlichkeit eines Beitrags Priorität gegenüber einem formalen Kriterium wie der Seitenanzahl haben sollte. Dies wurde in einzelnen Gutachten ausgedrückt und hat zu unterschiedlich langen Beiträgen im vorliegenden Band geführt. Die Aufsätze einer GWAI sollen ja immerhin auch unabhängig von der Tagung mit Gewinn gelesen werden.

Über die Hälfte der akzeptierten Beiträge sind in englisch verfaßt. Dies hat jedoch ursächlich nichts mit dem zumindest seit der 5. Jahrestagung 1981 gängigen Akronym GWAI (German Workshop on Artificial Intelligence) zu tun. Bei mir selbst als einem ziemlich regelmäßigen "GWAI-Participant" stellt sich die in der Abkürzung versteckte Workshop-Atmosphäre seit den Bad Honnefer Tagen immer seltener ein. Aber dies ist bei einer Teilnehmerzahl, die sich zwischen 350 und 400 bewegt, auch nicht verwunderlich. Im Vergleich zu anderen Tagungen hoffe ich jedoch, daß ein Rest von GWAI-Atmosphäre auch für diese und die folgenden Jahrestagungen erhalten bleibt. Möglichst wenig Parallelveranstaltungen, die Beteiligung des wissenschaftlichen Nachwuchses und ein klausurähnlicher Tagungsort sind hierfür gute Voraussetzungen.

Verstärkt hat sich in diesem Jahr die Unsitte ausgebreitet, einen Beitrag zu mehreren Tagungen einzureichen und sich die renommierteste dann auszusuchen. Während der Begutachtung wurden 4 Papiere zurückgezogen, weil sie mittlerweile auf anderen Tagungen akzeptiert worden waren, und dies waren nicht alles Papiere, die auf der GWAI akzeptiert worden wären. Für künftige Jahrestagungen sollte diesem Mißbrauch vorgebeugt werden, auch, um den Gutachtern nicht umsonst viel Mühe zuzumuten.

Bei den vergangenen Jahrestagungen hat es sich als sinnvoll erwiesen, neben dem allgemeinen Tagungsprogramm Spezialveranstaltungen zu bestimmten, aktuellen Themen zu organisieren. Für die diesjährige Tagung habe ich versucht, durch eingeladene Hauptvorträge und drei themenzentrierte Spezialveranstaltungen diejenigen Bereiche der KI abzudecken, die auf den vorhergehenden Tagungen wenig repräsentiert waren.

*Egbert Lehmann* (Univ. Stuttgart) konnte ich dafür gewinnen, eine Podiumsdiskussion zum Thema **Grenzen der KI** zu organisieren. Gerade auch in Kreisen der Informatik ist in letzter Zeit eine Tendenz zu beobachten, die im Extremfall alles, was mit KI zu tun hat, aus dem Fachgebiet herauszuhalten versucht; hierfür lassen sich Gründe angeben, wie z.B. Bedenken gegenüber einer teilweise euphorischen Darstellung von Zielen und Möglichkeiten der KI; Bedenken, die von den primär Betroffenen ernstgenommen und diskutiert werden müssen, gerade auch in einer Zeit, in der die verschiedenartigsten KI-Zentren allerorten im Entstehen begriffen sind. Ein zweiter Bereich der Informatik-Forschung, der zunehmend an Bedeutung gewinnt, sind konnektionistische Ansätze. Hier ist der Kenntnisstand derjenigen, die sich über dieses neue Paradigma unterhalten, allerdings so unterschiedlich, daß mir ein Tutorial über dieses Gebiet mit spezieller Betonung der KI-Aspekte am sinnvollsten erschien. *Christel Kemke* (Univ. des Saarlandes) hat es übernommen, für die GWAI-88 ein Tutorium über **Konnektionismus und Neuronale Netze** zu organisieren.

Eine spezielle Sektion zum Thema **Bildverstehen: Niedere Bilddeutung in der KI** wurde von *Siegfried Stiehl* (Univ. Hamburg) angeregt und organisiert. Eine Fortsetzung auf der nächsten GWAI unter dem Aspekt der höheren Bilddeutung ist als Perspektive bereits geplant. Eine zweite spezielle Sektion war von *Karin Haenelt* und *Thomas King* (GMD Darmstadt) zum Thema **Integration von Analyse und Synthese in KI-Systemen** geplant. Leider haben sich zu diesem Thema nicht ausreichend viele und qualitativ akzeptable Papiere ergeben, so daß diese Veranstaltung wieder aus dem Programm genommen werden mußte, vielleicht aber zu einem späteren Zeitpunkt realisiert werden kann.

Schließlich möchte ich mich bei vielen Personen bedanken, die mir bei der Vorbereitung der 12. Jahrestagung geholfen haben; denn die Tatsache, daß ich meine eigene Person auf zwei Tätigkeitsfelder verteilen mußte, die 556 Bundesbahnkilometer auseinanderliegen, ist auch ein Aspekt des Alltagslebens, der für die Tagungsvorbereitung nicht gerade förderlich ist. Insbesondere gilt mein Dank *Ruth Brech* und *Thomas Rohde,* die den Standort Hamburg als Vorbereitungsstätte professionell im Griff hatten. Die Mitglieder des Programmkomitees sowie die 70 Nebengutachter haben wesentlich dazu beigetragen, daß hohe Qualitätsmaßstäbe an die Tagungsbeiträge gestellt und realisiert werden konnten. Von industriellen Unternehmen ist eine beträchtliche Summe an Spendengeldern zusammengekommen, die dafür verwendet werden sollen, Studenten die Tagungsteilnahme finanziell zu erleichtern.

Mir selbst hat die Vorbereitung der GWAI-88 neben der damit verbundenen Arbeit viele neue Einsichten gebracht, und, was vielleicht noch wichtiger ist, es hat mir fast immer Spaß gebracht.

Juli 1988

Wolfgang Hoeppner
Universität Hamburg
EWH Koblenz

# INHALTSVERZEICHNIS

## Natürlichsprachliche Systeme



## Deduktion

## Maschinelles Lernen



## Mensch-Rechner-Interaktion



## Kognition



## KI-Programmiersprachen

## Spezielle Sektion
### Bildverstehen - Niedere Bilddeutung in der KI
(Organisation und Leitung: *Siegfried Stiehl*, Univ. Hamburg)



## Tutorial: Konnektionismus


## Podiumsdiskussion: Grenzen der Künstlichen Intelligenz
(Organisation und Leitung: *Egbert Lehmann*, Univ. Stuttgart)

**KI in der Praxis und für die Praxis -
Stand der Kunst und Perspektiven**

Brigitte Bartsch-Spörl
InterFace Concilium GmbH
Arabellastraße 30
8000 München 81

## 1. Motivation

KI-Anwendungen in der Praxis sind ein Thema, über das in den letzten Jahren
so viel geredet und geschrieben wurde, daß ich mir gut vorstellen kann, daß
manche Leute das Thema schon fast nicht mehr hören können.
Und wenn man zurückrechnet, wie viele Jahre dieser Zustand schon anhält, dann
sollte man eigentlich annehmen können, daß mittlerweile die erste Generation
von Expertensystemen längst den Routinebetrieb erreicht hat und daß die Ent-
wicklungsabteilungen bereits fleißig an der nächsten Generation arbeiten.

Doch bei einem Blick in die Praxis wird man schnell eines Anderen belehrt.

Wenn man zum Beispiel versucht, einen Artikel über eine erfolgreich in der
Praxis eingeführte KI-Anwendung für eine wissenschaftliche Zeitschrift zu
akquirieren, dann wird man sehr intensiv mit der Tatsache konfrontiert, daß
die weitaus meisten Expertensystem-Entwicklungs-Projekte bisher nur 'Labor-
Prototypen' hervorgebracht haben und daß man sich ganz schön schwer tut mit
dem Aufspüren von vorzeigbaren KI-Anwendungen - zumindest im deutschsprachigen
Raum.

Was also kann ich - als jemand, der die Zahl seiner KI-Systeme, die den
Endbenutzer erreicht haben, bisher auch an einem Finger abzählen kann - in
dieser Situation an vielleicht trotzdem interessanten Dingen aus meiner Pro-
jekt-Praxis erzählen?

Bevor ich die Vortragseinladung annahm, habe ich gesagt, daß das, was ich
über die von mir erlebte Realität berichten kann, sehr wenig zu tun hat mit
der 'Glanzpapierwelt' von Prospekten und Hersteller-Präsentationen und deshalb wahrscheinlich auch mit dem Bild von KI-Anwendungen in der Praxis, das
sich manche Zuhörer aufgrund solcher Informationsquellen gemacht haben.

Dieser offensichtlichen **Diskrepanz zwischen Hersteller-Wunsch und Anwender-
Wirklichkeit** entstammen demzufolge meine Vorstellungen darüber, was eigentlich sein sollte, aber leider (noch?) nicht ist und wie man versuchen kann,
diese beiden Dinge einander näherzubringen.

Und nicht zuletzt möchte ich an einigen Stellen so konkret wie möglich versuchen aufzuzeigen, was die KI-Wissenschaftler, die KI-Hersteller und die KI-Anwender, zu denen ich mich hier zählen möchte, aus meiner Sicht dazu beitragen können.


## 2. KI in der Praxis - Meine Erfahrungen mit der Realität

Als Einstieg in den Versuch einer Standortbestimmung möchte ich anhand von drei das anzutreffende Spektrum relativ gut charakterisierenden Beispielen kurz skizzieren, wie der 'Stand der Anwendung' von KI-Technologie in großen deutschen Anwenderfirmen zur Zeit aussieht.

- Beispiel 1:
  Eine Firma hat vor mehr als zwei Jahren einen Mitarbeiter mit 'hands-on-experience' im Bau von Expertensystemen mit der Versprechung eingestellt, den 'KI-Zug' in dieser Firma eigenhändig mitanschieben zu dürfen.
  Doch der Zug ist bis heute keinen Zentimeter vorangekommen.
  Woran liegt's? Das Thema KI ist organisatorisch in einer Ecke angesiedelt worden, die vor der Einführung jeder neuen Software-Entwicklungs-Methodik diese bis ins letzte Detail beschrieben und erprobt haben muß. Und dieser Anspruch verträgt sich schlecht mit dem derzeitigen 'Stand der Kunst' auf dem KI-Sektor und Vorgehensweisen wie z.B. explorativem Prototyping.

- Beispiel 2:
  Seit ungefähr der gleichen Zeit ist ein Mitarbeiter einer anderen Firma mit großem Engagement dabei, sein Management und sein gesamtes Umfeld davon zu überzeugen, daß er eine tolle Anwendungsidee für ein wissensbasiertes System zur Unterstützung der Arbeit einer Gruppe von äußerst raren und für die Gewinnsituation der Firma wichtigen Experten hat.
  Seine Gespräche mit der 'etablierten Datenverarbeitung' verliefen zutiefst frustrierend. Aber seit kurzem hat er es geschafft, eine LISP-Maschine und einen Mitarbeiter zu bekommen, lernt selber LISP und versucht es nun aus eigener Kraft.

- Beispiel 3:
  Eine dritte Firma hat vor ca. zwei Jahren den Mut gehabt, eine eigene KI-Gruppe einzurichten und deren Dienste den Fachabteilungen anzubieten.
  Man hatte sich auch dort zu Beginn manches etwas anders und insbesondere leichter vorgestellt, hat dann aber in konkreten Projekten unrealistische Annahmen Schritt für Schritt als solche erkennen und durch realistischere Vorstellungen ersetzen können.

Heute wird dort mit Methoden, die die Resultate des Lernprozesses zeigen, an produktiv einsetzbaren Systemen mit einer KI-Komponente gearbeitet.

Zur Objektivierung meiner Zustandsbeschreibung in Form von exemplarischen Geschichten sollen nun ein paar 'härtere Daten' nachgeliefert werden: (*)

• Die Zahl der in publizierten Übersichten wie z.B. [MERTENS 87] und [OVUM 86] enthaltenen Expertensysteme, die irgendwo auf der Welt mit dem Ziel eines kommerziellen Einsatzes entwickelt wurden, liegt typischerweise in der Gegend von vielen hundert bis wenigen tausend Systemen.

• Diese Zahlen fallen aber mindestens um eine Zehnerpotenz niedriger aus, wenn man nur die tatsächlich im praktischen Einsatz befindlichen Systeme rechnet. Der OVUM-Report für Europa spricht von insgesamt 50 in der Praxis laufenden Systemen und Peter Mertens stellt fest:
*"Mit lediglich 17 laufenden Systemen im deutschsprachigen Raum konnte nur eine enttäuschend geringe Zahl gefunden werden. Gemessen daran muß man sagen daß das Thema Expertensysteme in der Fach- und vor allem in der populärwissenschaftlichen Diskussion überbewertet scheint, auch wenn man die relative Jugend und das Zukunftspotential in Rechnung stellt."*

• Der Marktanteil der dem Sektor KI zurechenbaren Hardware, Software und sonstiger Dienstleistungen liegt derzeit in der Größenordnung von ein bis zwei Prozent des gesamten Datenverarbeitungsmarktes.
Und auch wenn für dieses Segment überdurchschnittliche Steigerungsraten prognostiziert werden (siehe dazu z.B. [BERGER 87]), so wird der Anteil der KI am 'DV-Gesamtkuchen' sich weiterhin in äußerst bescheidenen Dimensionen bewegen.

• Zum Schluß noch drei weitere Zahlen zur Einordnung des Datenverarbeitungsmarktes: In der BRD werden ca. 2,1 % des Bruttosozialproduktes für Datenverarbeitung ausgegeben, in USA immerhin 5,4 % und in Japan 6 % (Quelle: [IDC 87]).
Diese Zahlen erlauben gewisse Rückschlüsse auf die bei uns vorhandene Investitionsbereitschaft in neue Technologien - insbesondere dann, wenn sie mit einem gewissen Risiko behaftet sind.

---

(*) Die KI als Wissenschaft beschäftigt sich beileibe nicht nur mit Expertensystemen. Untersuchungen zum Thema 'KI in der Praxis' konzentrieren sich allerdings nicht selten auf genau dieses Gebiet und deswegen möge man mir diese verkürzende Sicht der Dinge für die folgenden Abschnitte nachsehen.

Nachdem zu viele Zahlen mit der Zeit langweilig werden, versuche ich ein ganz kurzes abschließendes Resumée zum Stand der KI-Anwendungen in Deutschland in Form von eher qualitativen Aussagen.

**Expertensysteme:**
Auf diesem Sektor gibt es eine Vielzahl an prototypischen Systemen, von denen aber nur sehr wenige die Hürde eines dauerhaften Praxiseinsatzes genommen haben. Dies ist eine Situation, die sich meines Erachtens allein durch Abwarten nicht entscheidend verändern wird.

**Natürlichsprachliche Systeme:**
Das einzige deutschsprachige NL-System, das bei uns eine gewisse Verbreitung gefunden hat, ist ein Bestandteil des integrierten PC-SW-Paketes F&A. Alle weiteren mir bekannten Systeme in dieser Richtung sind entweder Labor-Prototypen oder so wenig flexibel, daß ich mich scheue, sie in diese Kategorie einzuordnen.
Die Verbreitung von englischen natürlichsprachlichen Systemen scheitert bei uns daran, daß 'naive Benutzer' mit natürlichem Englisch i.a. nicht viel besser umgehen können als mit einer 'künstlichen Abfragesprache', d.h. der erzielbare Nutzen reicht nicht aus, um den Aufwand zu rechtfertigen.

**Bildverstehende Systeme:**
Es gibt in verschiedenen Anwendungsbereichen Systeme, die so etwas wie 'modellgesteuerte Bildverarbeitung' machen. Man muß hierbei aber immer noch ziemlich präzise angeben, wonach das System suchen soll und woran es was erkennen kann - und dies ist ein ernstzunehmendes Hindernis für die Übertragbarkeit derartiger Systeme auf andere Anwendungsgebiete und damit auch für ihre weitere Verbreitung.

**Intelligente Roboter:**
Hauptsächlich im Fertigungsbereich gibt es Roboter, die über ein gewisses Maß an Flexibilität in bezug auf ihre Umweltwahrnehmung und entprechende Reaktionsmuster verfügen. Aber ähnlich wie bei den bildverstehenden Systemen ist auch hier ein Wechsel des Einsatzbereiches noch mit sehr großem Aufwand und hohen Kosten verbunden, was einer breiteren Einsetzbarkeit nicht unbedingt förderlich ist.

Was bleibt als Fazit dieser Zustandsbeschreibung?

Wenn ich gefragt werde, wo man sich Systeme mit all den Fähigkeiten, über die die KI-Leute seit vielen Jahren reden, denn nun im praktischen Einsatz anschauen kann, dann stürzt mich das gewöhnlich in eine ziemlich große Verlegenheit. Und dabei gibt es in solchen Situationen nichts Überzeugenderes als ein 'anfaßbares Beispiel', das zeigt, daß und wie man solche Probleme lösen kann!

## 3. Ein bißchen Ursachenforschung: Was behindert die Umsetzung in die Praxis?

Die Gründe dafür sind außerordentlich vielfältig und haben unter anderem auch,
aber beileibe nicht nur mit dem 'Stand der Kunst' in der KI-Forschung zu tun.

Die erste Hürde, die es im allgemeinen zu nehmen gilt, besteht aus Informa-
tionsdefiziten und verbreiteten Mißverständnissen darüber, was KI eigentlich
ist und was man damit anfangen kann. Das hört sich dann ungefähr so an:

- *"KI ist Programmieren in LISP oder PROLOG."*

- *"KI ist das, was auf einer LISP-Maschine läuft."*

- *"KI ist 'aktivierte Logik'."*

- *"KI ist eine Menge von Regeln und Forward-/Backward-Chaining."*

- *"KI ist die Trennung von Daten und Algorithmen - aber das ist doch absolut
  nichts Neues ..."*

- *"KI ist eine Fata Morgana - sonst hätte aus mehr als dreißig Jahren
  Forschung doch irgendetwas Handfestes herauskommen müssen ..."*

Warum das alles Mißverständnisse sind, brauche ich an dieser Stelle sicherlich
nicht weiter zu erklären.

Ein weiteres Hindernis sind überzogene Erwartungshaltungen von potentiellen
Anwendern bzw. ihres zuständigen Managements. Typische Beispiele dafür sind
Aussagen wie die folgenden:

- *"Wir können und wollen nicht selber programmieren - und schon gar nicht in
  so exotischen Sprachen wie LISP oder PROLOG."*

- *"Wir suchen ein Werkzeug für alle unsere Anwendungen der nächsten fünf bis
  zehn Jahre."*

- *"Wir brauchen etwas, was man in zwei Tagen beherrschen lernt."*

Solche Leute warten immer auf das nächste Wunderwerkzeug, weil das bequemer
und weniger risikoreich ist, als sich mit bekanntermaßen unvollkommenen Soft-
waresystemen auseinanderzusetzen.

Eine zähe Angelegenheit sind auch diverse organisationsbedingte Hürden für
Projekte, die ein bißchen 'abseits des Normalen' liegen. In besonders straff
organisierten Firmen muß man manchmal ganz schön lange argumentieren, warum
Dinge wie z.B.

- ein auf nachweisbare Einsparungen ausgelegtes Projektkostenrechnungssystem
- einseitig auf IBM ausgerichtete Beschaffungsrichtlinien für DV-Equipment
- an einem linearen Phasenmodell und Entwürfen auf Papier orientierte Soft-
  ware-Qualitätssicherung

zu einem Pilotprojekt zur Entwicklung eines wissensbasierten Systems nicht ganz so gut passen wie zu den normalen Projekten und demzufolge nicht unbedingt 'buchstabengetreu' angewendet werden sollten.

Ein weiteres nicht selten unterschätztes Problem ist die Tatsache, daß der erste Schritt in Richtung KI-Anwendung nicht beliebig klein sein darf.

Es gibt zahlreiche Geschichten von Leuten, die eine Woche Weiterbildung wie z.B. den Besuch der KI-Frühjahrsschule absolviert oder sich ein PROLOG für ihren PC gekauft haben, aber nicht in der Lage waren, allein damit den richtigen Anfang zu finden - und die dann aus dieser Erfahrung ableiten, daß man mit dem 'ganzen KI-Kram' doch noch nichts Vernünftiges anfangen kann.

Eine ganze Reihe von Expertensystem-Prototypen sind auch im Rahmen von Diplomarbeiten entstanden. Doch wenn die zuständige Fachabteilung nach der Fertigstellung der Arbeit nachgerechnet hat, was jetzt noch investiert werden müßte, um das System zu echter Einsatzreife weiterzuentwickeln, dann bedeutete das nicht selten das Ende der Aktivität, weil die nun erforderliche Investition die Kosten für den ersten Prototyp bei weitem überstieg.

Erfahrungen dieser Art führen zwangsläufig zu Enttäuschungen und insbesondere auch dazu, daß Leute, die an einen schnellen Erfolg geglaubt haben, sich von der KI ab- und anderen Aktivitäten zuwenden.

Neben diesen eher durch das gesamte Umfeld bedingten Hindernissen gibt es aber schon auch noch ein paar Hürden, die KI-spezifischer Natur sind.

Als erstes wäre die immer noch nicht auf einem zufriedenstellenden Niveau angekommene Portabilität und Integrationsfähigkeit von Systemen auf LISP- oder PROLOG-Basis in weitverbreitete DV-Infrastrukuren zu nennen.

So gibt es z.B. auf LISP-Maschinen laufende Prototypen, deren potentielle Benutzer in ihrer Filiale aber nur ein Terminal zu einem Großrechner oder einen einfachen PC stehen haben und deren Firma natürlich nicht bereit ist, einer einzigen Anwendung zuliebe enorme Geldbeträge in neue Rechner zu investieren.

Ähnliche Schwierigkeiten haben Anwendungen, deren Wissensbasis zumindest in Teilbereichen häufige Aktualisierungen verlangt und bei denen man diese wegen einer fehlenden Verbindung zu demjenigen Rechner, bei dem die aktuellsten Informationen ankommen, nicht automatisch durchführen kann.

In solchen Fällen kann das Warten auf in PCs integrierbare 'LISP machines on a board' und Werkzeuge mit besseren Kommunikations-Schnittstellen sinnvoll sein. Daraus kann man aber auch lernen, daß man gut daran tut, den Lebenszyklus einer geplanten KI-Anwendung vor dem Beginn der Realisierung zu Ende zu denken - und dazu gehört nicht zuletzt ein Konzept für die Pflege der Wissensbasis während der produktiven Nutzung.

Natürlich gibt es auch Fälle, in denen die Anwender die Komplexität ihrer Aufgabenstellung unterschätzt bzw. den Stand der Kunst in der KI erheblich überschätzt haben.

In diese Kategorie fallen Anwender, die mal eben schnell noch eine natürlichsprachliche Schnittstelle bauen oder ihr System lernfähig gestalten oder alles in sechs Monaten fertighaben wollten.

Solche Geschichten sind typisch für Leute, die sich mit zu wenig Wissen und Erfahrung auf das Thema gestürzt haben. Leider enden sie nicht selten damit, daß man feststellt, daß die KI eben doch noch nicht 'anwendungsreif' ist.

Mit dieser Sammlung von Schwierigkeiten aller Art, mit denen KI-Anwendungen in der Praxis fertig werden müssen, wollte ich zeigen, daß man sich die Ursachen für unterbliebene und fehlgeschlagene Experimente mit KI-Systemen genau angesehen haben sollte, bevor man sie vielleicht voreiligerweise dem unzureichenden Stand der Kunst auf dem KI-Sektor anlastet.

Und zum Trost für all diejenigen, die diesen brauchen können, sei hinzugefügt, daß auch konventionelle Projekte nicht unbeträchtliche Ausfallraten haben und die meiner Erfahrung nach beste 'Überlebensversicherung' für jede Art von SW-System nach wie vor Benutzer sind, die das System dringend brauchen, weil es ihre Arbeit wirkungsvoll unterstützt.


## 4. KI für die Praxis - Was zählt wirklich?

In diesem Abschnitt möchte ich kurz ein paar Kriterien angeben, nach denen sich so etwas wie der 'praktische Nutzen' von KI-Systemen beurteilen läßt.

Am leichtesten nachweisbar und deshalb am wenigsten strittig ist quantitativer Fortschritt im Sinne von

* **höherer Entwicklungsgeschwindigkeit**
  (d.h. schneller vorzeigbare Prototypen und einsatztaugliche Systeme bauen können, Änderungen schneller ausführen können etc.) und

- **geringerem Entwicklungsaufwand**

  (d.h. weniger Personaleinsatz für die Entwicklung und vor allem für die
  Pflege von SW-Systemen z.B. durch adäquatere Repräsentationsformalismen,
  besser integrierte Werkzeuge, flexibler reagierende Systeme etc.)

Weniger leicht nachweisbar, aber meines Erachtens noch wichtiger ist
qualitativer Fortschritt im Sinne von

- **besserer Benutzbarkeit**

  (Dinge wie syntaktisches und semantisches 'Do what I mean', umfassendere
  Hilfestellung, vielfältigere Kommunikationskanäle mit angemesseneren
  Darstellungsmöglichkeiten etc.)

- **neuen bzw. neuartigen Anwendungen**

  (i.a. handelt es sich hierbei um Anwendungen, die mit 'konventionellen
  Mitteln' nicht oder schlecht unterstützbar sind, weil das Anwendungsgebiet
  hohe Anforderungen an den adäquaten Umgang mit besonders vielfältiger und
  wenig uniform strukturierbarer Information stellt, die unvollständig oder
  mit Unsicherheit behaftet sein kann, auf verschiedenen Abstraktionsebenen
  angesiedelt ist und auch entsprechend handhabbar sein muß etc.) und

- **umfassenderer Anwendungsintegration**

  (damit meine ich Systeme, die mit ihren Nachbarsystemen nicht nur über eine
  syntaktisch vereinbarte Protokollschnittstelle kommunizieren, sondern soweit
  inhaltlich zusammenarbeiten können, daß z.B. sämtliche Auswirkungen einer
  Änderung in allen anderen davon betroffenen Systemen automatisch nachvoll-
  ziehbar sind)

Welchen Stellenwert man den verschiedenen Punkten beimißt, wird unter anderem
auch dadurch beeinflußt, wie wichtig die Leistungsfähigkeit und Flexibilität
der informationsverarbeitenden Systeme für eine Firma ist - aber so ganz unwichtig ist das eigentlich nur für Organisationen, die überhaupt keine Datenverarbeitung benötigen.


**5. Anforderungen an KI-Systeme für den praktischen Einsatz**

In diesem Abschnitt möchte ich ein paar Punkte ansprechen, die außerordentlich
selbstverständlich und fast trivial klingen, die es aber - wie man immer wieder feststellen muß - leider (noch?) nicht sind.


- **KI-Systeme darf man nicht in einen 'schwarzen Kasten' packen, wenn man erreichen will, daß andere Leute das System einsetzen und verantworten.**

Zur Begründung:

Dinge wie Verständlichkeit, Nachvollziehbarkeit und damit einhergehend auch so etwas wie Testbarkeit durch den Benutzer halte ich für unabdingbare Voraussetzungen für die irgendwann von irgendwem zu treffende Entscheidung, den Einsatz eines KI-Systems zu verantworten. In die gleiche Kategorie gehört auch eine Benutzerschnittstelle, die transparent macht, was ein System kann und was es nicht kann und welche Verarbeitungsprozesse wie ablaufen. Black-Box-Systeme mögen genial sein - aber wenn keiner versteht, was in in ihrem Inneren vorgeht, sind sie bestenfalls als Spielzeug verwendbar.

- **KI-Systeme müssen zuverlässig und robust sein.**

  Zur Begründung:

  Die Akzeptanz eines Systems wird ganz entscheidend mitbestimmt von seiner Benutzbarkeit und den Erfahrungen, die ein Benutzer im Laufe der Zeit mit ihm macht.

  Oder anders herum ausgedrückt: Systeme, die sowohl instabil als auch nach einem harten Absturz schwierig und langwierig wieder hochzufahren sind, kann man keinem Benutzer zumuten, der seine Zeit für andere Arbeiten dringender benötigt.

- **KI-Systeme dürfen keine Insellösungen sein, sondern müssen als 'Einbauteile' auch in vorhandene DV-Infrastrukturen integrierbar sein sein.**

  Zur Begründung:

  Ein Büroarbeiter braucht für seine Arbeit normalerweise nicht nur ein SW-System, sondern vielleicht ein halbes Dutzend und er kann es sich nicht leisten, für jedes System eigene Hardware auf seinen Schreibtisch zu stellen - von den Schwierigkeiten der Anwendungsintegration und den Kosten mal ganz abgesehen.

- **KI-Systeme müssen ein paar Jahre erfolgreiches Wachstum in einer dynamischen Umgebung gut verkraften können.**

  Zur Begründung:

  Systeme, die intensiv benutzt werden, wachsen und verändern sich - und sterben ab, wenn man diesen Prozeß unterbindet.

  Deshalb müssen 'überlebensfähige KI-Systeme' soweit 'nach oben offen' konstruiert sein, daß zusätzliche Wissensbasen, Funktionen und Kommunikationsschnittstellen hinzugefügt werden können, ohne daß deswegen gleich die Antwortzeiten untragbar werden oder andere Schwierigkeiten auftauchen.

Keine dieser Anforderungen ist in irgendeiner Weise KI-spezifisch. Das Problem besteht lediglich darin, daß sie bei KI-Systemen besonders selten erfüllt sind

## 6. Wo fehlt es an Forschungsergebnissen?

Jetzt komme ich zu dem Teil, in dem ich versuchen möchte aufzuzeigen, was mir
an KI-Forschungsergebnissen für praktische Probleme abgeht - und was nicht.

Meine wichtigste Erfahrung zu diesem Punkt ist, daß man sich von der Tatsache,
daß es für ein 'wohlformuliertes Problem' keine allgemeine Lösung gibt oder
daß es so aussieht, als ob diese im 'worst case' respekteinflößend NP-komplex
wäre, nicht abschrecken lassen sollte, trotzdem herauszufinden, ob man nicht
dennoch eine gute Chance hat, eine praktikable Lösung für seine spezielle,
d.h. mit bekannten und nutzbaren Restriktionen behaftete Situation zu finden.

Aber nachdem man nicht immer genügend Zeit und Möglichkeiten hat, durch eigene
Versuche und Irrtümer herauszufinden, wie man mit einem 'weißen Fleck' in der
Forschungslandschaft umgehen lernen kann, wäre es aus meiner Sicht schon wünschenswert, zu folgenden Punkten mehr Forschungsergebnisse und vielleicht auch
gleich dazugehörige Software-Bausteine verfügbar zu haben: (**)

* Auf der Basis eines wachsenden Verständnisses für das Thema Modellierung von
  Expertise erwarte ich mir eine Bereicherung des Vorrats an Repräsentationsformalismen, insbesondere für strategische und aufgabenbezogene Aspekte, an-
  geordnet in Abstraktionsebenen, zwischen denen die Wissensobjekte auf- und
  absteigen können - je nachdem, was gerade die effizienteste Repräsentations-
  form für die gestellte Aufgabe ist. Und in engem Zusammenspiel damit Inferenzmechanismen zur Umsetzung und laufenden Anpassung des Wissens auch über
  Dinge wie z.B. besonders sichere oder besonders sparsame Problemlösungen.

* Ich habe nach wie vor Probleme mit der intuitiv plausiblen Modellierung von
  Unsicherheit beim Schließen und deswegen die Tendenz, solche Dinge lieber
  gar nicht zu verwenden als etwas zu benutzen, für das ich mich hinterher
  laufend entschuldigen muß. Dabei habe ich keine Ansprüche in der Richtung,
  daß das Ganze vollständig auf dem Boden der klassischen Mathematik oder
  Logik stehen muß, sondern bin schon zufrieden, wenn ich das Modell sowohl
  in meinem Kopf als auch auf einem Rechner mit vertretbarem Aufwand manipu-
  lieren kann.

* Zur Unterstützung der konzeptionellen Modellierungsphase könnte ich manchmal ein differenzierteres Repertoire an Konsistenz-Überprüfungs-Mechanis-
  men gut gebrauchen. Z.B. solche, die auf definierbare Ausschnitte wirken
  und obendrein je nach aktueller Erfordernis an- und abschaltbar sind.

---

(**): Die teilweise sehr integrative Natur dieser Punkte hat mich eine anfangs
      vorgesehene 'Schachteleinteilung' wieder über Bord werfen lassen.

Damit möchte ich möglichst viele Abstufungen zwischen der aus meiner Sicht
ziemlich unrealistischen totalen Widerspruchsfreiheit sämtlicher Wissensbasen und dem expliziten Verzicht auf jede Art von automatischer Konsistenz-
Überprüfung bzw. -Erhaltung bei der Erstellung und Benutzung eines wissensbasierten Systems flexibel nutzen können.

- Ineinander überführbare multiple Repräsentationen von Wissensobjekten wären
  überall da sinnvoll, wo z.B. Sprache und Bilder nebeneinander als Ein- und
  Ausgabemedien adäquat sind.

- Ich würde mir manchmal eine Möglichkeit wünschen, den haushälterischen Umgang mit Ressourcen wie Zeit und Speicher beeinflußen zu können - auch wenn
  dies zu Lasten der Qualität des Ergebnisses geht.

- Letzteres kombiniert mit Repräsentations- und Inferenzmechanismen für vor-
  ausschauendes Planen und insbesondere für damit integriertes Handeln sind
  z.B. interessant und wichtig für Roboter, die in vielen Situationen nur
  begrenzte 'Zeit zum Überlegen' haben.

- Verfahren zur Suche nach ähnlichen Situationen, Fällen oder Objekten halte
  ich für etwas sehr Nützliches.

- Im Zusammenhang mit dem vorhergehenden Punkt erscheint mir auch die Arbeit
  mit bildhaften Repräsentationen wie z.B. Suchen nach Bildern oder Zeichnun-
  gen, auf denen ein bestimmtes Objekt vorkommt, interessant.

- Was mir ganz generell fehlt, sind Möglichkeiten zum Einbau von mehr Flexibilität in Richtung auf sich schrittweise verändernde Umweltbedingungen. Das
  muß nicht gleich 'allgemeine Lernfähigkeit' bedeuten, aber so etwas wie maß-
  volle Adaptivität könnte schon eine Menge Wartungsaufwand einsparen helfen.

Neben diesen in erster Linie forschungsorientierten Punkten gibt es außerdem
noch ein paar eher systemtechnische und produktorientierte Aspekte.

- So würde ich mir ein reicheres Repertoire an Möglichkeiten wünschen, fertige
  KI-Anwendungen compilieren oder auch mit parallelen Prozessen bzw. Prozesso-
  ren auf konventioneller Hardware schneller laufen lassen zu können.

- Es könnte viel Zeit und Aufwand sparen, wenn dem Aspekt der Wiederverwend-
  barkeit von Software mehr Aufmerksamkeit geschenkt würde, z.B. durch

  - so etwas wie 'Standard-Systemarchitekturen', die die Konstruktion von
    flexiblen und portablen Anwendungen fördern und durch bessere Modulari-
    sierung die Transparenz und damit verbunden die Testbarkeit erhöhen

- Systemkomponenten, die so gut beschrieben sind, daß andere Leute sie
  problemlos in neue Anwendungen integrieren können

- Wissensbasen mit allgemein verwendbaren Inhalten wie z.B. linguistisches
  Wissen, geographisches Wissen, Kalender etc. und

- alles weitere, was einen dem Ziel näher bringt, bei der Systementwicklung
  weniger mühsam auf der grünen Wiese von vorne anfangen zu müssen.

Zum Schluß dieses Abschnitts noch eine Anmerkung zu einem Thema, das zur Zeit
en vogue ist, aber hier mit Absicht nicht auftaucht:

Ich plädiere nicht dafür, Wissensakquisition vollautomatisieren zu wollen,
weil mir der Aspekt des Verstehens bei den dafür entwickelten Werkzeugen noch
zu sehr abgeht und insbesondere weil ich in frühen Projektphasen immer wieder
miterlebt habe, daß gerade in diesem Stadium bei den beteiligten Personen sehr
wichtige und wertvolle Lern- und Verstehensprozesse ablaufen, die qualitativ
ganz andere Resultate hervorbringen, als sie allein durch die Verarbeitung der
Ergebnisse eines Wissensakquisitions-Werkzeugs nach dem derzeitigen Stand der
Kunst hätten gewonnen werden können.
Und gerade Erkenntnisse von der Art "Was wir hier eigentlich tun, das ist ..."
liefern die wichtigsten Anhaltspunkte für die Modellbildung auf höherer Ebene.


## 7. Welche Beiträge muß die Praxis leisten?

Meine Erfahrungen in und mit der Praxis zeigen immer wieder, daß die Anwender
die Beurteilung dessen, was praxisrelevant und praxistauglich ist, weder den
Wissenschaftlern noch den Herstellern von Hard- und Software überlassen können und daß sie außerdem gut daran tun, ihre Anforderungen und ihre Erfahrungen mit verschiedenen methodischen Ansätzen, Software-Paketen etc. auch selbst
zu artikulieren.

In diesem Sinne möchte ich hier kurz zusammenfassen, was die aus meiner Sicht
wichtigsten Anforderungen an praxistaugliche KI-Werkzeuge sind:

- **Benutzbarkeit**
  Es gibt KI-SW-Werkzeuge mit einer hervorragenden Benutzerschnittstelle, aber
  leider auch solche, die den Benutzer sehr stark in ein Schema pressen und
  teilweise enervierende Benutzerdialoge führen.
  Manche guten oder schlechten Eigenschaften in dieser Richtung werden erst
  bei intensiverer Benutzung deutlich. Deswegen sind 'eigenhändige Werkzeug-
  Evaluationen' nach wie vor durch keinen Testbericht zu ersetzen.

Bei manchen Werkzeugen läßt die Stabilität und der adäquate Umgang mit Feh-
lersituationen so sehr zu wünschen übrig, daß man darauf besser keine eigenen Systeme aufbaut, weil Probleme dieser Art schwer zu neutralisieren sind.
Auch Eigenschaften wie Mehrbenutzerfähigkeit und Transaktionssicherheit
sollten bei kommerziell vertriebenen KI-Werkzeugen eigentlich genauso
selbstverständlich sein wie bei Datenbanken, sind es aber nicht.

● **Produktivitätssteigerungspotential**
Gute Expertensystem-Shells sind nicht zuletzt auch phantastische Proto-
typing-Werkzeuge, insbesondere dann, wenn sie noch ergänzt würden um
- mehr Fertigteile für die Erzeugung von fenster- und graphikorientierten
  Benutzerschnittstellen und
- weitergehende Möglichkeiten zur Vervollständigung von unpräzisen und
  unvollständigen natürlichsprachlichen Anfragen.

● **Integrierbarkeit**
Hier fehlt es teilweise noch an Dingen wie z.B.
- Lauffähigkeit des Werkzeugs und Portabilität der Anwendungen auf einer
  breiten Palette von Rechnern (vom PC bis zum Mainframe) mit unterschied-
  lich leistungsfähigen Peripheriegeräten
- Brücken, über die man fehlendes Hintergrundwissen aus verschiedenen Daten-
  banken zusammentragen kann
- Prozeßkommunikations-Schnittstellen zur Entwicklung von verteilten Anwen-
  dungen (z.B. Workstation mit Prozeßrechner im Hintergrund) und
- Schnittstellen zur Einbindung anderer Software-Pakete wie z.B. Office-
  Anwendungen oder ein CAD-Paket u.a.m.

Auf der Basis solcher Werkzeuge sollte es für die Anwendungsentwickler dann
leichter werden, KI-Anwendungen zu entwickeln, die
● sich auszeichnen durch eine angemessene und an sich verändernde Bedürf-
  nisse anpassbare Arbeitsteilung zwischen Mensch und Maschine
● zumindest die gegebene Aufgabe erfüllen
  (besonders flexible und robuste Systeme können i.a. noch ein bißchen mehr)
● die Grenzen ihres Kompetenzbereichs kennen und nicht überschreiten
● einfach und zuverlässig zu benutzen sind
● mit den SW-Systemen in ihrer Umgebung kooperieren
● Wachstum verkraften und
● ökonomisch mit Ressourcen umgehen.

Man muß den Systemen nicht unbedingt ansehen, daß sie irgendetwas mit KI zu
tun haben - sie müssen einfach nur die 'besseren Assistenten' sein.

## 8. Was macht die Umsetzung so schwer?

Know-how-Transfer ist - egal auf welchem Gebiet er stattfinden soll - ganz
allgemein nicht leicht in Gang zu bringen und zu halten.
Deswegen möchte ich an dieser Stelle ein paar Anmerkungen dazu machen, mit
welchen Schwierigkeiten die Umsetzung wissenschaftlicher Erkenntnisse in die
Praxis auch und gerade auf dem KI-Sektor verbunden sein kann.

Da gibt es zunächst einmal ein nicht zu unterschätzendes Verstehensproblem,
das über die 'normalen Sprachbarrieren' zwischen zwei Fachsprachen noch ein
gutes Stück hinausgeht.
Das liegt zum einen an der sprachlichen Kreativität der KI-Leute, die innerhalb der verschiedenen Schulen mehr als nur einen 'KI-Jargon' hat entstehen
lassen, zum anderen aber auch daran, daß die Informatik von all dem so wenig
mitbekommen hat, daß z.B. die 'Wissensrepräsentierer' und die 'Datenmodellie-
rer' heute mit verschiedenem Vokabular über identische bzw. nahezu identische
Sachverhalte reden.
Eine weitere Schwierigkeit in diesem Zusammenhang beschert uns die Vorliebe
mancher KI-Leute für die Verwendung von (zu?) großen Worten, die die Gefahr
bergen, daß derjenige, der sie verwendet, unrealistische Erwartungen weckt
oder als Spinner eingestuft und nicht ernst genommen wird.
Es kostet halt nicht nur Zeit, immer wieder zu erklären, warum Objects, Frames
und Units fast, aber doch nicht ganz dasselbe sind oder daß die KI-Leute zu
einem Trigger Dämon sagen, sondern es erschwert leider auch den Zugang zu
wichtiger Originalliteratur.

Ein noch diffizileres Problem sind die vielfach vorhandenen, in normalen Ar-
beitsumgebungen aber nur selten zur Sprache kommenden Akzeptanzbarrieren von
ganz unterschiedlicher Natur und Herkunft.
So findet man z.B. bei Leuten, die einen profunden theoretischen Hintergrund
haben, häufig Vorurteile der Art, daß Dinge, die man nicht formal beweisen
kann, mehr mit schwarzer Kunst als mit Wissenschaft zu tun haben und demzufolge unseriös und nach Möglichkeit zu meiden sind. Oder es kommt das Argument, daß doch schon lange genug bekannt wäre, wie komplex die Dinge seien,
mit denen man sich da beschäftigt und daß man selbst schuld sei, wenn man
sich - wider besseres Wissen - daran die Zähne ausbeißt.
Auf der anderen Seite begegnet man insbesondere bei Leuten, die ein sehr
respektvolles und umfassendes Menschenbild haben, zunehmend häufiger einer aus
ernsthafter Besorgnis erwachsenden technikkritischen Haltung. Insbesondere
wird der Versuch, Aspekte menschlicher kognitiver Fähigkeiten auf einem Computer simulieren zu wollen, als unzulässiger Reduktionismus und potentiell
gefährlich angesehen - ähnlich wie z.B. die Gentechnologie.

Und nicht zuletzt muß man - auch und gerade bei der KI - immer wieder konstatieren, daß man Kompetenz nicht durch unbeteiligtes Zuschauen erwerben kann.
D.h. man muß andere Leute motivieren können, sich auf neue Dinge rational und emotional einzulassen und eine ganze Menge eigener Anstrengung zu investieren, bevor man beurteilen kann, ob die Sache sich gelohnt hat.
Das ist eine echte Führungsaufgabe und hat mehr mit Unternehmenskultur und Organisationsentwicklung zu tun als mit der Technologie, um die es von den Inhalten her gesehen geht.

Derartige Probleme können, aber müssen nicht auftreten. Manchmal hat man auch einfach Glück und trifft auf Leute, denen man fast nichts zu erklären braucht.


## 9. Wie kann man es trotzdem schaffen?

Zuallererst ist wichtig, daß derjenige oder diejenigen, die eine neue Technologie in die Praxis tragen wollen, für sich selber wissen und überzeugend darstellen können, warum es sich lohnt, dafür Geld und Anstrengung zu investieren. Und selbstverständlich muß man die Sache soweit beherrschen, daß man nicht an der ersten kleinen Hürde schon ins Stolpern kommt.

Wichtig für die Überwindung der im letzten Abschnitt erwähnten Barrieren ist

- die Überwindung der Sprachbarriere durch beiderseitiges Bemühen um eine für die jeweils andere Seite verständliche Ausdrucksweise und das allmähliche Erlernen der fehlenden fremden Fachsprache

- das Erkennen von Akzeptanzproblemen und der Versuch, diese mit dem nötigen Fingerspitzengefühl zunächst einmal zu artikulieren und zu diskutieren und dann weiterzusehen, wie und wodurch man konstruktiv etwas für ihren Abbau tun kann

- eine nach allen Seiten hin überzeugende Nutzenargumentation, die sowohl für den Auftraggeber als auch für die Benutzer und nicht zuletzt für die Entwickler eines Systems klarmacht, was sie später davon haben werden

- ein für alle Beteiligten konstruktiver 'robuster erster Schritt' z.B. in Gestalt eines Prototypen, der zeigt, daß die vorhandenen Ideen operationalisierbar sind und das gesteckte Ziel auf diesem Wege erreicht werden kann

- und als letzten, aber nicht unwichtigsten Schritt muß man stufenweise zeigen, daß man sich nicht zuviel vorgenommen hat - am besten durch 'incremental delivery' von einem schon in einem frühen Stadium produktiv nutzbaren System, das dann das notwendige Feedback der Benutzer zurückliefert.

# 10. Was können wir dafür tun?

Ich glaube, daß es immer noch notwendig und sinnvoll ist, Information darüber
zu verbreiten, was KI ist, was man prinzipiell damit machen kann und welche
Einsatzmöglichkeiten und Nutzenerwartungen derzeit realistisch sind.
Dabei ließe sich sicherlich noch einiges verbessern an der Verständlichkeit
der Sprache, in der wir das tun und an der Klarheit, mit der wir sagen, was
alles noch nicht oder zumindest noch nicht zufriedenstellend funktioniert.

Für noch wichtiger als diese 'Aufklärung durch Predigen' halte ich aber -
insbesondere weil mir diese Aktivität noch unterentwickelt zu sein scheint -
die 'Aufklärung durch Vormachen'. Darunter verstehe ich z.B.

* den Bau von demonstrablen Systemen, an denen man gut vorführen kann, was
  wie funktioniert, an welchen 'Schrauben' man drehen kann und welche Auswirkungen das hat

* die Entwicklung von modulareren Systemen aus wiederverwendbaren Teilen, um
  zu zeigen, daß KI-Komponenten an andere Leute weitergebbar und in andere
  Systeme integrierbar sind

* mehr Systemdenken im Sinne von globaler Optimierung statt lokaler Spezialisierung (für uns und unsere KI-Systeme) und

* mehr Engagement für die Ausbildung
  (an den Universitäten KI als mögliches Vertiefungsfach mit der richtigen
  Mischung aus Theorie und Praxis für Anwendungen, in den Firmen Training on
  the Job in einem Pilotprojekt und Ausbreitung nach dem Schneeballsystem)

Und schließlich sollten wir in dem Bewußtsein, daß wir den größten Teil des
Weges zur Integration der KI in den normalen Alltag der Software-System-
Entwickler noch vor uns liegen haben, in etwas größeren Zeiträumen denken
und planen und uns auch über kleine Fortschritte freuen.


## Quellen:

[BERGER 87]  Roland Berger Forschungs-Institut für Markt- und Systemforschung:
    Stand und Entwicklungstendenzen für Anwendungen Künstlicher Intelligenz
    bis zum Jahr 1997. Multi-Client-Studie 1987.

[IDC 87]  IDC Marktdaten von 1987, veröffentlicht in PC Welt, Heft 2/88, S. 6.

[MERTENS 87]  Mertens, P.: Expertensysteme in den betrieblichen Funktions-
    bereichen - Chancen, Erfolge, Mißerfolge. In: Brauer, W.; Wahlster, W,:
    Wissensbasierte Systeme, Informatik-Fachberichte 155, Springer 1987,
    S. 181-206.

[OVUM 86]  OVUM: 'Expert-Systems 1986: USA and Canada' und 'Commercial Expert
    Systems in Europe', OVUM-Reports 1986.

Künstliche Intelligenz und Kognitive Psychologie:

Zum Stand der Beziehung

Joachim Funke

Psychologisches Institut der Universität Bonn

ZUSAMMENFASSUNG

Es wird behauptet, daß die wechselseitige "Befruchtung" von KI-Forschung und Kognitiver Psychologie nicht wirklich stattfindet. Vielmehr wird ein einseitiges "Ausbeuten" kognitionspsychologischer Befunde durch die KI-Forschung konstatiert und an Beispielen demonstriert. Der Gewinn für Kognitionspsychologen liegt im Zwang zur genauen Explikation und ggf. Formalisierung ihrer Annahmen. Die Gefahr besteht in der Aufgabe des Kriteriums der empirischen Adäquatheit zugunsten des in der KI verbreiteten Kriteriums der Lauffähigkeit. Die Übereinstimmung zwischen Modell und Wirklichkeit sollte der für empirisch arbeitende Kognitionspsychologen nach wie vor oberste Maßstab sein.


## 1 EINLEITUNG

Als Fachfremder auf einer Spezialistentagung einen eingeladenen Hauptvortrag zu halten ist - neben der damit verbundenen Ehre - einerseits herausfordernd, andererseits riskant. Herausfordernd insofern, als er Gelegenheit dazu gibt, einmal grundsätzliche Aspekte im Verhältnis zweier Wissenschaften zu diskutieren und die möglichen Vorteile interdisziplinärer Kontakte zu bewerten. Riskant insofern, als ich mich zwar als Kognitionspsychologe definiere, der ein offenes Ohr für Entwicklungen in Nachbardisziplinen hat, aber natürlich nicht den Anspruch erheben kann, das hier angesprochene Feld der Künstlichen Intelligenz zu überblicken. Dies muß als Entschuldigung reichen, sollten Sie mit meinen weiteren Ausführungen nicht zufrieden sein.

Zur Gliederung meines Vortrags: Zunächst möchte ich kurz auf die Begriffe "Künstliche Intelligenz" und "Kognitionspsychologie" eingehen, ehe ich dann im nächsten Abschnitt auf meine zentrale These über die "Ausbeutung" kognitionspsychologischer Forschungsergebnisse zu sprechen komme, die ich anhand konkreter Beispiele zu belegen versuche. Schließlich soll das Verhältnis zwischen KI und Kognitionspsychologie in konstruktiver Hinsicht diskutiert werden.

Was KI eigentlich ist, läßt sich nicht ganz einfach sagen. Klar dürfte sein, daß es sich hierbei um ein Teilgebiet der Informatik handelt.[1] Savory (1985, p.13) versteht KI als "being a collection of computer supported techniques emulating some of the natural capabilities of human beings". Im "Handbook of Artificial Intelligence" (Barr & Feigenbaum, 1981, p.3) heißt es: "Artificial Intelligence (AI) is the part of computer science concerned with designing intelligent computer systems, that is, systems that exhibit the characteristics we associate with intelligence in human behavior - understanding language, learning, reasoning, solving problems, and so on."[2]

Was die Verwendung des Begriffs "Intelligenz" in dem Begriffspaar KI betrifft, verweist Daiser (1984) darauf, daß er nur sehr selten überhaupt in seiner Bedeutung reflektiert würde. Angesichts der beschränkten Leistungsfähigkeit (Bereichsspezifität) vorliegender KI-Programme sollte man allenfalls von "talentierten", nicht aber von intelligenten Programmen reden.[3] In der oben genannten Definition von Barr & Feigenbaum wird durch Aufzählung exemplarischer Leistungen wenigstens versucht, den Bereich intelligenten Verhaltens etwas einzugrenzen.

## 2 KOGNITIONSPSYCHOLOGIE ALS HEURISTIK DER KI-FORSCHUNG

Ich möchte an den Beginn meiner Ausführungen eine These stellen, die ich weiteren Verlauf mit Beispielen belegen will. Ich denke, daß die Kognitionspsychologie wenig von der Forschung zur Künstlichen Intelligenz profitieren kann, während umgekehrt die KI-Forschung bestimmte Befunde der Kognitionspsychologie als Heuristik für eigene Arbeiten verwenden kann, es aber auch nur halbherzig tut.

----

[1] Dies ist nicht ohne Bedeutung, denn "Informatik ist die wissenschaftliche Beschäftigung der Informationsverarbeitung durch Automaten" (Schefe, 1985, p. 17)- und damit ihrem Verständnis nach eine Ingenieurswissenschaft.

[2] Nicht unerwähnt bleiben sollte, daß man aus psychoanalytischer Sicht das _Motiv_ zur Konstruktion intelligenter Maschinen vom Typ "Frankenstein" in männlichen Allmachtsphantasien vermuten könnte.

[3] Böse Zungen sprechen ja auch nicht von "künstlicher", sondern von "gekünstelter" Intelligenz ...

Ich habe den Verdacht, daß anstelle empirisch/experimenteller Befunde häufig eine "naive Kognitionspsychologie" (analog zur "naiven Physik") den Ratgeber von KI-Forschern abgibt. Kognitionspsychologische Befunde werden nicht eigentlich ernst genommen, sondern dienen als Stichwortgeber für eigene Intuitionen.

Als ein Beispiel für das hier kritisierte Verständnis von Kognitiver Psychologie und der Art ihrer Rezeption durch KI-Forscher möchte ich kurz auf die drei Beiträge der auf dieser Tagung nachfolgenden Sektion "Kognition" eingehen. Es handelt sich um die Beiträge von Krems & Mehmanesh (1988), Pribbenow (1988) und Ripplinger & Kobsa (1988), die mir von der Kongreßleitung dankenswerterweise vorher zugänglich gemacht wurden.

Im Beitrag von Ripplinger & Kobsa (1988) geht es um eine intelligente Benutzerführung beim Ausfüllen des Formulars für den Lohnsteuerjahresausgleich. Beabsichtigt ist, ein planloses Bearbeiten des Formulars zu verhindern und stattdessen die Aufmerksamkeit auf das vollständige Abarbeiten eines gegebenen Teilplans zu richten. Obwohl das System namens PLUG selbst keinerlei Planung durchführt, soll es den Benutzer unterstützen, nicht blindlings von einem Bereich zum nächsten zu wechseln. Zusätzlich kann dieses System dynamisch hinzukommende bzw. wegfallende Teilziele je nach Ausfüllen des Formulars erkennen und verwalten.

Was ist an dieser Arbeit der kognitionspsychologische Bezug? Ripplinger & Kobsa verweisen – und dies sind im übrigen auch die einzigen Referenzen auf genuin psychologische Studien – auf drei Arbeiten Mitte der siebziger Jahre, aus denen zu schließen sei, daß ganz allgemein komplexe Aufgaben dann "besser gelöst werden, wenn sie in einfachere Unterziele zerlegt und diese konsequent verfolgt werden". Wenn dies der Ertrag von Forschungsarbeiten gewesen sein soll, muß man bitter konstatieren, daß diese nur Trivialitäten zutage gefördert hätten. Denn könnte man sich ernsthaft einen Fall vorstellen, in dem Teilzielbildung und konsequente Abarbeitung dieser Teilziele zur Verschlechterung der Problemlösung führen würden? Eine persische Weisheit lautet[4]: "Einem Mann, der ein Bündel Reiser zu brechen versucht, wird dies auch unter Aufbietung aller Kräfte kaum gelingen. Um wieviel klüger ist doch der, der das Bündel

----

[4] Diesen Hinweis verdanke ich Uwe Kleinemas.

löst: er wird jeden der Reiser brechen wie ein Kind die Zündhölzer." Mit anderen Worten: Der kognitionspsychologische Bezug stellt sich als Rekurs auf - sicherlich vernünftiges - Alltagswissen heraus.

Der Beitrag von Krems & Mehmanesh (1988) befaßt sich der "Modellierung expertennaher Debuggingstrategien" zum Aufdecken nicht-syntaktischer Fehler in Computerprogrammen. Die Autoren diskutieren zunächst das Kriterium der kognitiven Adäquatheit und geben an, daß Erkenntnisse der kognitiven Psychologie [5] die Konstruktion von Modellen beeinflussen könnten. Empirische Befunde aus Novizen-Experten-Studien dienen in ihrer Arbeit als Grundlage der Modellkonstruktion von SHERLOCK, einem Expertensystem zur Aufdeckung einfacher Fehler in Lisp-Programmen. Es werden nicht nur die Fehler angezeigt, sondern auch wahrscheinliche Fehlerursachen angegeben. Hierzu wird eine Wissensbasis modelliert, die aus einer Kurzzeit- und einer Langzeitspeicherkomponente besteht. Das LZG enthält unter anderem Objektklassen, die Wissen über Lisp-Primitive enthalten, sowie Produktionsregeln. Das KZG besteht aus Instanzenspeicher, Arbeitsspeicher und einer temporären Datenbasis.

In welcher Weise nun etwa Klassen- und Instanzenvariablen der Wissensbasis von SHERLOCK oder seine Interpreter-Kontrollmechanismen noch auf empirische Befunde zurückgeführt werden können, bleibt unklar. Man könnte davon sprechen, daß Novizen-Experten-Studien mit empirischem Charakter allenfalls den Hintergrund, nicht aber das Fundament von SHERLOCK ausmachen.

Pribbenow (1988) befaßt sich in ihrem Beitrag mit der Verträglichkeitsprüfung von räumlichen Aussagen. Dabei geht es darum zu prüfen, inwiefern neue gegebene Informationen über Objektlokalisierungen mit vorliegenden Informationen konsistent sind oder eine Abschwächung oder gar einen Widerspruch zu bisherigen Informationen darstellen. Die Autorin macht deutlich, daß einfache Mechanismen der Konsistenzprüfung hier nicht weiterhelfen, zumal in Fällen vager Gebietsgrenzen, in denen kein scharfer Übergang zwischen konsistenten und inkonsistenten Deutungen besteht. Ihre Alternative sieht die Verwendung von domänenspezifischen Metaregeln durch die

---

[5] Die Autoren schreiben (p.1) von "kognitiven Erkenntnissen" - gemeint sind wohl Erkenntnisse der Kognitionspsychologie.

angenommene Inferenzmaschine vor.

Auch diese Arbeit nimmt nicht explizit Bezug auf kognitionspsychologische Untersuchungen zur Repräsentation räumlicher Objekte und räumlicher Relationen. Genausowenig sähe man sich als experimentell arbeitender Psychologe in der Lage, ein Experiment zu konzipieren, in dem Pribbenows Annahmen mit empirischen Befunden konfrontiert werden könnten.

Bei der Betrachtung aller drei Beiträge dieser Tagung für die Sektion "Kognition" wird somit deutlich, daß Kognitionspsychologie allenfalls einen "Aufhänger" für bestimmte Arbeiten liefert, aber auch nicht mehr.


## 3 KOGNITIONSPSYCHOLOGIE UND KI-FORSCHUNG: WECHSELSEITIGE ERTRÄGE?

Was liefert die Kognitionspsychologie der Forschung zur Künstlichen Intelligenz für Informationen, die sie für ihre Aufgaben benötigt? Die Tatsache, daß in vielen Fällen KI-Systeme gegenüber dem intelligenten System Mensch nicht konkurrenzfähig sind, legt für den KI-Forscher - so Spada & Opwis (1987, p. 257) - die Frage nach dem "menschlichen" Vorgehen nahe. Die Antwort falle häufig enttäuschend aus, da es (1) häufig an Präzision und Detailliertheit psychologischer Forschung mangele, (2) die Komplexität menschlicher intelligenter Leistungen zu hoch sei und (3) die sprachlichen Ausdrucksmittel zur Beschreibung kognitiver Strukturen und Prozesse bestenfalls so gut seien wie diejenigen der KI.

Generell ist die - heuristisch sinnvolle - Strategie der KI-Forschung zu konstatieren, sich aus benachbarten Disziplinen Konzepte "auszuleihen" und in eigener Regie weiterzuverarbeiten. Als aktuelles Beispiel sei das Stichwort "neural modeling" genannt: natürlich wird kein Gehirn simuliert, wie manche bereits suggerieren [6], sondern bestimmte Funktionsprinzipien wie Parallelverarbeitung, distribuierte Repräsentation, Lernen als Änderung von Gewichten, etc., werden auf ihre Tauglichkeit bei der Bearbeitung von Problemen etwa der Mustererkennung hin geprüft. Daß zu diesem Zeitpunkt

---

[6] Dies ist ein in der KI häufig anzutreffender Fall, in dem ein bestimmtes Produkt so benannt wird, daß der Leser oder Anwender der durch die Bezeichnung intendierten "face validity" erliegt (z.B. "General Problem Solver" - GPS löst natürlich _nicht_ generell Probleme ...).

neurologische Befunde nicht mehr interessieren (etwa zur Verarbeitung von Information in zwei Hirnhälften oder zur Rolle biochemischer Transmittersubstanzen), dürfte verständlich sein. Man holt sich das, was man brauchen kann, und arbeitet damit weiter. Die alten Etiketten aber behält man bei. Dies soll nicht den Wert solcher Strategien mindern: ganz im Gegenteil ist etwa das Zusammenbringen von Erkenntnissen so verschiedener Disziplinen wie Biologie ("Emergenz"), Neurologie ("massive Parallelität") und Physik ("simulated annealing") höchst fruchtbar – steht aber längst unter einem anderen Stern! Besser ist es, wenn hier von "neurally _inspired_ modeling" (Rumelhart & McClelland, 1986, p. 130f.) gesprochen wird und die Betonung wirklich auf "inspired" liegt.

Was liefert umgekehrt die Künstliche-Intelligenz-Forschung der Kognitionspsychologie? Nach Furbach, Freksa & Dirlich (1988) sollten sich Psychologen für Wissensrepräsentation in Computern aus vier Gründen interessieren:

(1)   Wegen der Modellierung menschlicher Informationsverarbeitung: Nach Searle (1980) laufen in Rechnern mentale Prozesse ab, wenn sie entsprechend programmiert werden.

(2)   Wegen KI-Forschung: Psychologen sollten Möglichkeiten und Grenzen für den Einsatz der neuen Technologie aufzeigen.

(3)   Wegen der Mensch-Computer-Kooperation in interaktiven Systemen, wo die Maschine vom Werkzeug zum Assistenten wird.

(4)   Wegen "der mentalen Prozesse, die bei der Entwicklung von Computerprogrammen im allgemeinen und von wissensbasierten Systemen im speziellen durchgeführt werden" (p. 506).

Dieser Verweis auf die Wichtigkeit der Repräsentationsproblematik, den Furbach et al. geben, trifft einen Punkt, der in der Kognitionspsychologie derzeit heftig debattiert wird (vgl. Engelkamp & Pechmann, 1988; Herrmann, 1988; Le Ny, 1988) und vor allem auf die Unterschiede zwischen künstlichen und natürlichen Repräsentationen abhebt. Während für den Kognitionspsychologen die natürliche, mentale Repräsentation den Untersuchungsgegenstand ausmacht, ist der KI-Forscher – so Le Ny (1988) – mehr an den Repräsentationen zweiten Grades, den künstlichen also, interessiert.

Einen anderen, für die Kognitionspsychologie möglicherweise fruchtbaren Aspekt der Zusammenarbeit hebt Newell (1982, p.125) hervor: "... seeing what the computer implicitly tells us about the nature of intelligence as we struggle to synthesize intelligent systems ...". Newells Vorschlag, den Leuten zuzuschauen, die intelligente Systeme auf Rechnern entwickeln, ist allerdings nicht sehr stichhaltig: genausogut könnte man Erfindern oder anderen Experten bei ihrer Tätigkeit zuschauen, um etwas über die "Natur der Intelligenz" in Erfahrung zu bringen.

Häufig wird gesagt, die Möglichkeiten der Computersimulation kognitiver Prozesse eröffneten gänzlich neue Dimensionen der Theorieentwicklung. Dies ist jedoch nicht unumstritten (vgl. Neches, 1982). Ein aktuelles Beispiel für ein derartiges Vorgehen liefert die Arbeit von Reichert & Dörner (1988). In ihr werden Heuristiken zum Umgang mit einem nichtlinearen Regelungsproblem computersimuliert und mit bestimmten Aspekten menschlicher Vorgehensweisen verglichen. Das Kriterium der empirischen Adäquatheit ist somit eine Variante des klassischen "protocol-trace"-Vergleichs. Dies ist jedoch für eine empirisch arbeitende Wissenschaft ein zu schwaches Kriterium (siehe weiter unten). Im übrigen macht die Arbeit von Reichert & Dörner deutlich, daß hier keinerlei Einfluß von KI-Seite erfolgt: es handelt sich um einfache Entscheidungsregeln, die in einer gängigen Programmiersprache formuliert sind. Eine aufwendige Modellierung ist hierfür nicht notwendig.

Man kann sich natürlich fragen, ob nicht Kognitionspsychologen ähnlich mit KI-Tools umgehen wie umgekehrt KI-Forscher mit kognitionspsychologischen Resultaten. Gigerenzer (1988) beschäftigt sich mit der Frage, woher Theorien über kognitive Prozesse eigentlich kommen. Seine Antwort lautet: Man verwendet Metaphern bzw. Analogien und bedient sich hierzu in erster Linie bestimmter Forschungs-Werkzeuge, wie aktuell z.B. Statistik und Computer. "Beide Werkzeuge, Statistik und Computer, verkörpern die Ideale der Präzision und Vorhersagbarkeit, und diese für Rechenprozesse charakteristischen Eigenschaften werden heute von vielen als kennzeichnende Merkmale kognitiver Prozesse angesehen." (p. 94). Ob es aber stimme, daß Rechnen und Präzision das Wesen kognitiver Funktionen und menschlicher Intelligenz ausmachen, sei nicht geklärt.

# 4  AUSBLICK

Klix (1987, p. 242) konstatiert, "daß die bloße Übernahme von Modellgedanken aus dem Bereich der Künstlichen Intelligenz keineswegs nur segensreich gewesen ist für die psychologische Hypothesen- oder Theoriebildung". Als Beispiel für diese These führt er das Modell semantischer Netze von Collins & Quillian an, in denen lediglich Worte auf Worte bezogen seien, also die Etiketten verfügbar seien, aber die begriffliche Substanz fehle.

Folgt man Spada & Opwis (1987, p. 257), beklagt sich der Psychologe über die Begrenztheit der KI-Modellierungssprachen. In der Quintessenz resultiere "ein weit verbreitetes gegenseitiges Wundern über die Begrenztheit des Erkenntnisstandes der jeweils anderen Seite". Als einzige Konsequenz sei hier die Zusammenarbeit unter dem Dach einer interdisziplinären Kognitionswissenschaft zu fordern, wie sie in den USA seit langem Realität sei.

Eine derartige Konzentration von Forschern verschiedener Herkunft kann ganz befruchtend wirken. Jedoch allgemein die Einrichtung eines Faches "Cognitive Science" oder auf gut deutsch "Kognitionswissenschaft" zu fordern, ist zwar modern, verdeckt aber grundsätzliche Unterschiede, die die an diesem Gegenstand gemeinsam arbeiten Vertreter verschiedener Disziplinen besitzen[7]. Beziehen wir dies nur einmal auf Informatik und Psychologie, so ist der entscheidende Unterschied im Erfolgskriterium zu sehen. Während in der Psychologie als empirischer Wissenschaft das Wahrheitskriterium zum Maß aller Dinge werden muß - und daher das Experiment und _nicht_ die Simulation nach wie vor die einzige Methode der Wahl bleibt - (vgl. dagegen Ueckert, 1983), ist für den KI-Forscher die Lauffähigkeit der zentrale Punkt (früher war Effizienz das Kriterium). Anstelle der Untersuchung des Möglichkeitscharakters bestimmter Prozeduren tritt in der Psychologie als empirischer Wissenschaft die Tatsachenorientierung. Dieser grundsätzliche _methodologische_ Unterschied schließt - wie eben gezeigt werden

---

[7] Dies entspricht einer der zwei Visionen, die Gardner (1985, p. 389f) in seiner lesenswerten Geschichte der Kognitionsforschung darlegt: die schwächere sieht die lose Kooperation vor, die stärkere impliziert eine "reconfiguration of the territory of cognitive science" mit der Aufgabe traditioneller Bereichsgrenzen.

sollte - eine fruchtbare Freundschaft beider Disziplinen nicht aus, läßt eine baldige Heirat und den anschließenden Einzug in das Haus der Kognitionswissenschaft aber nicht gerade als ratsam erscheinen - die Trennung würde nicht lange auf sich warten lassen.

<u>Literatur</u>

Barr, A. & Feigenbaum, E.A. (Eds.) 1981. The handbook of Artificial Intelligence. Volume 1. Los Altos, Calif.: William Kaufmann.

Daiser, W. 1984. Künstliche Intelligenz Forschung und ihre epistemologischen Grundlagen. Frankfurt: Lang.

Engelkamp, J. & Pechmann, T. 1988. Kritische Anmerkungen zum Begriff der mentalen Repräsentation. Sprache & Kognition 7, 2-11.

Furbach, U., Freksa, C. & Dirlich, G. 1988. Wissensrepräsentation in künstlichen symbolverarbeitenden Systemen. In H. Mandl & H. Spada (Eds.), Wissenspsychologie. München: Psychologie Verlags Union, 505-528.

Gardner, H. 1985. The mind's new science. A history of the cognitive revolution. New York: Basic Books.

Gigerenzer, G. 1988. Woher kommen Theorien über kognitive Prozesse? Psychologische Rundschau 39, 91-100.

Herrmann, T. 1988. Mentale Repräsentation - ein erläuterungsbedürftiger Begriff. Mannheim: Bericht Nr. 42 der Forschungsgruppe Sprache und Kognition am Lehrstuhl Psychologie III der Universität Mannheim.

Klix, F. 1987. Kognitive Psychologie und Künstliche Intelligenz: Wechselwirkung und Eigenständigkeit verschiedener Disziplinen, dargestellt am Beispiel neuer Forschungsergebnisse. In M. Amelang (Ed.), Bericht über den 35. Kongreß der Deutschen Gesellschaft für Psychologie in Heidelberg 1986. Band 2. Göttingen: Hogrefe, 237-252.

Krems, J. & Mehmanesh, H. 1988. SHERLOCK - Kognitive Modellierung von Debuggingstrategien. Vortrag gehalten auf der GWAI-88, Schloß Eringerfeld.

Le Ny, J.-F. 1988. Wie kann man mentale Repräsentationen repräsentieren? Sprache & Kognition 7, 113-121.

Neches, R. 1982. Simulation systems for cognitive psychology. Behavior Research Methods & Instrumentation 14, 77-91.

Neumann, O. 1985. Informationsverarbeitung, Künstliche Intelligenz und die Perspektiven der Kognitionspsychologie. In O. Neumann (Ed.), Perspektiven der Kognitionspsychologie. Heidelberg: Springer, 3-37.

Newell, A. 1982. The knowledge level. Artificial Intelligence 18, 87-127.

Pribbenow, S. 1988. Verträglichkeitsprüfungen für die Verarbeitung räumlichen Wissens. Vortrag gehalten auf der GWAI-88, Schloß Eringerfeld.

Reichert, U. & Dörner, D. 1988. Heurismen beim Umgang mit einem "einfachen" dynamischen System. Sprache & Kognition 7, 12–24.

Ripplinger, B. & Kobsa, A. 1988. PLUG: Benutzerführung auf Basis einer dynamisch veränderlichen Zielhierarchie. Vortrag gehalten auf der GWAI-88, Schloß Eringerfeld.

Rumelhart, D.E. & McClelland, J.L. 1986. PDP models and general issues in cognitive science. In D.E. Rumelhart & J.L. McClelland (Eds.), Parallel distributed processing: Explorations in the microstructure of cognition. Volume 1: Foundations. Cambridge, Mass.: MIT Press, 110–146.

Savory, S.E. 1985. Artificial intelligence – State of the art 1984. In S.E. Savory (Ed.), Künstliche Intelligenz und Expertensysteme. München: Oldenbourg, 13–34.

Schefe, P. 1985. Informatik – Eine konstruktive Einführung. LISP, PROLOG und andere Konzepte der Programmierung. Mannheim: BI-Wissenschaftsverlag.

Searle, J.R. 1980. Minds, brains, and programs. Behavioral and Brain Sciences 3, 417–457.

Spada, H. & Opwis, K. 1987. Wissenspsychologie: Erwerb, Repräsentation und Nutzung von Wissen. In M. Amelang (Ed.), Bericht über den 35. Kongreß der Deutschen Gesellschaft für Psychologie in Heidelberg 1986. Band 2. Göttingen: Hogrefe, 253–264.

Ueckert, H. 1983. Computer-Simulation. In J. Bredenkamp & H. Feger (Eds.), Hypothesenprüfung. (=Enzyklopädie der Psychologie, Themenbereich B: Methodologie und Methoden, Serie I: Forschungsmethoden der Psychologie, Band 5). Göttingen: Hogrefe, 530–616.

# VERTEILTE AKTIONSPLANUNG FÜR AUTONOME MOBILE AGENTEN

## Paul Levi

Forschungszentrum Informatik, Gruppe: Technische Expertensysteme und Robotik,
Haid- und Neustr. 10-14, D-7500 Karlsruhe, F. R. G.

## ZUSAMMENFASSUNG

Es wird gezeigt, welche Planungsansätze geeignet sind, mobile Agenten (z.B. Roboter, Automobile) autonom unter der Einhaltung von Zeitrestriktionen in unterschiedlichen Umgebungen operieren zu lassen. Diese Operationen sind Bestandteile von Transport- und Beobachtungsaufgaben oder beziehen sich auf das Verhalten im Verkehr. Besondere Beachtung finden in diesem Zusammenhang die Technik des approximierenden (qualitativen) Planens und die verhaltensorientierte Modellierung von Verkehrsagenten. Hinweise auf die gegenwärtig implementierten Ansätze, verteiltes Planen zu realisieren (Blackboard, OOP), schließen diesen Beitrag ab.

## 1  PLANUNGSANSÄTZE FÜR MOBILE AGENTEN

Planung ist die zielorientierte Erzeugung von Aufträgen, Aufgaben oder Aktionen in Form von Plänen für einen oder mehrere Agenten. Diese Pläne haben jeweils die Aufgabe, bestimmte Zielvorgaben (Anfangszustände) derart in Zielrealisierungen (Endzustände) abzubilden, daß bestimmte Restriktionen eingehalten werden. Pläne gehen daher von bestimmten Annahmen aus, was existente Umweltzustände sind (Modellbildung) und legen, so weit wie es möglich ist, in geordneter Weise fest, was in den jeweiligen Situationen getan werden kann.

Die Interpretation der realen Umweltzustände legt fest, welche der Restriktionen erfüllt bzw. nicht erfüllt ist und bestimmt somit, wie einzelne Pläne zu realisieren sind. Die Interpretation kann vor und während der Plananwendung bzw. Planausführung geschehen. Erfolgt sie vor der Planausführung, so wird damit entschieden, welche der möglichen Pläne verwirklicht werden sollen (Planbewertung). Erfolgt sie während der Planausführung, dann wird die Aktion überwacht.

Die Art der Pläne hängt von dem Anwendungsbereich (Agententyp) ab. Die klassischen Planungsbereiche sind Konstruktionen, Konfigurationen (z.B. von Rechnern) Betriebsbelegungen von Maschinen (scheduling) und die Erzeugungen von Aktionsfolgen. In Abhängigkeit von diesen Anwendungen sehen die Pläne verschieden aus. Ist der Agent aktiv (z.B. Roboter) und kann seine Umwelt selbst verändern, so spricht man von Aktionsplanung. Bild 1 verdeutlicht die oben genannten Charakteristika des Planens. Sie werden in einen geschlossen Planungs-/Aktionszyklus eingebunden.

Die Neuplanung kann vor der Aktionsdurchführung (Entscheidung), oder während der Aktionsdurchführung (Überwachung) erfolgen. Die Neuplanung, die durch die Überwachung angestoßen wird, ist vor allem wichtig, wenn Fehler aufgetreten sind. Dieser Kreislauf kann auch mehrere Male durchlaufen werden, bis er zur gewünschten Zielrealisierung führt.

Die Planungs- und Entscheidungsebene ist im allgemeinen noch weiter verfeinert. So unterscheidet man einen strategischen Planer (z.B. Missionsplanung, globale Routenplanung) und einen taktischen Planer (z.B. lokale Navigation). Je nachdem, welcher der einzelnen Moduln von Bild 1 vorhanden ist und wann die Interpretation der Zustände (Restriktionen) erfolgt, kann man drei verschiedene Planungsarten spezifizieren.

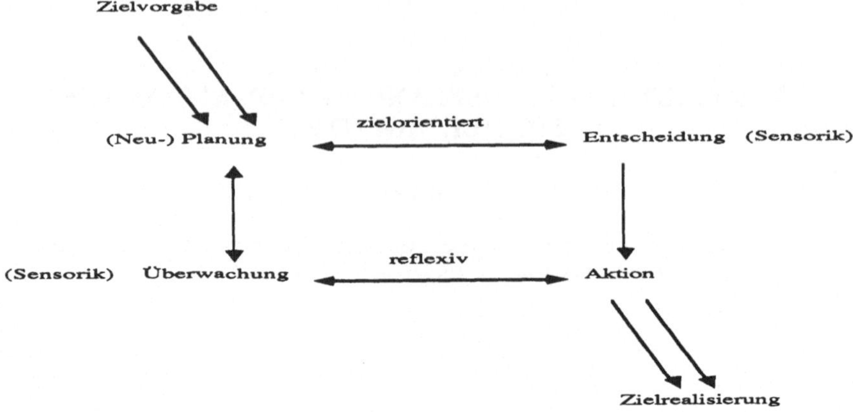


Bild 1:   Verknüpfung zwischen Planung und Aktion

Das *sensorlose, zielorientierte Planen* (a priori Planen), wie es von den klassischen Systemen ABSTRIPS oder NOAH bekannt ist, benutzt keine Sensorinformation. Der Überwachungsteil des Planungs/Aktionszyklus existiert nicht, da man von einem Maximum von a priori Informationen ausgeht (perfekte Weltzustände). Jede Situation wird durch Prädikate beschrieben, die nur an die einzelnen Roboteraktionen gekoppelt sind. Wissen über die realen Umweltzustände wird nicht verwendet. Die Entscheidung darüber, ob der nächste Schritt der linearen Folge der Roboteraktionen auszuführen ist, wird mit Hilfe einer Dreieckstabelle durchgeführt. Diese Tabelle definiert die Menge der Aktionszustände, die auftreten müssen, damit die Aktionsfolge insgesamt erfolgreich abgeschlossen werden kann.

Das *sensorgestützte, zielorientierte Planen* (reagierendes Planen) durchläuft den ganzen Zyklus von Bild 1, d.h. es wird auf der Basis von Sensorinformationen entschieden und überwacht. Es liegen vorgeformte Planalternativen vor, die von erwarteten Umweltzuständen (Restriktionen) ausgehen. Die sensorgestützte Interpretation dient als Index, welcher Plan ausgeführt werden soll. Sie unterstützt den Aufbau von weit vorausschauenden, alternativen Plänen, die in Form von Schemata (Skripten) angegeben werden können. Dies erlaubt eine hohe Rationalität bei der vorherigen Auswahl von Reaktionen. Es handelt sich hierbei um eine Art von Universalpläne für Agenten, die sich in einer nicht vorher festgelegten Umgebung bewegen. Daher ist diese Art des Planens gekennzeichnet durch die zielgerichtete Auswahl von Reaktionen auf mögliche Situationen /Schoppers 87/.

Es gibt zwei extreme Fälle des reagierenden Planens: opportunistisches und zurückstellendes Planen. Bei dem opportunistischen Planen wird auf höherer Ebene nicht nur ein Ziel, sondern es werden mehrere Ziele gleichzeitig verfolgt /Ow 86/. Dem erfolgversprechendsten Ziel wird stets nachgegangen. Bei dem zurückstellenden Planen werden so wenig Erwartungswerte wie möglich im Weltmodell aufgenommen. Die Planungsentscheidungen werden auf derjenigen Stufe der Planverfeinerung gefällt, die nicht mehr weiter verfeinert werden kann.

Das *reflexive Planen* (ereignisgesteuerte Verhaltensplanung) ist stark sensorgestützt und realisiert den Übergang von der Überwachung zur Aktion. Es stützt sich auf vor-compilierte Prozeduren, die ausschließlich ereignisgesteuert aufgerufen werden. Ein Beispiel für ein solches reflexives Verhalten wäre etwa das Fahren längs einer Wand. Bestimmte Vorab-Informationen werden nicht vorausgesetzt und es wird auch nicht vorausgeschaut. Die rasche Interpretation der grob verarbeiteten Sensordaten wird dazu verwendet, um ein Verhaltensmuster aus einem Vorrat von fest eingegebenen Verhaltsmustern auszuwählen. Die Planungs- und Entscheidungsphasen fallen weg. Die Zielvorgabe wird direkt dem Überwachungsmodul übergeben.

Wir bezeichnen einen aktiven Agenten *autonom*, wenn er einen sensorgestützten Planungs- /Aktionszyklus selbständig durchführen kann. Es ist erlaubt, daß hierbei auch einzelne Blöcke des Zyklus von Bild 1 fehlen (z.B. nur reflexives Planen). Verlangt man von dem Agenten, daß er zielorientiert und reflexiv operieren kann, so müssen sämtliche 4 Blöcke des Planungs-/Aktionszyklus in seiner internen Struktur vorhanden sein.

Mobile Agenten unterscheiden sich in den folgenden Punkten wesentlich von stationären Agenten:

1    Stärkere zeitliche Restriktionen.

2    Erweiterte Menge, von möglichen Situationen, die sich dynamisch (z.B. Verkehr) ändern können. Daher ist eine enge und effiziente Verknüpfung zwischen Planung und Aktion gegeben, um möglichst rasch und flexibel reagieren zu können.

3    Aufbau von semantischen Modellen, die aufgabenbezogen in den jeweiligen Situationen verifiziert werden müssen. Das Bild einer Autokreuzung wird von einem Radfahrer und einem LKW-Fahrer nach unterschiedlichen Merkmalen analysiert und in unterschiedliche Interessensbereiche eingeteilt. Jeder Fahrer hat sein eigenes semantisches Modell.

4    Umfangreichere und verschiedenartigere Sensorausstattung und aufwendigere Sensordatenverarbeitung (Fusion, integrierte Darstellungen). Effiziente Reduktion der Sensorinformation auf ein semantisches Minimum.

5    Zusätzliche Aufgaben wie Routenplanung, Navigation und andocken.

Die Aufzählung dieser fünf Punkte zeigt bereits deutlich, daß mobile Systeme viel mehr Informationen in kürzerer Zeit aufnehmen und verarbeiten müssen als stationäre Systeme. Die Planung für mobile Systeme muß daher auf allen Ebenen mit der Interpretation von Sensordaten verknüpft werden und sie muß sich in einem sehr hohen Maß an verändernde Restriktionen anpassen. Der Planungsvorgang muß mit der Aktionsdurchführung so fein abgestimmt sein, daß Neuplanungen auf der strategischen, taktischen und reflexiven Ebene jederzeit möglich sind. Daher hat die Mobilität zur Folge, daß nur das reagierende und reflexive Planen hierfür geeignet ist.

Die prinzipielle Architektur eines autonomen, mobilen Agenten zeigt Bild 2. Es zeigt die hierarchische Schichtung zwischen der Modellierung, der Planung und der Interpretation von Sensordaten, wie es im NavLab der CMU realisiert worden ist /Dowling 87/.

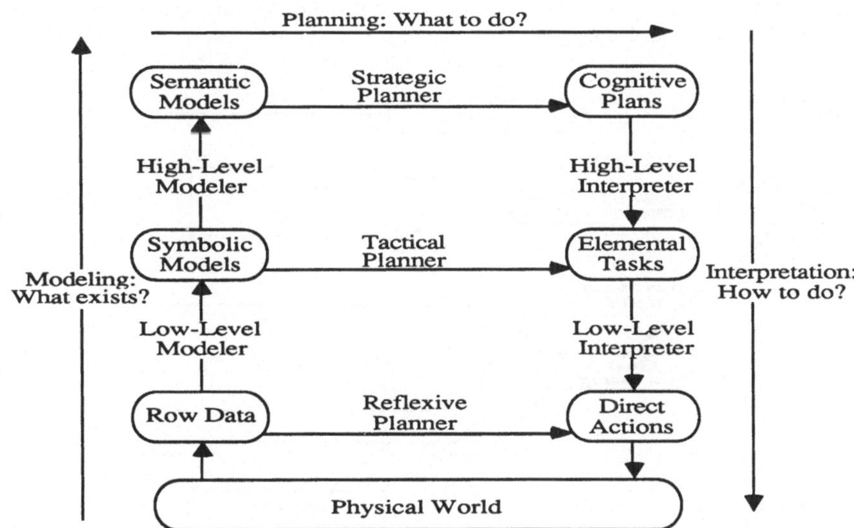


Bild 2:    Architektur eines autonomen Agenten

# 2   VERTEILTES PLANEN DURCH APPROXIMATION

Unsere bisherigen Ausführungen bezogen sich vor allem auf einen einzelnen Agenten. Das verteilte Planen oder n-Agentenplanen geht zusätzlich davon aus, daß auch andere Agenten Aktionen ausführen. Diese Aktionen können die eigenen Aktivitäten unterstützen (Kooperation), behindern (Konkurrenz) oder gar zerstören (Destruktion). Das n-Agentenplanen beinhaltet alle Charakteristika und Schwierigkeiten des 1-Agentenplanens. Die Wechselwirkung mit anderen Agenten hat zur Folge, daß einzelne Agenten bestimmte Rollen zugeteilt bekommen, die ihrer Eignung entsprechen. Dieses Verhalten im Kollektiv kann aber bedeuten, daß externe Ziele verfolgt werden müssen, die mit den eigenen Zielvorstellungen kollidieren. Das hat zur Folge, daß das Zusammenspiel aller Agenten durch ein Organisationsprinzip und ein Kommunikationsprinzip festgelegt werden muß. Das *Organisationsprinzip* legt vor allem die Aufgabenzuweisung an den einzelnen Agenten, die Strategie der Problemlösung und die Benutzung von kritischen Betriebsmitteln fest. Das *Kommunikationsprinzip* bestimmt, nach welchem Muster kommuniziert wird, ob der Informationsaustausch angefordert oder unangefordert erfolgt, etc. Dies hat zur Folge, daß ein Agent intern zusätzlich zu der in Bild 2 gezeigten Struktur noch über Moduln verfügt, die diese beiden Prinzipien realisieren.

Weitere Charakteristika des verteilten Planens und der verschiedenartigen Arten der Wechselwirkungen (Kooperation, rationale Konkurrenz und destruktive Konkurrenz) sind bei /Levi 87a/ zu finden. Es ist die Rolle eines einzelnen Agenten, die er im Verbund mit anderen Agenten spielen muß, die den Planungs–zyklus eines einzelnen Agenten beeinflussen. Zusätzliche, geeignete Approximationen (Abstraktionen) müssen verwendet werden, um die *Vollständigkeit* (eigene Lösungsaspekte werden ignoriert), die *Genauigkeit* (einige Lösungsparameter werden nicht exakt bestimmt), und die *Zuverlässigkeit* (einige unterstützende oder widersprechende Fakten werden nicht berücksichtigt) eines Planes zu verändern, damit vorgegebene Zeitschranken eingehalten werden können /Lesser 88/. Die folgenden drei wesentlichen Typen von Approximationen sind möglich:

1    Approximation der Planungsstrategie (Reduktion des Lösungsraumes)
2    Approximation der Daten (abstrakte Sicht der Interpretationsdaten)
3    Approximation der Zielvorgaben (Lockerung der Restriktionen).

Die erste Approximation wird benutzt, um die strategischen Planungen eines Agenten an seine globale, kollektive Rolle (Organisationsprinzip) anzupassen. Die beiden restlichen Approximationen braucht ein Agent für seine taktischen Planungen.

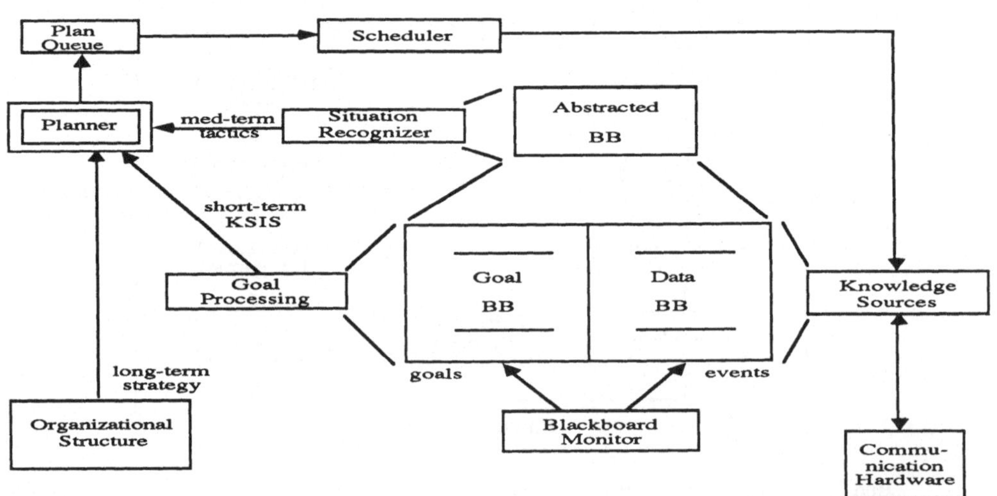


Bild 3:    Blackboard-orientierte Grundstruktur eines Agenten, der im Verbund operiert (Quelle: /Durfee 85/)

Implementiert man einen autonomen Agenten mit Hilfe eines Blackboards, das wie das BB1-System Kontroll- und Metawissen trennt /Johnson 87/, ergibt sich eine Agentenstruktur, die in Bild 3 gezeigt wird. Die drei Planungsebenen von Bild 1 sind der Einfachheit halber zu einem Block zusammengefaßt worden.

Die Organisationsstruktur liefert die Approximation der Lösungsstrategien. Der "situation recognizer" führt die Datenapproximation durch und vereinigt sie mit der Zielapproximation (goal processing) zu einer neuen, gemeinsamen Approximation (abstracted BB).

Der Basiszyklus des strategisch und taktischen Planens wird in Bild 4 gezeigt.

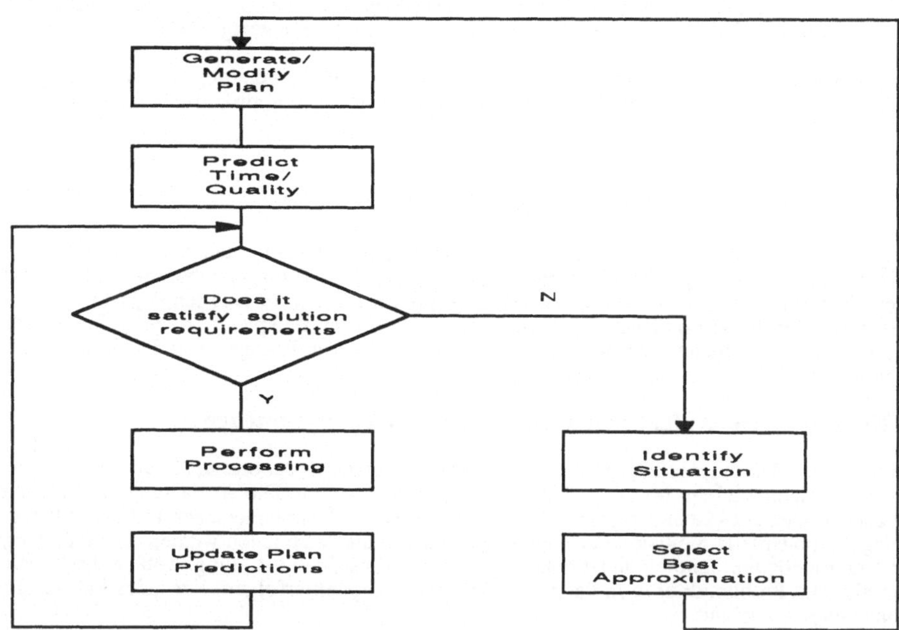


Bild 4:   Approximierender Planungszyklus eines Agenten bei dem verteilten Planen

Die Verknüpfung zwischen den oben erwähnten Approximationen kann an einer Interpretationsaufgabe einfach verdeutlicht werden. Ein Fahrzeug befinde sich im Verbund mit anderen Fahrzeugen (Fertigungshalle, Straßenverkehr) und will kollisionsfrei und sensorgestützt (keine Koppelnavigation) zu einem bestimmten Endpunkt fahren. Der taktische Planer (Navigator) erhält beispielsweise die folgende Zielvorgabe: *Bestimme innerhalb deines Navigationsbereiches in 2 Sekunden sämtliche Fahrzeugtypen, ihre Positionen und die Bewegungsparameter dieser Fahrzeuge. Bestimme die Bewegungsparameter derjenigen Fahrzeuge, die im Kollisionsbereich liegen mit höchster Genauigkeit.* Die ideale Antwort der Überwachungskomponente würde lauten: *Fahrzeugtyp $t_1$ befindet sich bei $s_1$ und bewegt sich mit der Geschwindigkeit $v_1$ in Richtung $d_1$, etc. Im Kollisionsbereich befindet sich Fahrzeug $t_3$ mit dem Parametersatz ($s_3$, $v_3$, $d_3$).*

Mobile Systeme sind gegenwärtig nicht in der Lage, in sekundenschnelle solche präzisen Antworten zu liefern. Die Entscheidungskomponente (Kritiker) nimmt die ursprüngliche Zielvorgabe und schwächt sie ab, da sie Abschätzungen über die reale Dauer von Interpretationsaufgaben und die gegenseitige Abhängigkeit hat. Der Plan wird modifiziert. Der neue Plan vermindert die Vollständigkeit (bestimmte Fahrzeuge fehlen), die Genauigkeit (ungefähre Position, Geschwindigkeit und Richtung) und die Zuverlässigkeit der Beobachtung (andere Fahrzeuge können vorhanden sein). Durch diese Reduktionen der Planungsrestriktionen ist die Zeitvorgabe von 2 Sekunden einzuhalten. Eine entsprechende Lösung fällt dann wie folgt aus: *Wahrscheinlich existiert Fahrzeug $t_3$ nahe $s_3$, es bewegt sich zwischen den Geschwindigkeitsgrenzen $v_3$ min und $v_3$ max in Richtung $d_3$. Andere Fahrzeuge könnten vorhanden sein.*

Ein Planer und sein Kritiker dürfen Approximationen nur so verwenden, daß die beiden folgenden Bedingungen erfüllt sind:

1   Approximationen müssen einen wohldefinierten Einfluß auf die Planungscharakteristika (Zeit, Vollständigkeit, Genauigkeit und Zuverlässigkeit) haben, damit bestimmt werden kann, ob die Approximationen das Ziel noch erfüllen.

2   Exaktes und approximierendes (qualitatives) Planen müssen ineinander überführbar sein. Somit kann das strategische Planen durch die schrittweise Verfeinerung der Approximationen in taktische Planvorgaben überführt werden. Kurzzeitige Aktionen des nächsten Planschrittes können detailliert spezifiziert werden. Hierdurch werden Planung und Ausführung eng miteinander verknüpft. Dies ist für die taktische Planungsebene besonders von Bedeutung, da das zurückstellende Planen gerade für diese Abstraktionsebene geeignet ist.

Im nachfolgenden Abschnitt wollen wir uns an Hand von zwei Anwendungsbeispielen einige Charakteristika des verteilten und des in diesem Abschnitt beschriebenen approximierenden Planens verdeutlichen.


# 3   ANWENDUNGEN

Das erste Beispiel verdeutlicht eine elementare Form (keine Agentenkommunikation, keine Sensorik, keine Approximation) der strategischen Planung für eine "Flotte" von Transportrobotern. Im zweiten Beispiel werden die drei im vorigen Abschnitt erwähnten Approximationen für eine sensorgestützte, kooperative Beobachtung von Fahrzeugbewegungen vorgestellt. Ein drittes Beispiel wäre das reflexive Planen für elementare, sensorgestützte Montageaufgaben für einen Zweiarm-Roboter. Details hierzu sind bei /Levi 87b/ zu finden.

## A   Kollisionsfreie Aufgabenzuweisung für Transportfahrzeuge

Wir nehmen an, daß in einer Fertigungshalle n autonome Transportroboter m Arbeitsstationen kollisionsfrei mit unterschiedlichem Material (Eignung) beschicken sollen. Die Auslastung der Fahrzeuge muß ausgeglichen sein. Dies ist eine typische Aufgabe für einen CIM-Strategieplaner. Dabei soll bereits bei der Planung die potentielle Kollision der Fahrzeuge entdeckt und vermieden werden. Die Fahrzeuge sollen keine Kommunikation untereinander haben, daher kann dies als ein Routing Problem behandelt werden /Chen 87/. Die Problemdefinition kann mit Hilfe von Graphen erfolgen. Für jedes Fahrzeug wird ein Routing Graph aufgebaut.

Die Knoten beschreiben die jeweiligen Positionen der Arbeitsstationen und die Startposition des Vehikels. Die Kanten definieren die Fahrzeit zwischen den Arbeitsstationen oder der Startposition und jeder Arbeitsstation. Die Attribute in den Arbeitsstationenknoten stellen die jeweiligen Verarbeitungszeiten dar.

Die Fahrzeiten zu und zwischen den Arbeitsstationen können  für die einzelnen Fahrzeuge verschieden sein. Sämtliche Verarbeitungszeiten und Transportdauern werden in zwei Kostenmatrizen festgehalten. Sie definieren in einem ersten Ansatz die Kostenfunktion (Verarbeitungszeiten, Transportdauern). Diese Matrix wird benutzt, um für jedes Fahrzeug einen Routing Graphen aufzubauen. Die Aufgabenzuweisung (ohne Kollisionsvermeidung) kann durch einen Suchbaum, der mit dem A* Algorithmus durchsucht wird, dargestellt werden. Beginnend mit der ersten Arbeitsstation wird jede Arbeitsstation zuerst einmal sämtlichen Fahrzeugen zugeteilt. Die Bewertung der Expansion der einzelnen Knoten im Lösungsbaum erfolgt mit Hilfe der einzelnen Routing Graphen.

Die bisherige Suche schloß noch keine Kollisionsbetrachtung mit ein. Bild 5 zeigt die möglichen Kollisionen auf (Gegenverkehr). Die Kollisionszone ist der Schnitt (Rechteck) zwischen der Route i und j. Die Zeit $t_i$ ist die Ankunftszeit von $v_i$ in der Mitte der Kollisionszone.

Kollisionen werden wiederum mit Hilfe des A* Algorithmus bestimmt. In diesem Fall wird die neue Kostenfunktion: minimale Transportdauer für ein Vehikel, um die Kollisionszonen zu passieren, verwendet. Wird eine potentielle Kollision detektiert, so wird das Vehikel angehalten, das noch nicht in der Kollisionszone ist (FIFO-Strategie). Die Knoten des Suchbaumes enthalten mögliche Kollisionen (Kollisionsmatrix). Die Kanten werden durch die oben genannte Kostenfunktion minimiert.

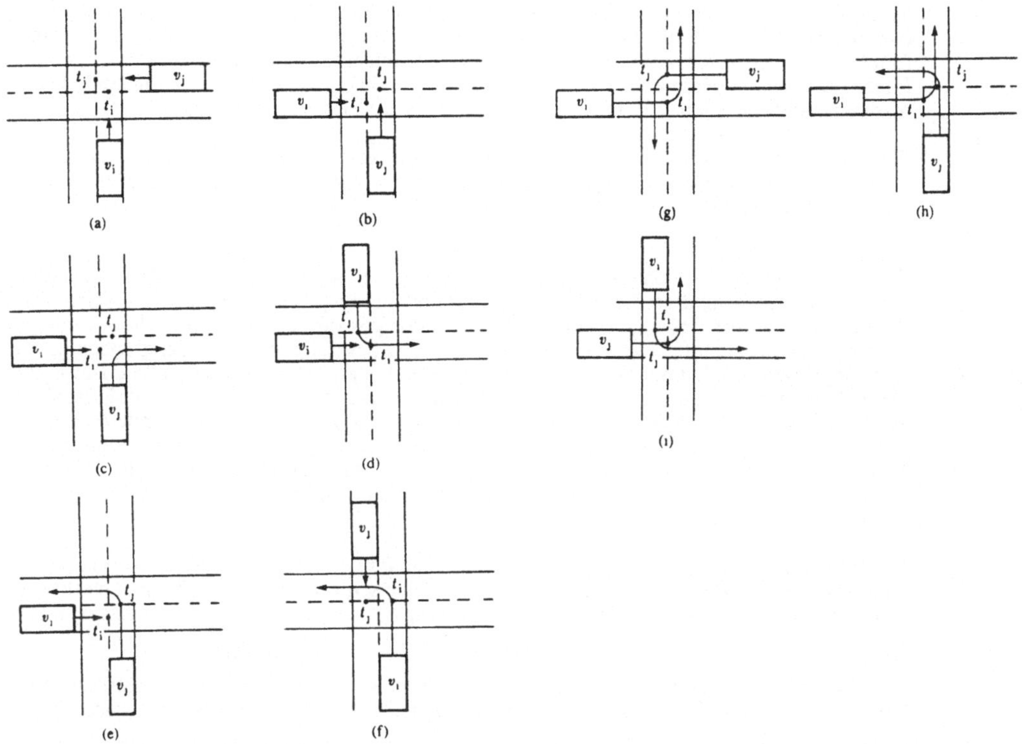

Bild 5:  Mögliche Kollisionen, falls Gegenverkehr existiert und kein Spurwechsel stattfindet und keine Kolonnen gebildet werden (Kettenkollision)

Die strategischen Planungen verliefen in diesem Beispiel ohne Sensorunterstützung. Die gesamte Ausweitung der Sensorauswertung wird vor allem auf die taktischen Planungsebenen (reales Hindernisumfahren) verlagert. Der Gebrauch der Sensorik auf der strategischen Planungsebene und die Verwendung von Approximation wird im nächsten Anwendungsbeispiel aufgezeigt.

## B  Kooperative Beobachtung von Fahrzeugbewegungen

Die Aufgabe besteht darin, n autonome Agenten (n =2, 4, 10) als sensorgestützte Beobachter (akustisch) einer Fahrzeugkolonne einzusetzen, um durch die kommunikationsgestützte Kooperation dieser Agenten eine möglichst zuverlässige Szeneninterpretation zu erhalten. Jeder dieser Agenten hat intern eine Struktur, wie sie in Bild 3 gezeigt wurde. Ein Agent erzeugt seine eigene Hypothese über die Kolonnenparameter (Ort, Gruppierung, Richtung etc.) und tauscht sie mit allen anderen Agenten aus. Die am besten bewertete Einzelhypothese wird dann von allen als korrekte Lösung akzeptiert. Details dieser verteilten Lösungsfindung sind bei /Durfee 85/ zu finden. Bevor bei dieser Lösungsfindung die zuvor ausgewählten Approximationen angewendet werden, muß der Planer (Kritiker) bestimmen, welche Approximationen ausgewählt werden sollen. Die folgenden Approximationen stehen zur Auswahl:

1    *Approximierende Planungsstrategie*
      Ein Zeitgewinn ist vor allem durch die Elimination von irrelevanten Alternativen bei dem Suchverfahren gegeben. Diese Elimination muß einen genau abschätzbaren Einfluß auf die Planungsqualität haben (Reduktion der Zuverlässigkeit). Daher sind sich gegenseitig unterstützende Interpretationen und sich widersprechende Interpretationen für die Elimination besonders geeignet. Der erste Fall tritt z.B. auf, wenn die Hypothese über die Gruppierung von Fahrzeugen (Kolonne) nur durch solche Sensordaten untermauert wird, die zu verschie-

denen Zeiten aufgenommen worden sind und nicht zu konsistenten Aussagen (z.B. über den Fahrzeugtyp) führen. Falls zwei benachbarte Sensorauswertungen zu konsistenten Aussagen führen, wird die Information einer dieser beiden Sensoren nicht mehr weiter verwendet. Interpretationen widersprechen sich, wenn sie durch sich gegenseitig ausschließende Ereignisse unterstützt werden (z.B. ein Fahrzeug an zwei verschiedenen Stellen).

Eine alternative Interpretation kann auch dann eliminiert werden, wenn sie weniger zuverlässig ist als die am besten bewertete Interpretation, nachdem sämtliche Sensordaten ausgewertet worden sind.

2    *Datenapproximation*
Es gibt zwei Möglichkeiten, die Anzahl der Aktionsalternativen durch Datenabstraktionen zu verringern: unvollständige Ereignisbearbeitung und Häufung (clustering). Zum Beispiel sind die Position und die Bewegung eines großen Fahrzeuges für den Kollisionsschutz wichtiger als die gleichen Daten für kleinere Fahrzeuge. Daher ist es, falls sehr enge Zeitgrenzen gesetzt sind, angebracht, zuerst nur den Fahrzeugtyp zu detektieren. Die Position und die Bewegung des Fahrzeuges können vorläufig ignoriert werden. Ist es dann noch evident, daß das Fahrzeug klein ist, dann brauchen diese Daten nicht weiter analysiert werden. Ein anderes Beispiel der unvollständigen Ereignisbearbeitung ist bei der Führung der einzelnen Fahrzeuge eines Konvois zu finden. Um Kollisionen zu vermeiden, ist es wichtiger, die aktuelle Fahrzeugbewegung zu kennen, statt die komplette Karte der Fahrzeugbewegungen über alle beobachteten Zeitpunkte zu erstellen.

Die Häufung einzelner Daten zum Zwecke der gemeinsamen Charakterisierung ist immer dann angebracht, wenn z.B. neben korrekten Signalen viele schwach detektierte Signale vorhanden sind. Die Datenhäufung hat eine höhere Zuverlässigkeit als jeder einzelne Punkt dieser Gruppierung.

Die Datenapproximation ist immer dann ein tauglicher Ansatz, die Anzahl der Restriktionen zu verringern, wenn die Zuverlässigkeit einer Lösung höher bewertet wird als ihre Genauigkeit.

3    *Approximation der Zielvorgaben*
Es gibt zwei Ansätze Zielvorgaben, zu approximieren. Im ersten Fall werden in Abhängigkeit von der Zielsetzung geeignete Datenapproximationen bestimmt. Entsprechendes Wissen kann z.B. dazu verwendet werden, um globale Restriktionen zu vermindern, falls bestimmte Ereignisse unberücksichtigt bleiben. So kann bei der Beobachtung einer Fahrzeugkolonne vorerst auf die Beschleunigungsrestriktionen verzichtet werden. Der Preis hierfür liegt in einer Reduktion der Genauigkeit.

Im zweiten Fall wird eine Folge von Teilzielen zu einem einzigen übergeordneten Ziel kombiniert. Typisch für diesen Ansatz ist das Überspringen einzelner Verarbeitungsschritte. Üblicherweise erfolgt die Fahrzeugüberwachung in zwei Schritten. Zuerst werden korrelierte akustische Signale gruppiert, danach wird ein Fahrzeug durch die charakteristischen Merkmale dieser Signalgruppen identifiziert. Im Gegensatz hierzu kann versucht werden, keine Signalgruppierungen vorzunehmen und direkt in einem Schritt aus den einzelnen Signalen das Fahrzeug zu identifizieren. Der Nachteil dieses Ansatzes liegt darin, daß durch die Eliminierung von Zwischenresultaten die Möglichkeit, die Zuverlässigkeit zu steigern, (z.B. durch sich gegenseitig unterstützende Daten), verloren gehen kann.

# 4    AGENTENMODELL FÜR VERKEHRSSZENEN

Jeder autonome Agent versucht, so individuell wie möglich zu operieren. Operiert er im Verbund mit anderen Agenten (z.B. Straßenverkehr), so muß er sich anpassen; d.h. er muß seinen individuellen Fähigkeiten entsprechend eine bestimmte Rolle bei der kollektiven Planung und bei der Plandurchführung "spielen". Die äußere Rollenzuteilung kann zu Konflikten mit den internen Zielen eines Agenten führen. Die Auflösung dieser Zielkonflikte und die kollektive Rollenzuteilung sollen durch eine wechselseitige Kommunikation und Absprache stark unterstützt werden. Die Kommunikation ist auch das Instrument, um konsistente Umweltbeschreibungen zu generieren. Ein autonomer Agent setzt sich daher intern aus den drei folgenden Blöcken zusammen /Huhn 88/:

a **Individuelle Fähigkeiten**
• individuelles Verhalten
• Aufgabendurchführung
• Betriebsmittelverwaltung
• Restriktionsmanipulation

b **Kollektive Rolle (Organisationsprinzip)**
• Eignung
• Aufgabenzuteilung
• kollektives Verhalten (Rollen, Kooperationsstrategien)
• Auflösung von Zielkonflikten (individuelle, kollektive Ziele)

c **Kommunikation**
• Kommuniaktionsmuster
• Nachrichteninhalte
• Kommunikationstechniken (z.B. synchron, asynchron)
• Kommunikationsmedium (Sprache, Sensoren).

Sowohl für die individuellen Fähigkeiten als auch die kollektive Rolle ist das Verhalten eines Agenten ein wesentliches Element. Wir bezeichnen dabei die Transformation, die Ziele in aufgabenbezogene Aktionen überführt (z.B. auffahren, überholen, einfädeln etc.), als *Verhalten*. Diese Definition ist hierarchisch; d.h. das Verhalten auf einer Ebene kann als Primitiv für die nächst höhere Ebene betrachtet werden. Ein Verhaltensbaum, der als ein UND/ODER Baum definiert wird, faßt alle möglichen Verhaltensmuster eines Agenten zusammen. Bild 6 zeigt einen solchen Baum für den Fall eines Autofahrers. Er definiert in seiner Gesamtheit einen Plan (verhaltensbasiertes Planen) für die taktische (Fahrmanöver) und reflexive (Geschwindigkeitsänderung) Ebene.

Ein Knoten in diesem Baum beschreibt die einzelnen Verhaltensmuster, die ein Agent durchzuführen in der Lage ist. Ein Agent kann sich gleichzeitig in mehreren prototypischen Situationen befinden, daher kann er simultan mehrere Rollen (aktiv, passiv) innehaben. Pro Ebene von Bild 6 ist allerdings nur eine Rolle möglich. Die gleichzeitigen Rollen eines Agenten werden in seinem Rollenbaum festgehalten (Bild 7). Die Marke definiert, welche Rolle aktiviert ist. Diese Rollen werden durch natürlichsprachliche Aussagen beschrieben. Das Verb (z.B. überholen) definiert die Rolle, der Tiefenkasus die zugehörige semantische Situationsspezifikation. Die Gesamtheit aller einzelnen Rollen definiert die aktuelle Verkehrsszene auf der Verhaltensebene.

Jeder Knoten von Bild 6 ist autonom. Dies hat zur Folge, daß für jeden Knoten auf der taktischen Ebene die vier Phasen Planung, Entscheidung, Ausführung und Überwachung zur Anwendung kommen. Auf der reflexiven Ebene wird dieser Zyklus nur durch die beiden zuletzt genannten Phasen aufgebaut. Die eingangs erwähnten drei Funktionsblöcke werden durch die Planungs-/Aktionsmodule (Autonomiemodule) realisiert.

Intern werden diese vier Phasen wie folgt hierarchisch durch Nachrichtenaustausch durchlaufen. Der Planer einer höheren Verhaltensebene (z.B. überholen) läßt sich von den unteren Planern (z.B. ausscheren, passieren, einscheren) Spezifikationsdaten wie Kosten und Betriebsmittel für seine Verhaltenspläne geben. Danach vergibt die Entscheidungskomponente des "Überholknotens" Bewertungsaufträge an die äquivalenten unteren Komponenten, um durch die Rückantworten die Auswahl der zuvor erhaltenen Spezifikationen zu treffen. Nach diesem Muster arbeiten auch die Ausführungs- und Überwachungskomponeten.

Wesentlich für dieses Agentenmodell ist auch die Art der Modellbildung. Wir unterscheiden drei Ebenen der Datenabstraktion: Umweltmodell (Fakten), semantisches Modell (benötigte Betriebsmittel) und Verhaltensmodell. Das Umweltmodell enthält neben den allgemeinen Fakten (z.B. Straßenkreuzung) vor allem diejenige Sicht der Umwelt, die einzelne Agenten interessiert (z.B. potentielle Kollisionen, Distanz zum Vordermann).

Das semantische Modell definiert die aufgabenbezogene Sicht der Fakten durch einen Agenten. Diese semantische Beschreibung der Umwelt operiert mit Betriebsmitteln. Betriebsmittel sind vor allem Gefahrenbereiche und die Zeit. Die Verwendung von Betriebsmitteln wird durch Restriktionen bestimmt. Das Verhalten eines Agenten wird stark durch diese Restriktionen bestimmt (z.B. abbremsen, voll bremsen). Die Zeitrestriktionen bestimmen den Rahmen, der für das approximierende Planen erlaubt ist. Dieses

Planen ist besonders geeignet, so schnell wie möglich mit Neuplanungen zu beginnen, falls unerwartete Ereignisse auftreten. Mit Hilfe dieser Betriebsmittelrestriktionen wird nicht nur das Verhalten eines Agenten bestimmt, sondern auch der Übergang von der Individualität zur Kooperation. So kann ein synchrones Verhalten (z.B. hintereinanderfahren) durch das gemeinsame Interesse, ein Betriebsmittel effizient zu nutzen, erzeugt werden (Interessensgruppe).

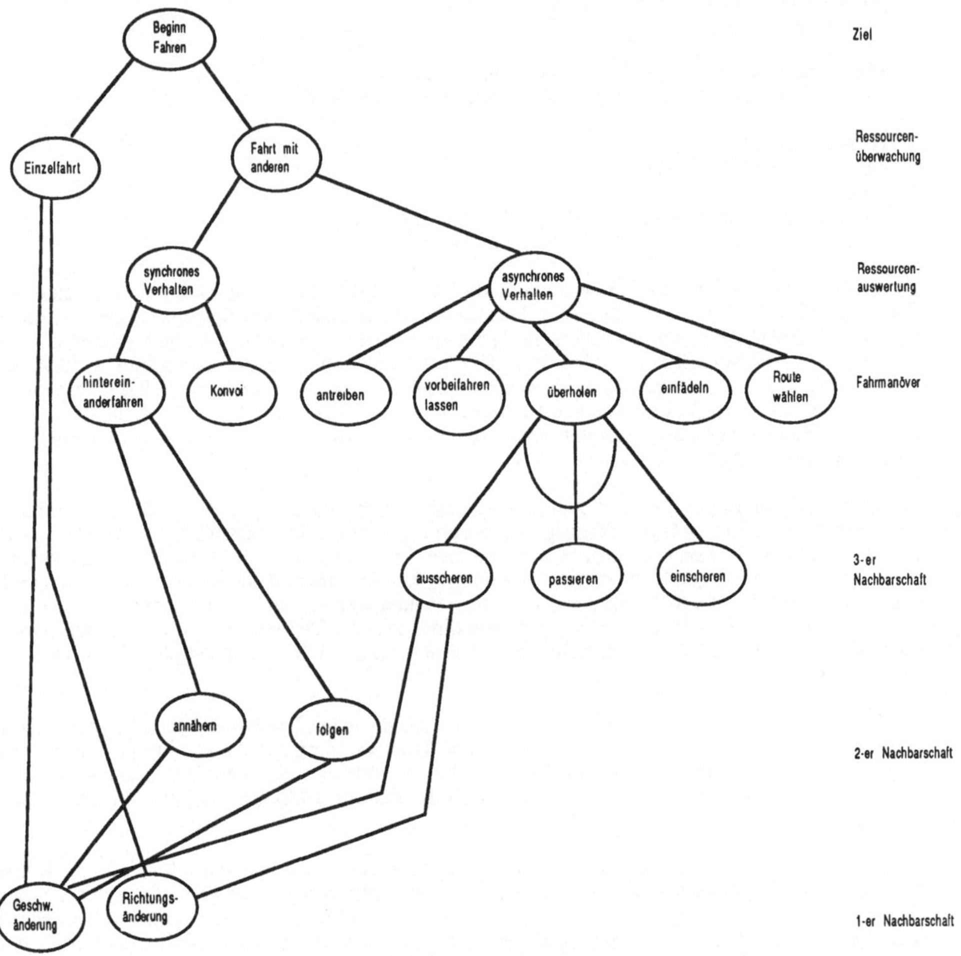


Bild 6:    Verhaltensbaum (U/O-Baum) eines autonomen Agenten im Straßenverkehr

Das Verhaltendsmodell ist in zwei Hauptblöcke gegliedert: Verhaltenssituation und verhaltenorientiertes Weltmodell. Eine Verhaltenssituation definiert den Kontext, in dem bestimmte Rollen angewendet werden können. Sie setzt sich aus den folgenden drei Komponenten zusammen:

-    eine Rolle (bzw. Rollenbaum), die ein geeignetes Verhaltensmuster anstoßen
-    Betriebsmittel, mit deren Hilfe die Restriktionen, die einer bestimmten Rolle zugeordnet sind, überwacht werden
-    Verhalten, das ein Ziel realisiert.

So wird z.B. die Situation: $A_1$ überholt $A_2$ bei Gegenverkehr $A_3$ durch das Verhalten "überholen", durch zwei Betriebsmittel (Kollisionszonen für Auffahr- und Frontalkollision) und durch die folgenden drei Rollen der beteiligten Agenten beschrieben. $A_1$ überholt $A_2$, $A_2$ wird von $A_1$ überholt, $A_3$ kommt $A_1$ und $A_2$ entgegen.

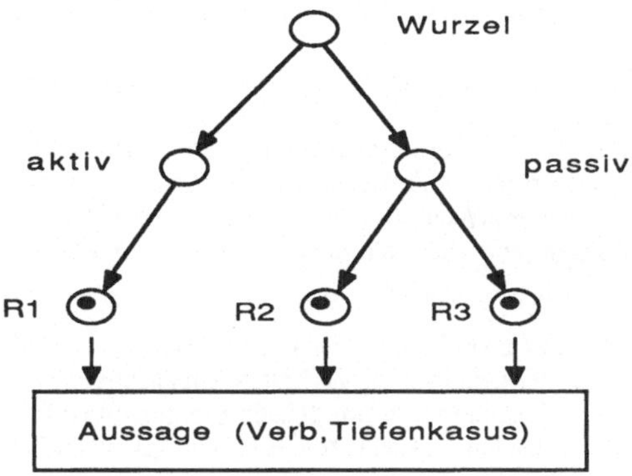


Bild 7:     Rollenbaum eines Agenten

Das verhaltensorientierte Weltmodell stellt eine Analyse des Situationsmodelles im Hinblick auf die Betriebsmittelrestriktionen dar. Diese Restriktionen stellen sicher, daß ein Verhaltensmuster erfolgreich abgeschlossen werden kann. Die kritischen Grenzen (z.B. Auffahr- und Frontalkollision), die dem Betriebsmittel zugeordnet werden, dienen als Trigger, um das geplante Verhalten eines oder mehrerer Agenten zu modifizieren. Dies bedeutet, daß nicht nur die Zeit,sondern auch z.B. der Sicherheitsabstand als kritische Betriebsmittel betrachtet werden.

Im einzelnen enthält das verhaltenorientierte Weltmodell die folgenden Eintragungen:

- den Standardablauf des Fahrmanövers
- die Rollen im kollektiven Fahrverhalten
- die Phasen des Fahrmanövers
- die Entscheidungsbedingungen für Beginn, Abbruch oder Ende eines Fahrmanövers oder einer Phase
- die kritische Situation eines Manövers, wenn der Sicherheitsabstand verletzt zu werden droht
- die Optimierungsgrößen zur Vermeidung der kritischen Situation
- die Vorgaben an das Fahrmanöver von der Fahrtdurchführung
- die Freiheitsgrade des Manövers, die den Spielraum der Individualität des Manövers angeben und über die es verfügen kann ohne unmittelbar in die krititsche Situation zu geraten
- das Fahrverhalten, das die individuellen und/oder kollektiven Momente des Manövers aufzeigt.
- die physikalischen Bedingungen, die im Fahrmanöver gelten und die zu den Entscheidungsbedingungen und den kritischen Situationen beitragen sowie
- die Kommunikation zwischen den Agenten.

Ganz wesentlich für unseren Ansatz ist die Kommunikation zwischen den einzelnen Agenten, um eine korrekte Globallösung zu finden. Wir wenden uns diesem Punkt im folgenden Abschnitt zu.

# 5   VERHALTENSORIENTIERTE KOMMUNIKATIONSMUSTER

Unser Agentmodell zeichnet sich durch die Anwendung der Kommunikation bei der Problemlösung aus. Diese Kommunikation ist jedoch stark durch das gewünschte Verhalten geprägt. So sieht das Kommunikationsmuster z.B. für "überholen" anders aus als für "hinterherfahren". Der Sicherheitsabstand ist das wesentliche Betriebsmittel bei der Durchführung der Fahrmanöver. Der Reaktionsabstand ist ein kontextabhängiger festgelegter Sicherheitsabstand. Beide Betriebsmittel werden zur Entscheidungsfindung

(Bewertungskriterien) benötigt. Eine Entscheidung findet separat nach jeder einzelnen Nachrichtenübertragung statt.

Wir verdeutlichen uns Kommunikationszeitpunkte und Inhalte der Nachrichten bei dem Überholen. Bei diesem Verhaltensmuster können drei Agenten beteiligt sein ($A_1$, $A_2$, $A_3$). Die Rollen seien wie folgt verteilt: $A_1$ = Hintermann, $A_2$ = Vordermann, $A_3$ = Gegenverkehr.

$A_1$ eröffnet die Kommunikation, indem er $A_2$ mitteilt, daß er ihn überholen will. Gleichzeitig teilt $A_1$ dem Objekt Straße seine Überholungsabsicht mit und fordert eine Liste des Gegenverkehrs ($A_3$ ... $A_n$) an. Danach wird $A_3$ von $A_1$ aufgefordert, seine Position und Geschwindigkeit mitzuteilen und $A_3$ wird von der Überholabsicht von $A_1$ informiert. Jede Beschleunigung von $A_3$ wird von ihm an $A_1$ mitgeteilt. $A_1$ teilt dann $A_2$ sequentiell mit, daß er ausschert, passiert und wieder einschert. Nach dem Einscheren ist der Überholvorgang abgeschlossen und die geänderte Reihenfolge zwischen $A_1$ und $A_2$ wird von der "Straße" festgehalten.

Beim Hinterherfahren werden nur zwei Rollen "vergeben", $A_1$ sei Hintermann und $A_2$ sei Vordermann. $A_1$ übermittelt seinen Wunsch der synchronen Verhaltensanpassung. Danach übermittelt $A_2$ an $A_1$ seine Geschwindigkeit. $A_1$ wiederum beschleunigt, um danach mit derselben Geschwindigkeit wie der Vordermann weiterzufahren. Während der Fahrt wird jede Geschwindigkeitsänderung von $A_2$ von ihm an seinen Hintermann übermittelt.

Diese beiden Verhaltenmuster verdeutlichen bereits, welche Planungs- und Entscheidungsschritte nach jeder einzelnen Kommunikation notwendig sind. Jeder Einzelschritt des Verhaltensmusters ist vorgeplant. Die Entscheidung, den jeweiligen Verhaltensschritt durchzuführen oder nicht, hängt von der Zeitschranke und den Betriebsmittelrestriktionen ab. Das approximierende Planen ist geeignet, auf diese Restriktionen rechtzeitig und flexibel zu reagieren.


## 6  IMPLEMENTIERUNGSANSÄTZE FÜR AGENTEN

Gegenwärtig konkurrieren zwei Implementierungstechniken miteinander, um ein Agentenmodell, wie es z.B. im vierten Abschnitt aufgezeigt wurde, zu implementieren. Zum einen bietet sich das Blackboardkonzept an (vergl. Bild 3), zum anderen die konkurrierende objektorientierte Programmierung (OOP).

Ein Blackboard eignet sich, Agenten zu implementieren, da es in hierarchischer Form Teillösungen aufbaut und sie zu globalen Lösungen z.B. mit Hilfe von Approximationen selektiv verknüpft. Dieser Kombinationsprozeß benutzt Restriktionen, um konsistente Lösungsalternativen zu erzeugen und inkonsistente Alternativen zu eliminieren. Dieses Konzept ist ereignisorientiert. Nicht nur jedes Sensorsignal, sondern vor allem das Erstellen einer Teillösung (Teilinterpretation) ist ein Ereignis. Alle Wissensquellen, die von Ereignissen abhängig sind, werden von einer zentralen Stelle (Blackboardmonitor) aufgerufen, um dieses Ereignis zu verwerten. So lange eine Wissensquelle allerdings arbeitet, kann sie nicht unterbrochen werden. Als Konsequenz ergibt sich die Forderung nach Wissensquellen mit kurzer Laufzeit. Dies wiederum hat zur Folge, daß zusätzlicher Aufwand notwendig ist, um aus den minimalen Teillösungen größere Lösungsalternativen aufzubauen. Wir bevorzugen daher die OOP.

Die OOP ist ebenfalls ereignisorientiert. Jede übermittelte Nachricht ist ein Ereignis. Jeder Knoten von Bild 6 ist ein Objekt, das über externe Kommunikationsports verfügt. Dieses Objekt ist ein Prozeß, der interne Zustände hat (endlicher Automat) und durch externe Ereignisse synchronisiert wird /Georgeff 86/. In unserem Fall stoßen diese Ereignisse ganz bestimmte Verhaltensmuster an. Die OOP geht, wie das klassische Beispiel von Smalltalk zeigt, von sequentiellen Objekten aus. Die neueren Ansätze konzentrieren sich jedoch auf konkurrierende (parallele) Objekte /Yonezawa 87/.

Konkurrierenden Objekte (Prozesse) können auf zwei verschiedene Arten die Codeorganisation und die Codeteilung realisieren. Gemeint ist das Delegationsprinzip (induktiver Ansatz) und die Vererbung (deduktiver Ansatz). Das erste Prinzip bildet eine Basis des Actor-Modells /Agha 87/. Das zweite Prinzip ist z.B. bei Smalltalk (bzw. Concurrent Smalltalk) und bei dem Flavors-Ansatz (Symbolics-Maschine) implementiert. Das Vererbungsprinzip ist mit der synchronen Kommunikation gekoppelt und eignet sich für die Planungs- und Modellierungsphase eines n-Agenten Systems. Das Delegationsprinzip ist mit der asynchronen Kommunikation gekoppelt und ist dann angebracht, wenn es um die Aktionsdurchführung geht. Daher wurde von uns die Kombination dieser beiden Ansätze gewählt. Auf einer Symbolics

Maschine (3620) ist der vorhandene Vererbungsmechanismus um konkurrierende Prozesse (asynchrone Kommunikation) erweitert worden. Jedes der im Verhaltensbaum gezeigten Verhaltensmuster ist als eigenständiger Prozeß implementiert. Die Synchronisation und Kommunikation zwischen diesen Prozessen erfolgt nachrichtenorientiert. Der Aufbau der drei Modellebenen (vergl. Abschn. 4) erfolgt mittels der Expertensystemschale KEE. Diese Schale wird auch benutzt, um die Karten der zu befahrenden Wegstrecken zu erzeugen.

Die Simulation unseres Agentenmodelles (Verkehrsverhalten) erfolgt in der zuvor genannten Entwicklungsumgebung. Zu Beginn kann der Anwender ein beliebiges Straßennetz (Karteneditor) aufbauen. Danach werden einzelne Agenten mit unterschiedlichen Fahrzielen und Verhaltenswerten (z.B. passiv oder aggressiv) in den Verkehr "gebracht". Je nach Fahrweise und Bestimmungsort des Agenten beginnen einzelne Agenten z.B. hintereinander zu fahren, zu überholen, etc. (vergl. Verhaltensbaum). Diese Fahrmanöver erfolgen stets auf der Basis von Kommunikationsmustern, wie sie im vorigen Abschnitt beschrieben worden sind. Dieser Individualverkehr wird durch die lokalen Ziele jedes einzelnen Agenten bestimmt. Für Notfälle, z.B. Krankenwagendurchfahrt, müssen sich die einzelnen Agenten globalen Verhaltensregeln (z.B. hintereinanderfahren oder rechts anhalten) unterwerfen.

Die zeitlichen Abläufe in unserem Simulationssystem bewegen sich etwa zwischen 30 und 60 Sekunden (und mehr), bis eine Entscheidung, ein Fahrmanöver durchzuführen (z.B. überholen), aufgrund der Kommunikation mit den anderen beteiligten Agenten gefällt wird. Ähnliche zeitliche Größenordnungen treffen auch für das bereits zuvor erwähnte Blackboard-orientierte kooperative Interpretieren zu.

Gegenwärtig sind daher beide Implementierungsansätze noch nicht in der Lage, in Realzeit zu operieren. Sie erscheinen somit vielmehr als paradigmatische Implementierungen, die bestimmte Grundkonzepte des verteilten Planens unterschiedlich realisieren.

## Danksagung

Die Entwicklung des hier vorgestellten Agentenmodelles und der Simulation wurden im Rahmen des PROMETHEUS-Projektes (PRO-ART) gefördert. Den Herren A. Huhn, S. Fleischmann und B. Wild bin ich für zahlreiche Diskussionen und für die Implementierungsarbeiten zu Dank verpflichtet.

## REFERENZEN

/Agha 87/     Agha, G.A.: ACTORS: A Model of Concurrent Computation in Distributed Systems, MIT-Press, Cambridge, 1987

/Dowling 87/     Dowling, K. et al.: NavLab: An Autonomous Navigation Testbed, Technical Report, CMU-RI-TR-87-24, 1987

/Durfee 85/     Durfee, E.H.; Lesser, V.R.; Corkill, D.D.: Coherent Cooperation Among Communicating Problem Solvers, COINS Technical Report 85-15, University of Massachusetts, Amherst, 1985

/Georgeff 86/     Georgeff, M.P.: The representation of events in multiagent domain, proc. of the 5th AAAI Conf. 70-75, 1986

/Huhn 88/     Huhn, A.; Levi, P.: Conceptual representation of traffic information, Beitrag zum Pro-Art workshop (Prometheus-Projekt), Norrköping, Schweden, Sept. 1988

/Johnson 87/     Johnson, M.V.; Hayes-Roth, B.: Integrating Diverse Reasoning Methods in the BB1 Blackboard Control Architecture, proc. of the 6th AAAI Conf., 30-35, 1987

/Lesser 88/     Lesser, V.R.; Pavlin, J.; Durfee, E.: Approximate Processing in Real-Time Problem Solving, AI Magazine, 46-61, Spring 1988

/Levi 87a/     Levi, P.: Aufgabenorientierte Planung von Montageoperationen für autonome Roboter, Habilitationsschrift an der Fakultät für Informatik, Universität Karlsruhe, Oktober 1987, erscheint im Springer-Verlag

/Levi 87b/    Levi, P.; Majumdar, J.; Wild, B.: Expert System for autonomous handling of assembly operations, 9th Intern. Conf. on Production Research (ICPR), Cincinnati, Ohio, 2395 - 2399, 1987

/Schoppers 87/    Schoppers, M.J.: Universal Plans for Reactive Robots in Unpredictable Environments, proc. of the 10th IJCAI, 1039-1046, 1987

/Yonezawa 87/    Yonezawa, A., Tokoro, M. (eds.): Object-Oriented Concurrent Programming, MIT-Press, Cambridge, 1987

# Modeling the Temporal Behavior of Technical Systems

**Rainer Decker**
Advanced Reasoning Methods Group
SIEMENS Corp.
ZT ZTI INF 22
Otto-Hahn-Ring 6
D-8000 Muenchen 83
decker@ztivax.uucp

### Abstract

Many inference-mechanisms that draw conclusions from given facts or measurements using physical relations are based on the propagation of values by constraints. Such inference-mechanisms are often limited in their ability to consider temporal relations. However, the constraint idea also provides a framework for reasoning about temporal behavior. In [Williams86], TCP (Temporal Constraint Propagator), a method for integrating time into constraint systems is presented. In contrast to simple constraint systems, propagated objects are not values but pairs consisting of a value and a time interval, called *episodes*. In our paper we present another system for propagating episodes, EP (Episode Propagator), that overcomes some limitations of Williams' TCP. Because an episode contains information about when a variable adopts a value, temporal behavior can be modeled by propagating  sets of episodes using EP. This paper emphasizes the use of EP in modeling digital and synchronous circuits.

## 1. Introduction

Certain technical systems or solution states of a problem can be described by a set of characteristic parameters, which depend on each other because of the nature of the system or the problem and therefore cannot be choosen arbitrarily. The knowledge representation mechanism of *constraint networks* has been developed in order to describe such dependencies and restrictions formally [Steele80], [Sussman, Steele80]. Constraints form the basis for restricting possible ranges of variables. Moreover, propagation of parameters through constraints allow a system to obtain new knowledge about values of variables.

Many inference-mechanisms that draw conclusions from given facts or measurements using physical relations are based on the propagation of values by constraints  [deKleer, Brown84], [Stallman, Sussman77]. One reason for this is that constraints reflect the component structure of technical systems in a natural way. Such inference-mechanisms, however, are often limited in their ability to consider temporal relations. Because of its general applicability  for problem solving, the constraint idea also provides a framework for reasoning about temporal behavior.

In [Williams86], TCP (Temporal Constraint Propagator), a method for integrating time into constraint systems is presented. In contrast to simple constraint systems, propagated objects are not  values but pairs consisting of a value and a time interval, called *episodes*. In our paper we present another system for propagating episodes, EP (Episode Propagator), that overcomes some limitations of Williams' TCP. Because an episode contains information about when a variable adopts a value, temporal behavior can be modeled by propagating sets of episodes using EP. This paper emphasizes the use of EP in modeling digital and synchronous circuits.

The structure of this paper is as follows: first we motivate the necessity of temporal constraint mechanisms for modeling certain physical or technical systems. Second, a general temporal constraint mechanism is introduced formally. Third, our implementation of such a mechanism, EP (Episode Propagator), is presented. We demonstrate the use of EP in solving problems in the domains of digital logic circuits and VLSI-Processor-Arrays. Finally, possible and necessary extensions of EP will be discussed.

### 2. The Necessity of Integrating Time into Constraints

Many inference-mechanisms based on the propagation of values by constraints are limited in their ability to reason about time. In certain application-areas, however, this cabability is necessary. One such application-area is the domain of *digital logic*: physical delay-times are not considered in the underlying boolean algebra. Therefore, the actual behavior of a combinatoric circuit may differ from its boolean algebra specification.

Example:

The behavior of the logical circuit in Figure 1 can be described by:

$$y = (NAND(x, NOT(NOT(NOT\ x)))) = NAND(x, NOT(x)) = NOT(0) = 1,$$

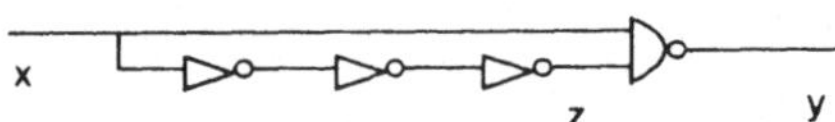


Figure 1

i.e. the output is a logical 1 regardless of the input at x (*static transition*).

Because of real gate delay-times the output is 0 for the duration of $3\tau$ (Figure 2). $\tau$ is the

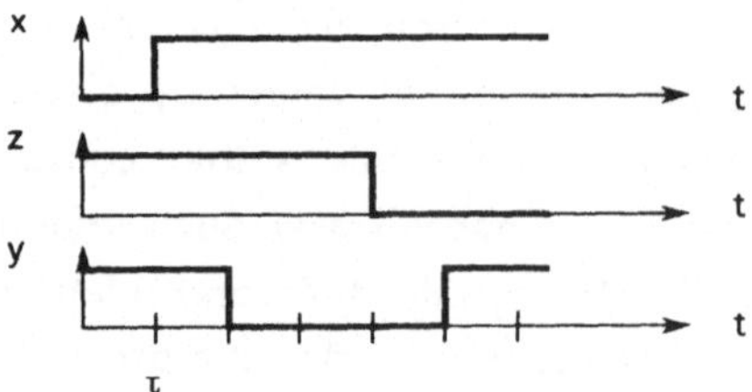


Figure 2

symbol for delay-time. This sort of behavior is called static 0-*hazard*: the logic specifies a static transition, but the real transition is $1 \rightarrow 0 \rightarrow 1$.

It would be straightforward to model this circuit as a simple constraint network in which each constraint corresponds to a logical gate in the circuit. We can deduce the logical behavior of the circuit by assigning all possible combinations of boolean values to the input variables and computing the output values by local propagation. However, this method has the important disadvantage that the real temporal behavior cannot be modeled. Therefore, integration of time into constraints is necessary.

### 3. A general Temporal Constraint Mechanism

In this section we present the representation and inference technique of a general temporal constraint mechanism. Moreover, we describe how temporal information is managed in this system. The ideas of this section originate from [Williams86].

<u>a) Representation of behavior</u>

Definition:
- An *episode* e consists of a value/time-interval pair (val, i)
- $i = i(e)$ is the *temporal extent* of e
- i is bounded by the *lower bound* $t^-(i)$ and the *upper bound* $t^+(i)$, i.e. $i = [t^-(i), t^+(i)]$
- $val = val(e)$ is the *value* of the episode e during i

Definition:
- A *history* $h = (e_1, ..., e_n)$ is a non-overlapping sequence of episodes $e_1, ..., e_n$, i.e. for $i = 1, ..., n$:

  $$t^+(i(e_i)) \leqq t^-(i(e_{i+1}))$$

A history describes the behavior of a state variable over time.
(From the above definition, the values at the bounds of two adjacent episodes are not well defined. In order to avoid this problem, one would have to deal with semi-open intervals. It is assumed, however, that an undefined behavior at isolated time-points only is not essential.)

Example:

Let y be a variable that describes the output-behavior of a logic circuit over time. A history for y could have the form of Figure 3. The history consists of 3 episodes. The first of them is "0 in the interval [0 3]".

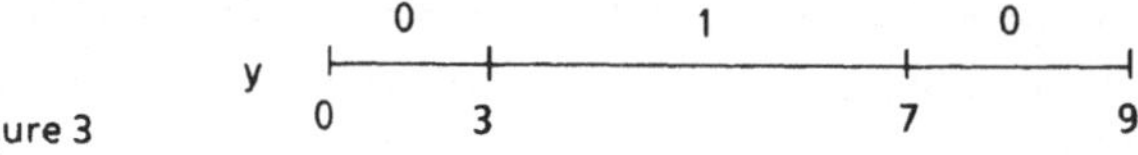

Figure 3

If for a sufficient number of variables of a constraint a value for appropriate time-intervals are given, a new episode can be deduced.

## b) Inference technique

Definition: *basic inference step*

Given a constraint of the form $<$rel, var-list$>$ where var-list is a n-tuple $(v_1, .., v_n)$ of variables with the domain $dom(v_i) = D_i$ and rel is a n-ary relation on $D_1 \times ... \times D_n$. For some variables $v_1', .., v_m'$ of var-list episodes $e_1', .., e_m'$ are given such that for another variable $v_i$ of var-list a value can be derived uniquely by applying rel to values $val(e_1'), ...,$ $val(e_n')$. Then a new episode $e_i$ for variable $v_i$ can be derived in 2 steps:

1) The temporal extent $i(e_i)$ of the episode $e_i$ is the intersection of the temporal extents $i(e_1'), ..., i(e_m')$ of episodes $e_1', .., e_m'$: $i(e_i) = i(e_1') \cap i(e_2') \cap ... \cap i(e_m')$. If this intersection is empty, no new episode is derived.

2) The value $val(e_i)$ of episode $e_i$ can be derived, if we apply relation rel to values $val(e_1'), ..., val(e_n')$ of episodes $e_1', .., e_m'$.

The new episode is assigned to variable $v_i$.

Example:

Given the constraint $<C = A \wedge B, (A, B, C)>$ and episodes (1, [3 7]) and (0, [5 14]) for A and B, the episode (0, [5 7]) is derived for variable C.

The propagator records the dependence of the deduced episode on the current input episodes. This information can be used for explanation, diagnosis etc. Delays between physical parameters can be modeled, if we associate a delay-time with the corresponding constraint.

The propagation process works as follows: Each constraint maps along contiguous parts of the histories of its input variables deducing new episodes using the basic inference step. Each propagation step consists of:

1) applying the basic inference step to a set of input episodes,
2) adding the deduced episode to the history of the output variable, and
3) constructing the set of episodes that are propagated next.

This step is repeated for a constraint until the end of some contiguous part of an input history is achieved. See Figure 4 as an example.

Contiguous episodes with the same values are accumulated before being propagated by other constraints. To achieve the desired behavioral description of a physical system, the propagator constructs a set of histories from the deduced episodes.

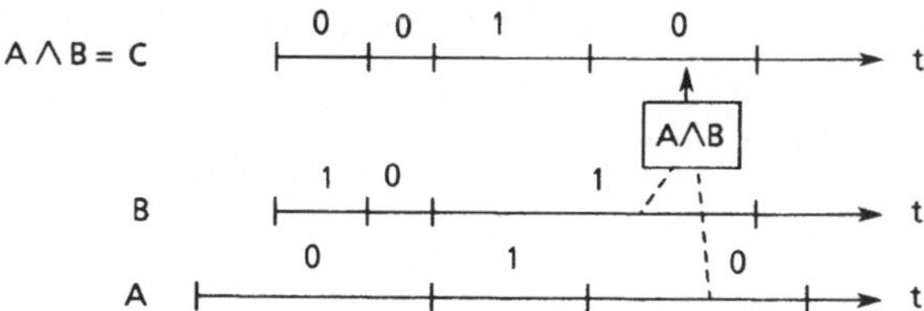



Figure 4

## c) Managing time

To manage and reason about temporal relations between episodes the propagator uses a *time-box*. The propagator asks the time-box when it applies a constraint or embeds a deduced episode into the history of a variable. The demands placed by the propagator on the time-box depend on a) the available temporal information and b) the inference-mechanisms that are necessary to reason about this information. In the domain of digital logic precise information about the time when certain events occur is available. Therefore, to answer questions from the propagator only simple arithmetic is necessary. The separation of inferences about time from the constraint mechanism makes the whole system more easily extensible and conceptually clearer.

## 4. The System EP: Propagation of Episodes

The system EP is a realization of the general temporal constraint mechanism, which was described in the last section. EP overcomes some limitations of Williams' TCP. In this section, the main features of EP are presented.

## a) Assigning and retracting values

In contrast to Williams' TCP, EP allows episodes to be assigned to and retracted from a variable in a very flexible way. New episodes can be arranged on the time axis at any position as long as the corresponding variable has a unique value at each time point.

Definition:

For a variable x with the history $h = h(x) = (e_1,...,e_n)$, $n \geq 0$, the *assignment* of an episode e to a variable x *is feasible*, if:

1) $n = 0$  or

2) $n \geq 1 \wedge \forall k \in \{1,...,n\}: i(e) \cap i(e_k) \neq \emptyset \Rightarrow val(e) = val(e_k)$

The position of a new episode on the time axis can be to the left or right of all episodes or even right in their midst. Provided that their values are equal, episodes can overlap. Overlapping episodes are combined into one episode.

Defintion:
>Given a variable x and history $h = h(x) = (e_1,...,e_n)$, $n \geq 0$. The *result of a feasible assignment* of an episode e to a variable x is,
>1) if $n = 0$: x possesses e as its only episode
>2) if $n \geq 1$: x possesses as episodes the set $\{e_1,...,e_n\} \setminus \{e_k \mid i(e) \cap i(e_k) \neq \emptyset\} \cup \{e'\}$ where $val(e') = val(e)$ and $i(e') = i(e) \cup \{i(e_k) \mid i(e) \cap i(e_k) \neq \emptyset\}$
>The history of x results from ordering these episodes in a temporal ascending way.

Similar to assigning new episodes, it is possible to retract episodes for arbitrary time intervals. But a constraint is allowed to retract a value for a certaint time interval only if it also assigned the value  for this interval. If an episode is retracted, all other episodes depending on this episode are retracted, too.

## b) Propagation

In EP only single episodes are propagated. This happens whenever a value is assigned to a variable for an interval, in which the variable did not previously have a value. When propagating, only those parts of the current input histories are considered that overlap with this new interval. New episodes are derived by walking along the partial histories from left to right and applying the basic inference step in the sense of the general temporal constraint mechanism. This technique, together with the particular way of assigning new episodes to variables, guarantees a greater amount of flexibility than TCP does.

## c) Dependency Management

EP collects all justifications that establish a certain episode into a *single* list of justifications.

Definition:
>A *justification* j for an episode e is a pair $(c(j), ji(j))$ with $ji(j) \subseteq i(e)$. $c(j)$ is a constraint that establishes the value $val(e)$ of episode e for the interval $ji(j)$ ( = justification interval).

Definition:
>A *justification-list* for an episode e consists of a sequence of justifications $(j_1,...,j_n)$ where $\cup ji(j_k) = i(e)$, $k = 1,...,n$, $n \geq 1$.

If a justification-list consists of more than one justification, this indicates that the corresponding episode is put together from several episodes, that possibly overlap. A justification-list allows EP to record complete dependency information and to accumulate episodes with equal values. This dependency information is used when episodes are retracted.

## d) Control

EP makes it possible to control the direction of propagation through a constraint, which is not posssible in TCP. This is important  for certain applications, e.g. simulation of logic circuits only needs forward propagation. The activation/deactivation of constraint directions allows control of single constraints as well as control of propagation processes in complete constraint networks.

## e) Implementation

EP is written in the object oriented programming language LOOPS. Primitive classes of objects are variables and constraints. Both classes are independent process units (with local states). They communicate with each other via the links of the constraint-net by passing messages. The system uses the principle of local propagation, i.e. variables and objects only communicate with immediate neighbors [Sussman, Abelson85].

EP uses 13 predicates to realize the time-box. These predicates correspond to 13 possible relations between two intervals: before, after, equal, during, contains, overlaps, overlapped-by, meets, met-by, starts, started-by, finishes, finished-by [Allen83].

## 5. Solving Digital Logic Problems with EP

In section 2, we showed why temporal constraints are needed to solve certain problems in digital logic.The occurrence of hazards, oscillation and invariance of the output with respect to the input are examples of the behaviors which can be detected by EP.

Example:

Given the circuit in Figure 5 with gate delay $\tau$, and inputs $x_0$, $x_1$ as shown  in Figure 6, EP

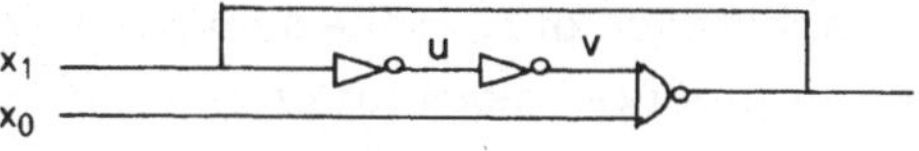


Figure 5

can derive its behavior. Using EP the circuit can be modeled by a constraint net in which each constraint corresponds to a logical gate in the circuit. Associated with each constraint is a temporal delay of length $\tau$. In this case, constraints propagate in the forward direction only. The behavior of the input variables over time is described by appropriate histories. The propagation process is shown in Figure 7. The history of $x_1$ describes an oscillation.

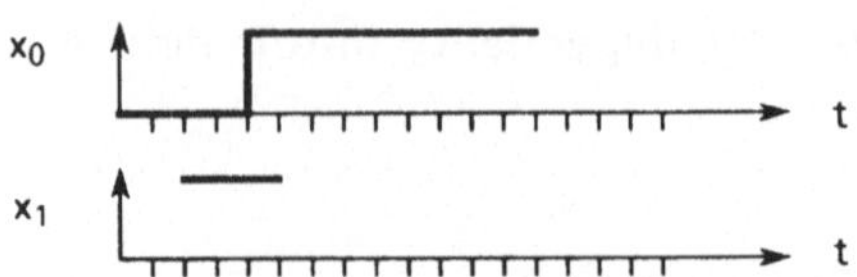

Figure 6

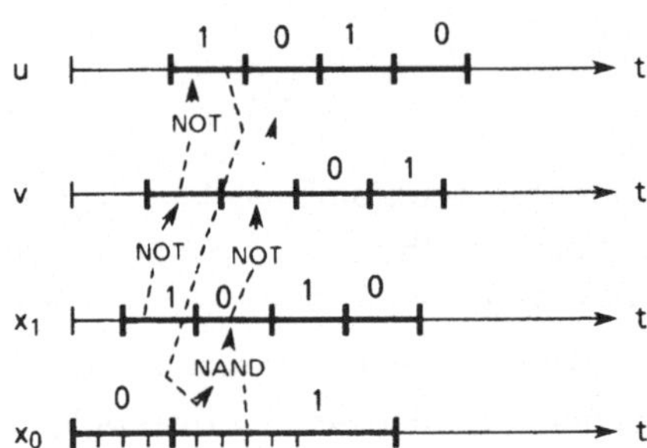

Figure 7

Feedback is reflected by the dependencies between the histories of the constraint variables. In this example constraints propagate in the forward direction only. But of course, backward propagation is possible. Using backward propagation we can answer questions like: "How must the input signal look like if we want to generate an impulse of length $3\tau$ at the output?"

We can use EP not only to detect certain effects but also as an explanation mechanism for the behavior of digital circuits. Given a logic circuit and certain input signals, the system allows the analysis and examination of the functioning of the circuit by generating the output histories. Another application of EP in the domain of digital logic is the generation of test patterns. In order to produce values for certain time-intervals inside a circuit we propagate backward beginning from the output. EP could also be used as a basis for diagnosis in digital circuits.

### 6. Modeling the Temporal Behavior of VLSI-Processor-Arrays with EP

VLSI-Processor-Arrays (*systolic-arrays*) provide another example in which the ability of a constraint system to reason about time is necessary. In this application, however, it is more desirable to propagate value/time-point pairs instead of episodes. Technically this can be realized by a system for propagating episodes (e.g. EP): time-points are represented then by time-intervals that have a certain uniform length.

Systolic-arrays consist of a regular (e.g. hexagonal) arrangement of elementary processor-elements. All these elements execute the same operation synchronously. A systolic-array allows the efficient execution of highly parallel algorithms designed for fast matrix arithmetic. This is achieved by "pipelining" the matrix-elements through the systolic-array in a special way (Figure 8 shows the multiplication of two matrices A and B of band-width 4, respectively).

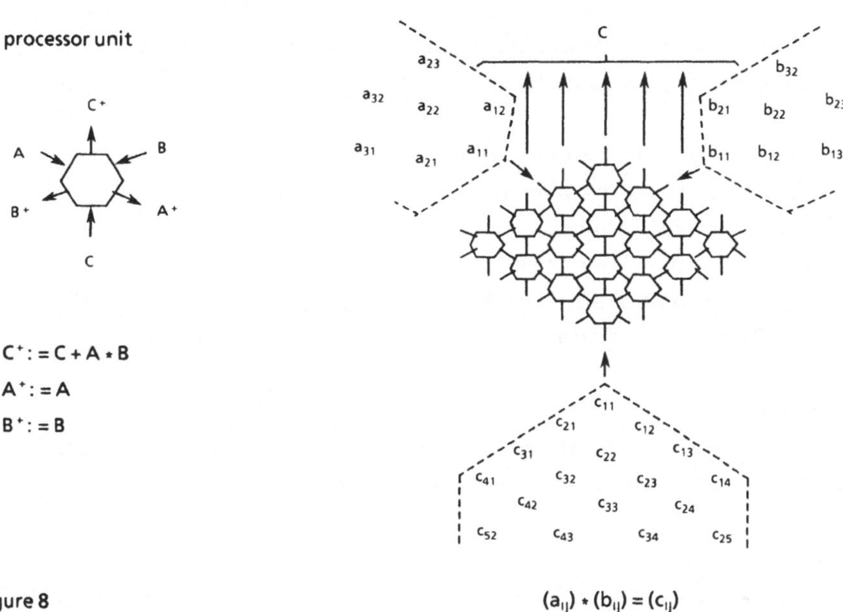


Figure 8 $\qquad (a_{ij}) \ast (b_{ij}) = (c_{ij})$

When executing these algorithms, it is crucial to assign the matrix-elements to the inputs of the array at particular time-points. Using EP we modeled the elementary processor-elements by single constraints and represented the assignments of the matrix-elements to the inputs of the array by appropriate histories. This allowed the simulation of the behavior of a systolic-array by propagating episodes through the constraint network.

## 7. Extensions of EP

In summary, EP allows the definition of domain specific constraints. Constraints can be associated with arbitrary delay times and it is possible to activate/deactivate constraint directions. EP allows assigning and retracting values in a flexible way. Inconsistencies are detected and rejected. Feedback in physical systems can be examined in EP. It is possible to create and propagate histories with gaps. There are, however, certain improvements which would extend the functionality of EP.

The most important extension is the introduction of a *qualitative representation of time*. In contrast to the domain of digital logic, there exist applications where the durations of temporal events or relations between them are given in a very vague and diffuse way. The time-box then should be able to manage qualitative temporal information (qualitative in this respect means characterizing intervals and relations between intervals by symbols). A mechanism that accomplishes this task was developed by Allen [Allen83], and could be used for this purpose.

Another extension would be constraints with *more than two time distinctions*. In EP constraints only have delayed/undelayed pins. Constraints which allow arbitrary temporal relations between its pins could be used to model more complex digital units than logic gates.

The generation of assumptions during the propagation process may lead to contradictions.In order to be able to handle such contradictions a *Truth-Maintenance-System* (TMS), [Doyle79], should be used.

EP could be used within interactive design-systems. Using justification-histories as a basis for an explanation component, mistakes caused by gate delay times could be avoided. In this respect, EP might be superior compared to a conventional simulator.

**Acknowledgements**

I would like to thank the people who helped me. Peter Struss made suggestions which improved this paper in some significant respects. Adam Farquhar fought successfully with my terrible English.

**References**

| | |
|---|---|
| [Allen83] | Allen, J.: Maintaining Knowledge about Temporal Intervals. Communications of the ACM. pp. 832-843 November 1983. |
| [Doyle79] | Doyle, J.: A Truth Maintenance System. AI Journal 12. pp. 231-272. 1979. |
| [deKleer, Brown84] | deKleer, J. ; Brown, J.S.: A qualitative Physics based on Confluences. AI Journal 24. pp. 7-83. 1984. |
| [Stallman, Sussman77] | Stallman, R.M. ; Sussman, G.J.: Forward Reasoning and Dependency-Directed Backtracking in a System for Computer aided Circuit Analysis. AI Journal 9. pp. 135-196. 1977. |
| [Steele80] | Steele, G.L.: The Definition and Implementation of a Computer Language based on Constraints. MIT AI-TR-595. 1980. |
| [Sussman, Abelson85] | Sussman, G.J. ; Abelson, H.: Structure and Interpretation of Computer Programs. MIT Press. 1985. |
| [Sussman, Steele80] | Sussman, G.J. ; Steele, G.L.: Constraints - A Language for expressing almost hierarchical descriptions. AI Journal 14. pp. 1-40. 1980. |
| [Williams86] | Williams, B.: Doing Time: Putting Qualitative Reasoning on firmer Ground. AAAI-86 Proceedings. pp. 105-112. 1986. |

# Probabilistic Inheritance and Reasoning in Hybrid Knowledge Representation Systems

Jochen Heinsohn, Bernd Owsnicki-Klewe
*Philips Research Laboratory Hamburg*
*P.O. Box 540840, 2000 Hamburg 54*
*Federal Republic of Germany*

**Abstract:** This paper proposes a probabilistic extension for the semantics of hybrid representation systems comprising both a terminological and an assertional component. This extension maintains the original performance of drawing inferences on a hierarchy of terminological definitions. It enlarges its range of applicability to real world environments determined not only by definitional but also by uncertain knowledge.
On the basis of the language construct "probabilistic implication" it is shown how belief and empirical information on concept dependencies can be represented. The concept of "probabilistic inheritance" is introduced. This also applies to inheritance problems like exception handling and multiple inheritance under "conflicting" information. Further, it is shown how simple inferences can be drawn using terminological, probabilistic, and assertional knowledge.

## 1 Introduction

We start from the notion of a hybrid knowledge representation system based on a semantic network scheme. These systems like KL-TWO, KANDOR, KRYPTON, BACK, and MESON (see [6,8] for an overview) make use of a separation of terminological and assertional knowledge (*TBox* and *ABox*).

The <u>terminological Box</u> stores a hierarchy of terms (*generic concepts*) which are partially ordered by a subsumption relation: If concept $B$ is *subsumed by* concept $A$ then the set of $B$'s real world objects can be proved to be a subset of $A$'s world objects. In this sense, the semantics of such systems can be based on set theory.

Two-place relations (*roles*) are used to describe concepts. In the case of *defined* concepts the roles represent both necessary and sufficient conditions. For *primitive* concepts only necessary conditions are specified.

The TBox algorithm called *classifier* inserts new generic concepts to the correct place in the terminological hierarchy. For maintaining the consistency of the TBox contents the classifier makes use of the concept's sufficient conditions.

The <u>assertional Box</u> stores assertions about the real world. Each real world object (*instance*) stored in the ABox instantiates exactly one TBox concept. The mechanism to maintain consistency between ABox and TBox is called the *realizer* (figure 1).

Since terminological representation systems are based on the availability of *definitions* (or at least necessary conditions), they can make use of the classifier. On the other hand, the restriction to work on definitions can lead to problems, especially in domains where definitions of concepts are not available or have to be constructed artificially.

As argued by Brachman [1] this may be the case in "natural" environments (in contrast to "technical/mathematical" environments). For instance, "Birds" cannot be defined to move by "Flying" since there exists the *exception* of e.g. "Penguins", which never fly. The source of the problem is the fact that, especially in "natural worlds", concepts at most can be characterized to have *typical* properties or properties which are *usually* true.

If typical properties are (mis-)used to formulate definitions, this can lead also to problems concerning *multiple inheritance*. One example preferably used to visualize these problems is commonly known as the "quaker example": quakers are pacifistic, republicans are non-pacifistic, and Dick is known to be both quaker and republican. The attempt to answer the question about Dick's pacifism results in the detection of a *contradiction*. However, in the real world such properties represent only tendencies, i.e. republicans may be "usually" non-pacifistic, for example. Tendencies as well as differences in these tendencies cannot be considered if definitions are used.

The problem of how to handle definitional as well as typical and usually true properties has led to a broad discussion on general requirements for knowledge representation:

- Results concerning "typical" properties led to Default Logic or non-monotonic theories, and may be viewed as "cancellation of inheritance links" or "assume to be true unless otherwise told" [1,2,9,12]. These approaches work well if exceptions are known explicitly. However, in the case of conflicts the results can be unsatisfactory: For instance, for Touretzky's "inferential distance ordering" [12] the result (Dick's pacifism/non-pacifism) depends on the order in which the roles of superconcepts will be found.

- A solution concerning "usually true" properties is proposed by Shastri [11]. He offers a language to represent empirical information about concept properties. This empirical knowledge is used instead of definitional roles, among others. His system works well in the case of exceptions and also for "ambiguities". However, the system is built for handling a large amount of statistical data and is not constituted to allow the representation of "ignorance": one form of ignorance arises if the terminological knowledge is incomplete so that one is confined to the terms given when representing statistical data. Another form of ignorance arises if there is an uncertainty about the uncertainty (e.g. probability) values themselves. Further, in Shastri's proposal an algorithm comparable to the classifier to maintain the consistency of the terminology does not exist because the concept's roles are not of the definitional type.

In this paper we propose an extension of terminological representation systems which allows to handle the problems discussed above. The aspect of ignorance is discussed in relation to the incompleteness of terminologies, a possible way for handling ignorance of the second form mentioned above is briefly pointed to.

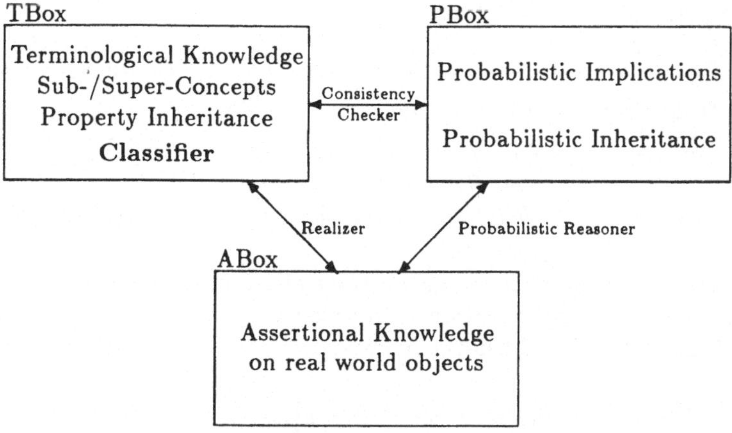



Figure 1: Integration of different knowledge sources

By keeping the TBox semantics which is based on definitions, we are furtheron able to use the classifier for extending and reorganizing the terminology. So, the core of the systems remains unchanged. In addition to the terminological knowledge, we will consider universal knowledge related to the concepts *extensions*, i.e. the sets of real world objects. This "empirical" or "belief" knowledge will be handled on a probabilistic basis and stored in the so called *PBox* (Probabilistic Box). The separation of the different knowledge sources is visualized in figure 1.

Chapter 2 elaborates on a core of the languages commonly used to represent knowledge about terms. On this basis we introduce the language construct *probabilistic implication*, which will be the basic carrier for PBox knowledge. Chapter 3 introduces the concept of *probabilistic inheritance* as the PBox's counterpart to terminological inheritance. The possibility to overwrite inherited probabilities also allows for exception handling. On the basis of the terminological and probabilistic knowledge certain consistency requirements have to be met. In the case of *multiple probabilistic inheritance*, "usually true" properties can be considered and need not generally result in contradictions. Chapter 4 discusses aspects of integrating terminological, probabilistic, and assertional knowledge.

## 2  Terminological languages and probabilistic knowledge

First, we briefly introduce an example language $\mathcal{L}$ which is a stylized and restricted [1] version of the languages embodied in most of the terminological representation systems. After that, we extend $\mathcal{L}$ by defining syntax and semantics of *probabilistic implication*, a construct which aims at considering also non-terminological knowledge sources. Finally, we elaborate on how to make use of this construct.

---

[1] For instance, most of the systems make use of *Number Restrictions*. However, in this paper we confine ourselves to that small language part serving as a sufficient basis for our extension.

## 2.1 The terminological language $\mathcal{L}$

$$
\begin{array}{lll}
\textit{Expression} & ::= & \textit{Name} = \textit{Definition} \mid \textit{Name} < \textit{Definition} \\
\textit{Definition} & ::= & \textit{Concept} \mid \textit{Role} \\
\textit{Concept} & ::= & \textbf{any} \mid \textit{ConceptName} \mid (\textbf{and } \textit{Concept}^+) \mid \\
 & & (\textbf{all } \textit{RoleName Concept}) \\
\textit{Role} & ::= & \textit{RoleName} \mid (\textbf{rel } \textit{ConceptName ConceptName})
\end{array}
$$

To get a formal semantics of $\mathcal{L}$, we give a translation into a set of equations that are valid on a certain set $\mathcal{D}$ of the real world objects we are looking at. For this, we define a mapping $\mathcal{E}\colon \mathcal{L} \to \mathcal{D} \cup (\mathcal{D} \times \mathcal{D})$ in the following way:

$$
\begin{aligned}
&1.\ \text{``}N = X\text{'' is the equation } \mathcal{E}[\![N]\!] = \mathcal{E}[\![X]\!] \\
&2.\ \text{``}N < X\text{'' is the inequality } \mathcal{E}[\![N]\!] \subseteq \mathcal{E}[\![X]\!] \\
&3.\ \mathcal{E}[\![\,\textbf{any}\,]\!] = \mathcal{D} \\
&4.\ \mathcal{E}[\![\,(\textbf{rel C D})\,]\!] = \mathcal{E}[\![C]\!] \times \mathcal{E}[\![D]\!] \\
&5.\ \mathcal{E}[\![\,(\textbf{and } C_1 \ldots C_n)\,]\!] = \bigcap_{i=1}^{n} \mathcal{E}[\![\,C_i\,]\!] \\
&6.\ \mathcal{E}[\![\,(\textbf{all R C})\,]\!] = \{x \in \mathcal{D} \mid \forall y \in \mathcal{D}\colon (x,y) \in \mathcal{E}[\![R]\!] \Rightarrow y \in \mathcal{E}[\![C]\!]\}
\end{aligned}
$$

Together with $\mathcal{L}$ comes a proof procedure whose main task is to find out whether for two concepts $C_1$ and $C_2$ either $\mathcal{E}[\![C_1]\!] \subseteq \mathcal{E}[\![C_2]\!]$, or $\mathcal{E}[\![C_2]\!] \subseteq \mathcal{E}[\![C_1]\!]$ holds. If one of these relations is provable—the first one, say—we say that $C_2$ *subsumes* $C_1$. This prover is usually referred to as the *classifier* and is powerful, especially for languages less trivial than the one defined above.

Languages like the one above can be usefully applied to definitional world knowledge. To characterize the performance of such languages we will examine the three different relations imaginable between two concept extensions:

- (i) Inclusion: $\mathcal{E}[\![C_1]\!] \subseteq \mathcal{E}[\![C_2]\!]$
- (ii) Disjointness: $\mathcal{E}[\![C_1]\!] \cap \mathcal{E}[\![C_2]\!] = \emptyset$
- (iii) Intersection: $\mathcal{E}[\![C_1]\!] \cap \mathcal{E}[\![C_2]\!] \neq \emptyset$

The first case is given by terminological subsumption. To represent an inclusion <u>without</u> a given subsumption relation on terms, some systems introduced the language construct *implication* (e.g. [7]). Similarly, the disjointness of the respective concept's extensions (case (ii)) is handled by the *disjoint* language construct. However, the information given by case (iii) makes little sense under the above semantics since we cannot draw any non-trivial inference from it.

It seems to be more suitable to consider the "degree of intersection" between the respective concept's extensions and to characterize it using an appropriate technique. The idea behind this generalization is to use a probabilistic semantics for this purpose.

## 2.2 The probabilistic extension of $\mathcal{L}$

As a language construct which takes into account all above three cases, we introduce the notion of *probabilistic implication*—which is a generalization of the above mentioned implication construct—with the following semantics:

Given two concepts $C_1$ and $C_2$, the interpretation of a probabilistic implication $C_1 \Rightarrow_s C_2$ is given by $P(x \in \mathcal{E}[\![C_2]\!] | x \in \mathcal{E}[\![C_1]\!]) = s$ (abbr. $P(C_2(x)|C_1(x)) = s$)

where $P$ is a probability measure on $D$ [2]. Remember that (terminological) subsumption on the one hand and (probabilistic) implication on the other represent knowledge of a different nature—separately stored in the *TBox* and the *PBox*.

## 2.3 Assertional probabilistic memberships

Taking into account probabilistic knowledge has the consequence that an instance does not necessarily belong to a generic concept with certainty. To express this uncertainty we introduce the notion of *probabilistic membership*:

Given a concept $C$ and an instance $c$, the interpretation of the probabilistic membership $c \in_t C$ is given by $P(c \in \mathcal{E}[\![C]\!]) = t$ (abbr. $P(C(c)) = t$).

Note the difference between the probabilistic implication which quantifies the *relative degree of intersection of two extensions* and is interpreted as conditional probability, and the *evidential character* of the probabilistic membership giving the probability that an instance belongs to a generic concept.

## 2.4 On modeling with probabilistic implications

For illustration, assume that an observer will examine a class of objects referred to by term $A$. Before doing so, he may know that "the real world objects of $A$ have the property $R$ with the range $B$" (e.g. "Birds MoveBy Flying"). Viewing this as an (at least) necessary condition for $A$ leads to the concept-role representation of figure 2(a).

However, when finishing his study about objects of $A$ and their relation to objects of $B$, the observer may have learned a lot: For example, now he knows that $R$ holds only for a certain percentage of the objects of $A$ (e.g. "$p \cdot 100$ percent of the Birds MoveBy Flying").

The notion of probabilistic implication introduced above allows a representation of universal knowledge of this kind in a way which maintains the semantics of the roles: Instead of attaching the uncertainty value to role $R$ (as in [11]), an additional concept $X_B$ (i.e. the Flyers) will be created. $X_B$ has role $R$ with range $B$, and the uncertainty is represented by the probabilistic implication $A \Rightarrow_p X_B$ (figure 2(b)). ("A certain percentage $100 \cdot p$ of Birds are Flyers which *all* MoveBy Flying").

---

[2] The definition can be extended in a way such that a possible uncertainty about the exact probability value $s$ (i.e. the already mentioned "ignorance" of the second form) can be represented by an interval on the range $[0,1]$ (see e.g. [10,3]).

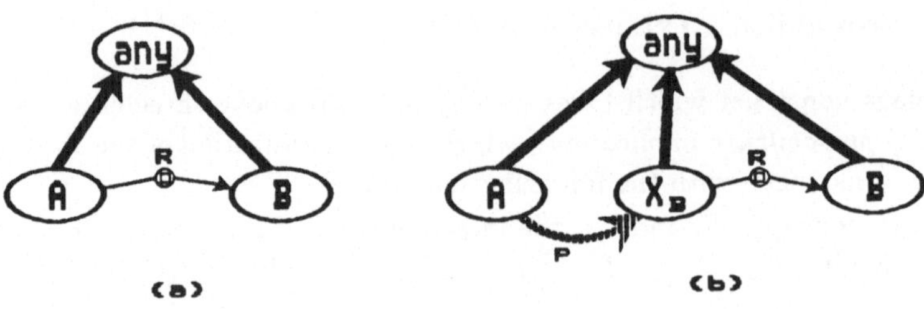


Figure 2: Modeling probabilistic knowledge

In the above example, the observer knows about the existence of exceptions. This fact will be considered <u>implicitly</u> by the uncertainty value. Chapter 3 also elaborates on how to represent these *exceptions* <u>explicitly</u>.

# 3 Probabilistic inheritance

For the information stored in the PBox, we propose an inheritance mechanism similar to that of terminological inheritance. This is called *probabilistic inheritance*. At first, the simple case of *direct inheritance* will be discussed. On this basis we formulate consistency requirements which have to be met when probabilities are introduced or overwritten. Finally, a special case of *multiple probabilistic inheritance* is examined.

## 3.1 Direct probabilistic inheritance

Assume the concept $B$ to be a direct subconcept of $A$. Further, concept $C$ is given. If the intersection of $\mathcal{E}[\![A]\!]$ and $\mathcal{E}[\![C]\!]$ is specified by the probabilistic implication $A \Rightarrow_p C$, and if no more information is given, then assume $B \Rightarrow_p C$ (figure 3(a)).

To illustrate this, consider the situation in which the TBox includes the description of the concept "Robins" as subconcept of "Birds". Further the concept "Flyers" is given. Additionally, the PBox stores the probabilistic implication $Birds \Rightarrow_p Flyers$. In the absence of further information all that can be concluded for the "flying-ability of Robins", is the *best estimate p* and the probabilistic implication $Robins \Rightarrow_p Flyers$.

If an inherited probabilistic implication is considered not to fit the subconcept, the probability value can be overwritten. In this way also *exceptions* can be represented: For example, assume that one wants to consider the fact that "Penguins" as a subconcept of "Birds" never fly. The resulting disjointness of "Penguins" and "Flyers" will be represented by the probabilistic implication $Penguins \Rightarrow_{0.0} Flyers$.

## 3.2 Local probabilistic consistency

When representing probabilistic implications, their consistency has to be maintained. The knowledge may become inconsistent in cases when all probabilities, $p$, $q$, and $r$ are specified (figure 3(b)).

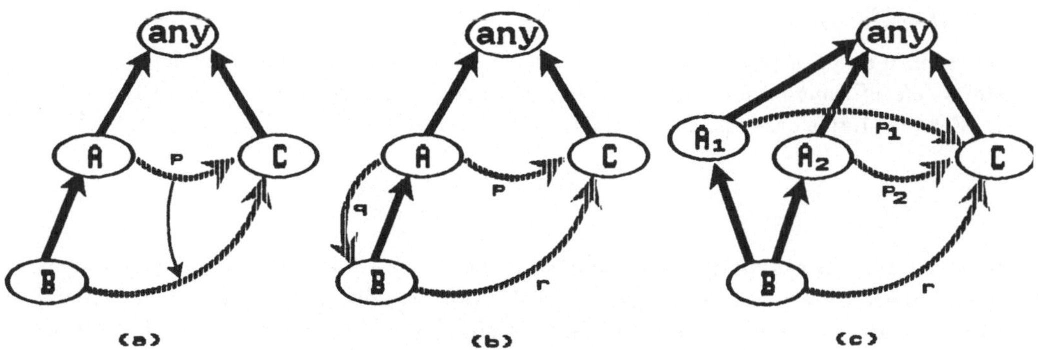



Figure 3: Probabilistic inheritance

Indeed, from the *Law of Total Probability*

$$P(C|A) = P(C|B) \cdot P(B|A) + P(C|A\backslash B) \cdot (1 - P(B|A))$$

and because of unknown $P(C|A\backslash B)$ the following inequalities can be derived (remember that the above equation applies to <u>extensions</u> of concepts):

| | | |
|---|---|---|
| (i) | for known $r$, $q$ : | $q \cdot r \leq\ p\ \leq 1 - q \cdot (1 - r)$ |
| (ii) | for known $p$, $q \neq 0$ : | $\max\{1 - \dfrac{1-p}{q}, 0\} \leq\ r\ \leq \min\{\dfrac{p}{q}, 1\}$ |
| (iii) | for known $p$, $0 < r < 1$ : | $0 \leq\ q\ \leq \min\{\dfrac{p}{r}, \dfrac{1-p}{1-r}\}$ |

In case (ii), $q = 0$ theoretically implies the range $r \in [0, 1]$ but makes little sense because $B$ would have an empty extension. If $r = 0$ ($r = 1$), the upper limit $1 - p$ ( $p$ ) has to be used in case (iii).

To maintain the local consistency the validity of these equivalent inequalities has to be proved. They specify the range allowed for one probability depending on the other two. If exactly two probabilities are given, the inequalities apply to derive and to store the information on the range of the other value.

It can be proved that, in the case of *direct probabilistic inheritance*, inequality (ii) is always true for the inherited best estimate $p$.


## 3.3 Multiple probabilistic inheritance

To visualize how to proceed in the case of multiple probabilistic inheritance, assume the terminological knowledge of figure 3(c). Further, assume $\mathcal{E}[\![B]\!] = \mathcal{E}[\![A_1]\!] \cap \mathcal{E}[\![A_2]\!]$ and that the probabilistic implications $A_1 \Rightarrow_{p_1} C$ and $A_2 \Rightarrow_{p_2} C$ are known.

Starting with *Bayes' rule for conditional probabilities* leads to the following best estimate, the *prior probabilities* are assumed to be known:

$$r = \frac{P(C|A_1) \cdot P(C|A_2) \cdot \frac{1}{P(C)}}{\sum\limits_{C_i \in \Pi_\Omega} P(C_i|A_1) \cdot P(C_i|A_2) \cdot \frac{1}{P(C_i)}}$$

with $\Omega = \mathcal{E}[\![\text{any}]\!]$, $C_1 = C$, and $C_2 = \Omega \backslash C$. [3]

However, if no prior probabilities are known, the equation reduces to a version of *Dempster's rule of combination* (e.g. [10]) which is restricted to a partition $\Pi_\Omega$ of the space $\Omega$. For the simple case visualized in figure 3(c) the best estimate for $r$ is given by [4]

$$r = \frac{p_1 \cdot p_2}{p_1 \cdot p_2 + (1 - p_1) \cdot (1 - p_2)}$$

If—similar to the case of direct probabilistic inheritance—the values $q_1$ and $q_2$ as well as $p_1$ and $p_2$ are known, the value $r$ has to satisfy two inequalities of the kind (ii) specifying two intervals. For non-overlapping intervals, either the given quantities are false (if at least one instance is known to belong to $B$) or concept $B$ can never be created in a consistent way (e.g. in the categorical case $p_1 = 0$ and $p_2 = 1$).

One consequence of the assumptions underlying the combination rule is that the best estimate given above does not necessarily meet the intersection of the two ranges constraining $r$ (for instance, $p_1 = 0.4$, $p_2 = 0.9$, and $q_1 = q_2 = 0.5$ imply the best estimate $r = \frac{6}{7}$ and the ranges $0.0 \le r \le 0.8$ and $0.8 \le r \le 1.0$). Different from the simple case of direct inheritance, now the inequalities serve also as consistency condition for the best estimate—in the special case of known $p$'s and $q$'s.


## 4   Probabilistic interpretation of assertions

In this chapter we elaborate on how to answer questions about probabilistic memberships. For that, we apply probabilistic reasoning techniques to a hierarchy of concepts.

For illustration, assume the terminological and probabilistic knowledge as visualized by figure 4. As an assertion assume that for an existing object $x_0$ it is *known* that $x_0$ is an instance of $A$. Further, $x_0$ belongs to $B$ with probability $P(x_0 \in \mathcal{E}[\![B]\!]) = t$. Assume now a question about $P(x_0 \in \mathcal{E}[\![C]\!])$.

Applying *Bayes' conditioning procedure* to partitions leads to

$$s = P(C(x_0)) = \sum_{B_j \in \Pi_A} P(C(x_0)|B_j(x_0)) \cdot P(B_j(x_0))$$

with $B_1 = B$ and $B_2 = A \backslash B$. However, this rule is not directly applicable because there is—as shown in figure 4—no concept $A \backslash B$ representing all the real world objects belonging to $A$ but not to $B$ ($\mathcal{E}[\![A \backslash B]\!] = \mathcal{E}[\![A]\!] \backslash \mathcal{E}[\![B]\!]$) and no partition $\Pi_A$ of $\mathcal{E}[\![A]\!]$.

An adequate formalism for reasoning on an incomplete hierarchy of (sub)sets is given with the *Dempster-Shafer (D-S) theory of evidence* [10].

---

[3] If certain independence assumptions can be made, one gets a simplified form of Bayes' theorem. For the above equation, the conditional independence of $A_1$ and $A_2$ given $C_i$ was assumed. The *prior probabilities* can be represented by the probabilistic implications $\text{any} \Rightarrow_{P(C_i)} C_i$. The case of known prior probabilities and known dependencies is sufficiently discussed by Shastri [11]—in the connection to his "role-representation" of uncertainty.

[4] The "closed world assumption" underlying Dempster's rule is discussed in [4].

Shafer defines the so called *basic probability assignment* $m$ on the basis of power sets which makes the theory usable for hierarchically ordered concepts. To draw inferences on the basis of D-S theory becomes possible within the framework of so called *conditional basic probabilities* (e.g. [5]):

$$m(C(x_0)) = \sum_{B_j \subseteq A} m(C(x_0)|B_j(x_0)) \cdot m(B_j(x_0))$$

with $B_1 = B$ and $B_2 = A$.

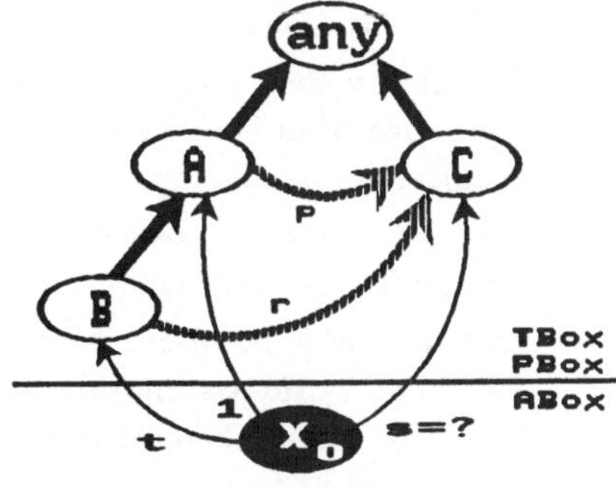


Figure 4: Assertional knowledge

Both, D-S theory and its extension by conditionals, include *Bayesian probability theory* as a special case. Applying this framework to our simple example (figure 4) leads to the basic probabilities

$$m(C(x_0)) = p \cdot (1 - t) + r \cdot t$$
$$m(\Omega(x_0)) = (1 - p) \cdot (1 - t) + (1 - r) \cdot t$$

As far as $m(C(x_0))$ is concerned, it is obvious that the result is <u>identical</u> to the result of Bayes' procedure—under the assumption that there is a partition $\Pi_A$, i.e. an existing concept $A \backslash B$ which inherits the probabilistic implication $(A \backslash B) \Rightarrow_p C$ from its superconcept $A$.

# 5 Conclusions and Outlook

We have proposed a probabilistic extension of hybrid knowledge representation systems which aims at taking into account uncertain knowledge arising when certain properties are usually true but not definitional. For this purpose the notion of *probabilistic implication* has been introduced. In spite of not being fully implemented yet, even the theoretical approach shows several advantages:

- Probabilistic inheritance opens the way to an integration of strictly definitional knowledge and the possibility to model exceptions, which—in this approach—do not longer appear as contradictions [1], but as qualitative statements about extensions. This strict notion of "contradiction" now appears as a set of weaker inequalities that guarantees the (at least local) consistency of probability assignments (cf. 3.2).

- By separating terminological and probabilistic knowledge, processes maintaining the consistency of the terminological part of the knowledge base remain operational. In fact, the use of probabilistic inheritance heavily depends on correct terminological subsumptions as established by the classifier.

- Set theory allows for a consistent semantical basis on which both terminological and probabilistic language constructs can be interpreted. On this basis, the probabilistic implication serves as a nice generalization of both the "implication" and "disjoint" construct.

On the other hand, a probabilistic semantics yields several problems:

- Probability theory assigns a precise meaning to numerical values which may not reproduce what is intended by a potential user. Any application of the theory has to take care of this fact.

- The computational costs of the algorithms involved may be quite high (a proposal for handling a large amount of statistical knowledge is given in [11]).

- From a general point of view, a purely probabilistic approach means destruction of the "open world assumption" underlying many hybrid representation systems [8]. Formally, this is the case if *prior probabilities* are taken into account. This is one of the reasons to direct further research to the Dempster-Shafer approach, which seems to be appropriate in this respect (cf. 4).

# References


[1] Brachman, R.J.: "I Lied about the Trees" Or, Defaults and Definitions in Knowledge Representation, *The AI Magazine* 6(3), Fall 1985, pp.80–93

[2] Etherington, D.W.: Formalizing Nonmonotonic Reasoning Systems, *Artificial Intelligence* 31, 1987, pp.41–85

[3] Ginsberg, M.L.: Non-Monotonic Reasoning Using Dempster's Rule, *Proc. of the AAAI-84*, Austin (Tex.), 1984, pp.126–129

[4] Heinsohn, J.: *Weiterentwicklung und Implementierung eines Inferenzmechanismus auf der Basis von Belief-Funktionen*, Diplomarbeit, TU Braunschweig, Jan.1986

[5] Liu, G.: Causal and Plausible Reasoning in Expert Systems, *Proc. of the AAAI-86*, Philadelphia (Pa.), 1986, pp.220–225

[6] von Luck, K., Owsnicki-Klewe, B.: Neuere KI-Formalismen zur Repräsentation von Wissen, in: Christaller T. (ed.): *KIFS-87*, Springer, Berlin

[7] McGregor R., Bates, R.: *The LOOM Knowledge Representation System*, Information Science Institute, Marina del Rey (CA), 1987

[8] Nebel, B., von Luck, K.: Issues of Integration and Balancing in Hybrid Knowledge Representation Systems, in: Morik, K. (ed.): *GWAI-87*, Springer, 1987, pp.114–123

[9] Sandewall, E.: Nonmonotonic Inference Rules for Multiple Inheritance with Exceptions, *Proc. of the IEEE* 74 (10), 1986, pp.1345–1353

[10] Shafer, G.: *A Mathematical Theory of Evidence*, Princeton University Press, Princeton, New Jersey, 1976

[11] Shastri, L.: *Evidential Reasoning in Semantic Networks: A Formal Theory and its Parallel Implementation*, University of Rochester, Ph.D., 1985

[12] Touretzky, D.S.: *The Mathematics of Inheritance Systems*, Pitman, London, 1986

# Relaxing constraint networks to resolve inconsistencies

*Joachim Hertzberg, Hans-Werner Güsgen,*
*Angelika Voß, Manfred Fidelak, Hans Voß*

Forschungsgruppe Expertensysteme, GMD
Schloß Birlinghoven, 5205 St. Augustin 1

**Abstract**

This paper deals with the following problem: What is to do if a constraint problem is inconsistent but one wants to solve it anyway? Concentrating at locally consistent solutions, it answers the questions: What is a relaxation of a constraint problem? Do solutions of relaxed problems lead to a solution of the original one? Does a locally consistent relaxation always exist? How to obtain such a relaxation efficiently? As an answer to the last question, we present an algorithm which has been implemented as an extension of the CONSAT constraint system.

## 1. Introduction

This paper deals with constraint problems which, in general, are likely to be overspecified and hence to have no solution. So, in order to obtain a solution (or at least a locally consistent one), some of the constraints must be relaxed or even switched off in such a way that as few constraints as possible or the most unimportant ones are relaxed. In particular, we will try to answer the following questions:
- What is a relaxation ?
- What is the relationship between solutions of relaxed networks and the original one?
- Can intermediate results be reused?
- Is there always a locally consistent relaxation?
- Is there a minimally relaxed one with this property?
- How to find at least a good one?

In section 2 we define the concept of relaxation and elaborate some properties. In section 3 we present an algorithm that stepwise approaches a locally consistent solution, making the detection of a suitable relaxation a tractable problem although not fully exploiting the possibilities opened up by the theoretical findings in section 2. We presume familiarity with definitions and properties of constraints and local propagation in constraint networks as they are introduced, e.g., in [Güsgen/Hertzberg 1988]. An expanded version of this paper with a non-trivial example has appeared as [Hertzberg et al. 1988].

## 2. Constraint Relaxations

In this section, we will define and prove some fundamental properties of relaxations of constraints and constraint problems. The term relaxation is used in the sense of [Dechter/Pearl 1988]. Intuitively, a relaxation of a constraint defines a superset relation compared to the original constraint. This intuition also covers the possibility of relaxing a constraint problem by allowing more input values for certain variables every input variable can be modeled by a one place "member" constraint that (intensionally or extensionally enumerates all values the variable can take. Allowing one more input value for a variable is modelled by adding that value to the set of "member"'s values.

To get an intuition of what we want to define, consider a typical application: the construction of a time schedule for the lectures of some university department. Each of the lecturers, e.g., can give certain courses, prefers certain times, and has a certain teaching obligation. These constraints often lead to inconsistent constraint networks. A possible relaxation of the problem resulting in a consistent network can be obtained by relaxing some constraints, for example, stating that a lecturer wishes to give his lectures at *any time* on some day instead of constraining the day *and* the time. Or, we could extend the teaching obligations plus/minus 1 lecture, plus/minus 2 lectures, etc., or more extremely, we could drop any of these constraints.

Formally, relaxations of constraints and constraint problems are defined as follows.

**Definition 2.1** (relaxation of constraints, constraint networks, and constraint problems):

Let $C : V^n \to V^n$ be a constraint ($V^n$ is the set of possible variable coverings of C). The constraint C' of the same type is called a *relaxation* of C (notation: $C' \geq C$) if for all input tuples $(v_1, ..., v_n)$

$$C'(v_1, ..., v_n) \supseteq C(v_1, ..., v_n)$$

where $\supseteq$ denotes the component-wise superset relation.

Let PC and PC' be constraint sets of cardinality m over identical variables; let N be a netting of the constraints in PC, PC' resp. The constraint network (PC',N) is a relaxation of (PC,N), if for all $C_1, ..., C_n \in$ PC and all $C'_1, ..., C'_n \in$ PC': $C'_i \geq C_i$.

Let I be an input for the constraint networks (PC,N) and (PC',N). The constraint problem (PC',N,I) is a relaxation of a problem (PC,N,I), if (PC',N) is a relaxation of (PC,N).

The fact making relaxations useful for practical considerations in the next section is stated in the following theorem: it is justified to determine a solution of a relaxed constraint problem and to use that solution to determine the solution of less relaxed problems or the original problem.

**Proposition 2.1** (existence of solutions of relaxed problems is necessary for and solutions transfer to solutions of original problems):

Let CP=(PC,N,I) be a constraint problem, $I = (v_1, ..., v_n)$ its input, and CP'=(PC',N,I) a relaxation of CP; let CP have the locally consistent solution $(PC,N)(v_1, ..., v_n)$.

1. CP' also has a locally consistent solution.
2. Let $(v'_1, ..., v'_n)$ be the locally consistent solution of CP', i.e. $(PC',N)(v_1, ..., v_n) = (v'_1, ..., v'_n)$.
   Then: $(PC,N)(v_1, ..., v_n) = (PC,N)(v'_1, ..., v'_n)$.

**Proof:**

1 By definition of constraint problem relaxation: a locally consistent solution of CP also is a locally consistent solution of CP'.

2 The equality can be shown by mutual inclusion. The direction

$$(PC,N)(v_1, ..., v_n) \supseteq (PC,N)(v'_1, ..., v'_n)$$

is true by definition of filterings because the superset relation

$$(v_1, \ldots, v_n) \supseteq (v'_1, \ldots, v'_n)$$

is kept during propagation. The direction

$$(PC,N)(v'_1, \ldots, v'_n) \supseteq (PC,N)(v_1, \ldots, v_n)$$

can be obtained in the following way:

$$
\begin{aligned}
& (PC,N)(v'_1, \ldots, v'_n) & \\
= \; & (PC,N)((PC',N)(v_1, \ldots, v_n)) & \text{by def.} \\
\supseteq \; & (PC,N)((PC,N)(v_1, \ldots, v_n)) & \text{by def. relaxation} \\
= \; & (PC,N)(v_1, \ldots, v_n) & \text{by def. terminal covering}
\end{aligned}
$$

In particular, if CP' is locally inconsistent then so is CP. Moreover, a constraint problem involving a constraint network including a constraint *and* relaxations of it has the same solution as the problem without the relaxations, i.e. the constraint network can be minimized by excluding all relaxations.

The opposite direction of part 1. of proposition 2.1 is obviously false: the existence of a locally consistent solution of the relaxed problem does not guarantee such a solution for the original problem. But it is possible to relax locally inconsistent constraint problems until one gets a solution, a technique that will be investigated below. More formally:

**Proposition 2.2** (solvability of relaxations):
For every constraint problem (PC,N,I), there is a locally (and globally) consistent relaxation.

**Proof:** Every constraint problem (PC',N,I) the constraints of which do not change their inputs is trivially solvable. Every such (PC',N,I) by definition is a relaxation of every constraint problem of the appropriate type.

## 3. Relaxing Locally Inconsistent Constraint Problems

The notion of relaxation provides a framework for dealing with inconsistent constraint problems. A practical way to find a consistent relaxation is to step down a relaxation hierarchy starting with the most relaxed constraint problem, keeping the solutions of higher levels and relaxing constraints only at levels where an inconsistency is detected. This strategy exhibits a pessimistic view on the solvability of constraint problems compared with the other, more optimistic strategy to propagate in the original network and to relax only when an inconsistency is detected.

Algorithm 3.1 below is a special case of the pessimistic strategy. The idea is as follows. The only constraint relaxation possible is deactivating a constraint (i.e., the constraint does not filter its input). The constraints in a network are ordered partially by defining a priority on them. (The idea of deactivating constraints corresponds to constraint suspension in [Davis 1984]. The use of priorities is borrowed from [Descotte/Latombe 1985]. In fact, both these papers use constraint problem relaxations.)

The algorithm proceeds by satisfying all constraints of the highest priority, storing the variable covering, satisfying all constraints with the highest or second highest priority, storing the variable covering, and so on until all constraints are locally satisfied. If this is impossible as the network is inconsistent, it deactivates a constraint of the priority that it has not been able to satisfy and proceeds as above.

1. V(HIGH) := I;      (* indices in the network range between 1 and HIGH *)
   PC(HIGH) := constraints from PC with priority HIGH;
   index := HIGH;

2. while index > 0 do
   2.1. determine the locally consistent solution of (PC(index),N,V(index));
   2.2. if no inconsistency has been detected
        then    V(index–1) := recent variable covering;
                PC(index–1) := PC(index) $\cup$ constraints from PC with priority = index–1;
                index := index–1
        else    C := select a constraint from PC(index) with priority index for deactivation;
                PC(index) := PC(index) – C;

3. return (PC(0),N,V(0));

**Algorithm  3.1:**
   Determine the solution of a locally consistent relaxation of a constraint problem (PC,N,I).

In general, other forms of relaxations than complete deactivation may be useful. In the scheduling example, it may be sufficient to relax some favorite time constraints to favorite day constraints. This, however, is out of the scope of the algorithm as the only form of relaxation it can use is deactivation. But the idea of relaxation by "qualitative abstraction" of values (e.g. from hours to days) seems to be useful and natural; it is pursued in [Fidelak/Güsgen 1988].

The algorithm always terminates, for, in the worst case, all constraints in the network can be deactivated the priority of which is less or equal to the index where the first inconsistency has occurred. But if the network has been locally consistent down to an index i ($1 \leq i \leq$ HIGH), then no constraint of priority greater than or equal to i is ever deactivated. If the input problem has a locally consistent solution, algorithm 3.1 will find it, relying on proposition 2.1.

To summarize:

**Proposition 3.1** (correctness and termination of algorithm 3.1):
   For a locally consistent constraint problem, algorithm 3.1 finds the locally consistent solution.
   Given a locally inconsistent constraint problem, algorithm 3.1 terminates with a solution of a locally consistent relaxation of the problem which is minimal in the following sense: if the constraint problem is locally consistent considering constraints down to priority p only, then no constraints of priority greater than or equal to p are deactivated.

Algorithm 3.1 has been implemented as an extension of the CONSAT [Güsgen 1988] constraint system.

## 4. Conclusion

In this paper, we have laid out a novel, systematical, and tractable approach for dealing with inconsistencies in constraint networks based on the sound theoretical foundation of relaxation. The practical problem that remains is the choice of constraints for deactivation in the else part of step 2.2 of algorithm 3.1. It seems, however, that one cannot give practically useful, general criteria for meeting a "best" choice, leaving the problem to be solved by domain dependent heuristics. Anyway, one can be sure to find at least a "good" locally consistent solution for every constraint problem.

Beyond that, the algorithm does not necessarily yield an intuitively minimal, locally consistent relaxation which would require a minimal number of deactivated constraints. In this context the principal question remains whether it is preferable to deactivate, e.g., three or four constraints with low priority (as algorithm 3.1 would do) than one constraint with high priority.

Moreover, one can try to find a "nearest miss" solution for the inconsistent original problem by relaxing it as soft as possible but as hard as necessary to get a solution. The concept of relaxation as introduced here seems to be useful even for such applications. To be able to compare relaxations and to say which is harder, one has to define a measure on relaxations and to incorporate it into an algorithm like algorithm 3.1.

Let aside that they attempt to find a *globally* consistent solution for a constraint problem, [Marcus et al. 1988] reports similar difficulties of missing an intuitively cheapest solution and finding the right change for value guessings (which is their analog to our constraint deactivations). They can even be stuck in infinite set-and-reset loops (i.e. infinite activation-deactivation loops), which they try to overcome by appropriate domain heuristics.

Our approach—although limited in its flexibility and limited in that it is considered for local consistency only—sets a domain independent, theoretically sound framework and proposes a first solution to tackle these problems.

## References


[Davis 1984]: Davis, R.: Diagnostic reasoning based on structure and behavior. Art. Int., *24* (1984), 347

[Dechter/Pearl 1988]: Dechter, R./ Pearl, J.: Network-based heuristics for constraint satisfaction problems. Art. Int., *34* (1988), 1

[Descotte/Latombe 1985]: Descotte, Y./ Latombe, J.-C.: Making compromises among antagonist constraints in a planner. Art. Int., *27* (1985), 183

[Fidelak/Güsgen 1988]: Fidelak, M./ Güsgen, H.-W.: Improving local constraint propagation. TEX-B Memo 31-88, 1988

[Güsgen 1988]: Güsgen, H.-W.: CONSAT: Foundations of a system for constraint satisfaction. In: Früchtenicht, H. W. et al. (eds.): Technische Expertensysteme: Wissensrepräsentation und Schlußfolgerungsverfahren. Munich (Oldenbourg), 1988, 415

[Güsgen/Hertzberg 1988]: Güsgen, H.-W./ Hertzberg, J.: Some fundamental properties of local constraint propagation. To appear as Research Note in: Art. Int. (1988)

[Hertzberg et al. 1988]: Hertzberg, J./ Güsgen, H.-W./ Voß, A./ Fidelak, M./ Voß, H.: Relaxing constraint networks to resolve inconsistencies. In: Hertzberg, J./ Günter, A. (eds.): Beiträge zum 2. Workshop Planen und Konfigurieren. Arbeitspapiere der GMD 310, 1988

[Marcus et al. 1988]: Marcus, S./ Stout, J./ McDermott, J.: VT: An expert elevator designer that uses knowledge-based backtracking. AI Magazine, *9* (1988), 95

# Darstellung von Aktionen in Vererbungshierarchien


Christel Kemke
FB 10 Informatik IV
Universität des Saarlandes
6600 Saarbrücken
csnet: kemke%sbsvax.uucp@germany.csnet



## Abstract

Ein Wissensrepräsentationsparadigma, dessen Relevanz sich in den letzten Jahren immer stärker herauskristallisiert hat, sind taxonomische Hierarchien, auch 'Klassifikationssysteme' oder 'Vererbungshierarchien' genannt. Insbesondere finden solche Taxonomien in Verbindung mit definitorischen, deklarativen Beschreibungsformen, wie z.B. KL-ONE und seinen Derivaten, großes Interesse, aber auch in objekt-orientierten Programmiersystemen wie FLAVORS oder LOOPS und in Frame-Hierarchien wird Klassifikation als grundlegendes Strukturierungsprinzip verwendet. Die Vorteile dieser Beschreibungsform sind eine effiziente Informationsdarstellung, eine Strukturierung der Domäne und effizientere Suchverfahren als bei einer linearen Anordnung der Domänenkonzepte.

Für die Formulierung deklarativer Beschreibungen wurden in den letzten Jahren bevorzugt KL-ONE und seine Derivate eingesetzt, was wesentlich auf die klare Semantik-Definition dieser Sprachen zurückzuführen ist. KL-ONE wurde ursprünglich in erster Linie konzipiert zur Beschreibung statischer Strukturen und Zusammenhänge, i.e. der Beschreibung von Objekten durch Angabe ihrer Merkmale und Relationen zwischen ihnen (s. z.B. [Brachman&Schmolze 1984]). Als problematisch erweist sich die Darstellung von Konzepten, die dynamischer Natur sind, wie Aktionen, Ereignisse, Prozesse und Zustände.

In diesem Aufsatz werden Grundlagen zur Repräsentation von Aktionen in Abstraktionshierarchien vorgestellt, wobei die Darstellung einzelner Aktionen in einer deklarativen Beschreibungsform erfolgen soll, die für das System selbst wieder analysierbar ist und somit auch von anderen Systemkomponenten, z.B. Komponenten zur Verarbeitung natürlicher Sprache, genutzt werden kann, die andererseits aber auch "ausführbar" ist und zur Simulation von Aktionsabläufen, z.B. in der Plangenerierung, eingesetzt werden kann.


## Formen der Repräsentation von Aktionen

Die Beschreibung von Aktionen und anderen dynamischen Erscheinungen in bestehenden KL-ONE-Wissensbasen beschränkt sich meist auf die Darstellung partizipierender Objekte und näherer Bestimmungen, z.B. Ort und Zeit des Geschehens, als Rollen des entsprechenden Konzeptes. Diese Darstellungen sind ähnlich zu Verbbeschreibungen durch Kasusrahmen nach Fillmore. Fillmore gibt verschiedene Tiefenkasus an, auf deren Basis eine semantische Repräsentation eines natürlich-sprachlichen Satzes, orientiert am Verb als zentralem Bedeutungsträger, erfolgen kann. Typische Kasus sind *Agentiv* (belebter Veranlasser), *Instrumental* (unbelebte Kraft oder Aktion), *Dativ* (betroffenes belebtes Wesen), *Faktitiv* (aus Vorgang oder Zustand resultierendes Ding oder Wesen), *Lokativ* (Ort oder räumliche Orientierung von Vorgang oder Zustand) und *Objektiv* (semantisch relativ neutraler Kasus) [Lewandowski 1979]. Derartige Beschreibungen von Aktionen sind zwar für eine semantische Bedeutungsrepräsentation natürlich-sprachlicher Ausdrücke geeignet, für Inferenzverfahren und Planungsprozesse, sind sie jedoch unzureichend, da sie keine formale Darstellung der Auswirkungen der Aktion, die in diesem Zusammenhang erst ihre Bedeutung ausmachen, beinhalten.[1]

Andere Ansätze, Aktionen zu beschreiben, wurden in der KI schon eingehend behandelt im Bereich des Problemlösens und Planens (s. [Nilsson 1971], [Hertzberg 1986]). Dort basieren Aktions- oder Operatorbeschreibungen auf formaler Logik, i.a. Prädikatenlogik erster Stufe. Aktionen werden beschrieben durch Angabe von Vor- und Nachbedingungen, die durch prädikatenlogische Formeln als Attributwerte der Aktion aufgeführt werden oder durch Angabe von Axiomen spezifiziert sind. Die Generierung von Plänen basiert auf

o   Suche in einem Zustandsraum

o   Inferenz/Deduktion

o   Problemzerlegung ('problem reduction', hierarchisches Planen)

Hierachien von Aktionen sind im Bereich der Planungsverfahren als Dekompositionshierarchien im Rahmen der Problemzerlegung bzw. Operatorabstraktion (z.B. NOAH [Sacerdoti 1977]) vorgestellt worden und als Abstraktionshierarchien in der Situationsabstraktion (z.B. ABSTRIPS [Sacerdoti 1974]). Die Situationsabstraktion basiert darauf, daß in der Planausführung zunächst nur "wesentliche" Vor- und Nachbedingungen der Operatoren berücksichtigt und erst auf weiter fortgeschrittenen Planungsstufen detailliertere Angaben behandelt werden sollen. Derselbe Operator wird also auf verschiedenen Hierarchiestufen unterschiedlich detailliert beschrieben, eine Abstraktion von Aktionen im Sinn eines Klassifikationssystems ist daher nicht gegeben. Ein Ansatz zur Verwendung von Vererbungshierarchien in Planungssystemen findet sich in [Tenenberg 1986]; die Beschreibung von Aktionen basiert dort ebenfalls auf der Angabe von Vor- und Nachbedingungen und zwar in Form einer Menge von Literalen, die als konjunktiv verknüpft interpretiert werden. Diese Literale werden innerhalb der Hierarchie vererbt. In [Tenenberg 1986] wird jedoch weder eine formale Definition der Subsumptionsrelation für die so beschriebenen Aktionskonzepte gegeben, noch existiert eine Anbindung an eine zugehörige Objekthierarchie.

Eine Behandlung des Themas 'Aktionen' erfolgte auch im Bereich der Sprachverarbeitung bzw. der Linguistik und Psycholinguistik und zwar im Rahmen von Untersuchungen des deutschen Verbsystems. Verben sind sprachliche Notationen zeitabhängiger Erscheinungen und können kategorisiert werden in die Klassen *Zustand, Vorgang, Tätigkeit, Geschehen, Ereignis* und *Handlung* [Gerling&Orthen 1974]. Eine klassische Vorgehensweise der Konzept- bzw. Vorstellungsbeschreibung in Linguistik und Psychologie ist das Aufstellen von *Merkmalsmodellen* (s. z.B. [Engelkamp 1974]). Merkmalsmodelle sind Instantiierungen eines Schemas von Merkmalen, die auch *features, semantische Marker* etc. genannt werden. Die Werte der einzelnen Merkmale, ihre *Ausprägungen*, entstammen endlichen Wertemengen, die innerhalb eines Merkmalssystems fest vorgegeben sein müssen.[2] Beispiele sind die Untersuchungen zur semantischen Struktur deutscher Zustands- und Bewegungsverben von Gerling und Orthen [Gerling&Orthen 1979] und der mentalen Repräsentation von Bewegungsverben durch Weber [Weber 1983]. Ballmer und Brennenstuhl geben in [Ballmer&Brennenstuhl 1985] eine umfassende hierarchische Klassifikation aller gängigen Verben des Deutschen an, die wesentlich auf Paraphrasierung, basierend auf einem vorgegebe-

---

[1] Im System VIE-LANG, das auf einer KL-ONE-ähnlichen Repräsentationssprache basiert, werden auch explizit Rollen für bewirkte Effekte, Vorbedingungen etc. eingeführt [Trost 1984], ausgehend von einem Satz primitiver Aktionen ähnlich zu den 'primitive acts' von Schank. Eine hierarchische Klassifizierung von Aktionen im Sinne eines Vererbungssystems wird allerdings nicht angegeben.

[2] Typischerweise werden Binärmerkmale verwendet, die in den Ausprägungen + und − vorkommen.

nen Satz von Grundverben, beruht. Ein Nachteil dieser Klassifikation ist, daß sie verschiedene Klassifikationskriterien beinhaltet: Auf den niedrigen Ebenen wird, wie in Taxonomien üblich, anhand von Abstraktion / Spezialisierung klassifiziert; auf den höheren Ebenen wird indessen übergegangen zu einer Zusammenfassung elementarer Aktionen zu komplexen "Modellen" oder "Prozessen" ähnlich den 'scripts' nach Schank.

Im System NAOS, das NAtürlich-sprachliche Beschreibungen von Objektbewegungen in einer Straßenszene erzeugt, wurde eine Hierarchie von Verben aufgestellt, die in der Ereigniserkennung und -verbalisierung genutzt wird [Novak 1986]. Ausgehend von sehr generellen Verben wie *existieren* als Wurzelknoten und *bewegen* und *stehen* als direkt untergeordneten Konzepten erfolgt eine Spezialisierung der Konzepte durch Hinzufügen von Merkmalen, die das jeweilige Konzept charakterisieren und von anderen Konzepten bzw. Verben diskriminieren. Der Ereigniserkennungsprozeß verwendet diese Hierarchisierung, indem er ausgehend von einem generellen Konzept ein spezielleres Subkonzept sucht, das mit den beobachteten Ereignissen übereinstimmt, und erlaubt so eine möglichst exakte Verbalisierung des beobachteten raum-zeitlichen Vorganges.

Eine anderes Beispiel der Klassifizierung von Aktionen findet sich bezüglich des Bereichs der Softwareentwicklungssysteme in [Carter 1986]. Carter stellt eine generelle Taxonomie von Softwaresystem-Funktionen bzw. -Kommandos auf. Auf den unteren Ebenen dieser Taxonomie erfolgt ebenfalls eine Klassifikation durch Abstraktion, auf den höheren Ebenen werden Funktionen nach Aufgabengebieten oder Themen zusammengefaßt. Die einzelnen Funktionen sind hinsichtlich ihrer Bedeutung jedoch nicht weiter beschrieben. Eine Taxonomie über einer ähnlichen Domäne - der Kommandosprache des UNIX-Derivats SINIX[3] - wird in [Kemke 1987] vorgestellt. Diese Taxonomie ist eine reine Abstraktionshierarchie; die Klassifizierung erfolgt anhand beteiligter Objekte einer Aktion, deren Merkmale und Modifikationen.

Diese Beispiele von Klassifikationen zeigen die für Aktionen wesentlichen Klassifikationskriterien auf:

o    Abstraktion

o    Dekomposition

o    Zuordnung zu Themen/Kontexten

Die Beschreibung einzelner Aktionen erfolgt im wesentlichen durch Angabe semantischer Merkmale und eventuell einer Beschreibung ihrer Vorbedingungen und Effekte.

Wir wollen uns im folgenden nur mit der Repräsentation von Aktionen in reinen Abstraktionshierarchien beschäftigen, wobei die Darstellung einzelner Aktionen in einer deklarativen Beschreibungsform erfolgen soll, die sowohl die Darstellung semantischer Merkmale als auch dynamischer Aspekte der Aktion erlaubt. Die Verbindung einer derartigen Taxonomie von Aktionen mit einer Dekompositionshierarchie und einer Klassifikation nach Themengebieten wird Ziel der zukünftigen Forschungsarbeit sein.

## Grundannahmen der Beschreibung von Aktionen

Der Ansatz zur Repräsentation von Aktionen, der in dieser Arbeit verfolgt wird, basiert auf strukturellen Beschreibungen *materieller* oder *abstrakter Objekte*. Diese Objekte sind definiert über *Attribute*, deren Werte Merkmalsausprägungen einer bestimmten Klasse *(Eigenschaften, Merkmale)* oder Referenzen zu anderen Objekten *(Relationen)* sind. Aktionen sind beschrieben durch

---

[3]  SINIX ist ein Produkt der Siemens AG.

Änderungen, die sie an den Attributwerten dieser Objekte vornehmen, wobei diese Änderungen absolut oder relativ zum vorhergehenden Wert erfolgen können. In KL-ONE-ähnlichen Sprachen werden Objekte und Klassen von Merkmalsausprägungen als *Konzepte* beschrieben, Relationen zu anderen Objekten und Eigenschaftsbeziehungen als *Rollen*. [4]

Wie eingangs erläutert wurde, soll eine formal fundierte Beschreibungsform für taxonomische Hierarchien von Aktionen entwickelt werden, die eine sowohl für Planungssysteme und beliebige Inferenzverfahren als auch für natürlich-sprachliche Verarbeitungskomponenten verwendbare Darstellung von Aktionen ermöglicht.

Beschreibungsparameter, die für den Anschluß sprachverarbeitender Systemkomponenten notwendig sind, z.B. Tiefenkasus oder generell semantische Merkmale, können als Attribute der Aktion dargestellt werden. Wertebereiche dieser Attribute sind Konzepte wie *Objekt-, Zeit-* und *Ortsangaben*.[5] Außerdem müssen für Aktionen Angaben über die Art ihres Verlaufs gemacht werden können, die in natürlich-sprachlichen Äußerungen oft in Form von Adverbialbestimmungen ausgedrückt werden. Die Art des Verlaufs kann wiederum als Beschreibungsparameter aufgefaßt werden, dessen Wertebereich durch ein entsprechendes Konzept angegeben wird, z.B. die Geschwindigkeit, mit der eine Aktion abläuft.

Geht man von Aktions- oder Operatorbeschreibungen aus, wie sie in klassischen Planungssystemen gegeben sind, muß eine Beschreibung der Effekte, Vorbedingungen etc. von Aktionen erfolgen. Problematisch bei einer derartigen Beschreibungsform für Aktionen in einem KL-ONE-ähnlichen System ist die Repräsentation der Effekte von Aktionen, die typischerweise durch Angabe von Formeln spezifiziert werden und Aussagen über Eigenschaften der Objekte der Domäne entsprechen. Ein Ansatz zur Einbindung derartiger Beschreibungen in Vererbungssysteme wird nach Einführung der zugrundeliegenden Repräsentationssprache behandelt.

Eine weitergehende Zielsetzung, die jedoch in dieser Arbeit nicht ausführlich behandelt wird, ist, die Definition von Vorbedingungen und Effekten durch beliebige Pädikate zurückzuführen auf eine reine Änderung von Attributwerten der repräsentierten Objekte. Formeln zur Darstellung von Vorbedingungen und Effekten sollen dann lediglich aus Angaben über Attributwerte von Objekten, i.w. Gleichheit mit anderen Werten, bestehen. Diese Vorgehensweise soll zu einer formalen Semantik führen, die auch als Basis für Methoden der Programmverifikation dienen kann.

## Basisrepräsentationssprache

Als Basisrepräsentationssprache wählen wir eine sehr einfache Form von KL-ONE, die lediglich aus *Konzepten, Rollen mit Wertrestriktion* und der *Subsumptionsrelation* besteht. Diese Basissprache können wir formallogisch darstellen: Konzepte entsprechen 1-stelligen Prädikaten (bzw. Mengen oder Sorten), Rollen sind 2-stellige Prädikate (oder Funktionen bei funktionalen Rollen bzw. Number Restriction (0,1) oder (1,1)) [6] und die Subsumptionsrelation entspricht in einer

---

[4] In formaler Hinsicht wird nicht unterschieden zwischen Objektrelationen und Eigenschaften. Die Adäquatheit dieser Sichtweise bzgl. epistemologischer Erwägungen ist fraglich, soll an dieser Stelle jedoch nicht erörtert werden.

[5] Die Repräsentation von Zeit- und Ortsangaben weist eine eigene Problematik auf, die in dieser Arbeit nicht behandelt wird.

[6] Rollen mit Anzahlrestriktionen werden in dieser Arbeit nicht behandelt. Eine Erweiterung des zugrundeliegenden einfachen KL-ONE-Derivats zumindest um optionale Rollen und die Einbeziehung von Rollenhierarchien wird jedoch erwogen.

extensionalen Sicht der Teilmengenrelation bzw. reflektiert eine Sortenhierarchie.

Bezeichnungen:

| | |
|---|---|
| $c, c_1, c_2, \ldots$ | Konzeptsymbole |
| $r, r_1, r_2, \ldots$ | Rollensymbole |
| $C$ | Menge aller Konzepte |
| $R$ | Menge aller Rollen |

Außerdem führen wir einen *semantischen Bereich* $A = (D, \tilde{C}, \tilde{R})$ ein, wobei $D \neq \emptyset$ eine Menge von Individuen ist und $\tilde{C}$ und $\tilde{R}$ zu $C$ und $R$ passende Mengen von Relationen über $D$ sind. $\iota$ ist eine Abbildung, die *Interpretationsfunktion*, die jedem Konzept- bzw. Rollensymbol die zugehörige Relation in $A$ zuordnet, d.h. $\iota(c) = \tilde{c}$ und $\iota(r) = \tilde{r}$. Die *Extension* eines Prädikates $c$ ist die Klasse der Individuen, die zur entsprechenden Relation gehören:

$$ext(c) := \{d \in D \,|\, d \in \iota(c) = \tilde{c}\}$$

Rollen entsprechen extensional zweistelligen Relationen, d.h. für alle $r \in R$ ist

$$ext(r) := \{(d, d') \in (D \times D) \,|\, (d, d') \in \iota(r) = \tilde{r}\}$$

Die Subsumptionsrelation entspricht im semantischen Bereich einer Teilmengenrelation bzgl. der Extension der Prädikate, d.h.

$$c_1 \; \textit{subsumiert} \; c_2 \quad \text{gdw} \quad ext(c_2) \subseteq ext(c_1)$$

Ziel der Arbeiten über den Klassifikationsalgorithmus für KL-ONE ist es, eine syntaktische Herleitung der semantisch formulierten Subsumptionsrelation basierend auf einer Syntax-Definition der Sprache anzugeben (s. z.B. [Brachman&Gilbert&Levesque 1985], [Schmolze&Lipkis 1983]). Der Subsumptionsalgorithmus entscheidet anhand der syntaktischen Beschreibung zweier Konzepte, ob das eine Konzept das andere subsumiert, entspricht also einem Prädikat über Konzepten.

KL-ONE basiert auf der Vererbung struktureller Beschreibungen von übergeordneten auf untergeordnete Konzepte. In der eingeschränkten KL-ONE-Formulierung, die in dieser Arbeit betrachtet wird, sind als strukturelle Beschreibungen nur Relationen als Rollen mit Wertrestriktionen zugelassen. In dieser Arbeit wird hinsichtlich des Aufbaus einer taxonomischen Wissensbasis eine Sicht vertreten, die sich orientiert an ursprünglichen Ideen von KL-ONE, in denen das Konzept der Spezialisierung betont wird [Brachman&Schmolze 1984]. Wir gehen davon aus, daß ein initialer Baum der Wissenbasis gegeben ist, der an den Blattknoten expandiert wird durch Spezialisierung der entsprechenden Konzepte. In KL-ONE gibt es im wesentlichen zwei Möglichkeiten, ein vorhandenes Konzept $c_1$ zu einem neuen Konzept $c_1'$ zu spezialisieren:

1) Wertrestriktion einer ererbten Rolle
2) Addition von Rollen

Im ersten Fall wird die Ko-Domäne $c_2$ einer Rolle $r \subseteq c_1 \times c_2$ des Konzeptes $c_1$ eingeschränkt, d.h. für $c_2$ wird das speziellere Konzept $c_2'$ gesetzt, das von $c_2$ subsumiert wird. Dann ist

$$ext(c_1') = ext(c_1) \cap \{d \in D \,|\, \forall d' \in D : (d, d') \in ext(r) \rightarrow d' \in ext(c_2)\}$$

$c_1'$ mit der auf $c_2'$ eingeschränkten Rolle $r$ wird offensichtlich von $c_1$ subsumiert (s. Abb.1a).

Wird in der Beschreibung von $c_1'$ eine neue Rolle $\hat{r}$ mit Wertrestriktion $\hat{c}_2$ zur Beschreibung von $c_1$ hinzugefügt, ist

$$ext(c_1') = ext(c_1) \cap \{d \in D \,|\, \forall \hat{d} \in D : (d, \hat{d}) \in ext(\hat{r}) \rightarrow \hat{d} \in ext(\hat{c}_2)\}$$

und offensichtlich gilt ebenfalls $ext(c_1') \subseteq ext(c_1)$ (s. Abb.1b).

Ein dritter Fall der Einführung neuer Konzepte ist die Konjunktion mehrerer vorhandener Konzepte $c_1, ..., c_n$ zu einem Konzept $c'$ (s. Abb.1c), dessen Extension sich bei Konzepten ohne Rollen einfach als Durchschnitt der Extensionen der einzelnen Konzepte ergibt, d.h.

$$ext(c') = \cap_{i=1}^{n} ext(c_i)$$

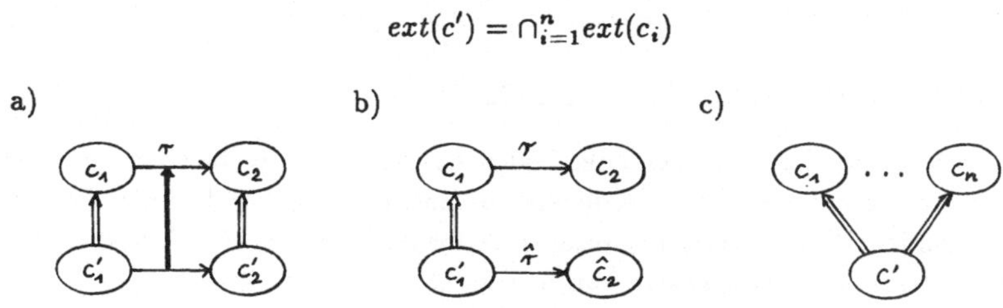


Abb.1: Spezialisierung von Konzepten

Im Fall definierter Konzepte mit Rollen findet eine Addition der Rollen der Basiskonzepte statt, wie bereits oben beschrieben.

## Beschreibung von Aktionen in Klassifikationssystemen

In den einleitenden Bemerkungen wurde ausgeführt, daß in Bereichen der KI bzw. in den entsprechenden Fachgebieten der jeweiligen Modellierungsdomänen, wie z.B. der Linguistik, Aktionen oder aktionsähnliche Konzepte bereits untersucht und sogar taxonomische Klassifikationen für Aktionen aufgestellt wurden, z.B. im Bereich der Sprachforschung die Verbklassifikation nach [Ballmer&Brennenstuhl 1986] und die Verbhierarchie in NAOS [Novak 1986] oder im Bereich der Mensch-Maschine-Kommunikation die Taxonomie von Softwaresystem-Funktionen nach [Carter 1987]. Als relevant für die KI-Forschung können insbesondere die eingangs erwähnten Arbeiten im Bereich der Linguistik und Psychologie angesehen werden, sowie die Ansätze der Aktionsbeschreibung für Planungssysteme und Programmiersprachen.

Beschreibungen von Begriffen, die Aktionskonzepte bezeichnen, anhand von Merkmalssystemen, wie sie in psychologischen und linguistischen Untersuchungen verwendet werden, sind in der eingeführten KL-ONE-ähnlichen Sprache relativ problemlos darstellbar. Anders sieht es aus, wenn operationalisierbare Beschreibungen von Aktionen vorliegen müssen, die umgesetzt werden können in eine direkte oder simulierte Aktionsausführung. Eine Möglichkeit der Repräsentation liegt in diesem Fall in einer prozeduralen Form der Aktionsbeschreibung, die aus einer direkten Anbindung entsprechender Ausführungsoperationen besteht. Eine solche Darstellung hat natürlich den Nachteil, daß sie nicht weiter analysierbar für das System selbst ist und somit nicht als Grundlage für allgemeine Inferenzverfahren und nur bedingt für den Anschluß sprach- oder bildverarbeitender Komponenten verwendet werden kann. Ein Repräsentationsformalismus, der sowohl Ausführbarkeit als auch Analyse von Aktionsbeschreibungen ermöglicht, ist die formale Logik. Prädikatenlogik erster Stufe wird klassisch zumindest als Beschreibungssprache im Bereich der Planungssysteme eingesetzt, um Effekte von Aktionen formal darzustellen.

Im Hinblick auf Aktionsrepräsentationen für KI-Systeme ist eine Verbindung dieser beiden Formen von Aktionsbeschreibungen, also der Beschreibung über semantische Merkmale und der Beschreibung der Ausführungsaspekte, notwendig. Soll eine derartige kombinierte Beschreibung von Aktionen in KL-ONE-Strukturen oder ähnliche Frame-Sprachen mit Vererbung umgesetzt werden, stellt sich das Problem, wie die Repräsentation formallogischer Ausdrücke entsprechend der Philosophie dieser Systeme erfolgen kann. Ein naheliegender Ansatz ist, zunächst Vor- und Nachbedingungen von Aktionen als Rollen anzugeben, deren Werte prädikatenlogische Ausdrücke sind. Der wesentliche Punkt einer Einbeziehung formallogischer Ausdrücke in Vererbungsysteme ist, eine Spezialisierung bzw. Subsumptionsrelation für diese Ausdrücke zu definieren, die konform ist mit der Idee der Subsumption für mengenwertige Konzepte.

## Subsumption formallogischer Ausdrücke

In der klassischen Logik wird entsprechend der Wahrheitswertsemantik die Extension von Formeln als deren Wahrheitswert angegeben. Bezeichnet $\alpha$ eine beliebige Formel der Prädikatenlogik 1. Stufe (im folgenden PK1) und $\iota$ eine Interpretationsfunktion in eine Struktur $A$ über dem Individuenbereich $D$, so ist die Extension von $\alpha$ bzgl. $A$[7]

$$ext(\alpha) := \iota(\alpha)$$

Es ist nun naheliegend, die Subsumption zweier Formeln darüber zu definieren, daß eine subsumierte Formel $\alpha_2$ ”höchstens dann” wahr ist, wenn die subsumierende Formel $\alpha_1$ ebenfalls wahr ist. D.h. unter allen Interpretationen, unter denen $\alpha_2$ wahr ist, muß auch $\alpha_1$ wahr sein, bzw. wenn $\alpha_2$ in $A$ gültig ist, muß auch $\alpha_1$ gültig sein:

$$\text{Wenn} \quad A \models \alpha_2 \quad \text{gilt, dann gilt auch} \quad A \models \alpha_1$$

wobei $\models$ die (semantische) Ableitbarkeit ausdrückt.

Wenn diese Beziehung für alle Strukturen $A$ gilt, also allgemeingültig ist, entspricht dies formallogisch der Implikation $\alpha_2 \rightarrow \alpha_1$ und wir können nun die Subsumption auf der Basis der Implikation definieren:

$$\alpha_1 \quad subsumiert \quad \alpha_2 \quad gdw \quad \alpha_2 \rightarrow \alpha_1$$

Der nächste Schritt für eine Einbeziehung der Darstellung von Formeln in die KL-ONE-Philosophie ist die Formulierung eines Algorithmus, der anhand der syntaktischen Struktur zweier Formeln entscheidet, ob eine Formel die andere subsumiert.[8] Wir können hierfür zumindest drei Regeln angeben, die Theoreme im PK1 sind.

| $\wedge$–Regel | $\vee$–Regel | Quantor–Regel |
|---|---|---|
| $\alpha_1 \wedge \alpha_2 \rightarrow \alpha_1 \qquad \alpha_1 \wedge \alpha_2 \rightarrow \alpha_2$ | $\alpha_1 \rightarrow \alpha_1 \vee \alpha_2 \qquad \alpha_2 \rightarrow \alpha_1 \vee \alpha_2$ | $\forall x : \alpha \rightarrow \exists x : \alpha$ |

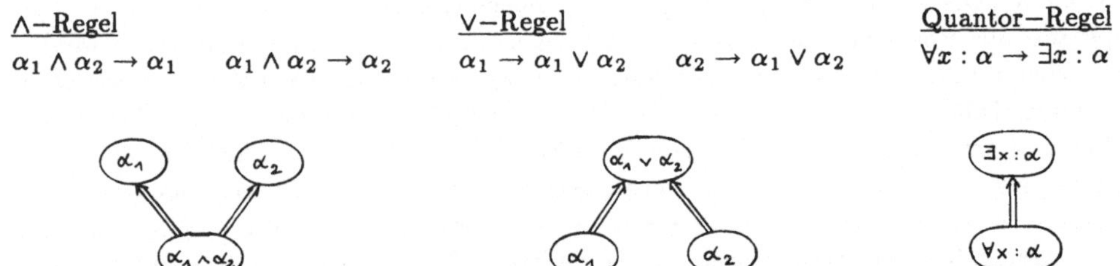

---

[7] Wir fassen unter einer Interpretation sowohl die Abbildung der Prädikat- und Funktionssymbole und Konstanten auf entsprechende Entitäten der Struktur auf, als auch die Belegung eventuell vorkommender freier Variablen einer Formel mit Individuen aus dem Individuenbereich $D$.

[8] Ein spezielles Verfahren hierfür, das im Bereich des automatischen Beweisens eingesetzt wird, ist die *Klausel-Subsumption* (s. z.B. [Frost 1986]).

Interpretiert man die Regeln im Zusammenhang einer Beschreibung von Vor- und Nachbedingungen einer Aktion, kann man sie als Angabe einer stärkeren Restriktion der Vor- bzw. Nachbedingung durch

1)  Hinzufügen einer Bedingung
2)  Entfernen einer Alternative
3)  Ausdehnen einer Bedingung auf alle Objekte

betrachten. Das Hinzufügen einer Bedingung (Regel 1) kann als äquivalent zur Addition einer Rolle in KL-ONE angesehen werden; das Entfernen einer disjunktiven Komponente (Regel 2) und die Existenzzusicherung (Regel 3) haben keine direkten Äquivalente in KL-ONE. Insbesondere ergeben sich bei der Darstellung disjunktiver Formeln Probleme, da KL-ONE kein Sprachkonstrukt für Alternativen vorsieht. Für die Spezialisierung von Formeln zur Beschreibung von Aktionen oder allgemeinen "Weltzuständen" scheint allerdings besonders die erste Regel wichtig und notwendig zu sein.[9]

## Ortveränderungsaktionen - Ein Beispiel

Die folgenden Framestrukturen sind einfache Beispiele der Modifikation einer generischen *ändern*-Funktion zu Transport- oder Bewegungskonzepten, anhand derer die Verwendung der oben eingeführten Spezialisierung von Aktionsbeschreibungen veranschaulicht werden soll.[10] Die Aktionsbeschreibungen basieren ausschließlich auf einer Wertrestriktion möglicher Rollenfüller, also einer Spezialisierung der Attributtypen, einer Addition zusätzlicher Attribute und der Spezialisierung von Formeln, die Vor- und Nachbedingungen beschreiben. Als Formeln werden nur Gleichungen von Termen verwendet, wobei die Terme Rollen bzw. Attribute darstellen. Terme werden in einer Dot-Notation angegeben: *Konzept.Attribut* bezeichnet das Konzept, das die Wertrestriktion der Rolle 'Attribut' angibt. Bei der Angabe der Vor- und Nachbedingungen (precond und postcond) sind in Klammern "benutzerfreundlichere" Ausdrücke aufgeführt, in denen die unspezifischen Argumentnamen durch die jeweiligen spezifischeren Konzeptbezeichnungen ersetzt wurden. Vererbte Attribute werden nur bei Vor- und Nachbedingungen angegeben; die Spezialisierung der Formeln in diesen Beispielen erfolgt nur durch eine Addition konjunktiv verknüpfter Teilformeln bzw. durch Wertrestriktion von Argumenten, die als Variablen in eine Formel eingehen.

<u>ändern</u>

| | |
|---|---|
| spezialisiert | aktion |
| objekt1 | objekt |
| attribut1 | attribut |
| neuer-wert | wert |
| alter-wert | wert |
| precond | objekt1.attribut1=alter-wert |
| postcond | objekt1.attribut1=neuer-wert |

---

[9]  Die Vererbungshierarchie in [Tenenberg 1986] basiert ausschließlich auf dieser Regel.

[10]  Beispiele von Aktionsbeschreibungen in der UNIX-Domäne und Erläuterungen zu deren Verwendung für Planungs- und Problemlösungsprozesse in einem Hilfesystem finden sich in [Kemke 1987] und [Kemke 1988].

<u>lokation-ändern-von-nach (sich-bewegen-von-nach)</u>

| | |
|---|---|
| spezialisiert | ändern |
| attribut1 | lokation |
| neuer-wert | ort |
| alter-wert | ort |
| modifier1 | geschwindigkeit |
| precond | - inherited -  (objekt1.lokation=alter-wert) |
| postcond | - inherited -  (objekt1.lokation=neuer-wert) |

<u>lokation-ändern-durch-agent (etwas-bewegen-von-nach)</u>

| | |
|---|---|
| spezialisiert | lokation-ändern-von-nach |
| agens1 | aktives-objekt |
| precond | objekt1.attribut1=alter-wert $\wedge$ agens1.attribut1=alter-wert |
| | (objekt1.lokation=alter-wert $\wedge$ agens1.lokation=alter-wert) |
| postcond | objekt1.attribut1=neuer-wert $\wedge$ agens1.attribut1=neuer-wert |
| | (objekt1.lokation=neuer-wert $\wedge$ agens1.lokation=neuer-wert) |

<u>lokation-ändern-mit-instrument (sich-fortbewegen-durch)</u>

| | |
|---|---|
| spezialisiert | lokation-ändern-von-nach |
| instrumental1 | fortbewegungsmittel |
| precond | objekt1.attribut1=alter-wert $\wedge$ instrumental1.attribut1=alter-wert |
| | (objekt1.lokation=alter-wert $\wedge$ fortbewegungsmittel.lokation=alter-wert) |
| postcond | objekt1.attribut1=neuer-wert $\wedge$ instrumental1.attribut1=neuer-wert |
| | (objekt1.lokation=neuer-wert $\wedge$ fortbewegungsmittel.lokation=neuer-wert) |

<u>lokation-ändern-mit-zug (zug-fahren)</u>

| | |
|---|---|
| spezialisiert | lokation-ändern-mit-instrument |
| objekt1 | person |
| instrumental1 | zug |
| precond | objekt1.attribut1=alter-wert $\wedge$ instrumental1.attribut1=alter-wert |
| | (person.lokation=alter-wert $\wedge$ zug.lokation=alter-wert) |
| postcond | objekt1.attribut1=neuer-wert $\wedge$ instrumental1.attribut1=neuer-wert |
| | (person.lokation=neuer-wert $\wedge$ zug.lokation=neuer-wert) |

Die zugehörige Objekt-Hierarchie sieht im Ausschnitt folgendermaßen aus:

<u>Objekt-Hierarchie</u>

| <u>objekt</u> | | <u>attribut</u> | |
|---|---|---|---|
| spezialisiert | entität | spezialisiert | entität |
| attribut | wert | <u>lokation</u> | |
| <u>aktives-objekt</u> | | spezialisiert | attribut |
| spezialisiert | objekt | <u>modifier</u> | |
| <u>person</u> | | spezialisiert | attribut |
| spezialisiert | aktives-objekt | <u>geschwindigkeit</u> | |
| <u>fortbewegungsmittel</u> | | spezialisiert | modifier |
| spezialisiert | objekt | <u>ort</u> | |
| <u>zug</u> | | spezialisiert | entität |
| spezialisiert | fortbewegungsmittel | <u>wert</u> | |
| | | spezialisiert | entität |

Ein Vorteil der Verwendung dieser hierarchischen Strukturierung für Aktionskonzepte liegt zunächst in einer effizienteren Informationsdarstellung. Durch die Hierarchisierung ist außerdem wissensverarbeitenden Komponenten die Möglichkeit gegeben, auf unterschiedlich konkrete bzw. detailliert beschriebene Aktionskonzepte zuzugreifen. So können sprachverarbeitende Komponenten z.B. in der Verbalisierung je nach Intention eher unbestimmte Äußerungen wählen wie: *Ich begebe mich jetzt nach Hause*, oder konkret werden: *Ich fahre jetzt (mit dem Auto / Zug) nach Hause.* Notwendig wird die hierarchische Anordnung oft auf der Analyseseite natürlich-sprachlicher Dialogsysteme, wenn Anfragen eines Benutzers auf relativ unspezifische Konzepte abgebildet werden müssen. Es könnte bei einem Reiseauskunftsystem zum Beispiel ein Benutzer zunächst nur angeben, daß er von *A* nach *B* möchte, ohne sich darüber auszulassen, welches Verkehrsmittel er benutzen will. In diesem Fall könnte die Entscheidung darüber, welches die geeignete Reiseart für den Benutzer ist, auf der Basis von Einträgen in den jeweils konkreteren Aktionskonzepten getroffen oder durch Nachfragen gelöst werden. Die Problematik der Unterspezifiziertheit von Aktionskonzepten tritt insbesondere bei Hilfesystemen auf, die den Benutzer in einer Domäne beraten, deren Terminologie ihm teilweise unbekannt ist. Beim Anschluß bildverarbeitender Komponenten an eine terminologische Wissenbasis, der für die Generierung natürlich-sprachlicher Szenenbeschreibungen notwendig ist, kann im Fall bewegter Objekte aus der Repräsentation von Zustandsbeschreibungen dieser Objekte - im wesentlichen deren Lokationen - auf die entsprechenden Bewegungs- oder genereller: Aktionskonzepte geschlossen werden kann. Die vorgestellten Repräsentationskonstrukte können von Plangenerierungs- bzw. Problemlösungsprozessen, die auf Zustandsraumsuche basieren, in der üblichen Weise verwendet werden. Außerdem kann ein hierarchisches Planen wie in ABSTRIPS [Sacerdoti 1974] oder nach der in [Tenenberg 1986] vorgeschlagenen verwandten Methode realisiert werden.[11]

## Schlußbemerkung

In dieser Arbeit wurden Grundlagen zur Darstellung von Aktionen in Vererbungshierarchien, orientiert an der Repräsentationssprache KL-ONE, vorgestellt. Insbesondere wurde eine Subsumptionsrelation für prädikatenlogische Formeln definiert, die äquivalent ist zur entsprechenden in KL-ONE gegebenen Beziehung mengenwertiger Konzepte. Dadurch ist die Basis zur Definition einer Semantik von Aktionen gelegt, deren Repräsentation sowohl aus der Angabe von Merkmalen besteht, als auch der Spezifizierung von Vorbedingungen und Effekten.

Ziel der weiteren Arbeit ist es, einen Klassifikationsalgorithmus für Formeln eines auf die Repräsentation von Aktionen zugeschnittenen Ausschnitts der Prädikatenlogik zu entwickeln, der anhand der syntaktischen Struktur von Ausdrücken über ihre Subsumptionsbeziehung entscheidet. Weiterhin muß die Verwendbarkeit des vorgeschlagenen Repräsentationsformalismus durch die Entwicklung entsprechender Verarbeitungs- und Zugriffsverfahren, z.B. eines Planungssystems und einer Frageauswertungskomponente, demonstriert werden.

---

[11] Beispiele von Aktionsbeschreibungen in der UNIX-Domäne und Erläuterungen zu deren Verwendung für Planungs- und Problemlösungsprozesse in einem Hilfesystem finden sich in [Kemke 1987] und [Kemke 1988].

# Literatur


Brachman, R.J. & Schmolze, J.G. (1984): An Overview of the KL-ONE Knowledge Representation System. *Fairchild Technical Report No. 655, Palo Alto, CA*

Brachman, R.J. & Gilbert, V.P. & Levesque H.J. (1985): An Essential Hybrid Reasoning System: Knowledge Level and Symbol Level Account of KRYPTON. *Proc. IJCAI-85, Los Angeles, CA, 532-539*

Ballmer, T. & Brennenstuhl, W. (1986): Deutsche Verben. *Gunter Narr Verlag, Tübingen*

Carter, J. (1986): A Taxonomy of User-Oriented Functions. *Int. J. Man-Machine Studies, No 24, 1986, 195-292*

Engelkamp, J. (1974): Psycholinguistik. *Wilhelm Fink Verlag, München*

Fikes, J. & Nilsson, N. (1971): STRIPS: A New Approach to the Application of Theorem Proving to Problem Solving. *Artificial Intelligence 2 (1971) 189-208*

Frost, R.A. (1986): Introduction to Knowledge Base Systems. *Collins, London*

Gerling, M. & Orthen, N. (1979): Deutsche Zustands- und Bewegungsverben. *Gunter Narr Verlag, Tübingen*

Hertzberg, J. (1986): Planerstellungs-Methoden der Künstlichen Intelligenz. *Informatik-Spektrum (1986) 9, 149-161*

Kemke, C. (1987): Representation of Domain Knowledge in an Intelligent Help System. *Bullinger/Shackel (eds.): Human-Computer Interaction - INTERACT'87. Proceedings of the Second IFIP Conference on Human-Computer Interaction, Stuttgart, FRG, 215-220*

Kemke, C. (1988): What Do You Know about Mail? Representation of Commands in the SINIX Consultant. To appear in: *Norvig/Wahlster/Wilensky (eds.): Intelligent Help Systems for UNIX - Case Studies in Artificial Intelligence (Working Title). Springer, Heidelberg*

Lewandowski, Th. (1979): Linguistisches Wörterbuch. *Quelle & Meyer, Heidelberg*

Nilsson, N. (1971): Problem Solving Methods in Artificial Intelligence. *McGraw-Hill, New York*

Novak, H.-J. (1986): Textgenerierung auf der Grundlage visueller Daten. *Dissertation, Universität Hamburg*

Sacerdoti, H. (1974): Planning in a Hierarchy of Abstraction Spaces. *Artificial Intelligence 5 (1974), 115-135*

Sacerdoti, H. (1977): A Structure for Plans and Behavior. *Elsevier North-Holland, New York - Oxford - Amsterdam*

Schmolze, J.G. & Lipkis, T.A. (1983): Classification in the KL-ONE Knowledge Representation System. *Proc. IJCAI-83, Karlsruhe, FRG, 330-332*

Tenenberg, J. (1986): Planning with Abstraction. *Proc. AAAI-86, Philadelphia, PA, 76-80*

Trost, H. (1984): Deklarative Wissenrepräsentation: ein Überblick und eine Anwendung im Bereich natürlichsprachiger Systeme. *Dissertation, Universität Wien*

Weber, G. (1983): Untersuchungen zur mentalen Repräsentation von Bewegungsverben: Merkmale, Dimensionen und Vorstellungsbilder. *Dissertation, Technische Universität Carolo-Wilhelmina, Braunschweig*

# Configuration as a Consistency Maintenance Task

Bernd Owsnicki-Klewe
PHILIPS GmbH Forschungslaboratorium Hamburg
P.O. Box 540 840, 2000 Hamburg 54, Western Germany

**Abstract:** This paper describes how a configuration task may be considered a problem of maintaining global consistency within a knowledge base. A consistency maintenance process should *a)* be able to deduce the consequences of new knowledge and *b)* detect logical contradictions on the basis of these inferences. Usually, this is done best by "read-time inferences", i. e. inferences drawn immediately on arrival of new information. This leads to a configuration system that does not contain heuristic rules but just one inference mechanism responsible for processing the user's input. The mechanism is embedded in MESON, a KL-ONE descendant, developed at PHILIPS Research Laboratories, Hamburg.

**Keywords:** Knowledge Representation, Consistency of Knowledge Bases, Configuration

## Introduction

KL-ONE based representation systems offer a very general modeling capability used in areas like natural language processing [1] and general user interfaces [6]. In this paper we will examine the problem of *configuration*—i.e. a task of arranging components into a complete system under some specific constraints—in this context.

Configuration tasks, e.g for computer systems, are usually performed by rule-based approaches [3,8]. In the context of a hybrid terminological representation system, yet, there is just *one* general mechanism forcing the KB to be consistent on a logical base [9]. So, a configuration problem can be solved if we can formulate it as a task of maintaining consistency in a hybrid terminological/assertional environment. Especially then, there will be no need for further enhancements of the formalism.

We will sketch the solution of this problem first in a more general way by resorting to a discussion of the configuration problem in the context of maintaining the global consistency of a terminological and assertional knowledge base, then present the representation framework of MESON, a hybrid KL-ONE descendant developed at Philips Research Laboratories, discuss some aspects of model-building within this framework and finally show some small examples.

## 1  On expressive power

In this paper the elaboration on the actual representation formalism (MESON) generally serves for illustration purposes only. When a term-forming language is used to express configuration constraints, its expressive power determines *what* kinds of constraints can actually be expressed and maintained by the system. So, in this paper we will present

1. the idea to use a strictly declarative representation to tackle the problem of configuration, and

2. an (admittedly limited) example of how such a representation can be made operational.

The MESON TBox/ABox languages miss several constructs that could facilitate representing several desirable configuration constraints. Among these constructs are:

- term definitions involving existential quantification, and

- disjunctive definitions and assertions.

We will go into more detail regarding these problems in 5.


## 2   Some introductory remarks on configuration

Generally, a configuration problem involves

- *components* that have to be arranged into a valid configuration, finally building up a complete *system*, and

- *constraints* that represent technical requirements about how components go together.

We will now discuss the configuration problem from a general point of view, where sentences in some formal language form the store of knowledge the system has about the problem. The ultimate goal of this discussion is to view configuration as a monotonic inference process that adds sentences to the knowledge base and thus narrows down the number of possible models.

In principle, we thus focus the attention on the problem of modeling constraints rather than components, simply because constraints form the crucial part of the knowledge base. The hypothesis is that the main configuration problem is to have many not too complex constraints satisfied *simultaneously*. Under this hypothesis, it's primarily this aspect of simultaneous satisfaction of constraints that makes the problem difficult.

Generally, a constraint is of the form *"if a certain condition holds for one or more components, then there are additional restrictions that must be satisfied by the configuration."* In the sequel we will consider such a simple constraint in detail which stems from the domain of computer system configurations: *"We want to configure a distributed computer system with one central processor and a couple of workstations linked to it. One of the problems involves connections between the central processor and a given workstation. If a certain distance between these components is exceeded, we cannot use a fast data transfer line, but have to use a serial line involving an RS232 interface card."*

Especially, we want the system to draw two complementary conclusions:

1. "If a workstation is known to be remote, then it follows that it has an RS232 interface."

2. "If a workstation is known to have *no* RS232 interface, then it follows that it is *not* remote."

In principle, there are (at least) two ways to model this constraint:

1. Use a very general model of the "system domain" and force transitions into valid states by appropriate rules or procedures. An example of such a rule would be something like "If the workstation is at a remote place, then add an RS232 interface card to the order." This is the "classical" method embodied in rule-based configuration systems.

2. Use a very specific model that just represents *valid* states, axiomatized in some formal way. In this setting the equivalent fact would be stated in form of an axiom like "to be a workstation at a remote place implies to be a workstation with an RS232 interface card."

The idea behind the second approach is to describe the domain not "as it is", but "as it should be." This approach simply makes invalid configurations equivalent to logical contradictions, since each new sentence is recognized only in the context of the a priori axiomatization. Or, to put it the other way around, any consistent state of the KB is guaranteed to describe a class of valid configurations. It supports the view of configuration as an inference process that starts from certain axioms and lets the user enter new sentences in order to reach a smaller class of models.

Practically, what is needed then is just a mechanism that guarantees the *overall* consistency of the KB in order to satisfy *all* constraints.

On one hand, contradictions can be recognized by an appropriate inference mechanism. For example, a "read-time inference process", i. e. a process that draws inferences in a forward chained manner, will both do immediate updates on the model and recognize eventual contradictions [9].

On the other hand, we have to accept statements like the one given in the second approach as *analytically true* which may be difficult in certain cases where configuration constraints stem from very specific system requirements. Additionally, we have to keep in mind that a realistic configuration session will probably be *not* monotonic, since whenever an inconsistency is detected the system has to offer some possibility to revise the contents of the KB in order to proceed. This problem of knowledge revision is only very incompletely solved in the current implementation, while—at least for the assertional part—a possible solution seems to be to adopt the PENNI/RUP mechanism, as in KL-TWO [11].

In the sequel we will describe the basic principles of the inference processes inside MESON that perform this task and trace how the actual problem is treated.


## 3  Representation in MESON

MESON [4,5] uses a KL-ONE TBox to represent generic concepts and an ABox to represent the user's assertions. We will briefly sketch the main building blocks, inference mechanisms and—as far as needed—the semantics of both boxes.

## 3.1  The TBox

In this section, we assume a certain familiarity with the KL-ONE syntax and semantics [5] and first give an short description of the terminological language of MESON. The semantics of the TBox language maps concept and role names into one- or two-place predicates, resp. Terminological definitions then appear as axioms of first-order logic.

1. **THING** denotes the top concept in the hierarchy. Semantics:
   $$\boxed{\forall x.\mathsf{THING}(x)}$$

2. (**PrimGeneric** $\mathsf{Name}_1$ $\mathsf{Name}_2$
   (**Role** RName (VR $\mathsf{Name}_3$) (NR (min max)))) introduces $\mathsf{Name}_1$ as a *primitive* subconcept of $\mathsf{Name}_2$ and introduces a role **RName** with domain $\mathsf{Name}_1$, range $\mathsf{Name}_3$ and number-restriction [min,max]. Thus role introduction is restricted to primitive domains. More than one role can be introduced along with the same concept (see the example in 3.1.1). Semantics:
$$\boxed{\begin{aligned} \forall x.\mathsf{Name}_1(x) \quad &\Rightarrow \quad \mathsf{Name}_2(x)\wedge \\ &\qquad \forall y.\mathsf{RName}(x,y) \Rightarrow \mathsf{Name}_3(y) \wedge \exists_{\min}^{\max}y.\mathsf{RName}(x,y) \\ \forall x,y.\mathsf{RName}(x,y) \quad &\Rightarrow \quad \mathsf{Name}_1(x) \wedge \mathsf{Name}_3(y) \end{aligned}}$$

3. (**VrGeneric** $\mathsf{Name}_1$ ($\mathsf{Name}_2$ RName $\mathsf{Name}_3$)) introduces $\mathsf{Name}_1$ as a subconcept of $\mathsf{Name}_2$ that is *defined* by restricting the range of **RName** to $\mathsf{Name}_3$. Semantics:
$$\boxed{\forall x.\mathsf{Name}_1(x) \iff \mathsf{Name}_2(x) \wedge (\forall y.\mathsf{RName}(x,y) \Rightarrow \mathsf{Name}_3(y))}$$

4. (**NrGeneric** $\mathsf{Name}_1$ ($\mathsf{Name}_2$ RName (min max))) introduces $\mathsf{Name}_1$ as a subconcept of $\mathsf{Name}_2$ that is *defined* by restricting the number-restriction of **RName** to [min,max]. Semantics:
$$\boxed{\forall x.\mathsf{Name}_1(x) \iff \mathsf{Name}_2(x) \wedge \exists_{\min}^{\max}y.\mathsf{RName}(x,y)}$$

5. (**ConjGeneric** $\mathsf{Name}_1$ $\mathsf{Name}_2$ $\cdots$ $\mathsf{Name}_n$) introduces $\mathsf{Name}_1$ as *defined* as the common specialization of $\mathsf{Name}_2, \ldots, \mathsf{Name}_n$. Semantics:
$$\boxed{\forall x.\mathsf{Name}_1(x) \iff \bigwedge_{i=2,n} \mathsf{Name}_i(x)}$$

Along with this language comes a specialized proof procedure which for two concept definitions $\mathsf{C}_1$ and $\mathsf{C}_2$ finds out whether $\vdash \forall x.\mathsf{C}_1(x) \Rightarrow \mathsf{C}_2(x)$. Whenever this can be proved, we say that $\mathsf{C}_2$ *subsumes* $\mathsf{C}_1$. This proof procedure is generally called the *classifier*.

Besides these terminological building blocks, MESON also accepts expressions that add further restrictions to previously introduced concepts:

- (**Disjoint** $\mathsf{Name}_1$ $\cdots$ $\mathsf{Name}_n$) declares $\mathsf{Name}_1, \ldots, \mathsf{Name}_n$ to be pairwise disjoint, i. e. $\boxed{\forall x.\neg(\mathsf{Name}_i(x) \wedge \mathsf{Name}_j(x)), \text{ if } i \neq j.}$

- **(CImpl Name$_1$ Name$_2$)** adds the formula $\boxed{\forall x.\text{Name}_1(x) \Rightarrow \text{Name}_2(x)}$ to the KB. This construction is referred to as *implication* and was introduced first in the LOOM system [7][1].

Note that implication differs from subsumption in a subtle way. Subsumption is a meta-predicate on concept *descriptions*, i. e. it tells that one description is more general than another one. The classifier, in general, compares the syntactical descriptions of concepts in order to decide over subsumption. On the other hand, implication adds an additional axiom to the TBox by stating a non-terminological law that any instance of one concept is always an instance of another concept, too. Such an axiom is generally *not* provable by the classifier.

### 3.1.1 Some example definitions

Starting with this language, we present a small excerpt of the computer world—modeling just the part relevant for the above problem—as represented in MESON:

```
(PrimGeneric Location Thing)
(PrimGeneric Remote Location)
(PrimGeneric Local Location)
(PrimGeneric RS232Interface Thing)
(PrimGeneric Workstation Thing (Role IsAt (VR Location) (NR (1 1)))
                              (Role Has (VR RS232Interface (NR (0 1)))))
(NrGeneric RS232Workstation (Workstation Has (1 1)))
(NrGeneric NoRS232Workstation (Workstation Has (0 0)))
(VrGeneric RemoteWorkstation (Workstation IsAt Remote))
(VrGeneric LocalWorkstation (Workstation IsAt Local))
(Disjoint Location RS232Interface Workstation)
(Disjoint Remote Local)
(CImpl NoRS232Workstation LocalWorkstation)
(CImpl RemoteWorkstation RS232Workstation)
```

These definitions introduce a micro-world consisting of locations (which are remote or local), RS232 interfaces and workstations (which are at locations and may or may not have RS232 interfaces). A graphical representation of a part of this TBox is given in fig. 1, where the gray arrow denotes an *implication* link. The interesting things modeled are those given by these last two implications. What they amout to is the following:

1. Any workstation which does not have an RS232 interface stands at a local place.

2. Any workstation standing at a remote place has an RS232 interface.

These implications aim at modeling the constraint mentioned in 2. We will briefly discuss alternative ways of setting up a model supposed to capture this constraint.

---

[1]As pointed out there, both these definitions are not strictly terminological in nature. LOOM makes an additional distinction between terminological knowledge stored in the TBox and "universal" knowledge stored in the so-called UBox.

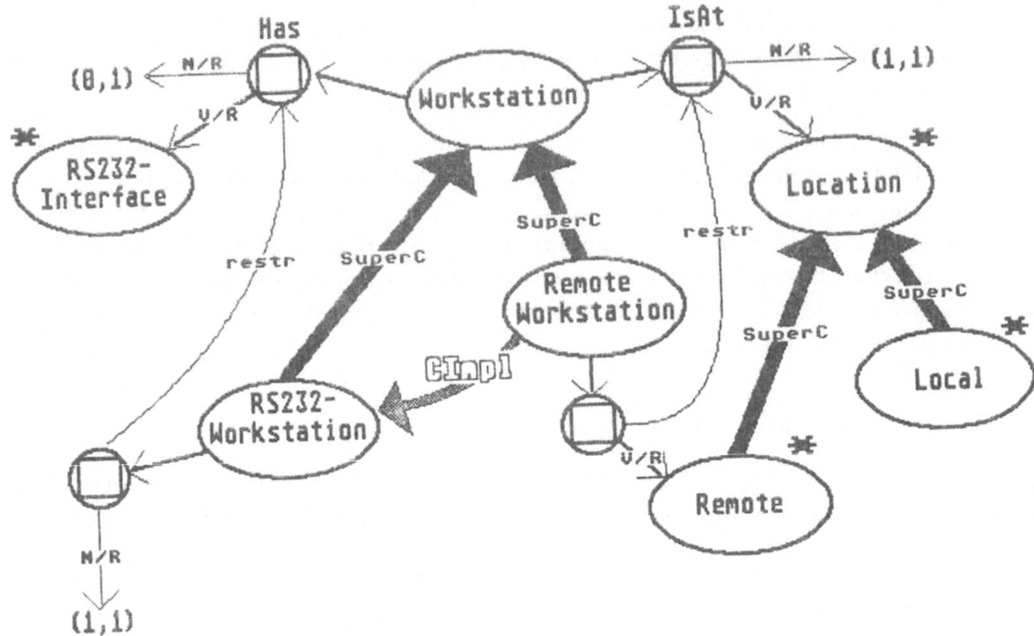


Figure 1: A small TBox for the configuration problem

1. Solve the problem using purely terminological definitions by defining RemoteWorkstation as a sub-term of RS232Workstation, like
   `(VrGeneric RemoteWorkstation (RS232Workstation IsAt Remote))`.

   This fails to detect an inconsistent configuration with a workstation at a remote
   location and *no* RS232 interface. It *would not* call such a workstation RemoteWorkstation, it's true, but it would accept it as consistent with respect to the model!
   In any case, the problem cannot be solved by purely terminological means.

2. Solve the problem by defining NoRS232Workstation and RemoteWorkstation to be
   disjoint. That would detect the above inconsistency, but would fail to deduce from
   the lone fact that there is no RS232 interface that the workstation stands at a
   local place. A complete implementation of NIKL's **Cover** construct [10] would
   solve the problem, if we assume that Local and Remote cover Location[2]. In any
   case, the representation via implication looks more perspicuous.

## 3.2   The ABox

The actual MESON ABox is capable to accept assertions about members of certain
sets (called instances) and—in a limited way—about certain subsets of them. For this
purpose, it is equipped with two access functions:

---

[2]From NoRS232Workstation(x) it is deduced ¬RemoteWorkstation(x), thus by (implicit) cover Local-
Workstation(x). In this special case (where a concept is covered by *exactly two* subconcepts) one single
implication link would suffice, yet when the concept is covered by *more than two* subconcepts, we definitely need two implications, since the we were not allowed to make the step from ¬RemoteWorkstation(x)
to LocalWorkstation(x).

**Tell:** The ABox is told a new assertion.

**Ask:** The ABox is asked for the truth value of an assertion.

Examples for such ABox expressions are:

- **Tell Workstation(w1)**
- **Ask IsAt(w1,l1)**
- **Tell Has(w1,(1,1,RS232Interface))**

The last expression shows the way to refer to *indefinite role filler sets* within the ABox. While the semantics of an ABox expression like $R(x_0, y_0)$ should be immediate, indefinite role fillers need an explicit definition of its semantics: an expression $R(x_0, (\min, \max, C))$ is equivalent to the formula

$$\exists_{\min}^{\max} y.(R(x_0, y) \land C(y)).$$

Several indefinite role filler sets can co-exist at a certain role instance. For example, asserting IsAt(w1,(1,1,Remote)) leads to the additional assertion IsAt(w1,(0,0,Local)).

For the configuration task the important point is the ability to cope with *inconsistent* assertions. Assume the following example:

- **Tell IsAt(w2,l2)**
- **Tell RemoteWorkstation(w2)**
- **Tell Local(l2)**

In this case, these three assertions form a contradiction[3]. This is immediately detected since from the first two assertions follows Remote(w2) contradicting the third because of the disjointness between Remote and Local.

### 3.2.1 The main ABox inference mechanism

The component responsible for processing assertions is called the *realizer*, in accordance with the usual KL-ONE terminology. Compared to normal implementations, the MESON realizer is a bit more complicated, due to the implication construct. It mainly consists of three functions:

1. **Open**$(x)$, where $x$ is some ABox instance, is *the* TBox concept $C$ such that
    - $\vdash C(x)$ and
    - whenever $\vdash D(x)$ for some $D$, then $D$ subsumes $C$.

    We will call this $C$ the *best description* of $x$. Note that there is always *at most one* concept meeting this condition[4]; if there is none, an inconsistency is detected.

---

[3] Note that any two of them are consistent! This poses some problems for a sensible recover from such a situation. At the moment, MESON will simply retract the last assertion, but that's certainly not sufficient. We already mentioned this problem at the end of section 2.

[4] It can be defined as the logical conjunction of all $D$, such that $\vdash D(x)$.

2. **Impl**$(C)$ is the set of all concepts $D_i$ such that there is an (maybe inherited) implication from $C$ to any of them. For the sake of simplicity, we will assume $C \in$ **Impl**$(C)$. This assumption makes the following acceptance condition much easier to read.

3. **Close**$(x, \{C_1, \ldots, C_n\})$ is a function that forces $C_i(x)$ to hold for all $i$ by asserting the terminological properties of the $C_i$ for $x$. This may result in new assertions about role fillers of $x$.

   We may assume that the result of closing $x$ with respect to a set of concepts is an "updated version" of $x$. We then can give the final acceptance condition for an instance by a short functional equation.

This condition describes a state where the realizer has reached a stable and consistent state of the KB, i. e. any possible inference concerning the instance $x$ has been drawn. It can be stated by

$$\mathbf{Open}(x) = \mathbf{Open}(\mathbf{Close}(x, \mathbf{Impl}(\mathbf{Open}(x)))).$$

Verbally, the realization loop performs the following steps:

1. Open $x$, i. e. find the best description $C$ for $x$ based on the assertions about $x$.
2. Find all concepts that are implied by $C$ and close $x$ with respect to all these concepts—including $C$ itself.
3. Open $x$ again and check whether the result has changed due to the previous **Close**.
4. If it did change continue with another **Close** operation (step 2.), else stop.

The monotonic nature of the MESON ABox secures that the above equation will eventually hold, i. e. the iterative realization process will stop after finite time[5].

After realizing an instance $x$ it may become necessary to re-realize any role filler description (i. e. indefinite sets of instances) of $x$, as well as any instance that uses $x$ as a role filler. This is also done by the ABox mechanisms. **Open**ing an instance may sometimes lead to the creation of new TBox concepts in order to result in a unique best description (see 4). Such a concept usually defines the common specialization of two or more other concepts and is given the hyphenated names of the source concepts as its name.

## 4 Configuration examples

We will now give a trace of what the ABox does under certain user inputs, where the nesting of inferences is shown by appropriate indentations. The outline of the examples is as follows:

---

[5] Any **Close** will at best *add* new assertions about $x$, thus the next **Open** will move $x$ down in the taxonomy, if it is moved at all. In the worst case $x$ is best described by the common specialization of all TBox concepts, but since there is a finite number of concepts in the TBox, there are also finitely many common specializations of them. This idea is due to B. Nebel and K. von Luck [pers. comm.].

1. A connection between a workstation and a location is stated implicitly via the IsAt relation.

2. In the first example, we add the assertion that this location is remote, and conclude that there is an RS232 interface with this workstation.

3. The second example goes the other way around. We explicitly state that there is no RS232 interface with this workstation and conclude that the location in question is local.

These are just the two complementary inference steps, mentioned in 2.

| | |
|---|---|
| **Tell** IsAt(Work1,Loc1) | *Example 1: Entered by the user* |
| →Workstation(Work1) | *Internal assertion* |
| →Has(Work1,(0,1,RS232Interface)) | **Close** *Work1* **wrt. Workstation** |
| →IsAt(Work1,(1,1,Location)) | |
| →IsAt(Work1,(0,1,Remote)) | |
| →IsAt(Work1,(0,1,Local)) | |
| →Location(Loc1) | **Close** *Loc1* **wrt. Location** |
| →IsAt(Work1,Loc1) | |
| | |
| **Tell** Remote(Loc1) | *Entered by the user* |
| →Remote(Loc1) | |
| →IsAt(Work1,(1,1,Remote)) | *Re-realize Work1* |
| →IsAt(Work1,(0,0,Local)) | *Inferred by disjointness* |
| →RemoteWorkstation(Work1) | *Best description found* |
| →RS232Workstation(Work1) | **Close** *Work1* **wrt. RS232Workstation** |
| →Has(Work1,(1,1,RS232Interface)) | *This is what we wanted!* |
| →RemoteWorkstation-RS232Workstation(Work1) | *Final* **Open** *yields a new concept* |
| | |
| **Tell** IsAt(Work2,Loc2) | *Example 2: Entered by the user* |
| →Workstation(Work2) | *Same inferences as above follow* |
| →Has(Work2,(0,1,RS232Interface)) | |
| →IsAt(Work2,(1,1,Location)) | |
| →IsAt(Work2,(0,1,Remote)) | |
| →IsAt(Work2,(0,1,Local)) | |
| →Location(Loc2) | |
| →IsAt(Work2,Loc2) | |
| | |
| **Tell** Has(Work2,(0,0,RS232Interface)) | *Entered by the user* |
| →Has(Work2,(0,0,RS232Interface)) | |
| →NoRS232Workstation(Work1) | *Best description again* |
| →LocalWorkstation(Work1) | **Close** *Work2* **wrt. LocalWorkstation** |
| →IsAt(Work2,(0,0,Remote)) | |
| →IsAt(Work2,(1,1,Local)) | |
| →Local(Loc2) | *Re-realizing Loc2 yields the result!* |

→LocalWorkstation-NoRS232Workstation(Work1)  *After realization*

# 5   Conclusions

We examined an integrated representation of terms, constraints and assertions for the domain of configuration tasks. It has been demonstrated—at least by a small example—that constraints may be expressed by means that fit well into the conceptual framework of term-forming languages, like the *implication* link between concepts. The advantage gained by proceeding thus is that there is exactly *one* inference mechanism whose ultimate goal is to guarantee the overall consistency of the model, making it easier to maintain the consistency of different knowledge sources. Yet, from a general point of view there is one problem with this model:

The expressive power of the actual TBox language determines the type of constraints that can be expressed. Some KL-ONE constructs, like *covers* and *role hierarchies* are not yet implemented, limiting the generality of this special implementation. The MESON ABox is a collection of positive assertions, not allowing for disjunction or negation, which would further enhance the actual modeling capabilities.

More specific, we notice two central problems that constrain the capabilities of MESON as a configurer (we already mentioned these problems at the beginning of this paper):

**Term definitions involving existential quantification:** Considering the semantics of the MESON TBox language it becomes obvious that any term definition involves universal quantification. There is no general definition construct that uses an existential quantifier—if we omit non-zero lower bounds on number restrictions. An example of a configuration constraint that cannot be modelled with this language is given by the following statement: *"if the system in question is supposed to have a TeleText option, then at least one of the workstations must have a certain board"*.

The solution to this problem is given by a KL-ONE language construct that is part of the term definition languages of other implementations, like NIKL, LOOM or BACK: the *defined subrole ("vrdiff")* construct. Using this construct the above constraint can be expressed as follows:

1. Define a special kind of Workstation that has this kind of board (a TX-Workstation, say),
2. Define a System as something that consists-of at least one Workstation,
3. Define TX-consists-of as a subrole of consists-of with range TX-Workstation,
4. Define a TX-Workstation-System as a System with at least one TX-consists-of,
5. Define the concept of a TX-System as a representative of a system with a TeleText option, and finally
6. Let TX-System imply TX-Workstation-System.

**Disjunction:** In neither the terminological nor the assertional language there is an explicit representation of disjunction, i. e. a way to leave several equivalent possibilities open. In this implementation this problem is tackled by

1. defining alternative concepts as primitive subconcepts of a more general concept and let the user make the final decision, and
2. putting some of the choices into the indefinite role fillers that thus serve as a means to capture a certain *least commitment* strategy.

# References


[1] J. Allgayer, C. Reddig: *Processing Descriptions containing Words and Gestures— A System Architecture,* in: C.-R.Rollinger, W. Horn (eds.): *GWAI-86,* Springer, Berlin, 1986, pp. 119–130

[2] H.J. Levesque, R.J. Brachman: *A Fundamental Tradeoff in Knowledge Representation and Reasoning,* in: R.J. Brachman, H.J. Levesque (eds.): *Readings in Knowledge Representation,* Morgan Kaufmann, 1985, pp. 41–70

[3] W. de Vries: *Development of an Expert System Configurer: A Tool for the Salesman of Computer Systems,* Ph. D. Thesis, Univ. Twente, 1987

[4] J. Edelmann, B. Owsnicki: *Data Models in Knowledge Representation Systems,* in: C.-R. Rollinger, W. Horn (eds.): *GWAI-86,* Springer, Berlin, 1986, pp. 69–74

[5] K. von Luck, B. Owsnicki-Klewe: *Neuere KI-Formalismen zur Repräsentation von Wissen,* in: T. Christaller (ed.): *KIFS-87,* Springer, Berlin, (to appear)

[6] W. Mark: *Knowledge-based Interface Design,* in: D.A. Norman, S.W. Draper (eds.): *User Centered System Design* Lawrence Erlbaum, 1986, pp. 219–238

[7] R. McGregor, R. Bates: *The LOOM Knowledge Representation System,* Information Science Institute, Marina del Rey (CA), 1987

[8] J. McDermott: *R1: A Rule-Based Configurer of Computer Systems,* Carnegie Mellon Univ., Report CS-80-119, 1980

[9] B. Nebel, K. von Luck: *Issues of Integration and Balancing in Hybrid Knowledge Representation Systems,* in: K. Morik (ed.): *GWAI-87,* Springer, 1987, pp. 114–123

[10] J.G. Schmolze: *The Syntax and Semantics of NIKL,* Information Science Institute, Marina del Rey (CA), 1985

[11] M. Vilain: *The Restricted Language Architecture of a Hybrid Representation System,* Proceedings of the IJCAI-85, pp. 547–551

# Remarks to Shoham's Temporal Logic

Karl Schlechta
Massmannstr. 4
D-1000 Berlin 41

**Abstract**
We describe a problem in Shoham's system of temporal logic and
present a solution.

## 1 Introduction

### 1.1 General Remarks

This paper's intention is very limited : To point out a problem in Shoham's
system of temporal logic and to offer a solution. In addition, both problem and
solution are rather technical. Thus, the reader will find no general discussion
of representation of time, neither in the text, nor in the bibliography, and will
need a copy of [S] or [S0] at hand. For further reading, we suggest [S1] (with
extended bibliography), [A], [AH].
We leave all motivation and comments beyond our modifications to Shoham's
original articles.
Our reformulation of the boundary between syntax and semantics is largely a
matter of taste, not central in any way, and we will not defend it beyond the
following comment : In our example, we treat a predicate (or function) that is
time-dependent. So, not to mention time-dependency at all on the syntactical
level would seem to us somewhat cheating, since we have to interpret in a time-
dependent way anyhow. After all, the language used should reflect some of the
expressive power we intend to give it, and we see no point in hiding everything
in the semantics.
The remarks in this paper apply to the system of temporal logic as presented
in [S] and [S0]. Since [S] is the later and more elaborate article we refer to [S]
only.
All undefined notation will be from [S].
We now examine Shoham's first order case and discuss a problem. In addition,
we will set up a background scenario for illustration, which will be represented
later on in the modified system of Shoham.

## 1.2   Problem and Scenario

The Problem :

Consider Shoham's President example. "President" is a non-temporal function symbol, $President \in F$. Let t be a temporal term and look at $M_4$ . $M_4(t, t, President)$ is then a function, that's o.k. so far. (We forget about $t = 10^6$ BC for the moment. We will solve that difficulty as a side effect later on.) But, look, what about t=1900, t'=1950 ?

Which function is $M_4(1900, 1950, President)$ ?

Obviously, none (in any reasonable sense), because the presidents have changed in the meantime!

Similar considerations apply, of course, to relations.

The scenario :

We want to express "from 1900 to 1950 the president of the US has been a Republican" (we do not bother about historical correctness). We might have in mind :

1) The (predicate) Republican party has changed, some people joined, others left, or died.

2) The presidents of the US have changed, too, so the function "president" has changed.

3) But : Over all that time, whoever was president, was at that time Republican. We might express 3) also as

3') 1900-1920 Hoover was president, he was a Republican, 1920-1940 Roosevelt was president, he was a Republican, 1940-1950 Eisenhower was president, he was a Republican.

Note, however, that 3') might easily be an infinite set of sentences, if we look at continous developments like the movement of a body in space.

To put it graphically :

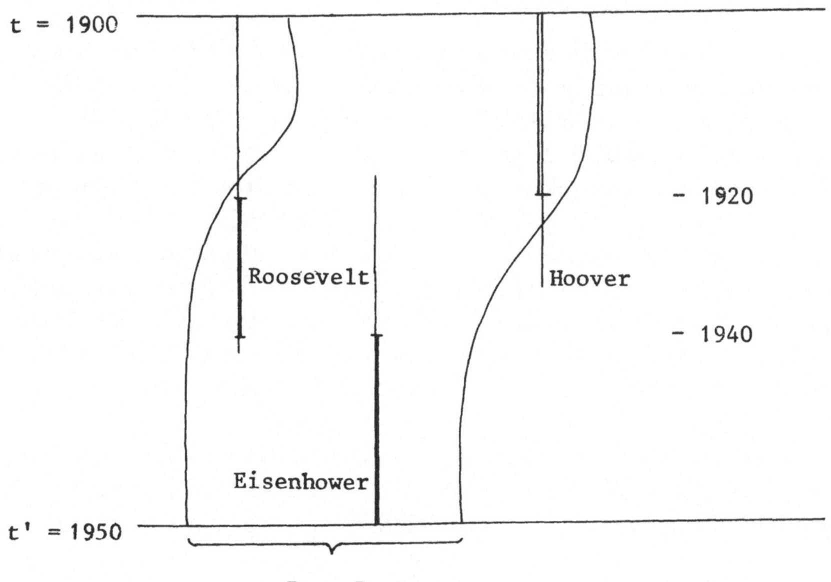

## 1.3  Technical Remarks

Shoham (personal communication) has pointed out to the author that, in the original paper, the correctness of the crucial lemma 2 was based on nothing but the author's intuition. This lemma, and its counterparts for relations and the ∃-quantifier, are central for anything sensible : we have to be independent of the specific choice of subintervals. The reader may convince himself by either looking at our scenario, or at the theory of integration, which may serve as a good model. To obtain our lemma, we are forced to accept something like liquidity (see [S]) for the predicates. (We have called liquidity "Time Decency" in a second version of the paper and are grateful to the referees for pointing out to us that both mean the same.) If we want to do without full liquidity, the author sees no way but to largely increase the basic formalism, e.g. carrying around for each predicate its own little algebra of admissible time intervals. We do not consider this a good solution (just think of complex formulae!). Instead, we suggest that further research on temporal representation should try to work with simple basic structures and put any complications into the axiom sets. So, for simplicity, *we consider here only liquid predicates*. And these pages should be read as a research note offering a partial solution rather than as an effort to firmly establish any system of temporal reasoning.

Our central modification of Shoham's system are in the definitions of FN and RL (partial functions and dependency on time), and in the "refinement"-cases in defining the interpretation of functions, relations, and the existential quantifier for non-temporal variables.


# 2  An (Obvious) Solution

## 2.1  Outline

We now proceed to modify Shoham's development of the first order case.
The problem was that functions and relations change over time, so they need not be constant over every interval. Thus, they need not be defined if we consider arbitrary intervals. Yet, we want to preserve the intervals as the basic time structure (and not go back to time-points, which would solve our problem immediately, but not the one with the president $10^6$ BC ! ). So we just make time dependence and partial definitions explicit. For that purpose, we append to any non-temporal function and relation symbol a time interval. For simplicity, we assume that the time intervals coincide up to the level of atomic formulae. Time-invariant expressions like constants will be considered to have any time interval appended (we might think of $(-\infty, \infty)$, if we like).
Remarks :
1) We could elaborate, by taking e.g. the intersection of the time-intervals involved in atomic formulae. But, what if the intersection is empty? Think of sentences like "the king of France in 1987". As we don't want to go into

philosophical considerations, we ban these problems from the syntactical level to the semantical one, and let the outside world decide.

2) We stay with Shoham in assigning temporal expressions constant values over time. We keep in mind, however, that this keeps us from the straightforward expression of things like "now", "today" etc.

3) To have a clearer boundary between syntax and semantics, we change the interpretation of time points a little bit.

In our definitions, we always assume that the arity of functions etc. fits. Partly, the definitions are as in [S] or [S0], for the sake of readibility, we will give the full picture.

## 2.2 Syntax

The alphabet (like in [S]) : TC, a set of time point symbols; C, a set of constant symbols, disjoint from TC; TV, a set of temporal variables; V, a set of non-temporal variables, disjoint from TV; TF, a set of temporal function symbols like addition (Remark : We leave aside the question that it is unclear what 1.1.1980+1.1.1981 is supposed to be); F, a set of non-temporal function symbols, disjoint from TF; R, a set of non-temporal relation symbols.

The temporal terms (essentially like in [S]) : (1) all elements of TC are temporal terms (2) all elements of TV are temporal terms (3) if $t_1 \cdots t_n$ are temporal terms, f is in TF, then $f(t_1 \cdots t_n)$ is a temporal term.

In all cases, we say that temporal terms have any time-interval (see above).

Non-temporal terms : (1) all elements of C are non-temporal terms (with any time-interval) (2) all elements of V are non-temporal terms (with any time-interval) (3) if $t_1 \cdots t_n$ are non-temporal terms with the same time-interval $< \tau, \tau' >$, $\tau, \tau'$ are temporal terms, f is in F, then $f_{<\tau,\tau'>}(t_1..t_n)$ is a non-temporal term with the time interval $< \tau, \tau' >$.

Comment:

Consider our scenario. Suppose f is the function *President : Countries → People*, $\tau = 1900, \tau' = 1920, t_1 = US$. So, $f_{<\tau,\tau'>}(t_1)$ should be read as : the president of the US from 1900 to 1920 (i.e. Hoover). If, however, $\tau' = 1950$, "the president of the US from 1900 to 1950" (as a person) is syntactically correct, but (semantically) undefined, as there is no such person. Indeed, it is the knowledge about the actual state of the world, which makes this undefined. So, this will be reflected by semantics, and the function "President" will not be defined for all time-intervals and countries : it will be a partial function.

Atomic temporal wffs : if t,t' are temporal terms, then t=t', $t \prec t'$ are temporal wffs, with any time interval.

Atomic non-temporal wffs : if $t_1 \cdots t_n$ are non-temporal terms with same time interval $< \tau, \tau' >$ for all $t_i$, $r \in R$, then $r_{<\tau,\tau'>}(t_1..t_n)$ is a non-temporal wff, with the time interval $< \tau, \tau' >$.

Comment :

Analogous to functions, the truth-value of predicates will depend on the time-intervals considered. Extending our scenario to $< 1900, 1980 >$ will give an example.

Non-atomic wffs : if $\phi, \psi$ are wffs, then $\phi \wedge \psi$ , $\neg \phi$ are wffs; if $\phi(z)$ is a wff, then $\forall z \phi(z)$ is a wff etc.

Remark : We follow [S] in not developing any proof theory, which should be obvious once we have fixed semantics and our general background of how to deal with "the king of France in 1987" etc.

## 2.3   Semantics

An interpretation is an n-tupel
$J = < TW, \leq, W, TFN, FN, RL, M = < M_1, M_2, M_3, M_4, M_5 >>$. (In the first part are the things we are talking about, and the $M_i$ 's do the assignment.)
TW : a non-empty set of time points, $\leq$ : a reflexive total order on TW, I : the set of intervals over TW, just for abbreviation, W : a non-empty universe of individuals, disjoint from TW, TFN : a set of functions $f : TW^{n_f} \to TW$, $n_f$ the arity of f, FN : a set of partial functions $f : I \times W^{n_f} \to W$, $n_f$, again the arity, RL : a set of relations $r \subseteq I \times W^{n_r}$ , $n_r$ the arity of r.

(See the section on syntax for comments.)

We now formulate our "liquidity"-requirements. First, we need the fact that something is constant over $< \tau, \tau' >$ iff it is so over any refinement $\tau = \tau_0 < \cdots < \tau_\alpha = \tau'$, (and then has the same value). We make this explicit. For $f \in FN$ and $\tau = \tau_0 \leq \cdots \leq \tau_\alpha = \tau'$ we require $f(< \tau, \tau' >, t_1, .., t_n)$ is defined iff $f(< \tau_\beta, \tau_{\beta+1} >, t_1, .., t_n)$ are all defined for $0 \leq \beta < \beta + 1 \leq \alpha$ and equal and then $f(< \tau, \tau' >, t_1, \cdots, t_n) = f(< \tau_\beta, \tau_{\beta+1} >, t_1, \cdots, t_n)$ for all $\beta$ . Second, for $r \in RL$ and $\tau = \tau_0 \leq \cdots \leq \tau_\alpha = \tau'$ we require $r(< \tau, \tau' >, t_1, \cdots, t_n)$ iff $r(< \tau_\beta, \tau_{\beta+1} >, t_1, \cdots, t_n)$ for all $0 \leq \beta < \beta + 1 \leq \alpha$

The functions :  $M_1 : TC \to TW$, $M_2 : C \to W$, $M_3 : TF \to TFN$, $M_4 : F \to FN$, $M_5 : R \to RL$

A variable assignment is a pair $VA = < VAT, VAV >$ of functions $VAT : TV \to TW$, $VAV : V \to W$ .

We now define the interpretation $MVA = < M, VA >$ by induction :
The meaning of temporal terms : $MVA(v) := VAT(v)$ for $v \in TV$, $MVA(c) := M_1(c)$ for $c \in TC$, $MVA(f(t_1 \cdots t_n)) := M_3(f)(MVA(t_1) \cdots MVA(t_n))$ for $f \in TF$, $t_i$ temporal terms.

The meaning of non-temporal terms :
$MVA(v) := VAV(v)$ for $v \in V$, $MVA(c) := M_2(c)$ for $c \in C$.

Let $f \in F$, $t_i$ be non-temporal terms, $\tau, \tau'$ temporal terms.
We want to define $MVA(f_{<\tau,\tau'>}(t_1 \cdots t_n))$. Case 1 : $MVA(t_i)$ is defined, and $M_4(f)(< MVA(\tau), MVA(\tau') >, MVA(t_1) \cdots MVA(t_n))$ too. Then let this be the value. Case 2 : otherwise, but there is a monotonic sequence $< \tau_i : i \leq \alpha >, \tau_0 = \tau, \tau_\alpha = \tau'$, such that $MVA(t_i [< \tau, \tau' > / < \tau_\beta, \tau_{\beta+1} >])$ (this is of course the result of replacing $\tau$ by $\tau_\beta$ etc.) is defined for all $\beta < \alpha$ , and $M_4(f)(< MVA(\tau_\beta), MVA(\tau_{\beta+1}) >, MVA(t[< \tau, \tau' > / < \tau_\beta, \tau_{\beta+1} >]) \cdots)$ is

defined and equal for all $\beta < \alpha$ . Then, take any such $< \tau_i : i \le \alpha >$, and let the above be the value.

Case 3 : none of the above Leave the function undefined for that interval $< MVA(\tau), MVA(\tau') >$

Remark : In case 2, we express the fact that f need not be injective, this might compensate a change in value of the $\tau_i's$.

Motivation : Instead of considering the predicate "Republican" of our scenario, you may think here of the function $people \to party$ and the term $party(President_{<1900,1950>}(US))$.

For details, see the section "Scenario Reconsidered".

We now show that in Case 2, the value is independent of the choice of the $< \tau_i : i \le \alpha >$. The idea is, of course, to consider common refinements of the intervals. The credulous reader may skip the following two lemmas.

**Lemma 1** *Let* $\tau < \tau' < \tau"$, *t a term. Then* $MVA(t_{<\tau,\tau">})$ *is defined iff* $MVA(t_{<\tau,\tau'>})$ *and* $MVA(t_{<\tau',\tau">})$ *are defined and then* $MVA(t_{<\tau,\tau">}) = MVA(t_{<\tau,\tau'>}) = MVA(t_{<\tau',\tau">})$.

Proof : (Induction on the complexity of t)

For $t = v \in V$, $t = c \in C$, this is trivial. Let $t = f(t_1 \cdots t_n)$ and assume the lemma to be true for $t_i$ .

a) Suppose $MVA(t_{<\tau,\tau">})$ is defined by case 1. So $MVA(t_{i,<\tau,\tau">})$ is defined. By induction hypothesis, $MVA(t_{i,<\tau,\tau'>})$ and $MVA(t_{i,<\tau',\tau">})$ are defined and $MVA(t_{i,<\tau,\tau">}) = MVA(t_{i,<\tau,\tau'>}) = MVA(t_{i,<\tau',\tau">})$. So by liquidity of FN,
$M_4(f)(< MVA(\tau), MVA(\tau") >, t_{1,<\tau,\tau">} \cdots t_{n,<\tau,\tau">}) =$
$M_4(f)(< MVA(\tau), MVA(\tau') >, t_{1,<\tau,\tau'>} \cdots t_{n,<\tau,\tau'>}) =$
$M_4(f)(< MVA(\tau'), MVA(\tau") >, t_{1,<\tau',\tau">} \cdots t_{n,<\tau',\tau">})$.
Suppose $MVA(t_{<\tau,\tau'>})$ and $MVA(t_{<\tau',\tau">})$ are defined.
Arguing as above, only "upward", $MVA(t_{i,<\tau,\tau">})$ are all defined and equal to $MVA(t_{i,<\tau,\tau'>})$ etc.
So we apply liquidity again and conclude that $MVA(t_{<\tau,\tau">})$ is defined and $MVA(t_{<\tau,\tau">}) = MVA(t_{<\tau,\tau'>}) = MVA(t_{<\tau',\tau">})$.
b) Suppose $MVA(t_{<\tau,\tau">})$ is defined by case 2, $\tau = \tau_0 \le \cdots \le \tau_\alpha = \tau"$.
Let $\tau_\beta \le \tau' \le \tau_{\beta+1}$. Applying a) to $\tau_\beta, \tau_{\beta+1}, \tau'$ and liquidity again will show the desired result.

**Lemma 2** *The definition in Case 2 is independent of the chosen sequence* $< \tau_i : i \le \alpha >$.

Proof : (Sketch)
Let $< \tau_i : i \le \alpha >$ and $< \sigma_i : i \le \beta >$ be given. Take the common refinement $< \mu_i : i \le \gamma >$ (i.e. all $\tau_i , \sigma_i$ are some $\mu_j$ ). Applying Lemma 1 and liquidity will give the proof.

Let $S = < J, VA >$

Validity of atomic temporal wffs (like in [S]) :

$S \models t = t'[VA]$ iff MVA(t)=MVA(t'),

$S \models t \prec t'[VA]$ iff $MVA(t) < MVA(t')$

Validity of atomic non-temporal wffs : This is defined just like the meaning of non-temporal terms :

$S \models r_{<\tau,\tau'>}(t_1 \cdots t_n)$ iff

Case 1 :

$MVA(t_i)$ is defined, and $(< MVA(\tau), MVA(\tau') >, MVA(t_1) \cdots MVA(t_n)) \in M_5(r)$

Case 2 : otherwise, but there is a monotonic sequence $< \tau_i : i \leq \alpha >, \tau_0 = \tau, \tau_\alpha = \tau'$, such that $MVA(t_i[< \tau, \tau' > / < \tau_\beta, \tau_{\beta+1} >])$ is defined for all $\beta < \alpha$ , and for all $\beta < \alpha$

$(< MVA(\tau_\beta), MVA(\tau_{\beta+1}) >, MVA(t_1[< \tau, \tau' > / < \tau_\beta, \tau_{\beta+1} >]) \cdots MVA(t_n[< \tau, \tau' > / < \tau_\beta, \tau_{\beta+1} >]) \in M_5(r)$.

Independence of the specific $\tau_i$ is just as with functions.

Non-atomic wffs : $S \models \phi \wedge \psi[VA]$ iff $S \models \phi[VA]$ and $S \models \psi[VA]$; $S \models \neg\phi[VA]$ iff $not(S \models \phi[VA])$;

$S \models \exists x\phi(x)$

Case I : x is a temporal variable : Then $S \models \exists x\phi(x)$ iff there is a $\tau \in TW$ such that $S \models \phi(\tau)$.

Case II : x is a non-temporal variable : Let $< \tau_i : i \leq \gamma >$ be the enumeration of all time points occurring in $\phi$ in increasing order. Then $S \models \exists x\phi(x)$ iff there is a refinement $< \tau_i : i \leq \alpha >$ of $< \tau_i : i \leq \gamma >$ and for each $< \tau_\beta, \tau_{\beta+1} >$ there is a $d_\beta \in W$, such that $S \models \phi_{<\tau_\beta, \tau_{\beta+1}>}[d_\beta]$.

To show independence of the specific $< \tau_i : i \leq \alpha >$ is again along the lines of Lemma 1 and 2.

Remark : We might be tempted to get rid of the sequences $< \tau_i : i \leq \alpha >$ by a recursive definition like $r_{<\tau,\tau'>}(t)$ iff for all $\tau'' \in [\tau, \tau']$ $r_{<\tau,\tau''>}(t)$ and $r_{<\tau'',\tau'>}(t)$ . But we do not know that there are no infinite descending chains of intervals, so our recursive definition need not be well-founded.


## 2.4  Scenario Reconsidered

It is now a triviality to express our scenario :

$Republican_{<1900,1950>}(President_{<1900,1950>}(US))$ iff

$Republican_{<1900,1920>}(President_{<1900,1920>}(US))$ and

$Republican_{<1920,1940>}(President_{<1920,1940>}(US))$ and

$Republican_{<1940,1950>}(President_{<1940,1950>}(US))$ iff

$Republican_{<1900,1920>}(Hoover)$ and $Republican_{<1920,1940>}(Roosevelt)$ and

$Republican_{<1940,1950>}(Eisenhower)$ iff True.

# 3  Conclusion

We have given a scenario that can't be translated into Shoham's original system of temporal logic, at least not straightforwardly, due to the fact that the values of functions and relations may change over time. We have modified Shoham's system (for liquid predicates) to make our scenario easily and according to intuition expressible.

# References


[S0]   Y.Shoham:  Reified Temporal Logics :  Semantical and Ontological Considerations; Proceedings ECAI 1986, 390-397

[S]   Y.Shoham: Temporal Logics in AI : Semantical and Ontological Considerations; AI 33 (1987) 89-104

[S1]   Y.Shoham : Reasoning about Change; MIT Press, Cambridge (Mass.), 1988

[A]   J.F. Allen : Towards a General Theory of Action and Time : AI 23 (1984) 123-154

[AH]   J.F.Allen, P.J.Hayes : A Common-Sense Theory of Time, Proceedings IJCAI 8 (1985) 528-531

# Remarks on Consistency and Completeness of Circumscription


Karl Schlechta
Massmannstr. 4
D-1000 Berlin 41



**Abstract**
We discuss definable minimal models, the semantical counterpart of
first order circumscription, examine the adequacy of Mott's system of
circumscription and show that some completeness results of Perlis and
Minker fail in Mott's system.


## 1    Introduction

Circumscription, introduced by McCarthy [McC1], is a technique of nonmonotonic reasoning. Since publication of [McC1], a large number of different syntactical and semantical variants of circumscription have been discussed, without
affecting the central idea, however : Circumscription is a process which strength-
ens theories so as to minimize the number of abnormal or unwanted cases (like
birds that can't fly, penguins that can etc.). If T is a (first order) theory, Cir-
cum(T) will be a theory whose models are the minimal - in a sense to be made
precise - classical models of T. So minimal models are the semantics of circumscription.
The work on circumscription has seen a very active development in recent years
which may be roughly classified as follows :
1. strengthening its expressive power (e.g. variable circumscription [L], priori-
tized circumscription [McC2], [L2])
2. comparison of semantical and syntactical versions of circumscription [M],
[PM]
3. questions of computability [L2], [GPP], [G]
4. problems of consistency : there are consistent theories T such that Circum(T)
may be inconsistent in some versions of circumscription, and there are theories
which have (classical) models, but no minimal ones [M], [L], [EMR]
5. generalizing the semantics of minimal models and comparing circumscription
with the other systems of nonmonotonic reasoning [I], [S], [Sch]

The above list is by no means intended to be complete. The present paper is of the second category.

First, we will fix some notation. In the section on definable minimal models, we note for completeness' sake that *definable* minimal models are the semantical counterpart of first order circumscription. This is more or less immediate, and has been done for domain circumscription in [Mr]. The last two sections start on Mott's ideas in [M]. Mott has modified the first order circumscription process in a way that consistent theories will stay consistent when circumscribed. (In contrast, Lifschitz [L] et al. have shown that (consistent) theories with certain syntactical properties are still consistent when circumscribed in the usual way.) In the section on adequacy, we will point out in a few words that this (desirable) feature of consistency preservation has its own drawbacks : it will loosen the tight connection between circumscription and minimal models, which is one of the attractive features of circumscription. In the last and central section of this paper, we show that some completeness results in [PM] fail in Mott's version of circumscription. The reason is very simple. In order to obtain their results, Perlis and Minker need enough definable subsets of their models. As they (implicitely) work with subsets definable from parameters, they have many more subsets at hand than Mott does, who works with plain definability (without parameters). We should note, however, that plain definability is not central to Mott's idea of consistency preserving circumscription, but it is part of his system as it stands and is published, and should as such be discussed. In conclusion, we see that the precise distinction between different forms of subsets is well worth doing in circumscription theory.

We shall assume familiarity with formal logic, the basic ideas of circumscription as expressed in [McC1] and the very beginning of set theory. For the last two sections, the reader will need a copy of [M] and [PM] at hand.

## 2   Notation

If not stated otherwise, we will circumscribe one unary predicate, P, without variables, in a first order theory A of some fixed language $\mathcal{L}$. For notational simplicity, we will identify models with their domains.

For any model M, let $[P]_M := \{x \in M : M \models P(x)\}$. For M, M' models of A, $M \leq M'$ means as usual $[P]_M \subseteq [P]_{M'}$ and M, M' identical otherwise. Furthermore, $M \leq_d M'$ (d for definable) iff $M \leq M'$ and there is a formula $\varphi$ of $\mathcal{L}$ with $[P]_M = \{x \in M' : M' \models \varphi(x)\}$. If we compare several models $M_i$, we say $M_i \leq_{ud} M_j$ (for uniformly definable) iff there is a fixed $\varphi$ such that for all considered pairs $M_i \leq M_j, [P]_{M_i} = \{x \in M_j : M_j \models \varphi(x)\}$. The corresponding notions of minimality will be : minimal, definable minimal (dm), uniformly definable minimal (udm), and of minimal entailment $\models_m$, $\models_{dm}$, $\models_{udm}$, i.e. $A \models_m \psi$ iff $\psi$ is valid in every minimal model of A etc.

We follow Mott [M] and say that P admits $\varphi$ in A iff P and $\varphi$ have exactly the same free variables and substituting $\varphi$ for P in A (abbreviated $A(P/\varphi)$) does not result in clash of variables. We will tacitly assume that all substitutions are admissible. Further following Mott, we define the model $M_{P,\varphi}$ from M by $[P]_{M_{P,\varphi}} := \{x \in M : M \models \varphi(x)\}$, and like M otherwise. On the syntactical side, we define

$C(A,\varphi) := A(P/\varphi) \wedge \forall x(\varphi(x) \to P(x)) \to \forall x(P(x) \to \varphi(x))$

$C1(A) := \{A(P/\varphi) \wedge \forall x(\varphi(x) \to P(x)) \to \forall x(P(x) \to \varphi(x)) :$

$\varphi$ a formula which P admits in A$\}$

$CM(A) := \{A(P/\varphi) \wedge \forall x(\varphi(x) \to P(x)) \to \forall x(P(x) \to \varphi(x)) :$

$\varphi$ a formula which P admits in A, and which does not contain P$\}$ (This is Mott's system)

$C2(A) := \forall p(A(P/p) \wedge \forall x(p(x) \to P(x)) \to \forall x(P(x) \to p(x)))$,

p a second order variable,

and write $A \vdash_{C(A,\varphi)} \psi$ for $A + C(A,\varphi) \vdash \psi$ , $A \vdash_{C1} \psi$ , $A \vdash_{CM} \psi$ likewise. Let $\perp$ stand for anything wrong, like $\exists x(x \neq x)$.

# 3  Definable minimal models

Before we start, let us make a few introductory remarks on definable subsets. The interested reader may consult any advanced book on set theory like [D] to see the general importance of this concept : e.g., it is central to Goedel's model of set theory, the constructible universe.

Simple cardinality considerations will already show the difference between "subset", "definable subset", and "subset definable with parameters":

Let $\mathcal{L}$ be any at most countable first oder language, M an uncountable $\mathcal{L}$-structure of cardinality $\alpha$ . Then M has $2^\alpha > \alpha$ subsets (the full power set). But M has at most $\omega$ many definable subsets, i.e. of the form $X = \{x \in M : M \models \varphi(x)\}$, as there are only countably many formulae $\varphi$ in $\mathcal{L}$. Finally, M has $\alpha$ many subsets definable with parameters, of the form $X_{x_1 \cdots x_n} = \{x \in M : M \models \varphi(x, x_1, \cdots, x_n)\}, x_i \in M$. (To see this, consider the singletons $X_a = \{x \in M : x = a\}, a \in M$, plus some basic cardinal arithmetic).

Especially, any finite subset is definable with parameters : $X = \{x \in M : M \models x = x_1 \vee \cdots \vee x_n\}$.

In minimal models and second order circumscription, we argue with the full powerset of the models, in some universe where we do all the model theory. In definable minimal models, we argue from the inside of just those models using the language at hand, working with definable subsets - just as in first order circumscription. And it is precisely the difference between "definable" and "definable with parameters", which causes the failure of the completeness results of [PM] in Mott's system. In their basic result (in the proof of their Lemma 4.3), Perlis and Minker implicitly use definability with parameters. This gives them enough definable subsets to obtain their results. Mott, on the other hand, uses

plain definability. These facts lead to the differences between the two systems - each correct in its own way - as discussed in our last section.
We have the following

**Lemma 1** *a) $M$ is a udm model (with resp. to $\varphi$ ) of $A$ iff $M \models A + C(A, \varphi)$*
*b) $M$ is a dm model of $A$ iff $M \models A + C1(A)$*
*c) $M$ is a minimal model of $A$ iff $M \models A + C2(A)$*

**Proof b)** " $\rightarrow$ " Let $M \models A(P/\varphi) \wedge \forall x(\varphi(x) \rightarrow P(x))$, P admit $\varphi$ in A. We have to show $M \models \forall x(P(x) \rightarrow \varphi(x))$. Since $M \models \forall x(\varphi(x) \rightarrow P(x))$, $[P]_{M_{P,\varphi}} = [\varphi]_M \subseteq [P]_M$ . By [M], Lemma 3.1 $M_{P,\varphi} \models A$, thus, as M is a definable minimal model of A, $[\varphi]_M = [P]_{M_{P,\varphi}} = [P]_M$ and $M \models \forall x(P(x) \rightarrow \varphi(x))$.
" $\leftarrow$ " Suppose $M' <_d M$, definable by $\varphi$ . By renaming variables, we may assume that P admits $\varphi$ in A. Thus $M' = M_{P,\varphi}$, and $M_{P,\varphi} \models A$. By [M], Lemma 3.1 again, $M \models A(P/\varphi)$. Thus, as $M \models C1(A)$, $M \models \forall x(P(x) \rightarrow \varphi(x))$ and $[P]_M = [P]_{M'}$, contradiction.
a) Like b)
c) This is just proposition 1 of [L2].
By first order completeness and soundness, we conclude

**Corollary 2** *a) $A \models_{udm} \psi$ (w.r.t. $\varphi$ ) iff $A \vdash_{C(A,\varphi)} \psi$*
*b) $A \models_{dm} \psi$ iff $A \vdash_{C1} \psi$*

**Proof a)** $A \models_{udm} \psi(w.r.t.\varphi)$ iff $\psi$ is satisfied in all $\varphi$-udm models of A iff $\psi$ is satisfied in all models of $A + C(A, \varphi)$ iff $A + C(A, \varphi) \models \psi$ iff $A + C(A, \varphi) \vdash \psi$ iff $A \vdash_{C(A,\varphi)} \psi$.
b) the same as for a)
and

**Corollary 3** *$A+C1(A)$ is inconsistent iff $A$ has no dm model.*

**Proof :** A+C1(A) is inconsistent $\longleftrightarrow A + C1(A) \vdash \perp \longleftrightarrow A \models_{dm} \perp \longleftrightarrow$ there is no dm model of A.


# 4 Problems of Adequacy

We now show that any weakening of the circumscription process to the preservation of consistency - a moment's reflection will suffice to show that this is indeed a weakening - results in the loss of the close connection of circumscription and minimal models. We will exemplify this with Mott's system. Let CSR abbreviate "common sense reasoning", whatever that may be. Informally speaking, we might look at questions of adequacy from three sides : Here, we will examine the adequacy of Mott's system of circumscription. By CSR's vagueness, (1) and (2) can only be approximately discussed. Mott considers his system more adequate in the sense of (2), since it will not lead to inconsistencies.

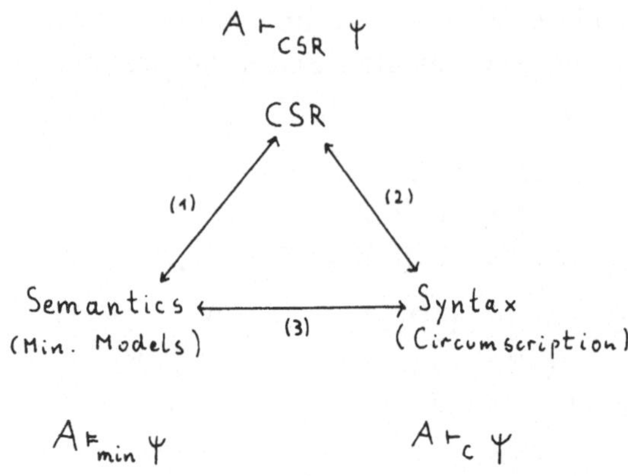


Figure 1: Adequacy

This however, is being paid for by the failure of (3) : Theorem 4.1 of [M] shows
$A \vdash_{CM} \psi \rightarrow A \models_m \psi$
Proof: Let M be a minimal model of A. By theorem 4.1 of [M], $M \models CM(A)$.
As $A \vdash_{CM} \psi, M \models \psi$ .
The inverse fails already with our weakest system :

**Lemma 4** *It is not true that* $A \models_{udm} \psi \rightarrow A \vdash_{CM} \psi$ .

Proof :
This is shown by the example given in [M, page 90] (following Mott, we minimize
N here) : Let $A := A_1 \wedge A_2 \wedge A_3$ , with $A_1 := \exists x(Nx \wedge \forall y(Ny \rightarrow \neg x = sy))$,
$A_2 := \forall x(Nx \rightarrow Nsx)$, $A_3 := \forall xy(sx = sy \rightarrow x = y)$.
As is well known, A has no udm models. (If M is a model of A, $x_0$ satisfying
the condition $A_1$ , consider M', just like M, but $[N]_{M'} := [N]_M - \{x_0\}$, then
$M' <_{ud} M$ and M' will be a model of A too.)
As Mott has shown, his version of Circumscription preserves consistency :
A+CM(A) is consistent. Thus $A \models_{udm} \bot$, but not $A \vdash_{CM} \bot$ . The point against
adequacy of CM(A) in the sense of (3) can be expressed more strongly still. Let
$M_1 < M_2$ . If we consider minimization an important aspect of circumscription,
every $x \in [P]_{M_2} - [P]_{M_1}$ should be excluded from P via circumscription. To put
it differently, a version of circumscription which admits $M_2$ as a model, does
not satisfy an essential condition of the circumscriptive procedure. In the above
example, A+CM(A) is consistent, so it has a model. But, as we have seen, A
has no minimal models, so there is a model $M' \leq M$ of A and $x \in [N]_M - [N]_{M'}$
, which this circumscription does not exclude from N, contrary to the intuitive
requirements.
The above objection to Mott's system will apply to all versions of circumscrip-

tion, which "force" consistency, of course.

## 5 The Role of Parameters

We show that some of the completeness results of Perlis and Minker fail in Mott's system, essentially, because Perlis and Minker work with parameters and Mott does not (see the section on definable minimal models, for introduction).

Let $\mathcal{L} = \{\mathcal{P}\}$, the language with just one predicate letter other than $=$ , and P be unary. Let $M_1$ ,$M_2$ be models, with $domain(M_1) = domain(M_2)$, and $\{a, b, c\} \subseteq domain(M_i)$, i=1,2 and $M_1 \models P(a), \neg P(b), \neg P(c)$, $M_2 \models P(a), P(b), \neg P(c)$. Let $A = \exists x P(x)$.

Obviously, both $M_1$ and $M_2$ are models of A.

**Lemma 5** *Both $M_1$ , $M_2$ are models of CM(A).*

We shall use in the proof :

**Lemma 6** *Let B(x) be a formula of $\mathcal{L}$, where P does not occur, x is the only free variable, M any model, then either for all $a \in M, M \models B(a)$ or for no $a \in M, M \models B(a)$.*

Proof of Lemma 5 :
Let $\exists x Bx \wedge \forall x(Bx \rightarrow Px) \rightarrow \forall x(Px \rightarrow Bx) \in CM(A)$.
By Lemma 6, it is sufficient to distinguish two cases:
a. $\forall a \in M_i$ (i=1,2) $M_i \models B(a)$. Thus, since $M_i \models \neg P(c)$, and $M_i \models B(c)$, $M_i \models \neg \forall x(Bx \rightarrow Px)$.
b. $\forall a \in M_i(i = 1, 2), M_i \models \neg B(a)$. Thus $M_i \models \neg \exists x Bx$.
In both cases, $M_i \models \neg(\exists x Bx \wedge \forall x(Bx \rightarrow Px))$ and , consequently, $M_i \models \exists x Bx \wedge \forall x(Bx \rightarrow Px) \rightarrow \forall x(Px \rightarrow Bx)$ .
Proof of Lemma 6 : Intuitively clear, because there is no way to mark anything in the domain, since equality is totally homogenous, it is an immediate consequence of a theorem on the elimination of quantifiers of model-theory, theorem 1.5.7 of [CK]. As a consequence of that result, B(v) is equivalent to a Boolean combination of v=v and $\forall v_1..v_n \exists v_0(\neg v_0 = v_1 \wedge \cdots \wedge \neg v_0 = v_n)$. In the second case, there is no occurrence of v, and in the first, any interpretation of v by a is as good as any other, so the truth is not affected by the choice of a, either it is true for all a, or for none.

All subsequent results apply to Mott's system only, and do not affect the version of circumscription as discussed in [PM].

**Corollary 7** *There is a finite model M of CM(A), which is not P-minimal, contradicting the main result in the proof of Lemma 4.3 in [PM].*

Proof : Take domain $M_i = \{a, b, c\}$ and $M = M_2$ . Obviously, in any P-minimal model of A, $\exists_1 x Px$ (i.e. $\exists x(Px \wedge \forall y(Py \rightarrow x = y))$ ) holds.
    Thus

**Corollary 8** *Lemma 4.3 of [PM] fails*

Proof: $A \models_m \exists_1 x P(x)$, but $M_2 \models \neg\exists_1 x P x$ .

**Corollary 9** *Theorem 4.4 of [PM] fails.*

Proof : Consider $A = \exists x P x \wedge \exists x_1, x_2, x_3(x_i \neq x_j \wedge \forall x(x = x_1 \vee x = x_2 \vee x = x_3))$. This has only models of size $= 3$, $A \models_m \exists_1 x P x$ as we have seen above, but $\neg A \vdash_{CM} \exists_1 x P x$, since $M_2$ was a model of A+CM(A) and $M_2 \models \neg\exists_1 x P x$.

**Corollary 10** *Corollary 4.5 of [PM] fails.*

Proof: The same example as in the proof of Cor. 9 works.

**Corollary 11** *Theorem 4.7 of [PM] fails.*

Proof: Again, the same example as in the proof of Cor. 9 works, since it has the theorem $\exists x_1, x_2, x_3 \forall x(P x \rightarrow x = x_1 \vee x = x_2 \vee x = x_3)$.

# 6 Conclusion

We have discussed the set-theoretical notions of "sub et", "definable subset", and "subset definable with parameters" and their correspondence to different systems of circumscription. Our main intention was to prove that some results on the completeness of circumscription rely heavily on the presence of enough definable subsets, and here plain definability is not sufficient, whereas definability with parameters will do.

# References

[CK]      C.C. Chang, H. Jerome Keisler : Model Theory, Amsterdam 1977

[D]       K.J. Devlin, Constructibility, Springer-Verlag, Berlin, 1984

[EMR]     D. Etherington, R. Mercer, R. Reiter : On the adequacy of predicate circumscription for closed-world reasoning, Comput. Intelligence 1 (1985) 11-15

[G]       M. Ginsberg : A circumscriptive theorem prover (1987) (to appear)

[GPP]     M. Gelfond, H. Przymusinska, T. Przymusinski : The extended closed world assumption and its relationship to parallel circumscription, Proc. ACM SIGACT-SIGMOD Symposium on Principles of Database Systems, 133-139 (1986)

[I]       T. Imielinski : Results on Translating Defaults to Circumscription, AI 32 (1987) 131-146

[L]       Vladimir Lifschitz : On the Satisfiability of Circumscription, Artificial Intelligence 28 (1986) 17-27

[L2]      Vladimir Lifschitz : Computing Circumscription, Proceedings IJCAI 1985, 121-127

[M]       Peter L. Mott : A Theorem on the Consistency of Circumscription, Artificial Intelligence 31 (1987) 87-98

[McC1]    J. McCarthy : Circumscription - a form of non-monotonic reasoning, AI 13 (1980), 27-39

[McC2]    J. McCarthy : Applications of Circumscription to Formalizing Common-Sense Knowledge, AI 28 (1986), 89-116

[Mr]      M. P. Morreau : Circumscription , Report 85-15, Mathematisch Instituut, Universiteit van Amsterdam, 1985

[PM]      Donald Perlis, Jack Minker : Completeness Results for Circum- scription, Artificial Intelligence 28 (1986) 29-42

[S]       Y. Shoham : A Semantical Approach to Nonmonotonic Logics, Proceedings, Logic in Computer Science 1987, 275-279

[Sch]     K. Schlechta : Defaults, Preorder Semantics and Circumscription, 1987 (unpublished)

# Indefinite Noun Phrases and the Limits of Logic

Russell Block
WISBER - Project University of Hamburg
Jungiusstr. 6   D-2000 Hamburg 36

## Abstract

This paper explores the posssibilities of using logical quantifiers and operators to limit the accessibility of indefinite NPs for pronominalization. After briefly motivating the desirability of using purely formal, rather than knowledge-based criteria for proform resolution and generation, where possible, and reviewing a successful attempt in this direction, it systematically examines the behavior of indefinite singular NPs in the scope of a logical operator. The finding is that purely formal criteria do not suffice here, that instead a system of syntactic and semantic features is necessary and that a determination of these features must be knowledge based in crucial cases. Finally the static and dynamic knowledge sources of the natural language system WISBER are presented.

## 1. Introduction

In order to get computers to "talk like you and me", as Reichman (1985) put it, we will have to come up with solutions to a number of problems that occur on the discourse level. These include, among others, generating and resolving pronouns and ellipses. Although the ultimate solution to the problems involved will require considerable 'background knowledge' supported by extralinguistic factors, a means for deciding what kinds of reference are at all possible aside from background considerations is indispensable for a natural-language system. It has become something of a truism that AI natural language processing seeks "intelligent" solutions, but prefers to find purely formal structural solutions to problems like those involved in handling reference. Clearly if pronouns can be resolved on the basis of superficial grammatical criteria such as gender and number, there is no reason to resort to more complex and fallible knowledge-based procedures. And, even in cases where strictly formal criteria do not suffice, they are useful for eliminating some possible referents without accessing background information, thus reducing the search space for more complex procedures.

One well-known example of how this may be done is illustrated in (1 a-c):

(1) a. *Fred* said that *he* was tired.
   b. *He* said that *Fred* was tired.
   c. When *he* came home, *Fred* was tired.

In (1a) *he* can refer to *Fred* and additional processing is necessary to determine if it actually does refer to *Fred* in some particular context. In (1b), however, and in most instances where a pronoun precedes a grammatically possible referent, coreference is excluded and the search space can be narrowed. (1c) shows, however, that cataphoric (backwards) pronominalization is possible under certain conditions. A precise formulation of these conditions was first attempted by Ross (1967) and Langacker (1969) and since then a good deal of work has gone into improving the formulation (cf. Wasow 1979, Bosch 1983 for surveys) and, even though no totally satisfactory formulation has been found, a large number of cases (like (1b)) can be eliminated. Hunze and H-U Block (1987) describe how one elaboration of the Ross-Langacker pronominalization rules, the principles A,B,C of Chomsky's binding theory (Chomsky 1982), can be used for reference resolution in a natural-language system.

## 2. Indefinite Descriptions and Formal Logic

In recent years there have been a number of attempts (initiated by Kamp 1981, Heim 1982) to extend the formal grounds for eliminating grammatically possible referents by mobilizing the forces of formal logic. These attempts have dealt largely with constraining the referential posssbilities of *indefinite singular noun phrases*. To see how this works let us consider some examples provided by Reyle (1985:419):

(2) Susan reads a book. It pleases her.
(3) Susan does not own a book. *She reads it.
(4) Every student borrows a book that he reads. *He likes it.
(5) If Susan owns a book she is happy. *She reads it.

The problem here is how to account for the fact that *it* can refer to *a book* in (2), but not in (3)-(5). We might attempt to account for this by theorizing that singular indefinites which fall under the scope of a negation (3), universal quantifier (4) or implication (5) are not available as referents in subsequent sentences.[1] Although this approach provides some insight into the problems involved, we shall see that it is not in itself adequate for dealing with the pronominalization of indefinites in English or German (where the facts are substantially the same) and may in fact be misleading in certain points. In this paper I would like to outline some of the additional linguistic information necessary for describing pronominal reference to indefinite noun phrases, information which, I believe, any theory of discourse representation will have to make use of.

## 3. Conditionals

Let us begin by considering example (5). This sentence combination certainly sounds odd. I suspect, however, that the reason for this is that it is implausible. The only interpretation I can assign to it is the one in which *if = whenever*, as in *If (whenever) it rains, we stay indoors*. It is hard to conceive of book ownership as a transitory form of possession, restricted to a single book  and responsible for fleeting joy.  If we alter (5) slightly to make it plausible pronominal reference is unproblematic:

(6) If Susan has a boyfriend, she is happy. She goes to parties with him.

Other kinds of conditionals work equally well:

(7) If Susan had a boyfriend, she would be very happy.
    She would go to parties with him.
(8) If Susan had had a boyfriend, she would have been very happy.
    She would have gone to parties with him.
(9) If Susan finds a boyfriend, she will be very happy.
    She will go to the spring prom with him.

Naturally we can produce unacceptable implications by violating the sequence of tenses which guarantees consistency between worlds of discourse as in (10):

(10) If Susan had a car, she would be happy. *She will give me a ride in it.

The first sentence of (10) introduces a hypothetical world and the second an existing world. This is not strictly speaking a problem of pronominalization since there is no representation of the NP rendered here by the pronoun *it* which would make the discourse coherent. In any case, we would not want our theory to reject pronominal references like those in coherent sentences like (6)-(9) so we must conclude that an indefinite noun phrase in the scope of an implication is not excluded from definite pronominal reference whatever influence other logical operators may have.

## 4. Universal Quantification

Now let's turn our attention to (4). This sentence is certainly bad. The question is why. One possibility is that it is bad because an indefinite NP *a book* is in the scope of a universal quantifier, *every*, in *every student*. But there is another problem with this sequence. The pronoun *he* can only be used to refer to *everyone, everybody* or *every +noun*  when it is commanded by *every-* :

(11)  Everyone who attended the party said that *he* liked it.
(12)  Everyone attended the party. **He* said that *he* liked it.
(13)  Everyone attended the party. They said that they liked it.

In fact, *they* can be used to refer to *every-* even if it is in the scope of the universal quantifier. Sentences like (14) are common in colloquial English despite generations of prescriptive grammarians who have tried to ban them as 'illogical':[2]

(14)  Everyone who attended the party said that *they* liked it.

This peculiarity is due to the fact that *every* (like *each*) takes a singular verb but refers to a plural concept. Thus, if I assert (15):

(15)  Everyone in the group who read the book liked it

and it subsequently is revealed that only one person read the book and I knew that fact at the time I made the assertion, then I certainly can be accused of being misleading even if I was not exactly lying. In English and German the use of a universal quantifier presupposes the plurality of the quantified NP, although this is not the case in formal logic, which makes no claims at all about the cardinality of the set the variable ranges over (even allowing the empty set). In any case (4) is ill-formed for the same reason as (12) where the object NP is definite. *He* in the second sentence is not commanded by *everyone* in the first sentence. Thus this sentence as it stands does not really test the hypothesis.

There is another problem in (4), the confusion as to singular vs. plural referential status of the NP *a book*. This problem is illustrated in (16):

(16)  Three boys ate a pizza.

In (16) *a pizza* is grammatically singular but may refer to one pizza or three pizzas. In the latter case, three boys eat one pizza each. The disambiguation of such references depends heavily on background knowledge. Consider the following examples suggested by Seuren (1985:22):

(17)  Every student has an advisor.
(18)  Every room has a shower.

Now, (17) would be considered true if there were 25 students but only five advisors, as long as every student was assigned to an advisor. On the other hand, (18) appearing in a travel brochure would be taken to assert that each room has an individual shower.

The first sentence of (4) tells us that "every student borrows a book that he reads". One might possibly construct a situation in which all the students borrow the same book one after another, but in the absence of such contextual knowledge a referentially singular reading for *a book* in (4) is highly unlikely. And hence the attempt to refer to *a book* with the singular *it* fails. If we repair (4), making the discourse plausible, clearing up reference ambiguities or mismatches, and adjusting the tenses to conform with normal discourse usage, the reference problems disappear, as (19) demonstrates:

(19)  Every student was given *a book* to read selected by a panel of experts.
One week later they were asked if they had enjoyed reading *it*.[3]

Furthermore, we can change the preferred referential interpretation of the indefinite NP to plural if we substitute another kind of object for *a book*, as in (20):

(20) Every student was given *a sandwich* to eat.
After lunch they were asked if they had enjoyed *them*.

In this case background knowledge (i.e., a book can be read many times, but a sandwich can be eaten only once) establishes a plural referent for *a sandwich* and the pronominalization with *them* follows accordingly.

The mystery surrounding *every* is accounted for by the fact that *every* is not just the natural language equivalent of the universal quantifier of formal logic, but as McCawley (1981:101) put it: a universal quantifier plus "extra material that in some cases may legitimately be ignored". In this case the 'extra material' is a *distributive reading*. And, while it is true that distributive reference is always possible within a sentence, it is simply not the case that distributive reference is blocked by a sentence boundary. We can reinforce this point with the following additional examples:

(21) Every American home has a TV set. *It* is (generally) in the living
room, where it makes civilized conversation impossible.
(22) Every German has a personal I.D. which he carries with him
at all times. {*It*, ?*They*} must be shown to a police officer
on demand.
(23) Every employee has an I.D. card. *It* is shown to a security officer
on entering the plant.

In (21) the reference of it to a TV set is unproblematic even without the qualifying *generally*. The sentence does sound more natural with the qualifying term, but this is, I suspect, not a question of 'availability', but of 'appropriateness'. That is, it is inappropriate for a speaker to overstep his authority and make a sweeping generalization about every American home since he/she could not possibly have examined all of them. Example (22) is even more revealing. Here the collective reading with *they* is considerably worse than the distributive reading with *it*. The reason for this, I believe, is that the let's-see-your-I.D. script generally involves one citizen, one policeman and one I.D. The same comments extend to (23), where no modal verb is involved. In order to do justice to the observed facts about English and other languages that have proforms similar to *every*, we must allow reference to singular indefinites across sentence boundaries. Such reference can be either singular or plural.

## 5. Specific vs. Nonspecific Reference
Let us turn our attention now to example (3), repeated here for convenience:

(3) Susan does not own a book. *She reads it.

The implied contrast between *own a book* and *read a book* is odd, so we begin by changing the sentence into one that is more plausible:

(24) Susan does not own a car. *She rents *it*.

The starred sentence in (24) clearly makes no sense in this context although the discourse is pragmatically plausible. Notice, however, that (24) can be repaired by changing *it* to *one:*

(25) Susan does not own a car. She rents *one*.

The proform *one* has the indefinite *a car* as its grammatical antecedent, not, however, as its referent in the current world of discourse.[4] That is, in analyzing the second sentence, we have to resolve *one* into *a car*. But we cannot refer to an object (Susan's car) which the first sentence tells us does not exist. It is also very likely that resolving *one* in (25) involves ellipsis resolution rather than pronoun resolution, but we will not go into this here. In any case we will have to distinguish between definite reference with a pronoun like *it*, where a proform refers to CAR317 and grammatical reference, where the NP *a car* is identified as the antecedent of *one*.

Interestingly enough, the relevant feature involved here is not existence versus nonexistence, but specific versus nonspecific. This is illustrated in the following discourse:

> (26)  All morning, Susan tried to catch *a fish*. When she finally caught *one*,
>        she ate *it*.

Here *a fish* is a nonspecific member of the set  FISH.  It is referred to by the proform *one*. Once some fish has been identified in the dialog as the one Susan caught, it becomes specific and is referred to by *it*. In (25) nonspecific reference to *a car* with *one*  seems to follow from the negation.  The indefinite *a car* could be paraphrased by *any car at all* and is thus nonspecific.  But is it always the case that an indefinite in the scope of a negation is nonspecific and hence referred to by *one*?   Unfortunately not as the following discourses demonstrate:

> (27)  For years Captain Ahab tried to catch *a whale*.
>        When he finally caught *it*, *it* destroyed him.
> (28)  Ahab was bitter because he couldn*'t* catch *a whale*.
>        Desp:te all his efforts *it* eluded him for years.

In (26) we were in the angler script.  Generally speaking anglers are not concerned with catching a specific fish, any random member of the reference set will do .  In (27)-(28) we are in the *Moby Dick* script.  Most American readers will probably be aware that  Capt. Ahab spent years trying to catch the great white whale Moby Dick, who had bitten his leg off in their first encounter.  In (28) where we have introduced negation, we are still discussing a specific whale and are still obliged to use the pronoun *it* to refer to *a whale*.  Hence the presence of negation in the antecedent sentence of a discourse is not as helpful as we might have wished.  In German, things are a bit easier in this respect since the distinction between [ +specific] and [–specific] is made by using sentence vs. word negation.  Thus if we render *couldn't catch a whale* by *konnte einen Wal nicht fangen* the [ +specific] reading is obligatory while the translation *konnte keinen Wal fangen* requires the [– specific] reading.

## 6. Generics

Additional problems are posed by generics as the following examples illustrate:

> (29)  A good sheriff doesn't kill *an outlaw* when he can avoid it.
>        He always gives *him*  a chance to surrender first.
> (30)  Susan doesn't own *a car*. She thinks *they* are dirty and dangerous.

An indefinite singular generic in the scope of a negation may be referred to by a singular pronoun as in (29) or by a plural pronoun as in (30). Thus it appears that the generalization that indefinite singular NPs in the scope of a negation cannot be referred to by a pronoun in a subsequent sentence holds only under very specific (or should we say nonspecific) conditions, namely when the antecedent NP is neither specific nor generic.  It follows then that the features specific and generic must be included in our specification of NPs if we are to be in a position to correctly generate and resolve pronouns.

## 7. Context Considerations

At this point let us take a brief look at accessibility conditions in context. The point of the exercise, as was stated above, is to reduce the number of possible referents for a proform and it seems reasonable to ask: To what extent would a successful discourse reference theory accomplish this goal?  And we might add, to what extent would a successful discourse reference theory aid in generating correct proforms?

It should be clear at the outset that sequences like (24), repeated here for convenience, never occur in isolated normal discourses:

(24) Susan doesn't own a car. *She rents it.

Normal speakers rarely make such reference mistakes (if ever).  Such fragments are only interesting to the extent that they occur in a larger context, i.e., in a context where *it* does not refer to *a car*, but to some previously mentioned object.  In such a context  an adequate discourse reference theory would presumably rule out reference to *a car* and seek another referent further back in the text.  While such cases probably do occur, I suspect that they are rather rare in real texts.  To see why this is so consider the following unsuccessful attempt to construct such a context:

> (31)   A:  How is Susan doing?
>        B:  Just fine.  She has a new apartment, you know,
>            out in Blankenese, and she has to drive to work.
>            She doesn't own a car.  She rents *it.

The system would realize that *it* can't possibly refer to *a car* and look for the next possible referent to the left: *a new apartment*.  No human would, however, proceed in this fashion. The human hearer  would assume either a) that B's reply is incoherent or b) that B has in fact made a reference error (*it* for *one*) since nothing in the dialog signals a change of topic from *car* back to *apartment* and pronominal reference alone is not sufficient to accomplish this. Hence the disambiguation advantage of the specific/nonspecific contrast is probably quite small without heuristics based on dialog structure, a topic which has received considerable attention in the AI-related literature (e.g., Reichman 1985, Dale 1986, Grosz and Sidner 1985).

On the generation side, where the system takes the role of speaker B in (31) above, the specific/ nonspecific distinction is very important.  We wouldn't want the system to generate the pronoun *it* here, but rather the pronoun (or ellipsis) *one*.  If the system's internal representation language is rich enough to capture this distinction,  it can generate the correct form since it presumably knows what it is talking about and can mark *a car* as nonspecific when it first introduces it into the dialog and make use of this feature when generating the proform.  A representation language based on standard first order predicate calculus is not powerful enough to do this since a variable in the scope of a negated existential quantifier is not necessarily [–specific].  That is,  given (32), one can reply with either (33) or (34):

> (32) (NOT (EXIST x (SANTA CLAUS x)))  'There is no Santa Claus'
> (33) But, I just saw *one* on the corner of Fifth Ave. and 42nd St.
> (34) But, I just saw *him* kissing mommy underneath the Christmas tree.

The speaker who utters  (33) is committed to an interpretation of  SANTA CLAUS  as a set with more than one element, while the speaker who utters (34) takes SANTA CLAUS to be a set with precisely one member.
Even if we extend the representation to include Bertrand Russell's *iota*-operator (cf. McCawley 1981:176-180), the choice between the two possibilities must be knowledge based.

## 8. Summary

In conclusion we can say that an adequate feature system for describing the pronominalization of singular indefinite NP must at least include information about the features [±specific], [±generic] as well as [±definite] and [±singular].  Quantifier scope would seem to play a role only to the extent that it enables us to  determine these features. Furthermore, the importance  of a feature system for generation probably exceeds the advantages gained by restricting the search space for referents on analysis.

## 9. Results and Perspectives

In this paper I have concentrated on indefinite singular NPs. Clearly a natural language system must deal with definites, plurals, vague quantifiers and a host of other related phenomena. To this end, in the natural-language consultation system WISBER, we have developed a rich internal representation language (Bergmann et al. 1987) and a system of semantic and syntactic features (R. Block 1987) capable of representing the necessary information. These components are supported by a KL-ONE type knowledge base representing terminological knowledge (Bergmann and Gerlach 1987) and assertive knowledge (Poesio 1987), a scope disambiguation component (Fliegner 1988) and a user model based on propositional attitudes (Gerlach and Sprenger 1988). The architecture of the system is described in another contribution in this volume (Horacek et al. 1988) so it is not necessary to go into it here. A description of the feature system, which at present includes 19 separate syntactic and semantic parameters, is also beyond the scope of this article. Suffice it to say: While this extensive apparatus does not guarantee success, it is, we believe, a necessary prerequisite for getting the features that count for processing natural-language NPs.

## NOTES:

1. This, I believe, is, in one form or other, the substantive claim behind a good deal of work based on Kamp's Discourse Representation Theory (DRT). See Kamp (1981), Reyle (1985), Pinkal (1986) and Wada and Asher (1986).

2. This isn't quite fair to the traditional grammarians. For instance, C.P. Mason, the author of one of the most influential prescriptive English grammars of the nineteenth century makes the following remarks:

> The pronoun *he, she, it,* ought to agree in gender and number with the noun to which it refers. But it often happens that it has to be used with reference to the individuals of a class that may consist of both sexes, distributed by means of the singular indefinite pronouns 'each' and 'every'.... The difficulty that thus arises is sometimes evaded by using the plural.... Some insist that in such cases alternative pronouns should be used, 'so that *he* or *she* die,' '*his* or *her* pretensions,' &c. But on the whole, the plural seems preferable, although, of course, it involves a breach of a rule. Such a sentence as "Each man, woman, and child received his, her, and its share," is intolerably awkward. [Mason 1897:176]

The insight that the referring is determined by gender is quite valid A sentence like *Everyone who attended the party said he liked it* is decidedly odd when it is known that both men and women attended the party and absurd if only women attended the party. Current usage heavily favors the pronoun *they* referring to groups quantified by *every* (cf. van Ek and Robat 1984:173).

3. There is another interesting factor involved here. Notice that *a book* need not apply to a particular copy of a book. It is well-formed even if each student involved received a physically different copy. Similarly what the students did or did not enjoy in this case is the contents of the book not its physical substance. This is a special problem with referents that refer to objects with multiple copies such as books or records. In German this distinction is made (by many speakers) by using *gleich-* for a similar copy (as above) and *selb-* for the identical copy.

4. The term 'current world of discourse' is more precise than 'real world' since discourses also concern hypothetical worlds. The important distinction here is between grammatical antecedence: *a car* is the grammatical antecedent of *one,* and discourse reference, *one* does not refer to any specific object in the world of discourse.

**REFERENCES:**

Bergmann, H. , Fliegner, M., Gerlach, M., Marburger, H., Poesio, M. (1987) *IRS–The Internal Representation Language,* WISBER Bericht Nr. 14.

Bergmann, H. and Gerlach, M. (1987) *QUIRK: Implementierung einer T-Box zur Repräsentation begrifflichen Wissens* (2te erweiterte Auflage) WISBER Memo 11.

Block, R. (1987) *Papers on Reference and Knowledge Representation,* WISBER Bericht Nr. 20.

Bosch, P. (1983) *Agreement and Anaphora,* New York.

Chomsky, N. (1982) *Some Concepts and Consequences of the Theory of Government and Binding,* Cambridge, Mass.

Dale, R. (1986) *The Pronominalization Decision in Language Generation,* Department of Artificial Intelligence, University of Edinburgh, Research Paper No. 276.

Ek,J. van and Robat, N. (1984) *The Student's Grammar of English,* Oxford.

Fliegner, M. (1988) " *HOKUSKOPUS* - Verwendung terminologischen Wissens bei der Analyse von Quantorenskopus und Distributivität" in this volume.

Gerlach, M. and Sprenger, M. (1988) "Semantic Interpretation of Pragmatic Clues: Connectives, Modal Verbs, and Indirect Speech Acts," to appear in *Proceedings of Coling 1988,* Budapest.

Grosz, B. and Sidner, C. (1985) "Discourse Structure and the Proper Treatment of Interruptions" in *Proceedings of the Ninth International Joint Conference on Artificial Intelligence,* pp. 832-839, UCLA, Los Angeles.

Heim, I. (1982) "File Change Semantics and the Familiarity Theory of Definiteness," in *Philosophy 5.*

Horacek, H., Bergman, H., Block, R., Fliegner, M., Gerlach, M., Poesio, M., Sprenger, M. (1988) "From Meaning to Meaning - A Walk Through Wisber", in this volume.

Hunze, R. and H.-U. Block, H.-U (1987) *A Two Step Reference Problem Solver,* WISBER Bericht Nr. 11.

Jackendoff, R. (1977) *X-bar Syntax: A Study of Phrase Structure,* Cambridge, Mass.

Kamp, H. (1981) "A Theory of Truth and Semantic Representation" in Groenendijk, J. et al. (eds.) *Formal Methods in the Study of Language,* Amsterdam.

Langacker, R. (1969) "Pronominalization and the Chain of Command" in D. Reibel and S. Schane (eds.) *Modern Studies in English,* Englewood Cliffs, N.J.

McCawley, J. (1981) *Everything that Linguists Always Wanted to Know About Logic,* Oxford.

Mason, C. (1897) *English Grammar.* London.

Pinkal, M. (1986) "Definite Noun Phrases and the Semantics of Discourse" in *Proceedings of COLING 1986,* pp. 368-373, Bonn.

Poesio, M. (1987) *Dialog-Oriented A-Boxing,* WISBER, Universität Hamburg, Arbeitspapier.

Reichman, R. (1985) *Getting Computers to Talk Like You and Me,* Cambridge, Mass.

Reyle, U. (1985) "Prinzipien der Diskursrepräsentationstheorie" in *GWAI-85, 9th German Workshop on Artificial Intelligence,* pp.408-446, Dassel/Sollingen.

Ross, J. (1967) *Constraints on Variables in Syntax,* PhD Dissertation MIT.

Seuren, P. (1985) *Discourse Semantics,* Oxford.

Stockwell, R., Schachter, P. and Partee, B. (1973) *The Major Syntactic Structures of English,* New York.

Wada, H. and Asher, N. (1986) "BUILDRS: An Implementation of DR Theory and LFG" in *Proceedings of COLING 1986,* pp. 540-545, Bonn.

Wasow, T. (1979) *Anaphora in Generative Grammar,* Ghent.

Welte, W. and Block, R. (forthcoming) *A Grammar of English Nouns and Noun Phrases.*

# HOKUSKOPUS - Verwendung terminologischen Wissens bei der Analyse von Quantorenskopus und Distributivität


Michael Fliegner
Universität Hamburg, Projekt WISBER,
Postfach 302762, 2000 Hamburg 36


## Zusammenfassung


HOKUSKOPUS[1] ist die Komponente zur Analyse von Quantorenskopus und Distributivität im natürlich-sprachlichen Beratungssystem WISBER [12]. Hobbs und Shieber veröffentlichten 1987 einen Algorithmus zur Generierung von Quantorenskopus-Lesarten [11], d.h. zur Rekonstruktion der *strukturell möglichen* Skopusverhältnisse in Sätzen aus semantischen Repräsentationen mit unbestimmten Skopusrelationen. In HOKUSKOPUS werden aus der so erzeugten Menge potentieller Lesarten *semantisch-pragmatisch inadäquate* Lesarten unter Verwendung terminologischen Wissens herausgefiltert. Die dazu traditionell verwendeteten syntaktischen und lexikalischen Heuristiken ([17], [9], [7]) werden dabei z.Z. nicht benutzt, sie sollen aber integriert werden. Über die Behandlung von Skopusbeziehungen hinaus wird die *Distributivität* quantifizierter Ausdrücke analysiert. Für Ausdrücke, die bezüglich ihrer Distributivität nicht disambiguiert werden können, werden *ambige* Repräsentationen erzeugt.


## Skopusanalyse

R.Grishman diskutiert in "Computational Linguistics: An Introduction" zwei Beipiele für die Verwendung terminologischen Wissens bei der Analyse der Skopusverhältnisse zwischen zwei Nominalphrasen:

(1)     *The X-rays* of *the patients* show metastases.
(2)     I met *the fathers* of *the students*.                    ([6], S.110)

Da es keine *Gruppen*röntgenbilder[2] gibt, *muß* (1) im Sinne von (1b) interpretiert werden:

(1a)     * ... die Röntgenbilder, die jeweils alle Patienten zeigen, ...
(1b)     ... die jeweiligen Röntgenbilder der einzelnen Patienten ...

Da es keine Vater*gruppen*[2] gibt, *muß* (2) im Sinne von (2b) interpretiert werden:

(2a)  * ... die Väter, die jeweils Vater aller Studenten sind, ...
(2b)     ... die jeweiligen Väter der einzelnen Studenten ...

Wäre in (1) etwa von Fotos und in (2) von Schwestern die Rede, dann wären die Sätze nicht nur strukturell ambig und ein entsprechender Ausschluß von Lesarten wäre natürlich nicht möglich.

Die Repräsentation dieser Beispiele in einer KL-ONE-basierten Sprache [2] bildete den Ausgangspunkt für die Formulierung unserer Disambiguierungsregeln:

```
(DEFCONCEPT X-RAY (ROLE HAS-PATIENT (MAX 1) .. )
(DEFCONCEPT HUMAN (ROLE HAS-FATHER (MAX 1) ...)
(DEFCONCEPT STUDENT (SPECIALIZES HUMAN) ...)
(DEFCONCEPT FATHER (QUA HAS-FATHER HUMAN))
(DEFROLE FATHER-OF (INVERSE HAS-FATHER) ...)
```

---

[1]     von lat.: *hoc est scopus*
[2]     Hier ist die Rede von Skopusbeziehungen, nicht von der Distributivität von Rollen , z.B: *Pfandbriefe mit derselben Rendite* vs. *die Durchschnittsrendite der angebotenen Pfandbriefe.*


Die vorliegende Arbeit entstand im Rahmen des vom BMFT geförderten Verbundprojekts WISBER. Die Verbundpartner sind: Nixdorf Computer AG, SCS GmbH, SIEMENS AG, Universität Hamburg und Universität Saarbrucken.

---

**Ausschnitt aus der Syntaxdefinition der Repräsentationssprache IRS**

```
<term>                    :: = <variable> | <constant>
<formula>                 :: = <atomic-formula> | <quantified-formula> | <connective-formula> | ...
<quantified-formula> :: = ( <quantification> <formula> )
<quantification>          :: = ( <quantifier-operator> <variable> <variable-range> )
<variable-range>          :: = <formula> | ..
<atomic-formula>          :: = <concept-formula> | <role-formula | <delta-formula> | <setof-formula> ...
<concept-formula>         :: = ( <concept-label> <term>)
<role-formula>            :: = ( <role-label> <term> <term> ) |
                                 ( <role-label> <term> <quantification> ) | ...
<delta-formula>           :: = ( DELTA <variable> <lambda-expression> )
<setof-formula>           :: = ( SETOF <variable> <lambda-expression> )
<connective-formula>:: = ( <log-connective-formula> <formula>¹⁻ⁿ ) | ...
<log-connective>          :: = AND | ...
```

Die zweite Produktion für ROLE-FORMULAs beschreibt die Eingabe für HOKUSKOPUS: Formeln in Prädikat-Argument-Notation. In solchen Formeln sind die Skopusverhältnisse, wie auch die Distributivität der Prädikationen, noch unbestimmt. Die Ausgaben enthalten keine QUANTIFICATIONs in Argumentposition mehr. DELTA- und SETOF-FORMULAs treten in der Eingabe nicht auf. Die Distributivitätsanalyse ersetzt die Sortenprädikate (die erste CONCEPT-FORMULA im VARIABLE-RANGE) von Plural-NPs mit kollektiven bzw. ambigen Rollen durch entsprechende SETOF- bzw. DELTA-FORMULAs.(vgl. [1], [12])

---

Die bei der Interpretation von (1) benutzte Anzahlbeschränkung finden wir beim Konzept X-RAY; die Anzahlrestriktion für (2) finden wir beim Konzept STUDENT für die invertierte Rolle HAS-FATHER. (3) und (4) zeigen, daß es sich hier um strukturelle Eigenschaften handelt.

(3)    The patients shown on the X-rays suffer from cancer.

(4)    The students who are the sons of these men will surely pass their exams.

Vergleicht man nämlich die Prädikat-Argument-Strukturen (s.Kasten) der Subjekt-NPs in (1) bis (4), so unterscheiden sich die Strukturen nur dadurch, daß gegenüber (1c) und (2c) in (3a) und (4a) jeweils die Sorten von Kopf-NP und Rollenfüller vertauscht sind und die Rolle invertiert ist.

```
(1c)        (DPL x (AND (XRAY x)(HAS-PATIENT x (DPL p (PAIIENT p))))))
(2c)        (DPL f (AND (FATHER f) (FATHER-OF f (DPL s (STUDENT s))))))
(3a)        (DPL p (AND (PATIENT p)(PICTURE-OF p (DPL x (XRAY x)))))
(4a)        (DPL s (AND (STUDENT s)(HAS-FATHER s (DPL f (FATHER f)))))
```

Die kollektive Interpretation (3b) in der der Kopf p weiten Skopus hat, wird analog zu (2a) ausgeschlossen: Die Bilder könnten zwar alle denselben Patienten zeigen - wie die Studenten denselben Vater haben könnten - aber nicht mehrere.

```
(3b)   * (DPL p ((DPL x (XRAY x) (AND (PATIENT p)(PICTURE-OF p x ))))
```

Die korrekte Interpretation lautet:

```
(3c)    ((DPL x (XRAY x)) ((DS p (AND (PATIENT p)(PICTURE-OF p x))) <PRÄDIKATION> ))
```

Da der Plural von *patients* in (3), wie von *fathers* in (2), nur die funktionale Abhängigkeit der Kopf-NP von ihrem Modifizierer reflektiert und die entsprechende Rolle auf maximal einen Füller restringiert ist, muß der Plural-Operator DPL (definit plural), der eine Kardinalität von mindestens zwei ausdrückt, nach der Entscheidung für die distributive Interpretation durch den Operator DS (definit singular) ersetzt werden. Dieser Wechsel entspricht dem Wechsel von Plural nach Singular an der Oberfläche bei explizit als distributiv gekennzeichneten NPs: *alle Formeln -> jede Formel, die Formeln -> die jeweilige Formel.* Diese Operation ist natürlich nicht möglich bei der Lesart (4b), da der Rollenfüller *these men* nicht als funktional abhängig vom Kopf *the students* interpretiert werden kann. (4b) wird analog zu (1a) ausgeschlossen:

(4b)     * (DPL s ((DPL f (FATHER f))(AND (STUDENT s) (HAS-FATHER s  f ))))

Die korrekte Interpretation lautet:

(4c)    ((DPL f (MAN f))((DPL s (AND (STUDENT s)(HAS-FATHER s f))) < PRÄDIKATION > ))

Stehen beide NPs im Plural und liegt für die Kopf-NP eine explizite Kardinalitätsangabe vor, wie in (9), dann liegt mit hoher Wahrscheinlichkeit *kumulative* Quantifizierung vor, bei der der Kopf nicht als funktional abhängige, sondern als unabhängig gegebene Menge zu interpretieren ist.[3]

(5)    einige Sparbücher bei mehreren Banken

Kumulative Lesarten werden z.Z. noch nicht behandelt, sodaß (5) falsch als distributiv interpretiert wird. Die Fälle (1) - (4) lassen sich wie folgt beschreiben:

(R1)   *Ist die Rolle auf maximal 1 Füller beschränkt und*
      *ist der Rollenfüller*
         *definit plural[4] oder*
         *indefinit plural und explizit quantifiziert[5]*
      *dann kann der Rollenfüller nicht distributiv interpretiert werden.*

(R2)   *Ist die invertierte Rolle auf maximal 1 Füller beschränkt und*
      *ist die Kopf-NP plural und*
      *ist der Rollenfüller definit plural*
      *dann kann der Rollenfüller nicht distributiv interpretiert werden.*

Die Fälle (R1) und (R2) schließen Lesarten aus, die zu analytisch falschen Aussagen führen würden. (6) kann nicht auf diese Weise disambiguiert werden:

(6) Gibt es Anlagen mit einer Rendite von mehr als sieben Prozent?

Hier wird nach der jeweiligen, nicht nach einer gemeinsamen Rendite gefragt, letztere kann aber *terminologisch* nicht ausgeschlossen werden: Es kann der Fall sein, daß ein bestimmter Prozentbetrag die Rendite mehrerer Pfandbriefe ist. Man könnte versucht sein, einen neuen Typ von *Default*restriktion zu schaffen, der zu repräsentieren erlaubt, daß verschiedene Pfandbriefe *normalerweise* nicht dieselbe Rendite haben. Ich habe eine andere Hypothese: Da eine Rendite *notwendigerweise* die Rendite *einer Kapitalanlage* ist[6], aber nur *möglicherweise* die gemeinsame Rendite *mehrerer* Kapitalanlagen, folgt die distributive Lesart allein aus der Verwendung des Begriffs *Rendite*; die kollektive Lesart dagegen erfordert eine zusätzliche Annahme. Die distributive Lesart subsumiert die kollektive. Ein Sprecher, der eine Frage kommunizieren will, die der kollektiven Lesart entspricht, kann kann dies mittels der Außerung von (6) nur in Kontexten tun, in denen die zusätzliche Erwartung bereits gilt: Etwa wenn (6) die Frage (7) vorausginge:

(7) 7% ist die  Rendite der Anlagen A, B und C. Wollen sie über weitere Anlagen, deren Rendite gleich ist, etwas wissen?

Ist das nicht der Fall muß der Sprecher entsprechende Oberflächenmarkierungen erzeugen:

---

3)   vgl. [13], S.200.  Der kumulativen bzw. distributiven Lesart entspricht bei Löbner die indefinite bzw. quantifizierende Lesart. S.a.: [14] und [3], S.142ff.

    Folgende Konzept-Definition halte ich für die  Repräsentation von (9) für nützlich :

    **(DEFCONCEPT** SPARBÜCHER-BEI-BANKEN **(SPECIALIZES** GROUP)
       **(ROLE** ELEMENT **(VR** SPARBUCH)) **(ROLE** KUMULATIVE-ROLLE **(NUMBER** 1)**(VR** BANKEN-GROUP))
       ( = (KUMULATIVE-ROLLE HAT-ELEMENT)(HAT-ELEMENT HAT-HERAUSGEBEP'))

4)   z.B. auch: *alle, die meisten, die* n,

5)   d.h., im Gegensatz zu *bare plurals*, z.B.: *mehrere, einige, ein paar*, Numerale

6)   Ich setze eine sehr simple Modellierung des Begriffs  voraus:

    **(DEFCONCEPT** WERTPAPIER **(SPECIALIZES** DING) **(ROLE** HAT-RENDITE **(PRIMITIVE)**(NUMBER 1)**(VR** PROZENTBETRAG)) und

    **(DEFCONCEPT** RENDITE **(SPECIALIZES** PROZENTBETRAG)**(ROLE** I0330 **(INVERSE** HAT-RENDITE )**(MIN** 1))    bzw äquivalent dazu

    **(DEFCONCEPT** RENDITE **(QUA** HAT-RENDITE WERTPAPIER))

(6a)    Gibt es Pfandbriefe mit einer *bestimmten* Rendite über sieben Prozent?

In (8) ist der Ausschluß der kollektiven Lesart nicht möglich, im Gegenteil; denn es folgt ja nicht daraus, daß jemand eine Verwandte ist, daß sie auch ein Sparbuch besäße:

(8)     Sparbücher einer Verwandten

Während anhand von MAX-1-Restriktionen konsistente und inkonsistente Beschreibungen unterschieden werden können, trennen MIN-1-Restriktionen analytische von kontingenten. Geht es bei jenen um das Vermeiden von Inkonsistenzen, handelt es sich bei diesen darum, verfrühte Interpretationsentscheidungen auszuschließen (vgl. [16]). Eine kollektive Interpretation von (6) verhindert (R3):

(R3)    *Ist die invertierte Rolle auf minimal 1 Füller beschränkt und*
        *ist die Kopf-NP plural und*
        *ist der Rollenfüller singular*
        *ist der Rollenfüller nicht als kollektiv markiert,*
        *dann kann der Rollenfüller nicht kollektiv interpretiert werden.*

(R2) sagte uns, daß *eine gegebene* Menge von Studenten zwar einen gemeinsamen Vater haben kann, aber nur einen. Ist der Rollenfüller aber indefinit plural, so kann er *mehrere, funktional abhängige* Mengen bezeichnen:

(9)     Die Renditen mehrerer Pfandbriefe liegen über acht Prozent.

Kontext oder entsprechende lexikalische Markierungen - *Renditen jeweils mehrerer Pfand-briefe* - können die distributive Interpretation für *mehrerer Pfandbriefe* erzwingen:

(9a)        ((DPL r ((MEHRERE p (PFANDBRIEF p))(AND (RENDITE r) (RENDITE-VON r p))))

Andernfalls können wir jedoch die Argumentation von (R3) analog anwenden und (9a) zugunsten von (9b) ausschließen :

(9b)        ((MEHRERE p (PFANDBRIEF p))(DS r (AND (RENDITE r) (RENDITE-VON r p))))

(R4)    *Ist die Rolle auf minimal 1 Füller beschränkt und*
        *ist die Kopf-NP plural und*
        *ist der Rollenfüller indefinit plural und nicht als distributiv markiert,*
        *dann kann der Rollenfüller nicht als distributiv interpretiert werden.*

Explizite Quantifizierung der Kopf-NP würde den Übergang vom Plural zum Singular unmöglich machen und eine dritte Alternative - kumulative Quantifizierung - erzwingen Mit der Argumentation zugunsten von (R3) und (R4) läßt sich ebenfalls begründen, daß im neutralen Kontext wiederum kumulative Interpretationen distributiven vorzuziehen sind.

### Distributivität

Während die bisherigen Beispiele nur aufgrund ihrer Struktur potientiell ambig waren, unter Berücksichtigung der genannten semantischen Kriterien aber eindeutig, ist das folgende Beispiel (11) echt ambig. Dennoch wäre ein Nachfragen zwecks Disambiguierung an dieser Stelle unangebracht, wenn z.B. geklärt werden sollte, ob der Befragte finanzielle Rücklagen hat, da die Frage für beide Interpretationen schon positiv beantwortet ist.

(10)    Besitzen Sie ein Sparbuch mit einer Einlage von etwa zwei Nettomonatseinkommen?

(11)    Ich habe fünf Nettomonatseinkommen auf mehreren Sparbüchern.

Zunächst zur Repräsentation der Alternativen. Im kollektiven Fall ist der genannte Wert der Gesamtwert der Sparbücher. Kollektive Prädikationen zu repräsentieren wird durch die Reifizierung von Mengen (GROUP, CGROUP, DGROUP, ATOM) (vgl.[10], S.18, und [15]) ermöglicht. Der Wert einer Menge von wertfähigen Objekten ist die Summe der Werte der Elemente (VERMÖGENSTITEL-CGROUP) :

    (DEFCONCEPT ATOM (PRIMITIVE) (ROLE HAT-ELEMENT (MAX 0))

    (DEFCONCEPT GROUP (PRIMITIVE) (ROLE HAT-ELEMENT (MIN 2))

```
(DEFCONCEPT VERMOGENSTITEL (PRIMITIVE)(SPECIALIZES DING)
    (ROLE HAT-WERT (VR GELDBETRAG) (MIN 1)))
(DEFCONCEPT VERMÖGENSTITEL-ATOM  (PRIMITIVE)(SPECIALIZES VERMÖGENSTITEL ATOM)
    (ROLE HAT-WERT ( MAX 1)))
(DEFCONCEPT VERMOGENSTITEL-CGROUP (SPECIALIZES  VERMOGENSTITEL GROUP)
    (ROLE HAT-ELEMENT (VR VERMOGENSTITEL-ATOM))
    (SD ADDITION  ( = (HAT-WERT HAT-BETRAG) (SUMME))
                  ( = (HAT-ELEMENT HAT-WERT HAT-BETRAG)(SUMMAND))))
```

Hier die Definition für die distributive Lesart: Jedes der Sparbücher hat den genannten
Wert:

```
(DEFCONCEPT VERMOGENSTITEL-DGROUP (SPECIALIZES VERMOGENSTITEL GROUP)
    (ROLE HAT-ELEMENT (VR VERMOGENSTITEL-ATOM))
    (C (HAT-WERT ) (HAT-ELEMENT HAT-WERT)))
```

Die Repräsentation der Ambiguität von (11)  wird uns durch die nächste Definition ermöglicht, die sowohl VERMÖGENSTITEL-DGROUP wie auch VERMÖGENSTITEL-CGROUP subsumiert:

```
(DEFCONCEPT VERMOGENSTITEL-GROUP (SPECIALIZES GROUP VERMOGENSTITEL )
(ROLE HAT-ELEMENT (VR VERMOGENSTITEL-ATOM))
```

Die Werterestriktion für die Rolle HAT-EXPERIENCEE des Konzepts BESITZEN ist mit Objekten
dieses Typs verträglich:

```
(DEFCONCEPT BESITZEN (SPECIALIZES ZUSTAND)
    (ROLE HAT-EXPERIENCER (VR JUR-PERSON))
    (ROLE HAT-EXPERIENCEE (VR VERMOGENSTITEL)))
```

Da darüberhinaus in (11) lexikalische Markierungen wie "jeweils fünf" oder "insgesamt
fünf" nicht vorhanden sind, erhält die Äußerung die Interpretation (11a):

```
(11a)      ((MEHRERE s (AND  (DELTA s (LAMBDA (x)(SPARBUCH x)))
                    ((DS n (AND (GELDBETRAG n)(HAT-EINHEIT n NME.)(HAT-BETRAG n 5)))
                     (HAT-WERT s n))))
           ((E- b (BESITZEN b))
               (AND  (HAT-EXPERIENCER b USER)
                     (HAT-EXPERIENCEE b s))))
```

(etwa: *Ich habe Sparbücher im Werte von mindestens fünf Nettomonatseinkommen.* )

Der DELTA-FORMULA [3] im VARIABLE-RANGE für s entspricht  das Konzept  VERMÖGENSTITEL-
GROUP (s.o.) bzw. eine triviale Spezialisierung[7] dieses Konzepts durch Wertebeschränkung
der Rolle HAT-ELEMENT auf SPARBUCH. Einer kollektiven Interpretation entspräche stattdessen eine SETOF-FORMULA mit dem zugehörigen Konzept SPARBUCH-CGROUP, einer distributiven
Interpretation eine CONCEPT-FORMULA - (SPARBUCH s) - mit dem Konzept SPARBUCH-DGROUP[8].

## Implementierung

HOKUSKOPUS verwendet eine Lisp-Implementierung des von Hobbs und Shieber
vorgeschlagenen Algorithmus als Lesartengenerator. Das Verfahren operiert allerdings
nicht direkt auf Lisp-Repräsentationen der Prädikat-Argument-Struktur, sondern benutzt
abstrakte Zugriffsfunktionen, die mittels eines BNF-Interpreters [4] erzeugt werden. Der
Ausbau dieses Algorithmus zu einem *Disambiguierungs*verfahren konnte ohne strukturelle

---

7)   Ein solches Konzept SPARBUCH-CGROUP braucht nicht a priori definiert zu sein, sondern kann  zur Lauf-
     zeit definiert werden: Während nämlich die distributive Lesart der  Rolle HAT-WERT sinnvoll differen-
     zierbar ist - beim SPARBUCH etwa durch den Bezug auf Kontostand und Zinsen; bei Pfandbriefen durch
     Bezug auf den Kurs - gilt das für die kollektive Lesart nicht Der semantische Gehalt der kollektiven
     Rolle HAT-WERT  beschränkt sich stets auf die Summenbildung. Entsprechende Spezialisierungen von
     GROUP und DGROUP sind erst recht trivial.
8)   Diese Parallelität von Syntax und  TBox ist teilweise historisch bedingt.

Änderungen des Algorithmus so geschehen, daß die Funktion *applicable-terms* ([11], S.59) um die, den Regeln (R1) - (R4) entsprechenden, Tests erweitert wurde. Diese Funktion, die ursprünglich nur Formeln nach *complex terms* - bei uns: QUANTIFICATIONS in Argumentposition - durchsucht, liefert in HOKUSKOPUS außer einer Liste komplexer Terme, bzw. NIL für vollständig skopusbestimmte Formeln, einen entsprechenden Statuskode für Eingabeformeln, die inkorrekte Skopusrelationen enthalten. Die Distributivitätsanalyse, die ebenfalls von *applicable-terms* aufgerufen wird, nimmt die entsprechenden Substitutionen der Sortenprädikate von Termen mit kollektiven und ambigen Rollen vor.

## Grenzen des Verfahrens

(12)     Drei Jungen aßen eine Pizza.

Angenommen man führt für Objekte konsumierender Prozesse eine MAX-1-Restriktion der inversen Rolle von HAT-OBJEKT ein, sodaß es zu einem solchen Objekt nur einen Prozeß geben darf, der es konsumiert. Unter Verwendung dieser Restriktion würden die angegebenen Regeln die Lesarten (12a) und (12b) akzeptieren,

(12a)  Drei Jungen aßen gemeinsam eine Pizza.

(12b)  Drei Jungen aßen jeweils eine Pizza.

nicht aber die strukturell mögliche, aber inkonsistente, Lesart (12c):

(12c)  Eine bestimmte Pizza wurde von drei Jungen jeweils einzeln gegessen.

(13) beschreibt analog entweder eine kollektive Handlung mit einem Objekt oder drei individuelle Handlungen mit je einem Objekt, nicht aber eine Situation in der derselbe Pfandbrief dreimal gekauft wurde:

(13)     Drei Frauen kauften einen Pfandbrief.

Hier finden wir keine MAX-Restriktion: Ein Pfandbrief kann mehrfach gekauft werden. Als Analogie zu (R3) finden wir höchstens, daß der *Zweck* des Pfandbriefs ist, daß er gekauft wird, dennoch bleibt ein unverkaufter Pfandbrief ein Pfandbrief. Die Argumentation zugunsten von (R3) und (R4) auf *modale* Rollen erweitern zu wollen, scheint mir aussichtslos. (14) ist jedenfalls notorisch ambig:

(14)     Drei Jungen wollten eine Pizza essen.

## Literatur


[1]     H.Bergmann,M.Fliegner,M.Gerlach,H.Marburger,M.Poesio: IRS - The Internal Representation Language. WISBER Bericht 14, Universität Hamburg 1987

[2]     H.Bergmann,M.Gerlach: QUIRK Implementierung einer TBox zur Repräsentation begrifflichen Wissens. WISBER Memo 11, 2. erw. Auflage, Universität Hamburg, 1987

[3]     H.Bunt: Mass terms and model-theoretic semantics. Cambridge University Press 1985

[4]     M.Gerlach: BNF - a Tool for Processing Formally Defined Syntactic Structures. WISBER Memo 20, Universität Hamburg , 1988

[5]     P.Gärdenfors (Hg.): Generalized Quantifiers. Dordrecht 1987

[6]     R.Grishman: Computational Linguistics: An introduction.Cambridge University Press 1986

[7]     B.J. Grosz,D.E.Appelt,P.A.Martin,F.C.N. Pereira: TEAM: An Experiment in the Design of Transportable Natural-Language Interfaces. In: Artificial Intelligence 32. 1987, S. 173-243

[8]     B.J.Grosz, K.S.Jones,B.L.Webber (Hg.): Readings in Natural Language Processing. Los Altos, Ca., 1986

[9]     G.G.Hendrix: Semantic Aspects of Translation. Nachdruck in [8]

[10]   J.R.Hobbs: Discourse and Inference, chapter 2, Draft, Stanford University, June 1986

[11]   J.R.Hobbs,S.M.Shieber: An Algorithm for Generating Quantifier Scopings. in: Computational Linguistics, Vol.13, Jan.-Jun. 1987, S.47 ff

[12]   H.Horacek, H.Bergmann, R.Block, M.Fliegner, M.Gerlach, M.Poesio, M.Sprenger: From Meaning to Meaning - A Walk Through WISBER. in diesem Band

[13]   S.Löbner: Natural Language and Generalized Quantifier Theory. in [6]

[14]   T.Lønning: Collective Readings. in [6]

[15]   M.Poesio: Dialog-Oriented A-Boxing, erscheint demnächst als WISBER-Bericht

[16]   E.Rich, K.Wittenburg, J.Barnett, D.Wroblewski: Ambiguity Procrastination. Proceedings AAAI 87

[17]   W.A.Woods: Semantics and Quantification in Natural Language Question Answering. Nachdruck in [8]

# From Meaning to Meaning

## A Walk Through WISBER's Semantic-Pragmatic Processing


H. Horacek, H. Bergmann, R.Block, M. Fliegner, M. Gerlach, M. Poesio, M. Sprenger

Projektgruppe WISBER
Universität Hamburg
Fachbereich Informatik
Jungiusstraße 6
Postfach 30 27 62
2000 Hamburg 36


## Abstract


WISBER is a natural language consultation system which covers the whole spectrum of natural language processing including analysis, response determination, and generation. In this paper we will describe the components of the semantic-pragmatic level which start with an initial semantic representation of the user's input and produce a semantic representation of the system's response. On the analysis side handling of quantifier scope and distributivity, modal verbs, and different sentence types is featured. Then the dialog control component, which decides how to continue the dialog is described. It works with time dependent propositional attitudes, which is an essentially new approach. On the generation side, we examine the methods for paraphrasing and constructing noun phrases. Finally we present some of our experience in designing and implementing the system.


## 1. Introduction

WISBER[1] is a fully implemented German natural language (*nl*) consultation system. It covers the whole spectrum of nl processing including analysis, response determination, and generation. The chosen domain of application is *financial investment*.

Consultation dialogs have special characteristics which we had to take into account when designing WISBER:

- The communication behavior of a system designed for consultation dialogs must be very flexible. Both partners may initiate new subdialogs, e.g., by asking for explanation or additional facts. In order to master this task a system must be able to infer the relevant intentions behind each user utterance (cf. [Grosz, Sidner 1986]). In WISBER those intentions are the basis for determining how the dialog will continue.


[1] The work described in this paper is part of the joint project WISBER, which is supported by the German Federal Ministery for Research and Technology under grant ITW8502. The partners in the project are: Nixdorf Computer AG , SCS Orbit GmbH, Siemens AG, the University of Hamburg, and the University of Saarbrücken.

- The dialog partner's command of domain dependent terminological knowledge is not necessarily identical to that of the system. WISBER is able to paraphrase expert terms which the user probably does not know, and, on the analysis side, translates the facts and wants supplied by the user into the terms of expert knowledge. (The user may also have incorrect information about the domain. This should be recognized and clarified by the system).

- The objects a consultation dialog is about are not only individuals, but also classes of objects. Hence the knowledge representation formalism used in WISBER is able to describe both individual and generic objects, as well as different kinds of collections of objects.

- When expressing wants and beliefs modal verbs are used quite often. Therefore they are included in WISBER's analyzing and generation capabilities.

- In our domain (as in many others) measurements (here: money and percentages) play an important role. For that reason we have developed a general way of representing and processing measurements and comparatives.

A sample dialog which is referred to several times in this paper is given in (1) to (11):

(1)  WISBER:  Guten Tag, hier ist WISBER.
             *Hello, this is WISBER.*

(2)  USER:    Ich habe 40000 DM geerbt und möchte diesen Betrag anlegen.
             *I have inherited 40000 DM and want to invest this sum.*

(3)  WISBER:  Welche Laufzeit soll die Anlage haben ?
             *What term should the investment have ?*

(4)  USER:    Die Laufzeit der Anlage soll acht Jahre betragen.
             *The term of the investment should be eight years.*

(5)  WISBER:  Besitzen Sie ein Sparbuch mit mehr als zwei Nettomonatseinkommen ?
             *Do you have a savings account with more than 2 net months income ?*

(6)  USER:    Ich habe fünf Nettomonatseinkommen auf mehreren Sparbüchern.
             *I have five net months income in several savings accounts.*

(7)  WISBER:  Möchten Sie während der Laufzeit auf den Betrag zurückgreifen können?
             *Do you want to be able to have access to your money during the term of the
             investment?*

(8)  USER:    Nein.     *No.*

(9)  WISBER:  Dann empfehle ich Ihnen Pfandbriefe. Sie haben eine Rendite von 7 %.
             *Then I recommend bonds to you. They have an interest rate of 7 %.*

(10) USER:    Gibt es Anlagen mit einer höheren Rendite als 7 % ?
             *Are there investment forms with an interest rate higher than 7 % ?*

(11) WISBER:  Nein.     *No.*

Fig. 1 shows the processing modules and the knowledge sources of WISBER. In this paper, we will concentrate on the **semantic-pragmatic level**. First we give a short overview of the knowledge representation formalism used by the modules on that level. Then we will describe the path from the primary semantic representation of a user utterance to the semantic representation of the system's reaction in more detail. The former is delivered by the first processing components ([Block/Hunze 1986], [Block/Hunze 1987], [Frederking/Gehrke 1987]), the latter is further processed by NUGGET [Jablonski et al. 1987]. The problems which occur when trying to integrate analysis and generation in a complete nl system have attracted little attention so far. Hence we will emphasize how the modules work together since this is the most interesting and central concern of the holistic approach: building a complete nl system like WISBER.

## 2. Knowledge Representation

The knowledge used by the semantic-pragmatic components is split into a terminological and an assertional part (each manipulated by a dedicated component), and a formalism dedicated to represent the meaning of utterances:

- QUIRK (QUIck Reimplementation of KL-ONE) provides means to construct a terminological knowledge base (TBox) of concept and role definitions with limited reasoning facilities [Bergmann/Gerlach 1986].

- QUARK [Poesio 1988a] is used to store and manipulate the assertional knowledge base (ABox[2]) including facts about the user and the domain as well as the wants and beliefs of the participants in the dialog.

- IRS (Interne RepräsentationsSprache, [Bergmann et al. 1987]) which is used by the components of WISBER at all levels of semantic-pragmatic analysis and generation.

QUIRK is a KL-ONE-like representation system that provides a terminological representation language based on the syntax and semantics of NIKL [Schmolze 1985], reasoning capabilities (e.g., classification), as well as program and user interfaces. In WISBER it is used for

- resolving references [Frederking/Gehrke 1987],

- disambiguating scope relations and distributivity of reference [Fliegner 1988],

- performing terminological transformation on IRS formulas, e.g., for paraphrasing (see section 3.4 on semantic-pragmatic generation),

- detecting inconsistencies in assertions and queries [Bergmann/Gerlach 1987] .

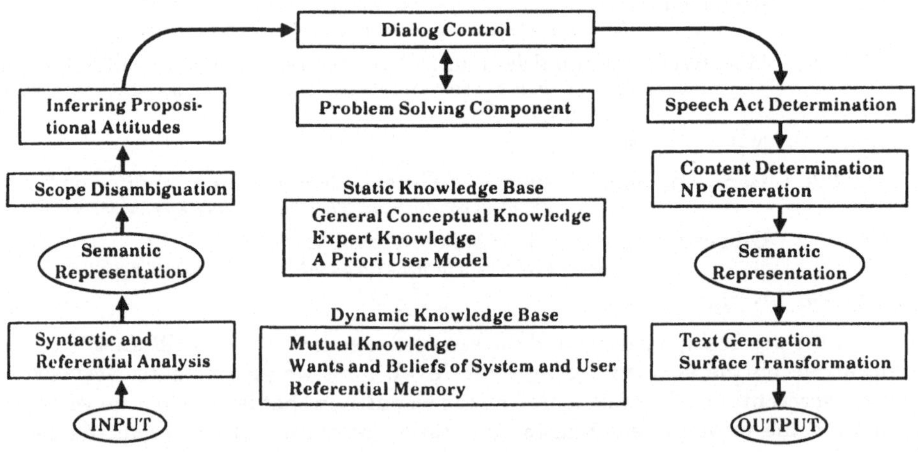


Fig. 1: The architecture of WISBER

---

[2] In the rest of the paper the terms *TBox* and *ABox* are used to refer both to the knowledge sources and to the respective reasoning components.

QUARK makes it possible to build and consult a knowledge source of assertions whose organization reflects the epistemology embedded in QUIRK, and which is consistent with the definitions of concepts and roles. To comply with the needs of a discourse understanding system, QUARK provides means to store temporal information [Poesio 1987], to record the propositional attitudes of the participants in the dialog (e.g., (WANT USER (KNOW USER P)), *'the user wants to know P'*), and to maintain alternative theories in separate ABox contexts (e.g., to separate the user model from the system's private knowledge). The ABox includes the models of the user and of the system, the dialog memory, and knowledge about investment forms.

IRS is based on predicate calculus, but contains a rich collection of additional features required by different levels of processing between the initial representation of the user's utterance (containing some partially implicit ambiguitites) and the 'deep' representation which can be stored in the ABox (the deep representation includes propositional attitudes and quantifiers rearranged according to their scope).

Constants and variables may denote sets, states, events or time intervals in addition to individuals. The atomic formulas are either one - or two place predications, the predicates being concepts or roles defined in QUIRK. The following formula is an example of IRS:

```
(12)  ((E- n   (MONEY-AMOUNT n))
        (AND   (HAS-UNIT n NET-MONTHS-INCOME)
               (HAS-AMOUNT n 5)))
```

In formula (12) (MONEY-AMOUNT n) is a concept predicate, while (HAS-AMOUNT n 5) is a role predicate. In addition to the standard quantifiers *EXIST* ($\exists$) and *FORALL* ($\forall$), vague quantifiers (*a few, several*) or quantities (*2 to 3*) can also be handled. Indefinite and definite descriptions (*the man with a grey beard*) are handled as quantifiers as well (i.e., they have a scope). The determiner *E-* in the previous formula is used for indefinite descriptions. The determiner *DS* is used for definite descriptions. Quantifications are always restricted by a *range* (e.g. (MONEY-AMOUNT n) in (12)). By these means the structure of a formula indicates whether it is derived from an NP or a proposition (compare *the bond with a term of four years* vs. *the bond has a term of four years*). IRS provides means for representing nl connectives (*because, during*), which are interpreted specially, as well as for representing propositional attitudes.


# 3. From Analysis to Generation

In this chapter we follow the flow of control through the system's main semantic-pragmatic processing components. We take the initial IRS representation of sentence (6) as a starting point and end up with the final IRS form for the system utterance (7).

We first describe the analysis of scope and distributivity, then the modal verb analysis. The resulting structure is processed by the dialog control component, which determines the basic content and the speech act of the next system utterance. The semantic-pragmatic generation component adapts the propositional content to the current dialog context, augments it if necessary, and produces the final IRS form that serves as input to the verbalization component.


## 3.1 Analysis of Scope and Distributivity

The analysis component for quantifier scope and distributivity has been developed following the policy of

- using minimum and maximum number restrictions on roles in the terminological knowledge base to determine quantifier scope relations

- tolerating distributivity ambiguity by introducing into our knowledge representation terminology concepts denoting *group entities* in addition to those denoting atomic entities (ATOM). We have *collective* (CGROUP) and *distributive groups* (DGROUP), which have *groups* (GROUP)  as their common supertype (cf. [Poesio 1988b]). Ambiguous expressions can thus be said to denote entities of type GROUP.

In sentence (10) the term *an interest rate higher than 7%* is analyzed as being dependent on the term *investment forms* as this interpretation follows directly from the terminological knowledge that an investment form necessarily has an interest rate. The converse interpretation, however, would require the additional assumption that the investment forms in question should have *one particular percentage* as their common interest rate, but there is no motivation for this assumption (contextual or lexical) in the dialog (cf. [Fliegner 1988]).

Distributivity ambiguity is found in sentence (6). (13a) is the representation of (6) (as delivered by the parser) before scope and distributivity analysis. The NP's are still in *argument position, inside of* role formulas, and not in *quantifier* position, i.e., at the head of a *quantified formula* (cf. [Hobbs/Shieber 1987]).

(13a)  I have five net months income in several savings accounts.

```
((E- o (OWN o))
     (AND  (HAS-EXPERIENCER o USER)
           (HAS-EXPERIENCEE o
              (SEVERAL s (AND  (SAVINGS-ACCOUNT s)
                               (HAS-VALUE s
                                  (DS n (AND (MONEY-AMOUNT n)
                                             (HAS-UNIT n NET-MONTHS-INCOME)
                                             (HAS-AMOUNT n 5))) ))) ))))
```

Sentence (6) is unambiguous with respect to quantifier scope:

- *five net months income* is not a quantification over entities of type *net months income*, but rather refers to the unique abstract entity *the amount of five net months income* which can be treated as a constant with respect to scope.

- The quantifier for the STATE of owning, (E- o (OWN o)) is just the nominalization of the verb. It always has narrow scope.

While (13a) does not contain *scope* ambiguities, there is a *distributivity* ambiguity: It is not clear whether having the value of five net months income is predicated of the savings accounts in question distributively (of each of them) or collectively. In processing (13a) it is found that the role HAS-VALUE is defined both for atomic entities of type ASSET - which subsumes SAVINGS-ACCOUNT - and for collective group entities with members of type ASSET. Thus savings-accounts can have value both  individually and collectively. Furthermore they can also be owned individually as well as collectively: The fillers of the role HAS-EXPERIENCEE of the concept OWN can be subconcepts of either ATOM or CGROUP. Finally the check for lexical indications of distributivity also fails and the term (SEVERAL s ... ) is determined to be ambiguous with respect to distributivity. This ambiguity is represented in the scoped representation (13b) of (6) by the expression (DELTA s (LAMBDA (x)(SAVINGS-ACCOUNT x)) which has been  substituted for (SAVINGS-ACCOUNT s) . The latter would stand for a distributive interpretation, while (SETOF s (LAMBDA (x)(SAVINGS-ACCOUNT x)) would have been used to express the collective alternative (cf. [Bunt 1985]).

(13b)  I have (at least) five net months income in several savings accounts.

```
((SEVERAL s (AND (DELTA s (LAMBDA (x)(SAVINGS-ACCOUNT x)))
         ((DS n (AND   (MONEY-AMOUNT n)
                       (HAS-UNIT n NET-MONTHS-INCOME)
                       (HAS-AMOUNT n 5)))
          (HAS-VALUE s n))))
  (E- o (OWN o)) (AND (HAS-EXPERIENCER o USER) (HAS-EXPERIENCEE o S))))
```

(13b) is then passed to modal verb analysis. This unresolved ambiguity is tolerable because
both states of affairs allow the dialog to continue.


## 3.2 Analysis of Modal Verbs

The main purpose of the semantic-pragmatic analysis is to infer the user's wants and beliefs,
and to augment the user model, which is part of the system's assertional knowledge in the
ABox.  To find the appropriate ABox contexts for the content of the user's utterances, several
types of information represented in the IRS structure are used; these include surface sentence
type, tense, connectives and modal verbs [Gerlach/Sprenger 1988]. The surface sentence type
indicates whether the user is making an assertion or asking a question. Connectives are the
linguistic means of expressing the argumentative and logical structure of the speaker's
utterances by linking propositions. Modal verbs, which occur frequently in consultation dialogs, are used to indicate the attitudes of the speaker concerning the state of affairs expressed
by the proposition he/she is asserting. If no clues indicating user's attitudes are found in the
utterance, it is assumed that the user knows what he/she is asserting. Hence the propositional
content of (6) is taken for granted, i.e., the proposition is entered into the mutual knowledge
context of the ABox. This inference is plausible because in consultation dialogs it is
appropriate to adopt the sincerity assumption, i.e., to assume that the user does not lie.

In WISBER all German modal verbs (*wollen, sollen, möchten, können, dürfen, müssen*) are
interpreted. The analysis includes different interpretations for assertions and questions and
even nested modal verbs are adequately handled.

The main problem in interpreting modal verbs is their typical ambiguity: in German most
modal verbs can be used for expressing a want as well as a belief. Consider the following
example:

(14)    Die Pfandbriefe *sollen* eine Rendite von 7% haben.
        'The bonds *should / are supposed to* have an interest rate of 7%.'

In the absence of context information (14) can be interpreted as a want as well as a belief. To
disambiguate the readings of modal verbs different kinds of information are used, e.g., tense,
semantic information about the subject, whether the proposition describes a state or an event,
and contextual information already stored in the ABox. In the example above the system has
to look into the user model to find out whether the subject (the bonds) already appears in a
want context of the user. Suppose the user utters the following two sentences:

(15)    Ich will Pfandbriefe kaufen. Sie *sollen* eine Rendite von 7% haben.
        'I want to buy bonds. They *should / are supposed to* have an interest rate of 7%.'

Here the system will find the bonds in the user's want context created for the first sentence of
(15). Hence it is easy to decide that the proposition of the second sentence must be put into the
want context as well, i.e., the user *wants* the bonds to have an interest rate of 7%. (Although
the belief reading cannot be excluded for sure, i.e., the user may also believe that the bonds
have an interest rate of 7%, the want reading can be *safely* inferred.)

It is not necessary for the corresponding want context to be created by an immediately preceding user utterance. It may happen that the interpretation of *sollen* depends on a user want expressed in the dialog earlier. For example, in our sample dialog sentence (4) must be interpreted as a want instead of a belief because the investment in question is embedded in the want context of the user which is the result of the interpretation of sentence (2).

The result of the analysis, i.e., the propositional attitudes of the user which are the starting point for dialog control, are finally entered into the ABox.

## 3.3 Dialog Control

The dialog control component (DC), which takes care of keeping the dialog moving, is the heart of the system. Its primary responsibility consists in determining the next action of the system. For this purpose the system has to rely on its knowledge about the actual state of the dialog which is manifested in (potentially nested) propositional attitudes. These are subject to temporal changes which can occur when new (more recent) propositional attitudes derived from a user's utterance are confronted with the set of propositional attitudes representing the state of the dialog reached so far. This is a new aspect compared to similar approaches ([Allen 1983], [Litman/Allen 1984]) .

Since we are dealing with a consultation system rather than, for instance, a manipulation system, a system action is always restricted to some kind of speech act. On the other hand, in WISBER there is much greater variety in the available choice among potential speech acts than in existing dialog systems. In order to achieve a reaction adequate to the task of consultation, the system must be able to identify the user's problem and to give him advice which enables the user to solve his problem. Therefore the system has to select from its repertoire of speech acts (recommendations, questions for further information, supplies of additional information, or, perhaps, corrections) the one  best suited for proceeding towards the goal of the consultation.

The process of determining the system's reaction is supported by a rule mechanism which operates on propositional attitudes. There are two sets of rules, dialog rules and domain rules, which are both represented in the same format. In some cases, domain rules may be referred to by dialog rules. Additionally, there are some meta-predicates which can be used to express crucial, but very general relations between two propositions in an adequate manner. The predicate AUGMENT, for instance, is used to express the fact that a certain proposition is subsumed by another one (see Rule 2 below).

Now, let us take a look at the component in some more detail. Forthe sake of readability some abbreviations and conventions are applied that deviate from the standard representation used elsewhere in this  paper: The denominations of propositional attitudes (BELIEF, KNOW, and WANT), their experiencer (USER, SYSTEM, and MUTUAL, denoting both of them), and the associated time component (restricted to PAST, CURRENT, and FUTURE) are condensed into one-place predicates. Their argument is the experiencee of the propositional attitude (and, therefore, an IRS formula) which may again be a propositional attitude in case of nested attitudes.

The initial state of the dialog before the first utterance is made contains two assumptions of the system ((18) and (19)) which are characteristic for a consultation system:

<table>
<tr><td>Assumption 1:</td><td>Assumption 2:</td></tr>
</table>

```
(18)   (BELIEF-SYSTEM-CURRENT          (19)   (BELIEF-SYSTEM-CURRENT
          (WANT-USER-CURRENT                     (KNOW-USER-CURRENT
            ((E- X (STATE X))                       ((E- Y (STATE Y))
            (HAS-EXPERIENCER X USER))))             (HAS-EXPERIENCER Y USER))))
```

They express that the user knows something (STATE Y) about himself/herself and that he/she wants to experience something (STATE X). In the course of the dialog these assumptions are supposed to be confirmed and, moreover, their content is expected to become more precise. This is actually the case in our sample dialog; the first and the second part of the user's first utterance (2) fit the first and the second assumption, respectively.

Quite naturally, the user 's wants may not always express a direct request for information, but rather refer to events and states in the real world. From all such user wants related to the real world the system must derive requests for knowledge useful for the attempt to satisfy those wants.[3] The task of inferring communicative goals is achieved by dialog rules (e.g., Rule 1 to Rule 3) which are of central importance for the functionality of the system.

### Rule 1:

```
(KNOW-MUTUAL-CURRENT                              (BELIEF-USER-CURRENT
    (WANT-USER-CURRENT                                ((E- S1 (STATE S1))))
        ((E- X (EVENT X)))))                      ∧
∧                                          ⇒    (KNOW-MUTUAL-CURRENT
(KNOW-SYSTEM-CURRENT                                  ((UNIQUE R (RULE R))))
    ((UNIQUE R (RULE R))                          ∧
        (AND (HAS-PRECONDITION R ((E- S1 (STATE S1))))   (KNOW-MUTUAL-CURRENT
             (HAS-TRIGGER R ((E- X (EVENT X))))            (WANT-USER-CURRENT
             (HAS-CONSEQUENCE R ((E- S2 (STATE S2))))))))     ((E- S2 (STATE S2)))))
```

### Rule 2:

```
(KNOW-MUTUAL-CURRENT                              (BELIEF-SYSTEM-CURRENT
    (WANT-USER-CURRENT                                (WANT-USER-CURRENT
        ((E- S (STATE S)))))                             (KNOW-USER-FUTURE
∧                                          ⇒                (WANT-USER-CURRENT
(KNOW-MUTUAL-CURRENT                                              (AUGMENT
    ((UNIQUE R (RULE R))                                              ((E- S (STATE S))))))))
        (HAS-CONSEQUENCE R ((E- S (STATE S)))))))
```

### Rule 3:

```
(KNOW-MUTUAL-CURRENT
    (WANT-USER-CURRENT
        ((E- S (STATE S)))))                      (BELIEF-SYSTEM-CURRENT
∧                                                     (WANT-USER-CURRENT
(NOT (KNOW-USER-CURRENT                     ⇒             (KNOW-USER-FUTURE
    ((E- R (RULE R))                                          ((E- R (RULE R))))))
        (HAS-CONSEQUENCE R ((E- S (STATE S)))))))
```

In the course of the sample dialog the first two rules become relevant. The user has specified that he/she wants an event to occur (to invest his/her money) which matches the first part of the condition in Rule 1. The consequences of this event are well-known to the system (because there is exactly one (UNIQUE) domain rule associated with that event indicating the consequence of investing money, i.e., that matches with RULE R), so that the second part of the condition in Rule 1 is matched as well. Therefore the system concludes (by applying Rule 1) that the user is also aware of these consequences (knows RULE R, expressed by the second part

---

[3] Unlike other systems, e.g., UC [Wilensky et. al. 1984], which can directly perform some kinds of actions required by the user, WISBER is unable to affect any part of the real world in the domain of application.

of the conclusion) and actually wants the resulting state (S2) to exist (expressed by the third part of the conclusion). Furthermore, it is inferred that the user believes the necessary preconditions (S1) to hold (he/she currently possesses the money that he/she wants to invest, expressed by the first part of the conclusion). As this belief can be immediately confirmed, the second rule is also activated (the second and the third part of the conclusions of Rule 1 match the conditions of Rule 2). Consequently, the user's want to know more about the state that he/she wants to achieve is inferred (expressed by the conclusion of Rule 2).

On the other hand, if the user only specifies that he/she wants some state (S) to exist, and there is no immediate evidence that he/she also knows the relevant actions which are necessary to achieve this state, then Rule 3, which results in informing the user what to do, is applied (thus creating a system belief that the user wants to know RULE R). In general, there may be more than one action associated with RULE R.

When processing utterance 6 the most difficult steps from the point of view of the DC have already been completed (i.e., determining the goal of the conversation). In the preceding part of the dialog the domain-specific problem-solving component (PSC) [Busche, Schachter-Radig 1988] has been asked for an investment form that suits best the specifications collected so far. To achieve this task the PSC has indicated that it wants to know whether the user is in possession of a *Notgroschen* (money held as a reserve in case of an emergency). This want initiates the last utterance of the system (5) in which *Notgroschen* has been paraphrased by *a savings account with more than 2 net months income*. When control is passed again to DC, a rule is activated that checks if any want of any agent (in particular, the last want of the PSC) has been satisfied in the meantime. After modal verb analysis, the fact that the user has at least five net months income in several savings accounts is transferred to mutual knowledge. Thanks to the terminological definition of *Notgroschen* and the reasoning capabilities of the ABox it is now possible to confirm the satisfaction of the last want of the PSC with this new information.

Nevertheless, the user's want derived by Rule 2 still remains open. Because its content refers to an asset, the PSC is asked again with the additional information just gathered. However, the PSC decides that the information is not yet sufficient to determine a clear preference for a specific type of investment. Moreover, it specifies that the most useful information for narrowing the choice of investment forms at this point is whether the user wants an investment with high liquidity. Because this fact concerns the user directly and there is no relevant information available, the creation of a speech act (a Yes/No question in this case) is triggered. The IRS representation (20), which is passed to the generation component, includes the speech act indication and, as basic content, the fact just mentioned (the speech act part is abbreviated, yielding a three-place-predicate with arguments denoting the speaker, the hearer, and the content of the speech act in this order).

```
(20)    (YES-NO-QUESTION SYSTEM USER
            ((E- W (WANT W))
             (AND
                (HAS-EXPERIENCER W USER)
                (HAS-EXPERIENCEE W (E- S (STATE S (HAS-LIQUIDITY X HIGH)))))))
```

## 3.4 Semantic-Pragmatic Generation

The semantic-pragmatic generation component (SPG) adapts and augments the basic content of the next system utterance on the basis of the current dialog context and a priori knowledge about the user's acquaintance with the domain terminology. This includes the selection of suitable concepts and roles and the generation of definite descriptions.

If the formula that represents the basic content ((20), in this case) contains concepts or roles the user is presumably not acquainted with, then the corresponding subformula is given to the terminology transformation component (TTC). The decision about the user's acquaintance with the terminology is currently based solely on a priori knowledge, i.e., we currently ignore the dialog context.

For such unknown concepts or roles the TTC looks up the corresponding definitions in the TBox and translates them into an IRS formula that only contains terms the user is assumed to be acquainted with. In some cases, e.g., if the subformula refers to qualitative scale values, as in (21), the lookup of the definition is preceeded by a mapping operation.

(21)    (HAS-LIQUIDITY X HIGH)

The mapping rules substitute more concrete terms for abstract ones. After the mapping rules have been applied the TBox lookup is performed and then an IRS formula is produced which again contains only terms the user is acquainted with. Application of the mapping rules to (21) roughly corresponds to rephrasing sentence (22) by (23).

(22)    The liquidity of X is high .

(23)    It is possible for the possessor of X to convert X during its term.

The final result of TTC is the IRS formula (24).

```
(24)    ((E- Y (POSSIBILITY Y))
            (AND ((DS P (AND (LOG-PERSON P) (HAS-POSSESSOR X P)))
                  (HAS-EXPERIENCER Y P))
                 ((E- F (AND (CONVERT F)
                            ((E- TI2 (AND (TIME-INTERVAL TI2) (OCCURS F TI2)))
                                ((DS TI3 (AND (TIME-INTERVAL TI3) (HAS-TERM X TI3)))
                                    (DURING TI2 TI3))))
                        (AND (HAS-EXPERIENCEE Y F)
                            ((DS Q (AND (LOG-PERSON Q) ( HAS-POSSESSOR X Q))
                                (HAS-AGENT  F Q)))
                            (HAS-SOURCE  F X))))
```

SPG  then tries to relate the result to the dialog context by replacing definite quantified variables, like P in (25), by previously introduced discourse referents. The result for (25) would be (26) where the bound variable P is replaced by the constant USER.

```
(25)    ((DS P (AND (LOG-PERSON P) (HAS-POSSESSOR X P)))
            (HAS-EXPERIENCER Y P) )
(26)    (HAS-EXPERIENCER Y USER)
```

After this step SPG calls the noun phrase generation component (NPG)  for each constant in the IRS formula. NPG builds a definite or indefinite description that discriminates the referent from all the other reference objects so far introduced. Only the constants USER, SYSTEM, and NOW remain unchanged. The algorithm we use is similar to that used in the German nl system HAM-ANS [Jameson, Wahlster 1982]. As a final step SPG replaces epistemic and modal operators by corresponding modal verbs. For example, the concept POSSIBILITY is replaced by the modal verb *können* (can). The mapping rules are basically the same as in the modal verb analysis. Modal verb generation lies on the borderline between semantic-pragmatic generation and verbalization. It selects lexemes for concepts, but since this process is highly context dependent, it has to be performed on the IRS level.

Then the IRS formula is adapted to the needs of NUGGET, which finally produces the nl surface form. In our example the result is utterance (7).

## 4. Experience Gained with a Complete Natural Language System

Despite of the fact that much effort has been invested in building nl system components, there exist surprisingly few complete, implemented nl systems. Moreover, those system parts stressed in this paper are also underrepresented in the literature, even as single components; most work has been devoted to building stand-alone parsers and generators. In our approach, the design of a suitable system architecture becomes an urgent necessity. It yields important clues about adequate levels of representation, about the relevance of the coverage of a single component for the overall system capabilities, and about how different components may fit together.

For representation, a basic distinction between three levels (in the parts covered by the paper) has proved adequate: IRS - reflecting the meaning of utterances at several stages according to the degree of disambiguation and interpretation, the ABox - reflecting the mental state of affairs in terms of propositional attitudes, and the TBox - providing common terminological reasoning facilities to all semantic-pragmatic processing components.

For reasons of simplicity and treatability we have partitioned the processes of analysis and interpretation in a sequence of small thematically consistent subtasks, which has proved to be a solid basis. In both of the analysis components responsible for disambiguation (scope, distributivity, and modal verbs) remarkable success has been achieved by treating the respective phenomena in isolation, but these capabilities also have contributed essentially to the coverage of the system as a whole. The generation components (paraphrasing and NP generation) augment and adapt the basic content selected by the dialog control component in a suitable way. The same is true for the modal verb generation.

However, there are some restrictions arising as consequences of this serialization:

- In analysis, it was not possible to treat certain interdependencies which occur frequently, e.g., in connection with negations.

- In generation, the overall design led to a kind of forward pruning among the choices one component has to make before passing control to the next one; the best choice available at a certain stage is assumed to remain the favorite in the subsequent stages as well (this actually has been the case up to now). Extensions in the coverage of the generation components will yield evidence about how serious the design restrictions really are in achieving an adequate reaction.

- In both directions of processing those tasks associated with reference problems are the most involved ones, needing information from many other subtasks. In the current implementation anaphora resolution and pronoun generation are performed without a common reference memory by the syntactic and referential analysis component ([Block/ Hunze 1987], [Frederking/Gehrke 1987]) and the component NUGGET [Jablonski et al. 1987]. We feel that some problems can be overcome if the reference processing is more strongly integrated in the other semantic-pragmatic processing tasks.

In any case, it is urgently necessary to pursue a holistic approach in order to learn how the treatment of certain phenomena may suitably be organized in a complete nl system.

# References


**Allen 83:**
Allen, J.F. (1983): *Recognizing Intentions from Natural Language Utterances.* In: Brady, M., Berwick, R.C. (eds.), Computational Models of Discourse. Cambridge, MIT Press, pp. 107-166.

**Bergmann/Gerlach 86:**
Bergmann, H., Gerlach, M. (1986): *QUIRK - Implementierung einer TBox zur Repräsentation begrifflichen Wissens.* WISBER Memo Nr. 11, Universität Hamburg.

**Bergmann et.al. 87:**
Bergmann, H., Fliegner, M., Gerlach, M., Marburger, H., Poesio, M. (1987): *IRS - The Internal Representation Language.* WISBER Bericht Nr. 14,Universität Hamburg.

**Bergmann/Gerlach 87:**
Bergmann, H., Gerlach, M. (1987): *Semantisch-pragmatische Verarbeitung von Äußerungen im natürlichsprachlichen Beratungssystem WISBER.* In: W. Brauer, W. Wahlster (eds.), Wissensbasierte Systeme - GI-Kongreß 1987, Springer-Verlag, Berlin, pp. 318-327.

**Block/Hunze 86:**
Block, H.-U., Hunze, R. (1986): *Incremental Construction of C- and F-Structures in an LFG-Parser.* In: Proc. COLING'86, Bonn, pp. 490-493. Also WISBER Bericht Nr. 4, Siemens AG, München.

**Block/Hunze 87:**
Block, H.-U., Hunze, R. (1987): *A Two Step Reference Problem Solver.* WISBER Bericht Nr. 11, Siemens AG, München.

**Bunt 85:**
Bunt, H.(1985): *Mass terms and model-theoretic semantics.* Cambridge University Press, Cambridge.

**Busche/Schachter-Radig 88:**
Busche, R., Schachter-Radig, M.-J. (1988): *INF: Implementation eines Inferenzmechanismus - Spezifikation und Architektur des Regelinterpreters.* WISBER Memo Nr. 20, SCS GmbH, Hamburg.

**Fliegner 88:**
Fliegner, M. (1988): *HOKUSKOPUS - Verwendung terminologischen Wissens in der Analyse von Quantorenskopus und Distributivität.* In this volume.

**Frederking/Gehrke 87:**
Frederking, R., Gehrke, M. (1987): *Resolving Anaphoric References in a DRT-based Dialogue System: Part2: Focus and Taxonomic Inference.* WISBER Bericht Nr. 17, Siemens AG, München.

**Gerlach/Sprenger 88:**
Gerlach, M,., Sprenger, M. (1988): *Semantic Interpretation of Pragmatic Clues: Connectives, Modal Verbs, and Indirect Speech Acts.* In: Proc. COLING-88, Budapest. To appear.

**Grosz/Sidner 86:**
Grosz, B.J., Sidner, C.L. (1986): *Attention, Intentions, and the Structure of Discourse.* In: Computational Linguistics, Vol. 12, No. 3, pp. 175-204.

**Hobbs/Shieber 87:**
Hobbs, J.R., Shieber, S.M. (1987): *An Algorithm for Generating Quantifier Scopings.* In: Computational Linguistics, Vol.13, No. 1-2, pp. 47-63.

**Jablonski et.al. 87:**
Jablonski, K., Rau, A., Ritzke, J. (1987): *Konzeption und Architektur des taktischen Textgenerierungssystems NUGGET.* WISBER Memo Nr. 12, Nixdorf AG, Paderborn.

**Jameson/Wahlster 82:**
Jameson, A., Wahlster, W. (1982): *User Modelling in Anaphora Generation: Ellipsis and Definite Descriptions.* In: Proc. ECAI-82, pp. 222-227.

**Litman/Allen 84:**
Litman, D.J., Allen, J.F. (1984): *A Plan Recognition Model for Clarification Subdialogues.* In: Proc. COLING'84, Stanford, pp. 302-311.

**Poesio 87:**
Poesio, M. (1987): *Temporal Reasoning in a Hybrid System,* WISBER Bericht Nr. 21, Universität Hamburg.

**Poesio 88a:**
Poesio, M. (1988a): *The QUARK Reference Manual.* WISBER Memo. To appear.

**Poesio 88b:**
Poesio, M. (1988b): *Dialog-Oriented A-Boxing.* WISBER Bericht, Universität Hamburg. To appear.

**Schmolze 85:**
Schmolze, J.G. (1985): *The Language and Semantics of NIKL* (Draft paper). Bolt Beranek and Newman Inc., Cambridge.

**Wilensky et. al. 84:**
Wilensky, R., Arens, Y., Chin, D. (1984): *Talking to UNIX in English: An Overview of UC.* In: Communications of the ACM, Vol. 27, No. 6, pp. 574-593.

# Facets of Knowledge About Natural Language Syntax Representation and Use in Parsing and Generation


Helmut Horacek

Projekt WISBER
Universität Hamburg
Fachbereich Informatik
Jungiusstraße 6
D-2000 Hamburg 36
B.R.D.

Claudius Pyka

Projekt LOKI
Universität Hamburg
Fachbereich Informatik
Bodenstedtstraße 16
D-2000 Hamburg 50
B.R.D.


## Abstract


This paper aims at a concise representation of purely static knowledge which expresses the syntactic well-formedness of a subset of German. A method is proposed for automatically exploiting this knowledge in order to obtain dynamic knowledge about language analysis and production. The efficient and skillful use as well as integration into a parser and a generator is outlined.


## 1. Introduction

The topic of this paper is an examination of different facets of syntactic knowledge. A method is proposed in which guidelines are developed for the representation of syntactic knowledge and for its application in parsing and generating natural language. In principle, knowledge can either refer to static properties that hold in a certain domain or to dynamic processes that are relevant in this domain.

In case of the domain of natural language syntax, static knowledge expresses what constitutes (syntactically) correct natural language, while dynamic knowledge characterizes the way natural language can be produced skillfully or analyzed efficiently. The distinction between static and dynamic knowledge is roughly equivalent to the traditional distinction between grammatical competence and performance.

In our approach the static knowledge is the machine's competence, its knowledge about well-formedness conditions on sentences of the language it is designed to process (expressed in a grammar which we call a competence grammar). The dynamic knowledge consists of two performance grammars - one for parsing and the other for generation. These are rule sets that are derived from the competence grammar. They are dynamic in the sense that they process competence knowledge for application to the performance task.

The primary goal of our effort is to find suitable means of representation for syntactically correct natural language. In our view, this knowledge is treated in the literature in a way that is to a certain extent intertwined  with procedural knowledge, mainly oriented toward the needs of analysis [2].

Moreover, we will characterize subtasks in language analysis and production with respect to their relation to syntactic well-formedness. We will present methods for exploiting the static knowledge in order to derive parts of the dynamic knowledge useful for either parsing or generation.

Traditionally, linguistically motivated source grammars (in the form of production rules) have been considered to be an appropriate means of representation to express syntactic knowledge.  For a long time such grammars have been applied almost exclusively to analyze natural language. Just recently, a few attempts have been undertaken in generation [3, 4, 5, 6, 9], or in combined approaches [8], mostly based on unification grammars. Because of the potential bi-directional interpretation of unification grammars, we consider this type of formalism to be an appropriate basis for our purpose.

In  order to collect experience about the elements and organization of syntactic knowledge, we performed experiments using the same formalism for a parser and a generator. We employed a unification grammar formalism (based on the ideas of Lexical Functional Grammar (LFG), [7]) to write two sets of grammar rules to be used by the parser and the generator, respectively. To some extent the results were not very surprising: each of the grammars (both covering a subset of German) favored their intended direction of interpretation. The results can be seen in more detail in [11] and [6]. Still, these experiments gave us important clues about:

- how static knowledge about syntactic well-formedness could be organized and represented in a concise way; this has been achieved by augmenting the expressiveness of the chosen unification formalism,

- which subtasks are necessary in parsing and generating natural language; which of them are related to the 'static' knowledge and how this connection can be established.

In this context we consider syntactic processing (in the direction of analysis) as mapping a surface sentence onto a set of one or more fully-specified functional descriptions. This 1 to n mapping is necessary since a given surface sentence may be syntactically ambiguous. By a fully-specified functional description we mean a functional description which specifies the word order uniquely by including features that express the presence or absence of topicalizations and other phenomena that cause deviations from the standard order of constituents. This view explicitly excludes reference resolution and generation. In contrast, generation from a fully-specified functional description yields a single 'solution'. It should therefore be possible to perform this task rather efficiently.

## 2. Static knowledge about syntax

We consider the following to be the major issues in knowledge representation:

- selecting an appropriate formalism which is as simple as possible

- expressing the relevant relations in a concise way within the chosen formalism

- modeling the knowledge in a way that tends itself to procedural application, an issue which has already been referred to in the introduction.

In our view, the first issue has been overly stressed in current treatments of unification grammars. We consider the standard constructs that unification grammars offer to be not sufficiently adequate to express some useful generalizations, for instance concerning feasible sequences of constituents in a German main clause. Therefore, we have shifted the balance in favor of the second issue because we think that a compact representation of knowledge is very important for knowledge maintenance and for providing a clear overview of the coverage of the grammar.

The aim of achieving a compact representation is pursued by expressing the coverage of several closely related rules by a single one. This task has been accomplished by including some non-standard constructs in our grammar formalism, namely:

- regular expressions in some of the functional equations

- meta-variables for the grammatical functions that denote constituents (this has already been proposed in [10]); the conditions governing appropriate word order are most suitably represented by (external) linear precedence rules (see also [5]); together with the proper grammar formalism, these rules restrict appropriately the possibilities for instantiation of the meta-variables

- special operators as a means for expressing optional or multiple occurrence of a certain phrase type; for this purpose we also use established operators like Kleene-star, but in a way that may deviate from standard.

Moreover, it has proved profitable to

- introduce appropriate subcategories for auxiliaries and pronouns as categories in the grammar (e.g., the auxiliaries 'haben' (to have) and 'sein' (to be), which can be used to form the perfect tenses, are taken as one category, whereas the auxiliary 'werden' (will) forms a separate category),

- state all conditions explicitly with functional equations even if this may introduce some redundancy; if, for instance, there exists no non-finite part of the verb phrase, the tense of the sentence is identical to the tense of the verb. This fact implicitly contains the information that the sentence tense can be only present or imperfect since these are the only two choices for verb tense. Stating this fact explicitly (in the relevant grammar rules) increases the potential for efficient generation significantly because the failure of the attempt to expand such a rule when 'perfect' is specified for the sentence tense can be recognized immediately,

- include additional functional equations to express non-standard features like the order of constituents insofar as they are associated with the surface speech act and possible topicalizations.

By following these principles we are able to express the top-level relations of a (slightly restricted) simple main clause in German by just one rule (Rule 1). Functional equations associated with topicalizations express the cases in which either the 'Vorfeld' or the 'Nachfeld' or neither or both of them is filled by a constituent (the 'Vorfeld' is the part preceding the finite verb, the 'Nachfeld' the part following the non-finite verb). NPP represents any constituent of the type NP or PP and G is a meta-function which can be instantiated to any grammatical function that can legally bear a constituent.

For the German verb phrase in a main clause (disregarding modal verbs and infinitive constructs) we need six rules depending on the number and types of verb categories in the non-finite part and the suitable category of the finite part. See, for example, Rule 2 which covers perfect and past perfect tense (AUXFIN is a specific category including the auxiliaries 'haben' (to have) and 'sein' (to be) only; AUX denotes the auxiliary which a main verb uses for forming the perfect tenses, and VPART is the category denoting perfect participles).

### Rule 1:

$$
\begin{aligned}
S \to \quad &\{ \; ( \; NPP \\
& \quad (\uparrow VORFELD) \\
& \quad \uparrow VORFELD = \; \downarrow VORFELD \\
& \quad \uparrow G \qquad = \; \downarrow \qquad ) \\
& \qquad\qquad \vee \\
& \; \neg \; (\uparrow VORFELD) \; \}
\end{aligned}
$$

$$
VP \qquad \uparrow = \downarrow \qquad \}
$$

$$
\begin{aligned}
&\{ \; ( \; NPP \\
& \quad (\uparrow NACHFELD) \\
& \quad \uparrow NACHFELD \; = \; \downarrow NACHFELD \\
& \quad \uparrow G \qquad\qquad = \; \downarrow \qquad ) \\
& \qquad\qquad\qquad \vee \\
& \; \neg \; (\uparrow NACHFELD) \qquad\qquad \}
\end{aligned}
$$

### Rule 2:

$$
\begin{aligned}
VP \to \quad & AUXFIN \qquad\qquad\qquad\qquad\qquad\qquad\qquad NPP^* \quad VPART \\
& \{ \; (\downarrow TENSE \quad =_c PRES \; \wedge \; \uparrow STENSE \; = \; PERFECT) \quad \vee \quad \uparrow = \downarrow \quad \uparrow = \downarrow \\
& \quad (\downarrow TENSE \quad =_c PAST \; \wedge \; \uparrow STENSE \; = \; PAST\; PERFECT) \; \} \\
& \{ \; (\downarrow PRED \qquad = \; \uparrow AUX \; \wedge \; \uparrow VOICE \; = \; ACTIVE) \qquad \vee \\
& \quad (\downarrow PRED \qquad =_c sein \quad \wedge \\
& \quad \uparrow PASSIVABLE \; = \; + \qquad \wedge \; \uparrow VOICE \; = \; PASSIVE) \qquad\qquad \}
\end{aligned}
$$

For the restricted coverage of NPs and PPs that we have chosen we need three rules on the top level of this phrase type, depending on whether the information present in its associated PCASE feature (if any) is verbalized by a single word (a preposition) or is included in a pronominal adverb (e.g. 'wo<u>durch</u>', 'da<u>für</u>') or is simply missing (i.e. no PCASE feature is present).

## 3. Dynamic knowledge about syntax

While these rules seem to be a concise way to describe the well-formedness of a subset of German, they do not yet tell us very much about the technique which is necessary to parse or generate this subset correctly. These procedures, however, consist of numerous and rather different subtasks. On one hand, they range from reference resolution and scope disambiguation to generation of anaphora and topicalization, where discourse phenomena, rather than sentence syntax, play the dominant role. On the other hand, syntactic knowledge about the composition of phrase types is of importance insofar as it describes a bridge between the chain of words on the surface and its corresponding functional relations. The exploitation of this syntactic knowledge is the task we will discuss in this section. Success here is a prerequisite for further analysis in parsing while in generation subtasks involving discourse phenomena have to be completed prior to syntactic sentence generation.

The possibility, in principle, of utilizing the same grammar for parsing and generation has already been demonstrated in [8]. In our approach, both processes adopt a top down strategy. When a parser or a generator is confronted with syntactic knowledge available in the form of rules like those above, efficient interpretation depends mainly on the order in which the rules are applied. In particular, this holds for the alternatives in regular expressions and for the set of feasible constituent orderings which is derived from the actual instantiation of the meta-variables. The following techniques strongly support efficient rule application:

- an appropriate splitting of rules containing regular expressions into several rules where the alternatives are grouped according to the direction of interpretation

- 'horizontal' sorting, i.e., an ordering of the functional equations in a rule which favors efficiency although other orderings would be possible with the same results

- 'vertical' sorting, i.e., the order in which the rules are interpreted; this especially includes the order of instantiation of the meta-variables and the technique with which this task is controlled.

The result of the splitting of rules is quite different for parsing than for generation. In parsing, those alternatives contained in a rule that have identical heads (which may consist of more than one constituent) are expressed by a single rule. The remaining alternatives are treated by rules applicable to the tail.

In generation, however, the main task is to find discriminating functional equations of the type 'top level feature equals constant value', which can be evaluated immediately by the generator. Those rules which contain alternatives of this kind in a regular expression will be split at this place. The processing of the grammar expressing the competence of the system is done by a grammar compiler which creates performance grammars suitable to the intended direction of rule interpretation. The overall context is illustrated in Figure 1. The difference between the dynamic performance grammars and their corresponding virtual counterparts is that the set of rules expressing the dynamic performance grammars still contains meta-

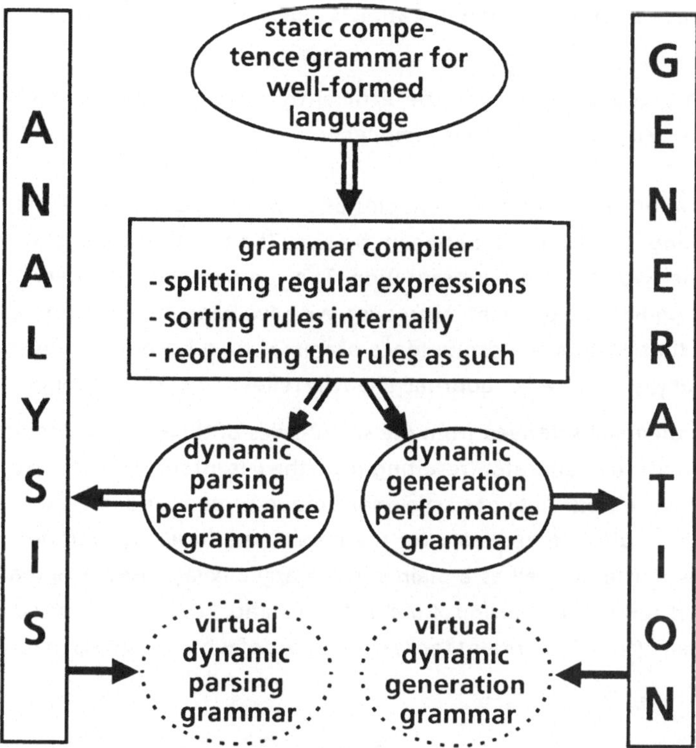



**Figure 1: Different stages of representing knowledge**

variables whereas the virtual grammars contain all feasible combinations of instantiations of these variables. This way, a rule which contains meta-variables represents the set of rules which consists of all feasible combinations of instantiations of the meta-variables. For reasons of efficiency the order in which these combinations are tried is best controlled by the associated processes, parsing and generation.

By adopting this design grammatical knowledge can be added on the basis of the concise competence grammar. This is in contrast to usual approaches which, to the best of our knowledge, operate on grammars with large numbers of individual rules, similar to the virtual dynamic grammars in Figure 1. Although the use of grammar compilers is also quite common in other approaches, their application is rather different. In [12], for instance, a functional grammar is precompiled into augmented context-free grammars for parsing and generation. While the procedures for obtaining efficiency in parsing are discussed to some extent, the generation side is not elaborated. Moreover, nothing is said about useful techniques for designing functional grammars.

Therefore, our approach ensures an advantage in two respects:

- the coverage of analysis and generation is augmented simultaneously and in a concise way

- the augmented coverage can be efficiently exploited by the parser and by the generator by using an informed compiler.

Thus the integration of the compiler enables us to obtain both conciseness and efficiency, rather than settling for a trade-off between the two. The task of the compiler is to bridge the gap between the two forms of representation. The competence grammar is concise and the performance grammars are efficient. Moreover, we have been able to automate this task. But we must admit that writing the competence grammar then becomes an even more difficult task than it usually is because our approach heavily relies on its skillful design.

As an example, the results derived from the six VP-rules of the competence grammar are: 14 rules are needed for the generator (resulting from the 6 (sentence) tenses, each for active and passive voice plus the possibility of particle splitting in present and imperfect active). On the other hand, only 8 rules are necessary for the parser (the three types of auxiliaries, each in present and past tense, as well as a main verb or any auxilary used as a main verb, also in present and past tense). For parsing, Rule 3, for instance, covers verb phrases headed by a finite form of 'sein' (to be) in present tense (this is part of what is expressed by Rule 2):

<u>Rule 3:</u>

$$VP \quad -> \quad AUXFIN \qquad\qquad VP\text{-}REMAINDER$$
$$\downarrow PRED \quad =_c sein \qquad\qquad \uparrow = \downarrow$$
$$\downarrow TENSE \quad =_c PRES$$

VP-REMAINDER can be expanded to the respective parts found in Rule 2 (NPP* and VPART), in either active or passive voice. This is an example where several 'performance rules' (Rule 3 and a similar rule where 'TENSE' is restricted to 'PAST') are derived from a single 'competence rule' (Rule 2). On the other hand, the coverage of three 'competence rules' (designed for present tense in passive voice and future tense in either voice) with identical heads (the auxiliary 'werden' (to become) in present tense) is expressed by a single 'performance rule' shifting the difference to its tail which can be further expanded by suitable rules.

Interpreting a single rule is done most efficiently by first evaluating those functional equations that express a comparison between a constant and a feature at the top level of the examined structure. Therefore, the functional equations in a rule should be reordered accordingly, depending on the actual task - parsing or generation.

Following this principle, rules of the form 'feature $=_c$ const' are relevant for parsing and those of the form 'feature = const' for generation. This way, a potentially discriminating functional equation can be obtained for generation and a cheap and early rejection of an unsuitable rule can be achieved in parsing (see also Rule 3).

As an example for the generation side, Rule 4 expresses a verb phrase in perfect tense and active voice. It is quite remarkable that the coverage of Rule 3 and Rule 4 is rather different. While Rule 3 covers active and passive voice, but is restricted to the auxiliary 'sein' (to be), Rule 4 also includes those main verbs which use 'haben' (to have) to form the perfect tense, but does not cover passive.

<u>Rule 4:</u>

$$\text{VP} \quad -> \qquad \text{AUXFIN} \qquad\qquad \text{NPP*} \qquad\qquad \text{VPART}$$

$$\begin{array}{llll} \uparrow\text{STENSE} & = & \text{PERFECT} \\ \uparrow\text{VOICE} & = & \text{ACTIVE} \\ \downarrow\text{TENSE} & =_c & \text{PRES} \\ \uparrow\text{AUX} & = & \downarrow\text{PRED} \end{array} \qquad \uparrow\ =\ \downarrow \qquad\qquad \uparrow\ =\ \downarrow$$

As far as the efficient order of rule application is concerned, only the instantiation of the meta-variables in generation can be controlled in advance assuming the desired order of constituents has already been specified creating an appropriate order over the set of virtually existing rules. There is no such alternative for parsing; the best choice seems to be saving partially successful parses for later reuse.

Some special measures additionally support an efficient application of the grammar rules: In parsing, a look-ahead restricting the category of the next word in the input stream can ease rule selection, especially when a discriminating feature can be found on a deeper level only. Effective look-ahead conditions can be obtained automatically by interpreting the grammar rules. For instance, when a main clause is to be parsed, a look-ahead on the first word (testing if it is a finite verb or not) immediately reveals whether a 'Vorfeld' is present or not. A 'blind discovery' procedure may become very expensive in this case.

On the other hand, the discriminating features in generation are useful only when the value of the feature in question is already instantiated. This may not automatically be the case for features which are lexeme specific, like which auxiliary a verb requires for forming the perfect tense ('haben' or 'sein') or whether a verb stem is combined with a particle or not. Therefore, we recommend the a priori instantiation of this kind of feature in the word selection process. We feel that this slight overhead is well outweighed by the gain in reduction of effort in the expansion of grammar rules. Moreover, there is no need at all to store partial results in the generation process under these conditions.

## 4. Conclusions

What conclusions can we draw from our experiments? First, we think that our results concerning the usefulness of unification are quite surprising. If the principles outlined in this paper are applied correctly (in particular, the determination of the desired word order in advance and the a priori instantiation of features associated with lexemes), the 'technical' part of syntactic generation can be accomplished almost as a byproduct of a suitable organization of syntactic knowledge. This is exactly what [1] asserts· The generator follows the rules of the grammar more or less straightforwardly. With respect to parsing, however, we feel that, despite its benefits, unification is not without problems. We have our doubts about the suitability of unification for parsing even though this is still the predominant application of unification in the literature. Because the basic operations are so deeply integrated into the formalism, unification is rather weak in two tasks, which are associated with the phenomenon of uncertainty:

- an efficient control over the search for structural ambiguities (for instance PP attachment) which may be made possible by the inclusion of plausibility measures

- a robust behavior when the input sentence contains tolerable mistakes.

In our view, these tasks are specific to parsing and at the same time are among its major problems.

## Acknowledgement

We would like to thank our colleague Russell Block for his intensive occuption with the discussed topic at various stages of the paper which led to a better understanding of the authors as well as to a substantial improvement of the paper.

## References


1. R. Block, 'LFG and Natural Language Generation', WISBER Bericht Nr. 10, Verbundvorhaben WISBER, Universität Hamburg, 1986.

2. R. Block, 'Can a Parsing Grammar Be Used for NL Generation', to appear in Proceedings of the First European Workshop on Language Generation, M. Zock (ed.), Royaumont, 1987.

3. S. Busemann, 'Generierung mit GPSG', GWAI-87, K. Morik (ed.), pp. 355-364, Springer-Verlag, Geseke, 1987.

4. J. Dörre, S. Momma, 'Generierung aus f-Strukturen als strukturgesteuerte Ableitung', GWAI-87, K. Morik (ed.), pp. 54-63, Springer-Verlag, Geseke, 1987.

5. M. Emele, 'FREGE - Ein objektorientierter FRont-End-GEnerator', GWAI-87, K. Morik (ed.), pp. 64-73, Springer-Verlag, Geseke, 1987.

6. H. Horacek, 'The Application of Unification For Syntactic Generation in German', to appear in Proceedings of the First European Workshop on Language Generation, M. Zock (ed.), Royaumont, 1987.

7. R. Kaplan, J. Bresnan, 'Lexical -Functional Grammar: A Formal System For Grammatical Representation', in 'The Mental Representation of Grammatical Relations', J. Bresnan (ed.), pp. 173-281, The MIT Press, London, 1982.

8. J.-M. Lancel, F. Rousselot, N. Simonin, 'A Grammar Used For Parsing and Generation', COLING-86, pp. 536-539, Bonn, 1986.

9. J. Meier, J. Kindermann, 'Generierung mit Lexical-Functional Grammar (LFG)',GWAI-86 und 2. Österreichische Artificial-Intelligence-Tagung, C.-R. Rollinger, W. Horn (eds.), pp. 113-118, Springer-Verlag, Ottenstein, Niederösterreich, 1986.

10. K. Netter, 'An LFG-Proposal for the Treatment of German Word Order', COLING-86, pp. 494-496, Bonn, 1986.

11. C. Pyka, 'Syntactic Analysis', LOKI Report NLI-4.1, ESPRIT project LOKI, University of Hamburg, 1985.

12. M. Tomita, J. Carbonell, 'Another Stride Towards Knowledge-Based Machine Translation', COLING-86, pp. 636-638, Bonn, 1986.

# Utterance Generation Without Choice

Erwin Klöck
Institut für Informatik
Technische Universität München
Arcisstraße 21, 8000 München 2
Federal Republic of Germany
...!unido!tumult!kloeck

### Abstract

In this paper we discuss a parallel processing model for the generation of linguistic surface structures from a conceptual representation of the utterance content. We focus in particular on the verb selection task and its integration into a system for sentence production and introduce the notion of *uttering pressure* to control the moment of verbalization. The resulting model allows for different surface realizations of a single proposition without requiring an explicit choice among the alternatives. The system architecture presented consists of several independent spreading activation networks that communicate via a global blackboard. This setup combines the advantages of a classical modular system with the processing characteristics of the connectionist paradigm.

## 1   Introduction

One of the central problems in the area of natural language generation is posed by the multitude of possible linguistic realizations of a single proposition. There is always an alternative way to express the same thought; and very often the available paraphrases are equivalent with respect to their communicative force in a given situation, so that no clear criteria can be given why one of them should be preferred over another. Thus very often the natural language generator finds itself in the same position as the little girl, who cannot make up her mind in the candy store.

The paraphrase relation holds between sentences that express the same meaning, accordingly we say that two sentences $S_1$ and $S_2$ are paraphrases of each other if both can be generated from the same conceptual specification $M$. The problem for generation now is to determine which of the possible paraphrases to realize. One strategy to handle this problem relies on the assumption that the conceptual specification at the level relevant for realization is unambiguous, i.e. there is one and only one linguistic realization for every conceptual specification. Accordingly, paraphrases are taken to reflect possible choices at the conceptual level of processing. Jacobs (1985, 1987) for example introduces a VIEW relation between conceptual structures that indicates possible paraphrases. Another strategy is followed by Hovy (1987) who assumes that merely specifying the conceptual content of the utterance is not sufficient to determine its linguistic realization. Additional parameters pertaining to e.g. *conversational atmosphere, interlocutors' personal characteristics* and *speaker's goals* have to be set to bias linguistic realization.

Although these strategies seem appropriate for the kinds of paraphrases handled, we feel that by paying attention to the interaction of the processes involved in natural language generation, it becomes possible to constrain the possible realizations intrinsically, without explicit stipulation. Many systematically possible surface realizations thus do not come up in a given situation, and therefore do not have to be considered explicitly, in the actual generation process, while still being possible in principle.

In this article we describe a parallel processing model, which generates German sentences from conceptual specifications. We focus in particular on the tasks of verb selection and the syntactic integration of constituents into wellformed sentences. We account for the possible variation in these processes solely on the basis of the time sequence, in which conceptual information becomes available to the generator and a processing variable indicating uttering pressure.

## 2   The Generation Task

It is widely agreed in the field that the generation of a linguistic utterance involves the tasks of *content determination, utterance planning* and *surface realization,* with each task depending partially on the results of the preceding task. In the following we are concerned exclusively with surface realization, assuming that content determination and utterance planing have already produced a conceptual specification to start with. Since we are interested in a parallel processing model, we do not require that they have already finished and do not add more information to the conceptual description[1]. With these assumptions we subscribe to an incremental model of language generation as argued for by Kempen and Hoenkamp (1987). Additional arguments for a parallel model of language processing are put forward in McClelland (1987).

We will assume a conceptual specification to be something like the following:

$$(1) \quad \begin{bmatrix} \langle \text{Action} : \text{WALK} \rangle \\ \langle \text{Agent} : \text{LISTENER} \rangle \\ \langle \text{Path} : \text{ARCISSTR.} \rangle \\ \langle \text{Goal} : \text{GABELSBERGERSTR.} \rangle \end{bmatrix}$$

If a sentence mode, e.g. imperative, is specified, this proposition can be realized through one of the following German sentences[2]:

(2) *Gehen Sie die Arcisstraße entlang bis zur Gabelsbergerstraße!*
[Go you the Arcisstraße along until to the Gabelsbergerstraße]

(3). *Gehen Sie auf der Arcisstraße zur Gabelsbergerstraße!*
[Go you on the Arcisstraße to the Gabelsbergerstraße]

(4) *Auf der Arcisstraße müssen Sie zur Gabelsbergerstraße vorgehen.*
[On the Arcisstraße must you to the Gabelsbergerstraße go forward]

---

[1] So far we only allow for the adding of information, revisions or deletions are not considered at present, but should pose no problem in principle.

[2] An interlineary word by word translation is given in brackets.

These sentences differ in the main verb, in the surface realization of the nominal constituents and in the linear order of their constituents. Our hypothesis is that all these differences follow naturally from the characteristics of the generation process. They are triggered by the time sequence in which conceptual information is available to the generator and the amount of uttering pressure on the system.

We start from the assumption that the processes involved in natural language generation, like most cognitive processes, are organized highly parallel and interactive. Every component continually processes the available data to produce a solution and integrates new information as soon as possible, with the result that at least partial solutions are available throughout the process.

*Uttering pressure* is a measure for the time the system has before portions of the solution are uttered, implying that these parts cannot be revised any more and thereby placing strong constraints on the ongoing generation process[3].

The concept of uttering pressure becomes important, because we allow the generator to start with only a partial specification of the content. If uttering pressure is high, early solutions may be uttered even before the content is fully specified, thereby forcing the generator into a different direction when the delayed content specifications are eventually processed, than it would have taken otherwise[4]. If the content specification is complete initially, a difference in utterance pressure will have no effect.

## 3  Basic Assumptions

The generation process starts from a conceptual representation of the information the utterance is to convey. We assume that a conceptual specification of a proposition consists of a single **Action**-attribute, which specifies the *core meaning* of a verb, and its participants, which have their thematic roles, $\theta$-roles for short, specified.

The concept of $\theta$-roles was developed by Fillmore (1968) as *deep case* and played an important part in linguistic theory as well as in AI models[5]. Lately they received additional support from empirical evidence generated by psycholinguistic studies as reported by Tanenhaus et al. (1987). $\theta$-roles characterize the semantic relations that hold between an action and its participants. Amongst them are for example **Agent**, **Patient**, **Location** and **Theme**; since we are mostly concerned with movement verbs, we add the roles **Start**, **Goal** and **Path**[6].

Although the **Action**-attribute indicates the kind of event that the participants are involved in, $\theta$-roles can be specified independently from them, such that even a single $\theta$-role like ⟨Goal : GABELSBERGERSTR.⟩ is already a well-formed conceptual specification. In this way we can account for sentence fragments, as they often occur in spoken language, e.g. the single prepositional phrases given in (5):

(5)  *bis zur Gabelsbergerstraße*
     [until to the Gabelsbergerstraße]

---

[3]Cf. Osgood (1971:520) for an early expression of a similar thought.

[4]A setting where high uttering pressure regularly occures together with incomplete information about the utterance content is a radio broadcast of a sports event. Utterance generation in such a context is currently investigated within the SOCCER system as described by Andrè et al. (1987)

[5]The term $\theta$-*role* was coined by Chomsky (1981:34ff) to mark the arguments in *Logical Form*.

[6]For the present purpose we regard $\theta$-roles as primitives of the conceptual specification, and not as structural relations within conceptual structure as suggested lately by Jackendoff (1987).

We consider $\theta$-roles to be independent of the specified action, and therefore there are no constraints on their cooccurence. As a consequence we have to rely on the content determination process to produce sensible conceptual specifications. We therefore cannot guarantee, however, that every conceptual description can be mapped onto a grammatical surface expression.

We think this assumption is justified, since strange combinations of $\theta$-roles and actions do in fact occur, although they are only noticed when they can be expressed linguistically. Consider, for example, the strange proposition of a walking action with a specified patient, shown in (6).

$$(6) \quad \left[ \begin{array}{l} \langle \text{Action} : \text{WALK} \rangle \\ \langle \text{Patient} : \text{PETER} \rangle \end{array} \right]$$

Although proposition (6) does not make much sense, it is nevertheless wellformed and can even be expressed in a sentence like (7), which we consider to be grammatical, since it is produced by a straightforward application of the morphological and syntactical rules of German[7].

(7) *Peter wird gegangen.*
   [Peter is walked]

Examples like this suggest that actions and $\theta$-roles are in fact independent of each other at the level of conceptual specification, since they cannot be explained if one assumes that the Action-attribute determines which $\theta$-roles are available.

A $\theta$-role can be realized linguistically in two different ways. It can be governed and case marked by a verb that subcategorizes it or it can be realized as an optional attribute. Very often both possibilities are acceptable, although $\theta$-roles prefer to be governed and case marked by a verb.

Here we see one reason for differing linguistic realizations of identical conceptual specifications. It is possible that a $\theta$-role is realized as a free adverbial in one situation and as a governed verb argument in the other. How a given $\theta$-role is realized in a specific situation depends on how high the uttering pressure is and on the moment the $\theta$-role becomes available to the generator.

In the following section we describe the system architecture that implements this behavior.

## 4   The System Design

We assume natural language generation to involve highly interactive processes that operate in parallel. From an engineering point of view we prefer a processing model which is perspicuous and easy to modify and therefore favor a modular system design. These two disparate requirements can be merged elegantly if a blackboard model as described by Nii (1986) is used to organize the system components.

---

[7]The passive construction in (7) has actually acquired a 'joking' meaning in German, namley *Peter gets fired.*

## 4.1 The Blackboard Model

The blackboard model of problem solving provides an organizing scheme which prescribes the organization of the domain knowledge, the input data and internal and partial solutions involved in the task. Processing is inherently parallel and typically an opportunistic reasoning strategy is employed.

A blackboard model consists of three major components:

(8) (i) *The knowledge sources:*
The linguistic knowledge is partitioned into separate and distinct knowledge sources which operate independently. They function as processing modules that can be designed and altered separately. We will describe the lexico-syntactic verb selection component and the module for nominal constituent realization.

(ii) *The blackboard:*
The blackboard provides the sole means of communication and interaction between the system components. The knowledge sources manipulate the information on the blackboard and produce changes that lead incrementally to a solution.

(iii) *Control:*
Ideally there is no explicit control component specified. The blackboard model merely specifies the general behavior of opportunistic response to changes in the blackboard. We take this behavior to reside in the knowledge sources implying that they are self activating. Whenever a knowledge source can contribute something to the solution, it will do so.

The intuition guiding the design of a blackboard model can be explained with the example of a group of people trying to solve a jigsaw puzzle. Every person holds a number of jigsaw pieces and watches the blackboard. After somebody has put one or several pieces on the blackboard, everybody independently evaluates the situation on the blackboard and his pieces and, if possible, extends the structure on the blackboard. The new structure thus created is then evaluated again by everybody. The whole puzzle can be solved without direct communication within the group and there is no a priori order in which people add their pieces. The cooperation is mediated solely through the blackboard and the solution is built incrementally.

## 4.2 The Architecture of the Generation System

In our language generation system we use a structured blackboard. The information contained in the blackboard is partitioned according to its relevance in the generation process. We assume the system architecture given in Figure 1.

Figure 1 shows the interaction between the knowledge sources and the blackboard partitions, indicating what kind of information is relevant to each knowledge source and to what kind of information their results belong.

This architecture implements the following generation process of an utterance. The *domain expert* passes a partial or entire conceptual description of the proposition to the *conceptual specification space* in the blackboard. This information is immediately used by the *verb selection network*, the *nominal constituent realization* and the *syntactic integration* modules, which then pass their results to the respective spaces in the blackboard. Now the verb selection network can use the results of the nominal constituent realization as well as possible

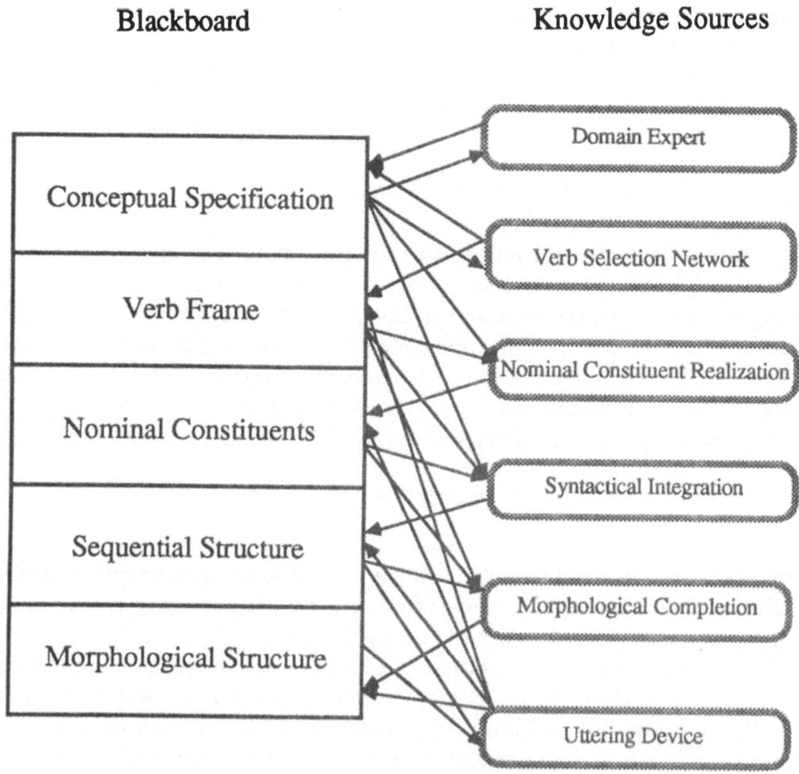



Figure 1: The blackboard model of natural language generation

changes in the conceptual specification to update its decision. The other modules operate accordingly. Eventually the uttering device becomes active and makes an utterance. It thereby marks the elements involved in its generation as unchangeable. When the uttering device becomes active depends on the strength of uttering pressure on the system; if it is low, the uttering device will wait until no more changes occur in the blackboard, if it is high, however, it will make the first possible utterance, thereby running the risk that no proper continuation can be found.

To better show the interaction between blackboard and knowledge sources we will describe the structure of the knowledge sources in detail with the example of the verb selection network.

## 5 The Knowledge Sources

For the implementation of the knowledge sources we use connectionist networks, as described by Rumelhart et al. (1986).

### 5.1 Connectionist Networks

A connectionist model consists of a set of *units* connected by unidirectional *links*. A unit $u_i$ is an independent processing entity that is characterized at each point in time $t$ by an *activation value* $a_i(t)$ and an *output value* $o_i(t)$. The *output value* $o_i(t)$ is produced from $a_i(t)$ by an *output function* $f_i$ such that $o_i(t) = f_i(a_i(t))$. Very often $f$ is a threshold function so that a unit affects another unit only if its activation exceeds some threshold $\vartheta$. We assume the following output function for the verb selection network described in Section 5.2:

$$f_i(a_i(t)) = \begin{cases} 1 & \text{if } a_i(t) \geq \vartheta \\ 0 & \text{if } a_i(t) < \vartheta \end{cases}$$

The unit's output value is transmitted to the other units connected to it through links. Associated with each link $w_{ij}$ is a *weight* which determines the amount of effect $u_i$ has on $u_j$. The weight $w_{ij}$ is a positive number if unit $u_i$ has an excitatory connection to $u_j$; and it is a negative number if $u_i$ inhibits $u_j$. The strength of the connection is specified by $|w_{ij}|$.

The input $u_i$ receives from the other units connected to it is used by the activation rule $F$ to compute the new activation value $a_i(t+1)$, such that $a_i(t+1) = F(a_i(t), \sum_j w_{ji} o_j(t))$. The following is the simple activation rule given by Feldman and Ballard (1982):

$$a_i(t+1) = \alpha a_i(t) + \beta \sum_j w_{ji} o_j(t)$$

The parameters $\alpha$ and $\beta$ determine how much the new activation value $a_i(t+1)$ is influenced by the old value $a_i(t)$ and the inputs received from other units, respectively. We assume $\alpha = 0$ and $\beta = 1$ in the verb selection network of Section 5.2.

Intuitively, a unit represents a hypothesis and its activation value $a_i$ indicates the confidence that it holds. It collects the evidence, positive and negative, which the unit receives from other units via excitatory and inhibitory connections. The output value $o_i(t)$ represents the strength of support (or discouragement) that this hypothesis can give to other hypotheses at time $t$.

A connectionist network operates through the propagation of the weighted output values of the units to the other units connected with them. Initially the activations of the units that constitute the input to the network are raised above threshold. These units compute their output values and propagate them to other units via their links. All units continuously update their activation and output value. A solution is found if after some time the network settles into a stable state, where the activations and output values don't change any longer over several time steps.

A network is called a *winner-take-all*-network, if a solution is constrained to maximally one unit with an activation value above threshold.

The main characteristic of a connectionist network is that the information that is exchanged between units is restricted to output values only, in particular there is no symbolic information exchanged.

## 5.2  The Verb Selection Network

The verb selection task is simultaneously constrained by the utterance content, as given in the conceptual specification, and by the grammar of the language, the task relevant parts of which are inherently represented in the verb selection network. It consists in mapping a conceptual specification onto a verb with its corresponding syntactic frame.

For example, the conceptual specification given in (9) is mapped to the verb frame given in (10).

(9)  $\left[\begin{array}{l}\langle\texttt{Action : WALK}\rangle \\ \langle\texttt{Agent : LISTENER}\rangle \\ \langle\texttt{Path : ARCISSTR.}\rangle\end{array}\right]$

(10)  $\left[\begin{array}{l}\langle\texttt{Verb : } \textit{entlanggehen}(\texttt{Agent,Path})\rangle \\ \langle\texttt{Agent : NOMINATIVE}\rangle \\ \langle\texttt{Path : ACCUSATIVE}\rangle\end{array}\right]$

The verb selection network given in Figure 2 consists of four sets of units that represent $\theta$-roles, Action-values, verb frames and $\theta$-frames. Each Action-unit, e.g. $\langle$Action : WALK$\rangle$, which is defined on the conceptual level, has excitatory connections[8] to the verb frame units that correspond to its semantics. Each $\theta$-role unit has an excitatory link to all $\theta$-frames that contain this $\theta$-role. The $\theta$-frame units themself are connected by inhibitory links in such a way that only the $\theta$-frame becomes active, that combines most of the compatible $\theta$-roles. The $\theta$-frame units excite those verb frame units that specify the corresponding case frames.

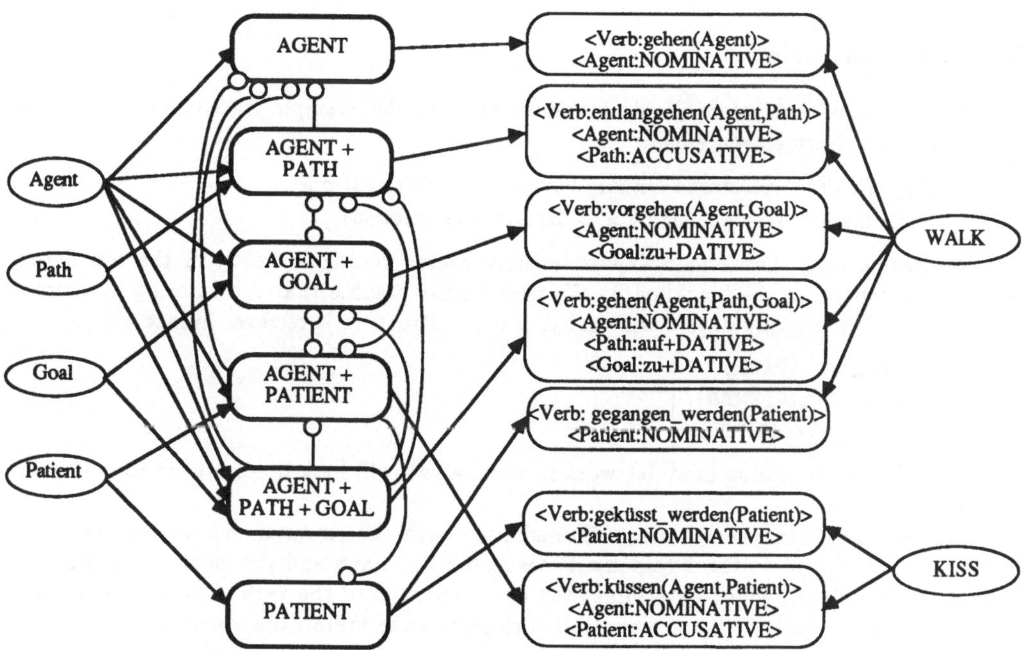


Figure 2: The relevant portion of the verb selection network

We assume the following parameters for the network. The weight for all excitatory links is set to 1; the weight for all inhibitory links is set to $-1$. The activation $a_i$ is computed with the following function:

$$a_i(t+1) = \sum_j w_{ji} o_j(t)$$

The output $o_i(t) = 1$ for $a_i(t) \geq \vartheta$ and $o_i(t) = 0$ for $a_i(t) < \vartheta$, where $\vartheta$ denotes the threshold of the unit. For the $\theta$-role and Action-units we assume $\vartheta = 1$ and for the verb frame

---

[8]Notation: Excitatory connections end in arrows; Inhibitory connections end in small circles.

units $\vartheta = 2$. For the $\theta$-frame units the threshold $\vartheta$ depends on the number of $\theta$-roles that are necesseary: for the $\theta$-frames AGENT and PATIENT $\vartheta = 1$, for the $\theta$-frames AGENT+PATH, AGENT+GOAL and AGENT+PATIENT $\vartheta = 2$ and for AGENT+PATH+GOAL $\vartheta = 3$. The different threshold values are necessary to avoid that all $\theta$-frame units with an Agent specified become selected simultaneously.

Different designs of the verb selection network are possible that yield equivalent results, the design just described was chosen because it is quite straightforward and easily extendable.

Processing takes place through the initial activation of the Action-unit and the $\theta$-role units that are given in the conceptual specification. Activations are then propagated from those units and activate the $\theta$-frames and finaly select a verb frame.

Since we do not require that all the information that will be expressed in the sentence is initially available, we have to allow that information which turns up later still influences the verb selection process. This is a processing characteristic we get for free with the employment of a connectionist network, since it always computes the best solution possible at a given time and then continuously updates it, as new information becomes available.

## 6  An Example

The mechanism of the system should become clear with the example trace of the production of the following German sentence:

(11) *Gehen Sie die Arcisstraße entlang bis zur Gabelsbergerstraße.*
[Go you the Arcisstraße along until to the Gabelsbergerstraße]

We assume that the domain expert initially passes description (12) to the conceptual specification space on the blackboard. We additionally assume that the uttering pressure is high, so that the uttering device will verbalize every structure it recieves immediately.

$$
(12) \quad \begin{bmatrix} \langle \text{Action} : \text{WALK} \rangle \\ \langle \text{Agent} : \text{LISTENER} \rangle \\ \langle \text{Path} : \text{ARCISSTR.} \rangle \end{bmatrix}
$$

Since all the processing modules work in parallel, we will look in each time step at every module in turn.

The verb selection process starts immediately with the simultaneous activation of the units that correspond to the $\theta$-role-attributes Agent and Path and the value of the Action-attribute, i.e. WALK, which determines the core semantics of the verb. The activated units pass on excitatory activation to compatible verb frames and inhibit the others until eventually verb frame (13) is activated above threshold. This verb frame is selected and written onto the blackboard.

$$
(13) \quad \begin{bmatrix} \langle \text{Verb} : \textit{entlanggehen}(\text{Agent,Path}) \rangle \\ \langle \text{Agent} : \text{NOMINATIVE} \rangle \\ \langle \text{Path} : \text{ACCUSATIVE} \rangle \end{bmatrix}
$$

Simultaneously the nominal constituent realization module produces its results and writes the default realization for the Agent- and the Path-value into the nominal constituents space on the blackboard. These specifications are given in (14)[9]:

---

[9]The default realizations of $\theta$-roles are the ones, that can function as free adverbials most easily. As a consequence the default realization of Agent is the prepositional phrase that marks Agent in passive constructions.

(14) $\begin{bmatrix} \langle \texttt{Agent} \ : \ \textit{von Ihnen} \rangle \\ \langle \texttt{Path} \ : \ \textit{auf der Arcisstraße} \rangle \end{bmatrix}$

The syntactical integration module can initially operate only on the information from the conceptual specification space and does not yet produce a result. Neither do the morphological completion component or the uttering device, which get no input at all. This finishes the first time step.

We assume that the conceptual specification did not change to the next time step. The blackboard now contains the structures (12), (13) and (14).

The verb selection network keeps verb frame (13) selected. The constituent realization module, however, receives additional information from the verb frame space, which causes it to change its realization of the **Agent**-value to nominative and the **Path**-value to accusative. The nominal constituent space is accordingly altered to (15):

(15) $\begin{bmatrix} \langle \texttt{Agent} \ : \ \textit{Sie} \rangle \\ \langle \texttt{Path} \ : \ \textit{die Arcisstraße} \rangle \end{bmatrix}$

The syntactical integration module lookes at the verb frame (13) and the nominal constituent specification (14) and detects a mismatch, so it does not produce a result. The same holds for the morphological module. The uttering device still gets no input.

In the following time step the information in the conceptual specification space, the verb frame space and the nominal constituent space remaines unchanged. Now the syntactical integration module will produce a sequential structure from (13) and (15), which will ultimately be realized in imperative verb mode as (16):

(16) *Gehen Sie die Arcisstraße entlang*

[Go you the Arcisstraße along]

Under the assumption of high uttering pressure, we skip over the details here, (16) will be uttered as soon as it becomes available to the uttering device. This will mark the verb frame (13) and the **Agent** and **Path** realisations in (15) as fixed, blocking any further changes of these entries.

For the next time step we assume that the domain expert added a **Goal**-value to the conceptual specification, changing the conceptual space to (17):

(17) $\begin{bmatrix} \langle \texttt{Action} \ : \ \text{WALK} \rangle \\ \langle \texttt{Agent} \ : \ \text{LISTENER} \rangle \\ \langle \texttt{Path} \ : \ \text{ARCISSTR.} \rangle \\ \langle \texttt{Goal} \ : \ \text{GABELSBERGERSTR.} \rangle \end{bmatrix}$

The blackboard now contains the structures (17), (13) and (15). The verb selection net will activate the additional input unit for **Goal**, which causes the network to select verb frame (18).

(18) $\begin{bmatrix} \langle \texttt{Verb} \ : \ \textit{gehen}(\texttt{Agent,Path,Goal}) \rangle \\ \langle \texttt{Agent} \ : \ \text{NOMINATIVE} \rangle \\ \langle \texttt{Path} \ : \ \textit{auf} + \text{DATIVE} \rangle \\ \langle \texttt{Goal} \ : \ \textit{zu} + \text{DATIVE} \rangle \end{bmatrix}$

(18), however, cannot be written on the blackboard to replace (13), because the uttering device has already uttered (16) and thus marked the verb frame *entlanggehen* as unchangeable.

The constituent realization module adds its default realization of `Goal` to the nominal constituent space, thereby changing (15) to (19):

$$(19) \quad \begin{bmatrix} \langle \texttt{Agent} \ : \ Sie \rangle \\ \langle \texttt{Path} \ : \ die \ Arcisstra\beta e \rangle \\ \langle \texttt{Goal} \ : \ bis \ zur \ Gabelsbergerstra\beta e \rangle \end{bmatrix}$$

In the next time step, assuming there is no further input in the conceptual specification, the syntactic integration module will integrate the `Goal` constituent, as realized in (19), to what it has already produced, so that eventually sentence (20), (our initial sentence (11)) is uttered.

(20) *Gehen Sie die Arcisstraße entlang bis zur Gabelsbergerstraße.*

 [Go you the Arcisstraße along until to the Gabelsbergerstraße]

If the uttering pressure is lower, so that no early uttering blocks the replacement of (13) by (18), the system will produce sentence (21).

(21) *Gehen Sie auf der Arcisstraße zur Gabelsbergerstraße!*

 [Go you on the Arcisstraße until to the Gabelsbergerstraße]

# 7 Conclusion

The work just presented places itself in the cognitive science tradition. It combines ideas from linguistics, artificial intelligence and psychology to model human linguistic behavior.

We described an inherently parallel architecture for a natural language generation system that accounts for the variation of linguistic surface realizations by its processing characteristics. We thus showed that if one pays due heed to the processing behavior of the generation system, different realizations of one proposition are produced naturally, solely through the interaction of uttering pressure and the time sequence in which partial conceptual descriptions of the proposition are available.

Our generation scheme makes the task of utterance planning a little easier, since the surface realization of the nominal constituents does not have to be explicitly specified, i.e. if they shall be realized as subcategorized arguments or as free adverbials, since in many cases this is determined through the generation process.

The verb selection network described in Section 5.2 has been implemented on a SIEMENS 5800 Interlisp-D machine under LOOPS using a network simulator written by Kai Zimmermann.

### Acknowledgements

I would like to thank Christian Freksa for discussions and comments on an earlier version of this paper and Kai Zimmermann for letting me use his network simulator. I would also like to thank three anonymous reviewers for suggesting significant improvements. This work was supported by the *Deutsche Forschungsgemeinschaft (DFG)* under grant Br 609/4-1.

# References

Andrè, E., Rist, T., and Herzog, G. (1987). Generierung natürlichsprachlicher Äußerungen zur simultanen Beschreibung von zeitveränderlichen Szenen. In Morik, K., editor, *GWAI-87, 11th German Workshop on Artificial Intelligence*, Informatik – Fachberichte 152, pages 330–338. Berlin:Springer.

Chomsky, N. (1981). *Lectures on Government and Binding, The Pisa Lectures.* Studies in Generative Grammar 9. Dordrecht:Foris Publications.

Feldman, J. A. and Ballard, D. H. (1982). Connectionist models and their properties. *Cognitive Science*, 6:205–254.

Fillmore, C. J. (1968). The case for case. In Bach, E. and Harms, R., editors, *Universals in Linguistic Theory.* New York.

Hovy, E. H. (1987). Pragmatics and natural language generation. unpublished manuscript, Information Sciences Institute of the University of Southern California.

Jackendoff, R. (1987). The status of thematic relations in linguistic theory. *Linguistic Inquiry*, 18:369–411.

Jacobs, P. S. (1985). A knowledge-based approach to language production. Technical Report UCB/CSD 86/254, Computer Science Division (EECS), University of California Berkeley.

Jacobs, P. S. (1987). Knowledge-intensive natural language generation. *Artificial Intelligence*, 33:325–378.

Kempen, G. and Hoenkamp, E. (1987). An incremental procedural grammar for sentence formulation. *Cognitive Science*, 11:201–258.

McClelland, J. L. (1987). The case for interactionism in language processing. Technical Report ONR-87-1, Department of Psychology, Carnegie-Mellon University.

Nii, H. P. (1986). Blackboard systems. Technical Report STAN-CS-86-1123, Department of Computer Science, Stanford University.

Osgood, C. E. (1971). Where do sentences come from? In Steinberg, D. D. and Jakobovits, L. A., editors, *Semantics, An Interdisciplinary Reader in Philosophy, Linguistics and Psychology*, pages 497–529. Cambridge, UK: Cambridge University Press.

Rumelhart, D. E., Hinton, G. E., and McClelland, J. L. (1986). A general framework for parallel distributed processing. In Rumelhart, D. E., McClelland, J. L., and the PDP Research Group, editors, *Parallel Distributed Processing, Explorations in the Microstructure of Cognition: Foundations*, volume 1, pages 45–76. Cambridge, MA: MIT Press.

Tanenhaus, M. K., Burgess, C., D'Zmura, S. H., and Carlson, G. (1987). Thematic roles in language processing. In *The Ninth Annual Conference of the Cognitive Science Society*, pages 587–596. Seattle, WA.

# Analyse und Synthese in einer kategorialen Unifikationsgrammatik: Möglichkeiten und Grenzen


Hans-Joachim Novak, Birgit Wesche

IBM Deutschland GmbH
WT LILOG
Postfach 80 08 80
D-7000 Stuttgart 80


## Abstract


Im LILOG Projekt (LInguistische und LOGische Methoden zum maschinellen Verstehen des Deutschen) ist ein Prototyp eines textverstehenden Systems implementiert worden. Die Analyse des Eingabetextes wird von einem Chart Parser mittels einer kategorialen Unifikationsgrammatik (CUG) durchgeführt. Im folgenden diskutieren wir die Frage, wie sprachliche Äußerungen auf der Basis der CUG generiert werden können. Wir gehen dabei davon aus, daß eine Planungskomponente bereits entschieden hat, was generiert werden soll und eine eindeutige Spezifikation des zu erzeugenden Oberflächensatzes erstellt hat.


## Einleitung

Ein aktuelles Forschungsthema in der Entwicklung von natürlichsprachlichen Systemen ist die Frage, inwieweit es möglich ist, Analyse und Synthese sprachlicher Konstrukte mittels desselben Grammatik-Formalismus zu behandeln. Wir gehen dieser Frage im Rahmen einer kategorialen Unifikationsgrammatik (CUG) (Uszkoreit 86) nach und diskutieren beispielhaft die Möglichkeiten, aber auch Grenzen eines solchen Ansatzes.

Im Prinzip ist eine Beschreibung der Grammatikalität von Äußerungen richtungsunabhängig, speziell, wenn sie in deklarativer Weise erfolgt, wie in den neueren Grammatiktheorien üblich (z.B. LFG, CUG, GPSG). Speziell die LFG in ihrer ursprünglichen Fassung (Kaplan und Bresnan 82) hat mit dem Problem der Übergenerierung zu kämpfen (vergl. Block 86): aus einer f-Struktur können mehrere Oberflächenstrukturen erzeugt werden. Es ist bereits gezeigt worden, daß die Unabhängigkeit der c-Struktur von der f-Stuktur für die Generierung aufgegeben werden muß (Meier und Kindermann 86), und wie ein Ableitungsmechanismus definiert werden kann, der die Generierung inkorrekter Ausgabesätze verhindert und die c- und f-Struktur parallel erzeugt (Dörre und Momma 87). Für die Generierung im Rahmen der GPSG stellt Busemann 87 eine operationalisierte Fassung der Theorie vor.

In der Forschung zu Sprachgenerierung aus der Sicht der Künstlichen Intelligenz unterscheidet man zwischen Verbalisierung (What to say) und Generierung (How to say it). Im allgemeinen wird davon ausgegangen, daß eine Textplanungskomponente genau bestimmt, was gesagt werden soll und die anschließende Generierung entscheidet, wie es gesagt werden soll. Einen Schwerpunkt der Forschung bildet die Frage, in welcher Situation man was sagt und welche Auswirkungen das Gesagte auf den Hörer hat. In neueren Arbeiten hat sich dieses Verhältnis zwischen Planung und Generierung immer weiter zugunsten der Planungskomponente verschoben, so daß diese letztendlich entscheidet, was und wie es gesagt werden soll. Ergebnis dieses Prozesses ist eine Struktur, die einen Ausgabesatz eindeutig beschreibt (vergl. McDonald 88, Novak 87, Emele 86, Rösner 86). Aufgabe der Generierung (hier eher im Sinne von Formulierung gebraucht, da alle Entscheidungen bereits beim Erstellen der Eingabestruktur getroffen worden sind) ist es dann, aus dieser Eingabestruktur einen wohlgeformten Ausgabesatz zu erzeugen. Begründet wird diese Trennung damit, daß die meisten Grammatiktheorien keine Möglichkeit bieten, pragmatische Kriterien, Diskursstrukturen und Sprecher/Hörer Beziehungen in den Ableitungsprozeß zu integrieren (eine Ausnahme bildet die systemische Grammatik, eine neuere Arbeit hierzu ist Patten 88).

Im folgenden stellen wir kurz die Kategorialgrammatik vor, zeigen ein Beispiel einer syntaktischen Analyse und diskutieren dann die Möglichkeit den Analysemechanismus auch für die Erzeugung von Oberflächenstrukturen einzusetzen.

## Der Ansatz der kategorialen Unifikationsgrammatik

Nach dem Grundprinzip der CUG ist die Spezifizierung der Konstituentenstruktur in das Lexikon verlagert. Es gibt zwei Arten von Kategorien: atomare Kategorien - Nomen (N) und Sätze (S) - und komplexe, hieraus abgeleitete Kategorien, z.B. Adjektive (N/N) oder Satzadverbien (S/S).

Eine komplexe Kategorie (auch Funktorkategorie genannt) ist spezifiziert durch das Argument (in unserer Notation immer rechts stehend), mit welchem sie kombiniert werden muß, um den linksstehenden Wert zu ergeben. Der "slash" gibt an, ob das Argument zur linken ("\") oder rechten Seite ("/") des Funktors stehen muß. Die Argumente können entweder atomare oder wiederum komplexe Kategorien sein. Jedem Lexem, bis auf diejenigen, denen atomare Kategorien zugeordnet sind, ist somit seine syntaktische Kombinierbarkeit zugeordnet, welche in verschlüsselter Form eine Phrasenstrukturspezifikation darstellt.

Das intransitive Verb "schlafen" ist z.B. spezifiziert als: S\NP. Dies besagt, daß das Verb mit einer Nominalphrase zu seiner Linken kombiniert, um dann als Ergebnis eine Satzstruktur zu liefern. In einer Phrasenstrukturgrammatik entspräche dies in etwa der Regel: S -> NP VP.

Die kategorialgrammatische Regel der Funktionalen Applikation, unterteilt in Links- oder Rechtsapplikation, führt nun die Kombination adjazenter (d.h. zweier direkt nebeneinanderstehender) Kategorien in der dort angegebenen Weise aus. Ein Beispiel für Linksapplikation:

Linksapplikation:

```
        Wert- >    Argument    Funktor
          S          NP        S\NP
    Maria schläft   Maria      schläft
```

Eine reine Kategorialgrammatik beschränkt sich auf die Spezifizierung der syntaktischen Kombinierbarkeit der Kategorien, plus der Anwendung der Kombinationsvorschrift (s.o.), welches in etwa einem mathematischen "Kürzen" gleichkommt. Unter rein kategorialgrammatischen Annahmen kann man allerdings nicht unterscheiden zwischen der Struktur A):

```
A)      S    -> Maria    schläft
        S    -> NP       S\NP
```

und der Stuktur B):

```
B)    *S    -> Maria    schlafen
       S    -> NP       S\NP
```

Dies läßt sich dadurch ändern, daß man die syntaktischen Kategorien mit morphologischen Merkmalen in Form von Attribut-Wert Paaren anreichert und die Operation der Unifikation einführt. Die Ableitung der Struktur B) wird somit verhindert, da die jeweiligen morphologischen Merkmale bezüglich der Numeruswerte von "Maria" ( < num > = singular) und "schlafen" ( < num > = plural) nicht miteinander kompatibel sind und deshalb nicht unifizieren.

Im LILOG-Projekt ist die CUG im STUF-Formalismus (Stuttgart Type Unification Formalism) implementiert. Eine ausführliche Darstellung findet sich in Bouma et al. 88.


## Analyse im Rahmen der CUG

Folgender Beispielsatz soll uns für die anschließende Diskussion einer einheitlichen Behandlung von Analyse und Synthese im Rahmen einer CUG als Grundlage dienen:

**Johann sieht den Lord  mit dem Teleskop.**

Bei der Analyse dieses Beispiels stellt sich die Frage, welche Funktion man der Präpositionalphrase "mit dem Teleskop" zuweisen soll, und zwar entweder die eines Nomenmodifikators (N\N) als Apposition zu "Lord", oder die einer adverbialen Ergänzung zur Verbphrase (VP\VP). Die syntaktische Analyse, wie auch die parallel hierzu aufgebaute semantische Repräsentation, treffen keine Entscheidung. Es werden entsprechend viele Lesarten abgeleitet. Soweit entsprechendes Vorwissen vorhanden ist, kann die Ambiguität auf der Ebene der Pragmatik (Diskurswissen) aufgelöst werden.

Präpositionen sind derzeit in der Grammatik des LILOG-Systems nur als Erzeuger einer vom Verb subkategorisierten Präpositionalphrase (d.h. als Funktor PP/NP) im Lexikon kodiert. Weitere Funktionen einer Präpositionalphrase, d.h. als Adverbial oder als Nomenmodifikator, werden über unäre Regeln (Änderung der Funktion einer Kategorie in eine andere) erzeugt. Die beiden Ableitungen, die aus dieser Ambiguität entstehen, sehen wie folgt aus (LA = Linksapplikation; RA = Rechtsapplikation; VP hat die interne Struktur S\NP):

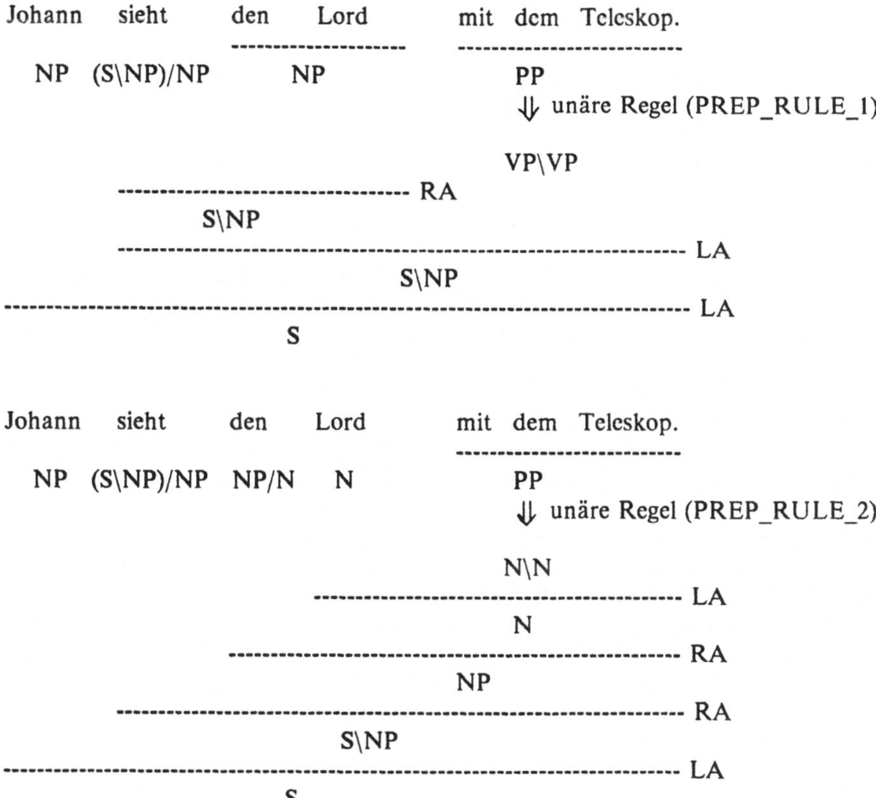

## Generierung

Das Beispiel im letzten Abschnitt zeigt die unterschiedliche Abarbeitung einer mehrdeutigen
Eingabe und den Einsatz unärer Regeln zur Umwandlung einer Kategorie in eine andere. In
einem textverstehenden System (im Unterschied zu einem System, in dem einzelne Sätze
analysiert werden) müssen die Mehrdeutigkeiten auf Grund des Diskurswissens aufgelöst
werden. Das bedeutet, daß eine eindeutige semantische Repräsentation des Eingabesatzes als
Ausdruck einer Wissensrepräsentationssprache aufgebaut wird (zum parallelen Aufbau einer
semantischen Repräsentation während der syntaktischen Analyse siehe Bouma et al. 88). Ohne
näher darauf einzugehen, sei erwähnt, daß wir in LILOG einen mehrsortigen Prädikatenkalkül
als Wissensrepräsentationssprache benutzen (Rollinger et al. 87).

Die Generierung einer sprachlichen Äußerung beginnt stets mit einem eindeutigen Ausdruck
der- Wissensrepräsentationssprache und wir stellen die Forderung, daß keine ambigen
Strukturen erzeugt werden. Nehmen wir an, daß aus folgender, grob simplifizierter
Repräsentation ein Oberflächensatz erzeugt werden soll:

Agens:    Johan
Pred:     sehen
Objekt:   Lord
Instr:    mit(Teleskop)

Aus dieser Struktur geht hervor, daß die Angabe "mit(Teleskop)" als Modifikator zur Verbphrase zu interpretieren ist. Um zu vermeiden, daß wiederum die gleiche ambige Ausgangsstruktur generiert wird, sollte die Eingabestruktur für die Oberflächengenerierung über weitere Merkmale verfügen, die zu einer eindeutigen sprachlichen Realisierung führen. In obigem Beispiel könnte das Merkmal [+TOP] für das Adverbial zur Disambiguierung beitragen. Durch die Generierung einer topikalisierten Adverbialphrase wird die zweite Lesart, in der der Lord ein Teleskop besitzt, weitestgehend  ausgeschlossen.

Die Aufgabe der Verbalisierungskomponente besteht also darin, einen Ausdruck der Wissensrepräsentationssprache unter Rückgriff auf Diskurswissen und Partnerwissen so aufzubereiten, daß eine Struktur entsteht, die einen Oberflächensatz eindeutig beschreibt. In die Verbalisierung fließen pragmatische Kriterien ein, die Pronominalisierung, Topikalisierung und Elision von Konstituenten steuern, sowie deren Realisierung als Relativsatz oder Nebensatz. Die Erzeugung des Oberflächensatzes aus der Eingabestruktur wird dann durch die Grammatik gesteuert. Dieser Ansatz unterscheidet sich von Systemen wie SUTRA (Busemann 83) oder FREGE (Emele 86), die dieselben Anforderungen an die Eingabestruktur stellen, nur dadurch, daß die CUG - in erster Linie für die Analyse entworfen - auch die Erzeugung der Oberfläche ermöglicht.

## Analyse und Synthese in CUG

Für einen bidirektionalen Ansatz im Rahmen einer CUG bieten sich zwei Möglichkeiten.

Die erste Variante liegt in dem analogen Aufbau von Generierung und Analyse, in der Form wie an obigem Beispiel dargestellt. Dies hieße, auf ein gemeinsames Lexikon zuzugreifen, welches lediglich Default-Formen und -Funktionen enthält. Sowohl für die Analyse als auch für die Generierung gibt es dann einen Regelapparat, der weitere Formen und Funktionen eines Lexems erzeugt.

In diesem Fall bedeutet dies für unser obiges Beispiel, daß analog zur Analyse - wo die Funktion des Adverbials, bzw. Nomenmodifikators, über unäre Regeln abgeleitet wurde - auch bei der Generierung die gewünschte Funktion des Adverbials erst aus der ursprünglichen Funktion einer vom Verb subkategorisierten Präpositionalphrase über entsprechende unäre Regeln erzeugt werden muß.

Die andere Möglichkeit böte sich in folgendem: man beschränkt einheitlich die Art der Regeln zunächst auf die für die Kategorial-Grammatik typische Regel der Funktionalen Applikation. Das Lexikon wird dahingehend erweitert, daß zu jedem Eintrag jede einzelne Funktion und die damit verbundene syntaktische Form, in der das Lexem auftreten kann, kodiert wird. Dies betrifft neben der Klasse der Präpositionen weiterhin z.B. Adjektive (pränominale Position versus postnominale Position in Form eines Relativsatzes, oder prädikativer Gebrauch), Verben (Spezifizierung der drei verschiedenen Satztypen - Verberst-, Verbzweit- oder Verletzt-Stellung - die sie als Hauptfunktor des Satzes erzeugen können), etc. Dies ermöglicht der

Generierung direkt, ohne den Umweg über unäre Regeln, auf die Lexikoneinträge - entsprechend der Spezifizierung, die die Verbalisierungskomponente liefert - zuzugreifen, und diese dann über Funktionale Applikation zu einer akzeptablen, eindeutigen Oberflächenstruktur zu kombinieren.

Bei diesem Ansatz wäre die Präposition "mit" im Lexikon u.a. syntaktisch kategorisiert als Funktor, der
1. eine vom Verb subkategorisierte Präpositionalphrase: PP/NP
2. eine Adverbialphrase: (S\S)/NP
3. einen postnominalen Modifikator: (N\N)/NP
erzeugt, und entsprechend der Spezifizierung der Verbalisierungskomponente kann auf die geforderte Funktion direkt zugegriffen werden.

Das Lexikon erhält unter diesem Ansatz herausragende Bedeutung, da es alleiniger Träger jeglicher möglicher Konstituentenstrukturen, kodiert in den einzelnen Lexemen, ist. Dieser Ansatz bringt allerdings seine Probleme mit sich. Zum einen ist es fragwürdig, ob es linguistisch adäquat ist, jedes  Lexem als Mehrfacheintrag zu behandeln, was zu einer erheblichen Aufblähung der Lexikonkomponente führt. Zum anderen stellt sich bei einigen Lexemen die Frage, ob sich jede einzelne Verwendung überhaupt detailliert aufschlüsseln läßt.

So kann z.B. ein gegebenes Adverb beliebige Konstituenten in einem Satz modifizieren. Sollte jede Variante explizit kodiert werden? Genauso fragwürdig erscheint es, die verschiedenen Satz-Konstellationen, die sich durch die verschiedenen Positionen eines Adverbs in einem Satz ergeben, jeweils explizit aufzulisten. In einem CUG-Lexikon müßte dies bei den entsprechenden Verben, als Hauptfunktoren des Satzes, kodiert sein. Die gleiche Problematik ergibt sich bei weiteren fakultativen Verbargumenten wie freien Dativen. Mit der weiteren Tatsache, daß die Verb-Argumente in umgekehrter Reihenfolge genannt werden müssen, wenn sie in pronominaler Form auftreten, scheint die Liste der möglichen Konstellationen, in Form von kategorialen Kombinationsvorschriften, die bei jedem Verb kodiert werden müßten, kein Ende zu nehmen.

Auf eine ähnliche Schwierigkeit stößt man bei der Kodierung einer Konjunktion wie "und", die allgemein als Funktor der Form (X\X)/X (entspricht X -> X conj X) spezifiziert wird (siehe Wesche 88). Jede mögliche koordinative Verknüpfung mit "und" explizit aufzulisten, erscheint wenig realistisch.

Daß ein radikal lexikalischer Ansatz schnell an seine Grenzen stößt, ist auch im Rahmen anderer Grammatik-Theorien gezeigt worden (siehe Block 86).

Die zuerst genannte Möglichkeit, der bidirektionale Ansatz im Rahmen einer CUG, der auf einem Default-Formen-Lexikon plus einem Regelapparat für Analyse und Generierung aufbaut, erscheint uns daher erfolgversprechender. Bisher sind die Regeln für die syntaktische Analyse und die Generierung von Oberflächenstrukturen voneinander getrennt. Wir untersuchen derzeit, wie die Grammatikkomponente dahingehend eingeschränkt werden kann, so daß wir neben einem einheitlichen Lexikon auch auf einen einheitlichen Regelapparat zugreifen können.

Beim Aufbau der Analysekomponente des LILOG-Systems hat sich bereits gezeigt, daß die Einführung von Regeln, und damit eine Erweiterung des Ansatzes der kategorialen Unifikationsgrammatik, es erlaubt, linguistische Generalisierungen adäquat darzustellen und die Information im Lexikon klein zu halten. Auch die Erzeugung von Oberflächenstrukturen mit Hilfe derselben Grammatik (CUG) fordert, wie oben gezeigt, eine derartige Erweiterung.

## Literaturverzeichnis

Block, R. (1986): Lexical Functional Grammar and Natural Language Generation. WISBER Bericht Nr. 10, Universität Hamburg.

Bouma, G., König, E., Uszkoreit, H. (1988): A flexible graph-unification formalism and its application to natural-language processing. IBM Journal of Research and Development, Vol. 32, No. 2, 170-184.

Busemann, S. (1983): Oberflächentransformationen bei der automatischen Generierung geschriebener deutscher Sprache. Diplomarbeit am Fachbereich Informatik der Universität Hamburg.

Busemann, S. (1987): Generierung mit GPSG. In: Morik, K. (Hrsg.) (1987): GWAI-87, Informatik Fachberichte 152, Berlin, Springer, 355-364.

Dörre, J., Momma, S. (1987): Generierung aus f-Sturkturen als strukturgesteuerte Ableitung. In: Morik, K. (Hrsg.) (1987): GWAI-87, Informatik Fachberichte 152, Berlin, Springer, 54-63.

Emele, M. (1986): FREGE- Entwicklung und Implementierung eines objektorientierten FRont-End-GEnerators für das Deutsche. Diplomarbeit am Institut für Informatik der Universität Stuttgart.

Kaplan, R.M., Bresnan, J. (1982): Lexical - Functional Grammar: A formal system for grammatical representation. In: Bresnan, J. (Hrsg.) (1982): The Mental representation of grammatical relations. MIT Press, 173-281.

Kindermann, J., Meier, J. (1986): Generierung mit Lexical - Functional Grammar (LFG). In: Rollinger, C.-R., Horn, W. (Hrsg.) (1986): GWAI-86 und zweite Österreichische Artificial-Intelligence-Tagung. Informatik Fachberichte 124, Springer, 113-118.

McDonald, D.D., Meteer, M.W. (1988): From Water to Wine: Generating Natural Language Text from Today's Application Programs. Proc. of the second Conference on Applied Natural Language Processing, 1988, 41-48.

Novak, H.-J. (1987): Textgenerierung aus visuellen Daten: Beschreibungen von Straßenszenen. Informatik Fachberichte 142, Springer.

Patten, T. (1988): Systemic text generation as problem solving. Cambridge University Press.

Rösner, D. (1986): Ein System zur Generierung von Deutschen Texten aus semantischen Repräsentationen. Dissertation am Institut für Informatik der Universität Stuttgart.

Rollinger, C.-R., Studer, R., Uszkoreit, H., Wachsmuth, I. (1987): Textunderstanding in LILOG - Sorts and Reference Objects. In: Brauer, W., Wahlster, W. (Hrsg.) (1987): Wissensbasierte Systeme. Zweiter Internationaler GI-Kongress. Informatik Fachberichte 155, Berlin/Heidelberg/New York, Springer, 246-259.

Uszkoreit, H. (1986): Categorial Unification Grammars. COLING-87, 187-194.

Wesche, B. (1988): Non-Constituent-Coordination ohne Funktionale Komposition und Typenanhebung. erscheint in: Proceedings WWWS, Wien, August 1988.

# "3D" in NLP:
# Determiners, Descriptions, and the Dialog Memory
# in the XTRA Project *

Carola Reddig, SFB 314: AI - Knowledge-Based Systems
FB 10 - Informatik IV, University of Saarbruecken, D - 6600 Saarbruecken 11

<u>Abstract</u>


*A natural language processing system is only user-relevant if it can internally deal with the meaning of natural language utterances in a systematic way. For NL determiners, this paper contributes to this goal in two ways: It decomposes the determiner problem into its representational and interpretational aspects corresponding to the knowledge levels of the modular dialog system XTRA; and, by defining their complex meaning on these levels, it evaluates the determiners and determiner sequences possible in German and the descriptions formed by them.*


## 1. Introduction

Natural language (NL) is full of constructs which demand several levels of interpretation, and do not fit into any simple rules with respect to their meaning. But, as (Winograd 81) pointed out, the ability to translate from natural language into system-internal representations is only of interest when the system can use the relevant meaning in a systematic way. This paper emphasizes on the correspondence between the determiner parts of noun phrases (NPs) (which are considered as describing objects or events), the respective internal representations of their meanings and differences, and the discourse-specific evaluation which follows.

Determiners indicate - by the *definite/indefinite distinction* - whether a description refers to a known or a new object or event[1] which internally (within a computer system) correspond to referential objects (see, e.g., (Habel 86)). This function of determiners strongly influences the discourse modeling. Some determiners may occur *quantificationally vs. non-quantificationally*[2], a question which is related (but not equivalent) to the *distributive vs. collective (or group-) reading* problem. Another aspect regarding the meaning of descriptions is known as the *generic vs. individual reading*. Although this isn't mainly a task of determiners, they contribute in preferring or preventing an alternative. Obviously, a system must have secure methods in order to decide whether or not an utterance is intended to make an assertion about a whole class of things because reasoning about terminological knowledge is of a special quality. Nearly the same holds with respect to the question of whether a phrase is *referential, attributive, or without (simple) referents,* in which the latter is predominantly found in the context of negation or verbs of mental activity. A specific task of the determiner is to characterize a noun phrase as *interrogative* or as *demonstrative*, which determines, e.g., the question-answering strategy or the observation of the visual context [3].

---


* The work presented here is being supported by the German Science Foundation (DFG) in its Special Collaborative Program on AI and Knowledge-based Systems (SFB 314), project N1 (XTRA).


[1] Certainly, I don't assume that, for instance, an NP formed by a definite article always describes an object known to the hearer. The first NP in "The 100,000th visitor to the AI panopticon will get free entry to all IJCAIs for the rest of her/his life." obviously doesn't refer to someone the hearer (or even the speaker) should know.

[2] This indicates that I am following, e.g., (Heim 82), (Loebner 87), (Roberts 87), rather than the Generalized Quantifier (GQT) approach of (Barwise, Cooper 81), where all and only determiners are quantificational.

[3] For XTRA's ability to refer to the visual context, see (Kobsa et al. 86).

In an NL processing system, all of these phenomena occur in an extended dialog about a rather complex discourse domain. This is the case with the system XTRA (eXpert TRAnslator), a natural language access system to expert systems, which, additionally, allows the user and the system to point to objects visible on the screen (Kobsa et al. 86). This paper emphasizes the importance of a modularization of the NL analysis process[4] and of a knowledge representation formalism as a model to suit all facets of the problem. Therefore, the next two sections of this paper describe the knowledge representation language used in XTRA as well as the two knowledge bases implemented herein (section 2) and also, the structure connecting them under the discourse's point of view: the linguistic dialog memory (section 3). Section 4 is concerned with the representation of determiners in general, and section 5 shows the classification of determiners under the aspects introduced above.

## 2. The Twofold Use of SB-ONE, a KL-ONE Like Representation Language

XTRA's central knowledge representation language, called SB-ONE (Kobsa 87), is a formalism in the KL-ONE paradigm (Brachman, Schmolze 85). As such, it supports hierarchies for both concepts and roles, interpreted as one- or two-place predicates respectively, role restrictions, and number restrictions; classifier, realizer, and matcher and a context mechanism operate using T-Box expressions. Beyond SB-ONE, we are developing an embedding representation language SB-TWO⚡ which contains a set of operators with SB-ONE structures as arguments, together with procedures for the evaluation of such expressions. The two logical quantifiers $\forall$ and $\exists$ and a number of set-forming operators representing natural language quantifiers make up a part of the SB-TWO⚡ operators. The so-called Q-Box[5] contains expressions built by these operators, and XTRA's non-momotonic inference machine[6] is able to reason out of these structures.

KL-ONE-like knowledge representation languages (at least) distinguish between general, terminological, and specific, individual knowledge. A structure within the generic level may represent a class of objects as well as a class of events, and as a consequence, a specific thing in the world finds its representation on the individualized level, as does a special occurrance of an event. The individualized structures always contain the properties of the general concepts from which they were built.

Generalities as well as special occurrances of two different knowledge types - knowledge about language and knowledge about the world - can be found in an NL processing system. Because of this, we use SB-ONE (and SB-TWO⚡, respectively) twice, along this difference: (1) We implemented a linguistic knowledge base called *Functional-Semantic Structure* (FSS), in which semantically well-formed German expressions are described on the general level. SB-ONE is well-suited in expressing deep cases and sort restrictions. For this purpose, it uses roles and value restrictions. Completeness and consistency conditions for expressions (as well as for their real-word counterparts, see below) are thus, to a great extent, questions of well-formedness handled by the

---

[4] Of course, the same holds for the purpose of language generation.
[5] Q-Box stands for Quantifier-Box, see (Allgayer, Reddig 88)
[6] This inference machine is still under investigation and will be developed together with researchers of the deduction systems group of the University of Kaiserslautern.

underlying representation formalism. The individualized level contains the sentence-semantic representation of the user's input. So, all the aspects of an NL expression concerning linguistic phenomena are dealt with in the Functional-Semantic Structure (for example consider the singular/plural distinction which is a property of NPs). In contrast, (2) knowledge about the world, or a specific domain is described and handled in the *Conceptual Knowledge Base* (CKB) (for instance, the exact cardinality of a set of things). Its general level provides terminological knowledge of XTRA (and of the expert system to which XTRA is presently connected as a natural language interface). The individualized level is further structured by the *Belief, Goal, and Plan Maintenance System* , which represents individual knowledge from the system's as well as the user's view point. This is done by SB-ONE's *context mechanism*, which defines inheritance relations between different SB-ONE networks via a sub/supercontext hierarchy.

In AI systems, the connection of both, linguistic and world knowledge, is realized by the dialog memory and the respective dialog reasoning procedures.

## 3. The Linguistic Dialog Memory

The *Linguistic Dialog Memory* is a knowledge source answering questions with regard to who said what about whom or what in which context of the discourse so far. Therefore, both the analysis and the generation components of XTRA put in information about any dialog contribution made by the user or the system, resp. In addition to this representation of the *textual context,* the dialog memory provides access to the elements of the *visual context* which are common to both the user and the system.

The linguistic dialog memory contains three interacting components:
- the *Dialog Sequence Memory* , storing all dialog contributions (splitt into so-called discourse elements) in a sequential order

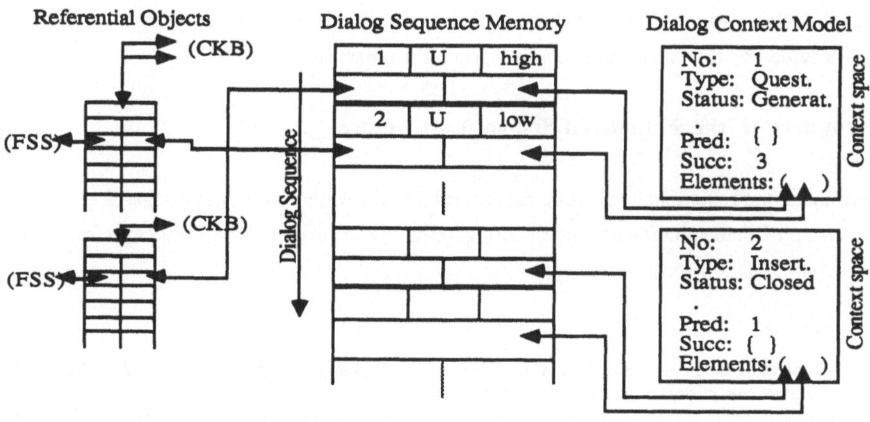


**Fig. 1: Architecture of the Linguistic Dialog Memory**

- the *Dialog Context Model*[7], combining the discourse elements into so-called *context   spaces*
- the *Set of Referential   Objects*, whose elements represent the discourse referents, that is, the representation of the entities referred to.

With a *Referential Object*, three kinds of information are linked, describing (1) which entity (or entities) of the system's world knowledge is (are) meant (represented by pointers to structures in the Conceptual Knowledge Base); (2) how this entity has been designated up to now   (pointers into the Functional-Semantic Structure FSS provide this information) and (3) when these descriptions were used; this is indicated through the respective position in the Dialog Sequence Memory. The dialog sequence is  structured, according to its subject matter,  by the Dialog Context Model. Context spaces are sections within the Dialog Context Model built up with regard to rhetorical predicates[8] like 'information' or 'elaboration' from which they get their status information (context spaces may be 'open', 'interrupted', 'closed' etc.). A context space describes a dialog situation where certain  objects or events are focussed on and where only those Referential  Objects belonging to or reachable[9] from this space are available as potential referents for definite descriptions or other anaphora.

Referential Objects are potential candidates for the referent identification in cases where the determiner indicates that the object the NP refers to should be given in  the  system's  individualized knowledge. If it already has been mentioned explicitly, the referential-semantic interpretation checks the compatibility of the new description with the old one(s) with respect to linguistic conditions (e.g., number, grammatical and natural gender, and membership within the same class - or compatible classes - of semantic expressions[10]; this is tested at the FSS level) and w.r.t. the system's world knowledge by activating the *matcher* over SB-ONE structures (see below). Objects of the visual context do not need to be pre-mentioned, but, are nevertheless shared by both the user and the system. Also, they have an entry in the dialog memory and therefore can be referred to definitely: For every object on the screen[11], there is a corresponding Referential Object which, of course, has no pointer into the FSS as long as it isn't yet referred to by a linguistic expression; with its corresponding  Conceptual Knowledge Base structure, it carries special information about its "visibility". Visible objects are collected in a special context space which can be reached from all the other ones. In using SB-ONE structures as the basis of the Linguistic Dialog Memory, the processes concerned with reference can strongly be supported by the functions provided by the knowledge representation formalism itself.

## 4. Determiners in the Functional-Semantic Structure

For determiners, the Functional-Semantic Structure FSS carries the information regarding
- classification of determiner(-sequence)s along semantic criteria into FSS concepts specializing the superconcept DETERMINER

---

[7] The Dialog Context Model is developed by Norbert Reithinger and is based on the ideas provided in (Reichman 85).

8 Rhetorical predicates are closely related to but not identical with speech acts.

9 As Fig.1 shows, context spaces need not be strictly separated from each other but may have predecessors whose referential objects are available for definite or anaphoric reference, as well.

[10] That is, individualization of the same FSS concept or of a subconcept of it; compatibility betwen two FSS concepts is defined through their super/subconcept relation.

[11] The content of the terminal screen defines the visual context of the user and the XTRA system.

- specification of the kind and order of various possible parts of a specific DETERMINER subclass
- the designation of the roles a determiner can play within a complex FSS structure, how a representation structure corresponding to an NL determiner can be combined with other FSS-concepts (or their individualizations) to build new ones.

The first two points will be discussed in detail in section 5. Now, let's focus on the last point: Taking into account the fundamental difference between the quantificational and the non-quantificational reading of an NP, the semantic function of determiners can initially be that of a structural element of the NP it forms. As such, DETERMINER builds an <u>object description</u> out of a <u>noun</u>. Therefore, the FSS provides every structure that has (or can have) a determiner as a candidate for the linguistic dialog memory to serve as a designation of a referential object. We describe this function by an SB-ONE role 'det' from the concept 'THING' to 'DETERMINER' within the FSS-T-Box.

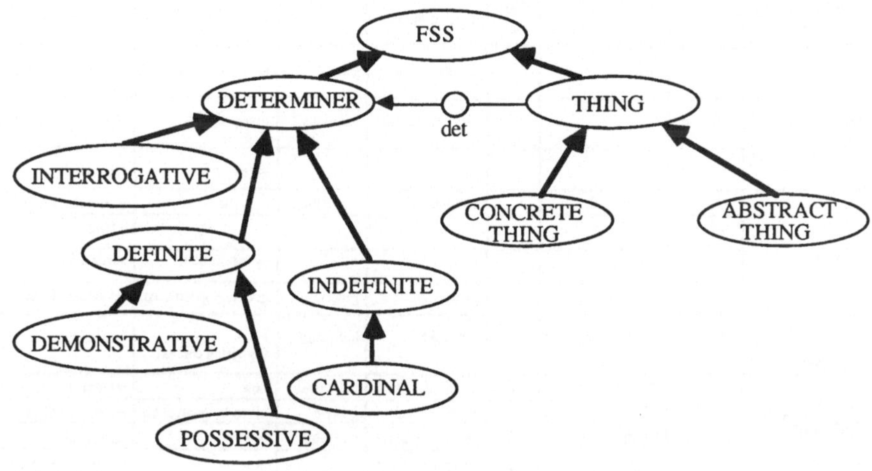


**Fig. 2: Determiner-Concepts within the FSS-T-Box**

As mentioned above, determiners (or, to be more precise, their corresponding internal representations in the FSS) can also function as quantifiers. While the classical logical quantifiers $\exists$ and $\forall$ are not sufficient to represent the meaning of all possible natural language quantifiers (see Barwise, Cooper 81), we currently work on the definition of a set of NL quantifier-operators which form Q-Box expressions interpretable by the Q-Box inference machine[12].

$$\exists\, u\, .\, u \in \text{SOME}\,(\,\textbf{CHILD}\,)\,\exists\, v\, .\, v \in \text{MANY}\,(\,\textbf{GAME}\,)\,:\,\forall\, y\, .\, y \in u\, :\,\textbf{PLAY}\,(\,u\, ,\, y\,)$$

"a set of children played one game after the other"

**Fig. 3: Q-Box-Representation of the sentence "Some children played many games."**
**(one possible reading: collective, multiple act)**

[12] This paper does not deal with the problem of quantifier scoping. For every NL quantifier, the Q-Box is provided with a set of procedures which interpret its meaning within its logical context; see (Allgayer, Reddig 88).

T-Box reasoning, on the one hand, and Q-Box inferencing, on the other, reflect the distinction between a quantificational and a non-quantificational NP interpretation.

## 5. Types and Functions of Determiners

Now, the various aspects of determiners can systematically be treated according to the knowledge representation formalism and the knowledge bases of XTRA. Table 4 shows natural language determiners with their potential meanings.

| No. | Natural Language Determiners | Sequence (opt.) | FSS Concept or Q-Box-Quantifier | Number | Type of Phrase | RO-Type | Context Constraints | Discourse Function |
|---|---|---|---|---|---|---|---|---|
| 1. | all_ | | ALL | P | generic quant. | generic | given by general kn. | referential (Concept) |
| | ( "all" ) | + 2., +6. | " | " | referential quant. | individual | given or new | referential, attributive |
| | | + 3., +9. | " | " | " | " | given | referential |
| 2. | d_ | | DEFINITE | | definite NP | individual | given | referential, attributive |
| | | +9. | " | | " | " | " | referential |
| | ( "the") | | " | | " | " | given or new | attributive |
| | | | ALL | | generic quant. | generic | given by general kn. | referential (Concept) |
| 3. | dies_, jen_ ("this, that, those") | +6., +9. | DEMONSTRATIVE | | definite NP | individual | given (by visual context) | referential |
| 4. | ein_, irgendein_ ("a", "any") | | INDEFINITE | S | indef.non-quant. | individual | new | referential, attributive |
| | | | ALL | S | generic quant. | generic | given by general kn. | referential (Concept) |
| | | | EXIST | S | referent.quant. | individual | new | referential |
| | Null-Article | | INDEFINITE | P | indef. not-quant. | " | new | referential, attributive |
| | | | ALL | P | generic quant. | generic | given by general kn. | referential (Concept) |
| 5. | jed_ | | ALL | S | generic quant. | generic | given by general kn. | referential (Concept) |
| | ( "every" ) | | " | " | referent. quant. | individual | given or new | referential, attributive |
| 6. | mein_, dein_,... ( "my", "your" ,...) | +9. | POSSESSIVE | | definite NP | individual | given by context or inferable | referential, attributive |
| 7. | viel_, wenig_, einig_, mehrer_, etlich_, manch_... ("many, a few, some a lot/couple of ..") | | INDEFINITE | P | indef. non-quant. | individual | new | referential, attributive |
| | | | SOME, MANY FEW, ... | " | referent. quant. | " | given | referential |
| 8. | solch_ ( "such" ) | | INDEFINITE | P | indef. non-quant. | individual | given | attributive |
| 9. | ein_, zwei, drei... "one, two, three..") | | CARDINAL | | indef. non-quant. | individual | new | referential, attributive |
| | | | ONE, TWO, ... | | referent. quant. | individual | given | referential |
| 10. | kein_( "no" ) | | not EXIST | | neg. ref. quant | individual | --- | missing a referent |
| 11. | welch_ | | INTERROGATIVE | | interrogat. NP | generic | given by general kn. | referential (Concept) |
| | | +9. | " | | " | individual | given | referential |

**Table 4: Determiners and Their Functions**

The first column, <u>No.</u>, only serves to refer to the respective determiner group when building up determiner <u>Sequences</u> and isn't used internally. The second column lists the <u>Natural Language Determiners</u> possible in German and orders them according to semantic criteria. The given grouping of determiners follows (Teubert 79)[13]. These criteria lead to the names of the particular <u>FSS concepts</u> or <u>Q-Box-Operators</u>, resp, they belong to. The membership of a determiner sequence within a concept of the Functional-Semantic Structure or Q-Box-operator is fully determined by its first element, although it is clear that the following elements contribute to the meaning; consider, for example:

*"Freddy liebt seine Kinder, obwohl* alle sieben *zusammen etwas anstrengend sind."*

*("Freddy loves his children although* all seven *together may be a bit strenuous.")*

The corresponding representation of the determiner sequence carries the features of ALL as well as the CARDINALity information.

The grammatical feature <u>Number</u> is represented as an annotation to the respective FSS concept individualization, and thereby it is known to the particular referential object designated by the noun phrase through its pointer into the Functional-semantic Structure. (The number is entered in the table only if it causes changes within the other properties.)

The noun phrases are typed (<u>Type of Phrase</u>) with respect to the semantic function of the concepts of determiners they are formed by. According to (Loebner 87), one can differentiate between four classes with subclasses, resulting in seven NP types. But the distinction of main interest here is that of quantificational NPs (where determiners are seen as quantifiers in the sense of the Generalized Quantifier Theory of (Barwise, Cooper 81)) versus non-quantificational NPs (which, in the plural, then have a collective reading). This feature of NPs isn't explicitly noted in the system but is contained implicitly within the corresponding sentence-semantic structure: determiners with a quantificational reading correspond to a Q-Box expression containing one of the generalized- quantifier-operators, while the others coincide with a "pure" individualized FSS-T-Box structure.

The <u>RO Type</u> characterizes the Referential Object with respect to the generic / individual distinction. This information doesn't need to be explicitly represented with the Referential Object because the pointer to the Conceptual Knowledge Base provides this RO type immediately: individual Referential Objects refer to structures within the individualized part of the system's world knowledge. On the other hand, generic Referential Objects have their counterparts in the general knowledge, that is: a concept or a structure of the general conceptual knowledge level.[14]

<u>Context constraints</u> indicate the fundamental distinction between new and given objects which is, first of all, a specific task of determiners. Generally, the speaker's description indicates whether the system should be able to identify the intended referent within its knowledge base(s) ('GIVEN') or, create a new one ('NEW'). If the user and the system share the visual context, and if the system is able to perform pointing gestures (as it is in XTRA) demonstratives (accompanied by a pointing gesture) may restrict the

---

[13] I only made a few deletions: "ebend_selb_" (very rare), and the preceding possessive; one simplification: integration of "all_" (inflectional) and "all"; and two separations: distinction between "manch_" ("several") and "solch_" ("such"), a seperate representational structure for "kein_" ("no", "not any", "not a")

[14] Referential objects may also refer to expressions stored in other knowledge base sections, for example, in some cases of reference to assertional facts which, as usual, are represented in the system's A-Box. This paper won't deal with them.

source of potential referents  to the visual context in the 'GIVEN'-case. Generic descriptions are always assumend to be given 'BY GENERAL KNOWLEDGE' (that means, there exists a corresponding conceptual structure in the T-Box$_{general}$ of the Conceptual Knowledge Base). Therefore, context constraints of this type guide the referential-semantic interpretation process  of the  transformation between Functional-Semantic Structures and  structures of the Conceptual Knowledge Base, but, afterwards, aren't explicitly represented.

The <u>Discourse Function</u> of being referentially or attributively used[15] or entirely missing a (simple) real-world counterpart, is surely a feature of the whole description and of the context it is imbedded in. But it should be listed here because some determiners prevent, e.g., an attributive reading, while others allow for it. The respective Referential Object[16] is provided with this information, and specific procedures of the Linguistic Dialog Memory match the knowledge base structure corresponding to that attributive description against entities known in the respective dialog situation.

## 6. Summary

Table 4 has shown how the different aspects of determiners can be related to the interpretation levels of XTRA, and, therefore, how these knowledge representation levels  contribute to the definition of the meaning of the determiner classes. Fig. 5 shows (in a somewhat simplified manner) that the kernel of all processes relevant to deteminer analysis is the knowledge representation formalism SB-ONE/TWO&.

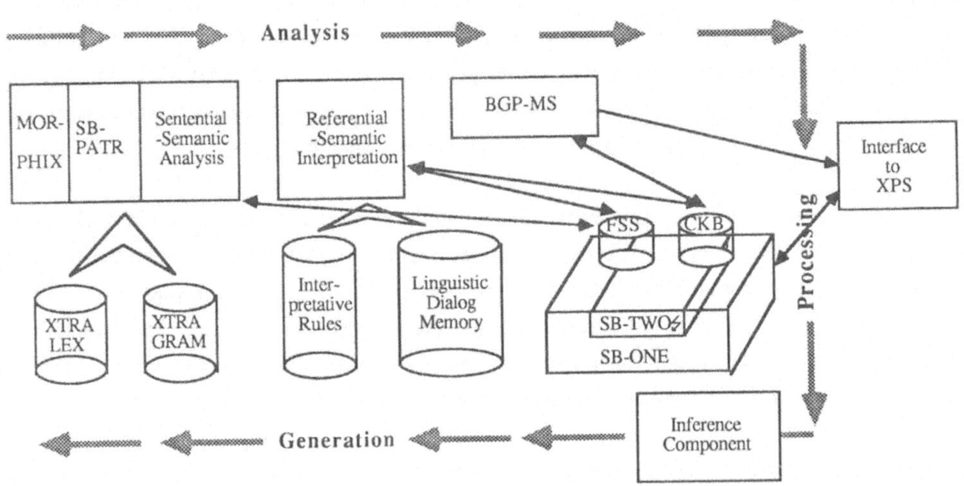


**Fig. 5: XTRA's Architecture**

---

[15] Just as it is still a problem for  natural language systems to determine the correct reading.
[16] In the Linguistic Dialog Memory, there is a Referential Object even for the attributively used descriptions. In the context of mental activity, the referent of any description may be missing, even though there exists a Referential Object.

The syntactic analysis of determiners and determiner sequences is subject to XTRAGRAM, a unification grammar interpreted by an SB-PATR parser (Harbusch 86). Their relation to the respective FSS concept or the operator of the embedding language SB-TWO⚡ representing the semantic features common to its members is represented in the semantic lexicon[17]. As we have seen in the first section, there are alternatives within the analysis results on the level of the sentence-semantic analysis. Some of them, however, may be reduced by the information represented in the Functional-Semantic Structure FSS itself. Consider, e.g.,

*"Manche Studenten sind älter als 40".*

*("Some students are older than 40.")*

The property of 'being x years old' corresponds to an FSS structure which is defined only for individual persons as the subject, therefore only the distributive reading is possible.


In the case of <u>definite</u> descriptions, the next step, which is called the Referential-Semantic Interpretation (1) tries to translate the FSS individualization into terms of the Conceptual Knowledge Base. This is done by a set of transformation rules, each of which is related to a concept of the Functional-Semantic Structure and defines one possible corresponding structure within the target structure, that is, the world knowledge base. Then (2) the resulting structure is matched against all individuals available in the actual Context Space of the Linguistic Dialog Memory, taking into consideration criteria of focus[18] and previous mention. The matcher[19] is a function of the SB-ONE formalism as well.


Objects that are neither pre-mentioned nor visible may also be designated by a NP with a definite determiner, provided they are elements in the general culture (as far as the system's domain is concerned) or inferrable from the immediate situation[20]. In maintaining the latter, the SB-TWO⚡ inference machine is used again: via the Linguistic Dialog Memory, the actual dialog situation is expanded to those objects corresponding to structures of the knowledge base which are closely related in the system's world knowledge to the objects with high focus values. The semantic closeness of two structures is, again, defined within the knowledge representation formalism, that means, in terms of steps through an SB-ONE network.


This, as well as other points stressed in this paper, shows how reference processes can be supported advantageously provided that the problem is systematically modularized according to the representation levels of the system and the representation formalism provides the appropriate reasoning functions. In comparison with other approaches to the problem of handling NL determiners (see, e.g. (Kamp 81), (Heim 82), or (Grosz, Sidner 86)), what is new with the approach described here is the extensive use of the capabilities of the representation language SB-ONE/TWO⚡ and its processing tools:


[17] For further information about the details of the XTRA project, see (Allgayer et al. 88).

[18] In XTRA, 'focus' is handled by both dialog knowledge bases: the linguistic dialog model and the user model. As we have seen in fig.1, 'focus' is an information connected to each element of the dialog sequence memory; its value results from dialog grammar processes, described in (Reithinger 88). Focus information also results form processes dealing with XTRA's Belief, Goal, and Plan Maintenance System, of which the PLUG system (Ripplinger, Kobsa 88) is a part. Further details on focus handling would exceed the scope of this paper.

[19] The SB-ONE Matcher is currently under development by a student working group supervised by my collegue Roman Jansen-Winkeln.

[20] or, the NP is attributively used, like in footnote 1.

- inheritance in a sub/ super concept hierarchy for definition of classes of semantic expressions,
- its matcher for referent identification,
- its context mechanism for reduction of the set of possible referents,
- and of SB-TWO⊆ as a means for defining natural language quantifier (NLQ) operators as running over
  SB-ONE structures which, in turn, represent the meaning (sentence semantic and world knowledge)
  of NL descriptions of objects and events.

Up to now, the syntactic and the sentence-semantic analysis of determiners (in the T-Box) has been implemented on a Symbolics Lisp Machine. SB-ONE is available together with its classifier and prototypical versions of the realizer, the matcher and the context mechanism. The Linguistic Dialog Memory, the transformation rules from functional-semantic to world knowledge structures, the referential-semantic interpretation, and SB-TWO⊆ (including the Q-Box mechanisms) are currently under development. The interpretation processes described here are a model of how to support the reasoning processes involved in the determiner analysis by the knowledge representation formalism SB-ONE/TWO⊆.

## 7. Literature


Allgayer, J., Harbusch, K., Kobsa, A., Reddig, C., Reithinger, N., Schmauks, D. (1988): XTRA: A Natural-Language Access System to Expert Systems. SFB 314, FB Informatik IV, University of Saarbruecken, to appear.

Allgayer, Jürgen, and Reddig, Carola (1988): What KL-ONE Lookalikes Need to Cope with Natural Language Quantifiers. SFB 314, FB Informatik, University of Saarbruecken. forthc.

Barwise, Jon, and Cooper, Robin (1981): "Generalized Quantifiers and Natural Languages." Linguistics and Philosophy 4, 159-219.

Brachman, Ronald J., and Schmolze, James G. (1985): "An Overview of the KL-ONE Knowledge Representation System." Cognitive Science 9, 171-216.

Habel, Christopher U. (1986): Plurals, Cardinalities, and Structures of Determination. COLING 86, 62-64.

Harbusch, Karin (1986): A First Snapshot of XTRAGRAM, a Unification Grammar Based on PATR. Memo 14, SFB 314, FB Informatik, University of Saarbruecken.

Heim, Irene (1982): The Semantics of Definite and Indefinite Noun Phrases. Ph.D. Dissertation, University of Massachusetts, Amherst.

Kamp, Hans (1981): "A theroy of truth and semantic representation." in Groenendijk et al. (eds.): Formal Methods in the Study of Language. Amsterdam: Mathematical Centre.

Kobsa, A., Allgayer, J., Harbusch, K., Reddig, C., Reithinger, N., Wahlster, W. (1986): Combining Deictic Gestures and Natural Language for Referent Identification. COLING 86, 356-361.

Kobsa Alfred (1987): SB-ONE and Meta-SB-ONE: Two Saarbruecken KL-ONE Languages. Paper presented at the First German KL-ONE Meeting at Saarbruecken, West Germany.

Loebner, Sebastian (1987): Natural Language and Generalized Quantifier Theory. In: Gärdenfors, Peter (ed.): Generalized Quantifiers - Linguistic and Logical Approaches. Dordrecht: Reidel.

Reichman, Rachel (1985): Getting Computers to Talk like You and Me. Cambridge/Mass.: MIT Press.

Ripplinger, Bärbel, and Kobsa, Alfred (1988): "PLUG: Benutzerführung auf der Basis einer dynamisch veränderlichen Zielhierarchie." in this volume.

Roberts, Craige (1987): Modal Subordination, Anaphora, and Distributivity. Ph.D. Dissertation. University of Massachusetts, Amherst.

Teubert, Wolfgang (1979): Valenz des Substantivs. IdS 49, Düsseldorf: Schwab.

Winograd, Terry (1981): Computational Models for the Semantics of Natural Languages. Draft.

# On The Unnecessity of Multiple Overlaps
# in Completion Theorem Proving


*Jürgen Müller*

*Rolf Socher-Ambrosius*

*Fachbereich Informatik, Universität Kaiserslautern*

*Postfach 3049, 6750 Kaiserslautern*



**Abstract:** Completion Theorem Proving is based on the observation that the task of proving a formula can be transformed into the task of solving a system of equations over a boolean polynomial ring. The latter can be accomplished by means of the completion of a set of rewrite rules obtained from the equational system. The central operation in this completion process is the generation of critical pairs comprising the computation of overlaps on products of atoms. This computation requires weak AC-unification, which is known to be NP-hard. Motivated by the THEOPOGLES system (Müller 1987), we show that Hsiang's (1985) N-strategy can still be strengthened by precluding multiple overlaps. This results in a drastical reduction of the search space. Moreover, these systems manage with unification in a free theory, which can be performed in linear time. Since this special critical pair generation can be translated into a resolution step, provided the two rules correspond to clauses, our result also amounts to a generalization of Dietrich's (1986) result on the translation from superposition steps into resolution steps.


## 1. Introduction

The basic idea of completion theorem proving, which was first proposed by Hsiang (1982), is the equivalence of the validity of a first order formula and the solvability of a system of equations over a boolean polynomial ring. Several methods to solve such systems have been developed, the one used in connection with completion theorem proving is the completion procedure of Knuth & Bendix (1970).

The completion method proceeds in the following way: Given a first order formula $\mathcal{F}$ that is to be proved valid, transform $\mathcal{F}$ into a system $E_{\mathcal{F}} = \{p_1=0,...,p_n=0\}$ of equations over first order polynomials. These polynomials represent the formula $\mathcal{F}$ in terms of the connectives "XOR" and the logical "AND", which are the + and the * of the boolean ring, respectively. Hsiang (1985) provided a canonical rewrite system, which accomplishes the transformation of a first order formula into a set of polynomials. The formula $\mathcal{F}$ is valid, iff the system $E_{\mathcal{F}}$ is unsolvable. In order to prove the unsolvability of such an equational system, it is subjected to the Knuth-Bendix completion procedure, which derives the equation 1=0, if the system $E_{\mathcal{F}}$ is unsolvable.

Completing a set of rewrite rules is based on two inference rules: The generation of new rules by building critical pairs and the reduction of rules by rewriting. In a sense (cf. Müller & Socher 1988) the generation of new clauses by resolution and the reduction of clauses by rules like subsumption deletion, respectively, are the corresponding processes in resolution theorem proving. In this paper only the building of critical pairs is considered.

In analogy to resolution theorem proving, the greatest obstacle on the way to find a completion refutation is the extent of the search space for generating critical pairs. Several strategies to restrict this search space have been proposed and the various completion provers (for instance the systems of Hsiang (1985), Kapur & Narendran (1985), Bachmair & Dershowitz (1987) and Müller (1987)) differ mainly in the choice of the strategy. In this paper we consider only the N-strategy as it is described in Hsiang (1985). This strategy requires one partner of a superposition step to be an N-rule (i.e. a rule $m \rightarrow 0$, where m is a product of atoms). This strategy cuts down the number of rules to be superposed.

The objective of this paper is to show that this number can be decreased yet more without any prolongation of the whole refutation. The following example will show how this can be done:


1.1 Example:

Let  $r_1 = Pxa*Qby*Rxy \rightarrow 0$  and

   $r_2 = Paz*Qbz*Rab + Paz*Qbz + Paz*Rab + Paz \rightarrow 0$.

Let $m_1,..,m_4$ denote the monomials of $r_2$ and let m be the monomial of $r_1$. We have to compute all possible overlaps between m and the $m_i$. For instance, the monomials Pxa*Qby and Paz*Qbz are unifiable with unifier $\theta = \{x \leftarrow a, z \leftarrow a, y \leftarrow a\}$. This yields an overlap Paa*Qba*Raa*Rab between m and $m_1$ resulting in the critical pair $\langle$ Paa*Qba*Raa + Paa*Rab*Raa + Paa*Raa, 0 $\rangle$. We call this overlap a multiple overlap, since it was accomplished by the unification of monomials that are not single atoms. In contrast to the multiple overlap, the overlap Paa*Qby*Ray between m and $m_4$ is a single overlap, resulting from unification of Pxa and Paz.


In this paper we will show that it is sufficient to take account of single overlaps, provided the completion refutation follows the N-strategy. This yields a drastical reduction in the number of possible critical pairs. Usually reductions of the proof's search space are paid with an increasing length of proofs. It will turn out that this is not the case for the improved N-strategy. We will show that the refutation $\mathcal{D}'$, which is obtained by replacing in an N-refutation $\mathcal{D}$ all multiple overlaps by appropriate single overlaps, is not longer than $\mathcal{D}$.

Also, this result implies a generalization of Dietrich's (1986) result on Hsiang's system: He showed that the superposition step of two *Horn clause* rules can be translated into a resolution step between C and D. We show that a *single overlap* superposition of two *arbitrary* clause rules corresponds to a resolution step of the two corresponding clauses. Together with our result on the unnecessity of multiple overlaps this yields a translation from N-refutations without reductions into resolution refutations.

In this paper the N-completion method is slightly modified by "parallel" superpositions, which is a sound abbreviation of a sequence of superpositions, and by adding factorization to the deduction mechanism. Factorization is necessary to guarantee the completeness of the N-strategy.


## 2. The Completion Method


This section gives a short overview on the completion procedure as it is proposed by Hsiang.

The structure $(A, \wedge, \vee, \neg, 1, 0)$, where A is the set of first order atoms and $\wedge, \vee, \neg$ are the logical connectives is a boolean algebra. Then the structure $(A,+,*,0,1)$ defined by

   $x + y = (x \wedge \neg y) \vee (\neg x \wedge y)$

   $x*y = x \wedge y$

is a boolean ring. Let $\mathbb{T}_{BR}$ be the set of all terms over $(A,+,*,0,1)$. Boolean rings have the property that each $t \in \mathbb{T}_{BR}$ can be written as a sum of products of different atoms. This form is unique up to commutativity of + and *. We call this form the normal form of t, $nf_{BR}(t)$.

The mapping $\varphi$: $(A,\wedge,\vee,\neg,0,1) \to (A,+,*,0,1)$ that transforms a boolean algebra term, i.e. a quantifierfree predicate logic formula into a boolean ring term, is defined by

$$a\varphi = a$$
$$(s \wedge t)\varphi = s\varphi\, t\varphi$$
$$(s \vee t)\varphi = s\varphi + t\varphi + s\varphi\, t\varphi$$
$$(\neg s)\varphi = 1 + s\varphi$$

for $a \in A$ and boolean algebra terms s and t.

A predicate logic formula $\mathcal{F}$, which is essentially a boolean algebra term, is represented by the equality $nf_{BR}(\mathcal{F}\varphi) = 1$ or equivalently $nf_{BR}(\neg\mathcal{F}\varphi) = 0$. In order to prove the unsolvability of a set of boolean equalities, each equality of the form t=0 is transformed into a rewrite rule t$\to$0. Then a special Knuth-Bendix completion procedure is applied to the resulting set of rules. The procedure is special in the sense that it requires one partner of a superposition step to be a so called N-term.


## 2.1 Definition:

A boolean ring term t is called an **N-term** (sometimes also called a **monomial**), if it is a product of atoms. A rewrite rule t$\to$0 where t is a boolean term in normal form is called a **boolean rule**. A boolean rule t$\to$0 is called an **N-rule**, if t is an N-term.


## 2.2 Definition: (Reduction relation)

Let $t,t' \in \mathbb{T}_{BR}$ and let $\mathfrak{R}$ be a set of rewrite rules. We say t **reduces** to t' with respect to $\mathfrak{R}$, iff there is a rewrite rule $l \to r$ in $\mathfrak{R}$ and a substitution $\mu$ such that $t=t[l\mu]$ and $t'=t[r\mu]$.


## 2.3 Definition:

Let $m_1$ and $m_2$ be N-terms.

(i)  $m_1$ and $m_2$ are **BN-unifiable** under $\sigma$ iff $\sigma$ is a most general unifier (see e.g. Herold 1983) for $m_1$ and $m_2$ under the theory of associativity and commutativity of *.

(ii)  Let $m_1 = u_1 s_1$ and $m_2 = u_2 s_2$. Then $(s_1 m_2)\sigma$ is an **overlap** of $m_1$ and $m_2$ iff $u_1$ and $u_2$ are BN-unifiable under $\sigma$. We say that the overlap is on the pair $(u_1,u_2)$ in this case. If $\sigma$ is the identity, then $u_1=u_2$ and we say the overlap is on $u_1$. (This is of interest in connection with propositional logic.) The overlap is called a **multiple** overlap, iff the monomial $u_1$ (and hence also $u_2$) is a product of more than one atom. Otherwise it is called a **single** overlap.

(iii)  Let s$\to$0 be an N-rule, $s=s_1 s_2$, and $m_1+m_2+...+m_n \to 0$ a boolean rule. $\langle(s_2 m_2+...+s_2 m_n)\sigma,0\rangle$ is called an **N-critical pair** of the two rules iff s has an overlap $(s_2 m_1)\sigma$ with $m_1$. It is called **divergent**, if $nf_{BR}((s_2 m_2+...+s_2 m_n)\sigma) \neq 0$.


Note that we may, without loss of generality, always choose the first element of the sum $m_1+m_2+...+m_n$ for overlapping with s, due to the commutativity of "+".

Now we are ready to define the basic inference rule of the completion algorithm.


## 2.4 Definition:

Let s$\to$0 be an N-rule and r$\to$0 a boolean rule. We say that the rule t$\to$0 results from **superposition** of the two rules iff these two rules determine a divergent N-critical pair $\langle t',0\rangle$, and t $=nf_{BR}(t')$.

The above proof strategy is called N-strategy by Hsiang. It is shown to be sound and complete:

<u>2.5 Theorem (Hsiang):</u>
Given a set of clauses S in first-order predicate calculus, S is inconsistent if and only if $1 \to 0$ can be produced using the N-strategy. ∎

There are two different ways to transform first order formulae into boolean rules: According to the clausal strategy the formulae first are transformed in clausal normal form in the same way as it is done for classical resolution proofs. Then all clauses separately are transformed into rewrite rules. According to the nonclausal strategy, the formulae are directly transformed into boolean rules. The N-strategy, however, cannot be applied with the nonclausal strategy, because the existence of N-terms is only guaranteed if the set of boolean rules corresponds to an unsatisfiable set of clauses. For this reason we only consider the clausal strategy.

As Hsiang's original procedure is very rough, we adopt two ideas from the THEOPOGLES system, which was developed by one of the authors, namely the ideas of "parallel superpositions" and the incorporation of "factorization".

Suppose that we have two rules $pt_1 + ... + pt_n + r_1 + ... + r_m \to 0$ and $qs \to 0$ where the monomial p does not occur in the $t_i$ and $r_j$ and $\sigma$ is a unifier of p and q. Then $\langle (pt_2s + ... + pt_ns + r_1s + ... + r_ms)\sigma, 0 \rangle$ is an N-critical pair of the two rules. But the left hand term can be reduced to $(r_1s + ... + r_ms)\sigma$ with the rule $qs \to 0$. Since Hsiang's strategy requires critical pairs to be reduced with respect to the rules of boolean rings and the current rewrite system, we can compute the rule resulting from superposition also in the following "parallel" way (cf. Müller 1987): transform the rule $pt_1 + ... + pt_n + r_1 + ... + r_m \to 0$ into $p(t_1 + ... + t_n) + r_1 + ... + r_m \to 0$ and then compute the critical pair. Especially overlaps between a rule $t \to 0$ and an N-rule $m \to 0$ on a monomial $\mu$ that divides t (i.e. that occurs in each monomial of t) do not yield divergent critical pairs, since this is the case m=0.

Furthermore we introduce the notion of I-critical pairs, which can be seen as a kind of "factorization" of monomials.

<u>2.6 Definition:</u>
Let r be the N-rule $m \to 0$ with $m = pqm'$, where p and q are unifiable atoms. If $\theta \in mgu(p,q)$, then $\langle (pm')\theta, 0 \rangle$ is called an **I-critical pair** of r.

We just resume the sligthly modified N-strategy this paper is based on:
The formula $\mathcal{F}$ which is to be proved valid first is transformed into a set $\mathfrak{R}$ of rewrite rules. Then (N- and I-)critical pairs of rules of $\mathfrak{R}$ are formed with parallel superposition and the rules resulting from divergent critical pairs are added to $\mathfrak{R}$ until the rule $1 \to 0$ is deduced. There are no reduction steps w.r.t. the current rewrite rule system $\mathfrak{R}$.

# 3. Removing Multiple Overlaps From Completion Proofs

Clauses can be transformed into boolean rules in the following way:
If C is a clause of the form $\neg p_1 \lor ... \lor \neg p_n \lor q_1 \lor ... \lor q_m$ then $\neg C = p_1 \land ... \land p_n \land \neg q_1 \land ... \land \neg q_m$. Therefore C can be transformed (using the mapping $\varphi$) into the boolean rule $p_1 ... p_n (1+q_1) ... (1+q_m) \to 0$. We say that

the rule r→0 is a **clause rule**, if it can be represented in this way. Especially N-rules are clause rules.

<u>3.1 Definition:</u>

Let t be a term and let M be a set of monomials.

(i)     We write $t \to_M s$ iff there is some $m \in M$, such that s→0 is the result of a superposition of t→0 and m→0.

(ii)    We write $t \Rightarrow_M s$ iff $t \to_M s$ and the superposition results from a single overlap.

(iii)   Let $P \subseteq A$ and let $m=p_1...p_n$ be a monomial such that $p_i \in P$ for each $i \in \{1,...,n\}$. Then we call m a **monomial in P**. We call m **P-free**, iff m is a monomial in A\P. The P-part (P-free part) of a monomial m is the maximal monomial in P (P-free monomial) dividing m.

If M={m}, we write $t \to_m s$ and analogously for the other relations.

The proof of our main result will be accomplished in a way analogous to completeness proofs: First it is proved for propositional logic and then the lifting lemma is used to transfer the result to full first order logic. Therefore in the following (lemmata 3.2 - 3.6) all terms are ground terms.

<u>3.2 Lemma:</u>

Let t→0 be a boolean rule and m→0 be an N-rule and let the rule s→0 result from superposition of t→0 and m→0. Then each divisor of t is a divisor of s.

Proof:

Let $nf_{BR}(t) = m_1t_1+..+m_1t_n+r_1+..+r_k$ and $m=m_1m_2$, such that $s=r_1m_2+..+ r_km_2$. A divisor of t divides all $r_i$, hence also s.     ∎

<u>3.3 Lemma:</u>

Let $t_0= (1+p_1)...(1+p_r)$. Assume there is a set $G=\{g_1 \to 0,...,g_n \to 0 \}$ of N-rules, such that

$$t_0 \to_{g_1} t_1 \to_{g_2} ... \to_{g_n} t_n = 1$$

(i)    Each $g_i$ is a monomial in $\{p_1,...,p_r\}$

(ii)   Each superposition $t_i \to 0$, $g_i \to 0$ is made on $g_i$.

(iii)  If m is a monomial of $t_i$, then all divisors of m are monomials of $t_i$, too.

Proof:

(i) Let k be the smallest number, such that $g_k$ is not in $\{p_1,...,p_r\}$. Then there is some atom $q \neq 1$ with $q \notin \{p_1,...,p_r\}$ such that $g_k=qg'$. We have $t_{k-1} \to_{gk} t_k$. Since q does not occur in $t_0$ nor in any of the $g_1,...,g_{k-1}$, it cannot occur in $t_{k-1}$, too. Hence the overlap of $t_{k-1}$ and $g_k$ must be on a divisor g" of g'. Let $g_k=g"\gamma$, which implies that q is a divisor of $\gamma$ and let $t_{k-1}= g"t_1 + t_2$, where g" does not occur in $t_1$ and $t_2$. The resulting critical pair is $\langle \gamma t_2,0 \rangle$ and $t_k=\gamma t_2$. Now q divides $\gamma$ and hence also $t_k$. Then according to 3.2 q must divide all $t_i$ with $i \geq k$, and especially $t_n$. But $t_n=1$, which implies q=1, a contradiction.

(ii) Suppose the superposition of $t_{k-1} \to 0$, $g_k \to 0$ is made on a divisor $\gamma$ of $g_k$. Let $g_k=\gamma g'$. Then it is easy to see that g' divides $t_k$ and with the same argument as in (i) we obtain g'=1.

(iii) Suppose $\mu$ is a divisor of m and $\mu$ is no monomial of $t_i$. Then $\mu$ must have been deleted from $t_0$ in a superposition step. Since according to (ii) superposition steps have the effect of removing a monomial together with all its multiples, m must have been deleted, too, which is a contradiction.

In the special situation of lemma 3.3 each superposition step $t_{i-1} \to_{g_i} t_i$ is a step of removing in $t_{i-1}$ those monomials that have $g_i$ as a divisor. The whole deduction thus must contain all superposition steps with the minimal divisors $p_i$ and these steps "subsume" all other superposition steps.

<u>3.4 Lemma:</u>

Let $t_0 = (1+p_1)...(1+p_r)$. If there is a set $G=\{g_1 \to 0,...,g_n \to 0\}$ of N-rules, such that

$$t_0 \to_{g_1} t_1 \to_{g_2} ... \to_{g_n} t_n = 1$$

then there is a subset $H=\{h_1 \to 0,...,h_v \to 0\}$ of G such that

$$t_0 \Rightarrow_{h_1} t_1' \Rightarrow_{h_2} ... \Rightarrow_{h_v} t_v' = 1$$

Proof:

The (boolean ring) normal form of $t_0$ is $(1 + \Sigma_i \, p_i + \Sigma_{i<j} \, p_i p_j + ... + \Pi_i \, p_i )$.

Let $k \in \{1,..,n\}$ and suppose that $g_k$ is a product of more than one atom.

Then $t_{k+1}$ is the result of deleting in $t_k$ all monomials $\mu$ that have $g_k$ as a divisor. Let q be a proper divisor of $g_k$. Then, according to lemma 3.3(iii), q is a monomial of t. Since q cannot be deleted in the step $t_k \Rightarrow_{gk} t_{k+1}$, it is a monomial of $t_{k+1}$, too.

In order to reduce $t_{k+1}$ to 1, there must be a subsequent superposition step deleting q. Obviously, this superposition results from a single overlap.

But then the step $t_k \to_{gk} t_{k+1}$ can be canceled from the whole deduction, since the subsequent step, which deletes q, in fact removes all monomials that have q as a divisor and especially those monomials having $g_k$ as a divisor, i.e. those monomials that are removed by $t_k \to_{gk} t_{k+1}$. It remains a deduction with the desired properties. ■

<u>3.5 Lemma:</u>

Let t be a ground term and suppose $t = m_1 f$, where f is a term in P and $m_1$ is P-free monomial. Furthermore let m be a monomial with P-free part $\mu$. Let $\langle s,0 \rangle$ be a nontrivial critical pair of the two rules $t \to 0$ and $m \to 0$. Then the P-free part of s is $m_1 \mu$.

Proof:

Let $t = m_1 f_1 + ... + m_1 f_n$ and $m = k_1 k_2$ and let the overlap be on $k_1$. From 3.2 follows that $m_1$ divides s.

Let q be an atom dividing $\mu$, which implies that q is P-free. If q divides $k_1$, then q must divide a monomial of t, say $m_1 f_1$. Since $f_1$ is a monomial in P, we obtain that q divides $m_1$ and hence q divides s. If q divides $k_2$, then q divides s, since $k_2$ is a divisor of s. Hence $m_1 \mu$ is P-free and divides s. Furthermore it is easy to see, that each P-free divisor of s either divides $m_1$ or $\mu$. ■

<u>3.6 Lemma:</u>

Let $t_0$ be a clause term. If there is a set $G=\{g_1,...,g_n\}$ of N-rules, such that

$$t_0 \to_{g_1} t_1 \to_{g_2} ... \to_{g_n} t_n$$

and $t_n$ is a monomial, then there are $t_1',...,t_v'$ and a subset $H=\{h_1,...,h_v\}$ of G such that

$$t_0 \Rightarrow_{h_1} t_1' \Rightarrow_{h_2} .... \Rightarrow_{h_v} t_v'$$

and $t_v'$ is a monomial subsuming $t_n$.

Proof:

We have $t_0 = q_1...q_u(1+p_1)...(1+p_r)$. Let $P:=\{p_1,...,p_r\}$.

First we transform the deduction

$$t_0 \to_{g_1} t_1 \to_{g_2} ... \to_{g_n} t_n$$

into a deduction

$$s_0 = (1+p_1) ... (1+p_r) \to_{\gamma_1} s_1 \to_{\gamma_2} ... \to_{\gamma_n} s_n = 1$$

Each $t_k$ can be written in the form $\mu_k f_k$ with a P-free monomial $\mu_k$ and a polynomial $f_k$ in P. In the same way we can decompose $g_k$ in a p-part $\pi_k$ and a rest $g_k'$, such that $g_k = \pi_k g_k'$. According to lemma 3.5 we have $\mu_{k+1} = \mu_k g_{k+1}'$ for each $k \in \{1,..,n-1\}$. Furthermore $\mu_0 = q_1...q_u$. Hence $\mu_n = q_1...q_u g_1'...g_n'$.

Now let $s_k := f_k$ and $\gamma_k = \pi_k$.

Hence we have the following situation:

$$
\begin{array}{ccc}
t_k = \mu_k f_k & \xrightarrow{\quad\pi_k g_k'\quad} & t_{k+1} = \mu_{k+1} f_{k+1} \\
\downarrow & & \downarrow \\
s_k = f_k & \xrightarrow[\pi_k]{\quad\quad} & s_{k+1} = f_{k+1}
\end{array}
$$

It is obvious, that $s_0 = (1+p_1)...(1+p_r)$. We only have to show, that $s_n = 1$ holds: The construction above shows, that $s_k$ is a term of the form $1 + \sum_i m_i$, where each $m_i$ is a monomial in $\{p_1,..., p_1\}$. Furthermore $s_k \mu_k = t_k$. Since $\mu_n$ and $t_n$ are monomials, $s_n = 1$ must hold.

Now we have a deduction

$$s_0 = (1+p_1) ... (1+p_r) \to_{\gamma_1} s_1 \to_{\gamma_2} ... \to_{\gamma_n} s_n = 1$$

According to 3.4 there is a subset $\{\eta_1,...,\eta_v\}$ of $\{\gamma_1,..,\gamma_n\}$ such that

$$s_0 = (1+p_1) ... (1+p_r) \Rightarrow_{\eta_1} s_1' \Rightarrow_{\eta_2} ... \Rightarrow_{\eta_v} s_v' = 1$$

This deduction is transformed back in the following way:

Let $t_0' = q_1...q_u (1+p_1)...(1+p_r)$ and if $\gamma_k = \pi_j$, then let $h_k = \pi_j m_j'$. Now it is easy to see, that there must be elements $g_1'',...,g_v''$ of $\{g_1',...,g_n'\}$ such that $t_v' = q_1..q_u g_1''..g_v''$. Now $\mu_n = q_1...q_u g_1'...g_n'$ is a divisor of $t_n$, which implies that $t_v'$ is also a divisor of $t_n$. ∎

The following example shows, that the generation of I-critical pairs, i.e. the factorization of N-terms, is an essential condition for the generalization of lemma 3.6 to full first order logic.

**3.7 Example:**

Let $\mathfrak{R}$ be the system $\{t \to 0, m_1 \to 0,...,m_4 \to 0\}$ of rules, where

$$t = 1 + Pax + Pyb + Qxy + PaxPyb + PaxQxy + PybQxy + PaxPybQxy$$

$$m_1 = PaxPyb, \quad m_2 = PybQxy,$$

$$m_3 = PaxQba, \quad m_4 = Qxy.$$

We have the following deduction:

$$t \to_{m_1} t_1 \to_{m_2} t_2 \to_{m_3} t_3 \to_{m_4} t_4 = 1$$

with      $t_1 = 1+Pax+Pyb+Qxy+PaxQxy+PybQxy$

           $t_2 = 1+Pax+Pyb+Qxy+PaxQxy$

           $t_3 = 1+Qba$

The multiple overlap of $t_2 \to_{m3} t_3$ cannot be removed, since the most general unifier $\{x \leftarrow a, y \leftarrow b\}$ of this step is also responsible for the factorization of $t_2$.

Factorization of monomials, on the other hand, allows the following deduction with single overlaps:

$$m_1 \Rightarrow_{m1} m_1' \text{ (with an I-critical pair)}$$

$$t \Rightarrow_{m_1'} t_1' \Rightarrow_{m_1'} t_2' \Rightarrow_{m_4} t_4 = 1$$

with      $m_1' = Pab,$

           $t_1' = 1+Pyb+Qxy+PybQxy$

           $t_2' = 1+Qxy$

In order to generalize lemma 3.6 to full first order logic, we have to prove the following

### 3.8 Lemma: (Lifting lemma for N-superpositions)

Let x',y' be clause terms and let m' be a monomial such that $x' \to_{m'} y'$ holds. Suppose that x' and m' are instances of clause terms x and m, respectively. Then there is a clause term y such that y' is an instance of y and $x \to_m y$ holds.

Proof:

Analogous to the proof of the lifting lemma for resolution, cf. e.g. Chang & Lee (1973).

### 3.9 Lemma:

Let $t_0$ be a first order clause term. If there is a set $G=\{g_1,...,g_n\}$ of N-rules, such that

$$t_0 \to_{g_1} t_1 \to_{g_2} \cdots \to_{g_n} t_n$$

and $t_n$ is a monomial, then there are $t_1',...,t_v'$ and a subset $H=\{h_1,...,h_v\}$ of G such that

$$t_0 \Rightarrow_{h_1} t_1' \Rightarrow_{h_2} \cdots \Rightarrow_{h_v} t_v'$$

and $t_v'$ is a monomial subsuming $t_n$.

Proof:

The lifting lemma is used to generalize the proposition of lemma 3.6 to arbitrary terms.

### 3.10 Theorem:

Let $C$ be a set of clause rules and $\mathcal{D}$ be an N-completion refutation, i.e. a completion deduction of the equation 1=0 following the N-strategy. Then there is an N-refutation $\mathcal{D}'$ such that each $\mathcal{D}'$-step is a $\mathcal{D}$-step and all superpositions result from single overlaps.

Proof:

We show that an N-completion refutation can be decomposed completely into chains that satisfy the assumptions of 3.9.

$\mathcal{D}$ is an N-refutation, hence one partner of each superposition is a monomial. If t is a non N-term occurring in the deduction, then t can only overlap with N-terms. Let

$$t \rightarrow t_1 \rightarrow ... \rightarrow t_n$$

be the chain of all superpositions starting with t occurring in $\mathcal{D}$. If $t_n \neq 1$, then the whole chain is redundant. Hence assume $t_n = 1$. Let $t_k$ be the first monomial in this chain, which exists, since $t_n$ is a monomial. Then, obviously, the chain $t \rightarrow t_1 \rightarrow ... \rightarrow t_k$ satisfies the assumptions of lemma 3.8 and we can delete all multiple-atom superpositions from this chain with resulting term $t_k'$ subsuming $t_k$. Since $\mathcal{D}$ is completely composed of these chains, we obtain an N-refutation $\mathcal{D}'$. ∎

### 3.11 Lemma:

Any rule obtained by superposing two rules belonging to clauses C and D, respectively, by means of a single overlap is a clause rule and the clause belonging to this rule is a resolvent of C and D.

Proof:

Let $m \rightarrow 0$ be an N-rule and $t \rightarrow 0$ a clause rule, such that there is a single overlap of m and some monomial of t.

The N-rule is of the form $q_1...q_n \rightarrow 0$ corresponding to the clause $C = \neg Q_1 \vee ... \vee \neg Q_n$ and the other rule can be written as $(1+r_1)...(1+r_m)s_1...s_k \rightarrow 0$ corresponding to the clause $D = R_1 \vee ... \vee R_m \vee \neg S_1 ... \vee \neg S_k$.

a) If the overlap is on a pair $(q_i, s_j)$ then no divergent critical pair is possible.

b) Now suppose the overlap is on some pair $(q_i, r_j)$ with mgu $\theta$. W.l.o.g let $i=j=1$. Then the rule $(1+r_1)... (1+r_m)s_1...s_k \rightarrow 0$ can be written in the form $r_1 f + f \rightarrow 0$ where $f = (1+r_2)... (1+r_m)s_1...s_k$. The only resulting N-critical pair is

$$\langle (fq_2...q_n)\theta, 0 \rangle,$$

which results in the rule

$$((1+r_2)... (1+r_m)s_1...s_k q_2...q_n)\theta \rightarrow 0.$$

This rule corresponds to the clause

$$(R_2 \vee ... \vee R_m \vee \neg S_1 ... \vee \neg S_k \vee \neg Q_2 \vee ... \vee \neg Q_n )\theta,$$

with $\theta \in mgu(Q_1, R_1)$, and this clause is a resolvent of C and D. ∎

### 3.12 Corollary:

Suppose $\mathcal{D}$ satisfies the conditions of 3.10. Then the N-refutation $\mathcal{D}$ corresponds to a resolution refutation by removing multiple overlaps. ∎

## 4. Conclusion

We have shown that Hsiang's N-strategy for completion deductions can still be strengthened by excluding multiple overlaps in the critical pair generation. Besides the resulting restriction of the search space this method has the advantage of replacing Hsiang's BN-unification - which is NP-hard, as Kapur & Narendran (1986) remark - by unification in an empty theory, which admits linear-time algorithms (see Paterson & Wegman 1978).

This strategy remains sound and the reduction of the search space need not be paid with longer proofs. To be more precise, substituting single overlaps for multiple overlaps in an arbitrary N-refutation results in a refutation not longer than the original one. Moreover, as superposition steps following this sharpened N-strategy correspond to resolution steps, we have given a generalization of Dietrich's result to arbitrary (non-Horn) clauses. The restriction to single overlaps transforms an arbitrary N-refutation into one corresponding to a resolution refutation.

Considering the fact that N-completion refutations can be transformed into simpler ones, which correspond to resolution refutations, the question arises, why we need Completion Theorem Proving at all. Note that we restricted ourselves to the N-strategy and that we deal only with the superposition operation, as is it done in Dietrich (1986), too. The method's real strength, however, is the use of rewrite rules to reduce other rules and equations. This is a common feature to all completion theorem provers like Hsiang's N-strategy, the methods of Kapur & Narendran, Bachmair & Dershowitz or Müller's THEOPOGLES. In Müller & Socher (1988) this rewriting of rules is interpreted to some extent in terms of well-known reductions like tautology elimination, merging, subsumption deletion and matching resolution.

There remains the question, to what extent our result can be transferred to other strategies, like ordering strategies (Kapur & Narendran 1985). There is an example (see Müller & Socher (1988)) showing that completion proofs without any restricting strategy in general do not correspond to resolution proofs. Also, the multiple overlaps used in this example cannot be replaced by single overlaps.


# References


Bachmair, L. & Dershowitz, N. (1987). Inference Rules for Rewrite-Based First Order Theorem Proving. *Proc. 2nd Annual Symp. on Logic in Comp. Sci.* Ithaca, N.Y.

Chang, C.L.& Lee, R.C.T. (1973). Symbolic Logic and Mechanical Theorem Proving. Academic Press, New York.

Dietrich, R. (1986). Relating Resolution and Algebraic Completion for Horn Logic. In: J. Siekmann (Ed.): *Proc. 8th International Conference on Automated Deduction, Oxford, England.* Springer LNCS 230, 62 - 78.

Herold, A. (1983). Some Basic Notions of First-Order Unification Theory. MEMO-SEKI-VIII, Universität Karlsruhe.

Hsiang, J. (1982). Topics in Automated Theorem Proving and Program Generation. Ph. D. Thesis, Dep. of Comp. Sci., University of Illinois at Urbana-Champaign.

Hsiang, J. (1985). Refutational Theorem Proving using Term-rewriting Systems. *Artificial Intelligence* 25, 255 - 300.

Knuth, D.E. & Bendix, P.B. (1970). Simple Word Problems in Universal Algebra, in: J. Leech (Ed.): *Computational Problems in Universal Algebra*, Pergamon Press.

Kapur, D. & Narendran, P. (1985). An Equational Approach to Theorem Proving in First-Order Predicate Calculus. 84CRD322, General Electric Corp. Research and Development Report, Schenectady, N.Y.

Kapur, D. & Narendran, P. (1986). NP-Completeness of the Set Unification and Matching Problems. In: J. Siekmann (Ed.): *Proc. 8th International Conference on Automated Deduction, Oxford, England.* Springer LNCS 230, 489 - 495.

Müller, J. (1987). THEOPOGLES - A Theorem Prover Based on First Order Polynomials and a Special Knuth-Bendix Procedure. In: K. Morik (Ed.): *Proc. of 11th German Workshop on Artificial Intelligence, Geseke.* Springer IFB 152.

Müller, J. & Socher, R. (1988). Topics in Completion Theorem Proving. SEKI-Report, Universität Kaiserslautern. (To appear).

Paterson, M. & Wegman, M. (1978). Linear Unification. *Journal of Computer and Systems Science.* 16, 158 - 167.

# Using Theory Resolution to Simplify Interpreted Formulae

*Rolf Socher-Ambrosius, Fachbereich Informatik, Universität Kaiserslautern*

*Postfach 3049, D-6750 Kaiserslautern, W.-Germany*

**Abstract:** Loveland & Shostak (1980) gave an algorithm for converting a decision procedure for ground formulae in a first-order theory to a simplifier for such formulae. The algorithm is supposed to produce a simplest clause set among all formulae built from atoms of the original formula. The method proceeds by submitting all clauses that consist solely of atoms of the original formula to the decision procedure. The valid ones are added to the formula and then Quine's algorithm of *iterated consensus* (Quine 1959) is applied. In this paper it is shown that this method does not meet the requirement of producing a simplest semantic equivalent. Furthermore we show that theory resolution can be used to extend Quine's method to an algorithm that really accomplishes the task of simplifying interpreted formulae.

## 1. Introduction

The problem of simplifying logical formulae originated in the 1950s in connection with the problem of minimizing the number of components of a given switching circuit. Similar problems arose later in the areas of program verification and automated deduction. However, in these domains not only expressions of propositional logic are to be simplified, but also formulae of the first order predicate logic. In this paper we consider the problem of the representation of formulae as minimal clause sets; the transformation of our results to the analogous situation with disjunctive normal form (which was used by Loveland & Shostak) is obvious.

There is a well-known technique to minimize expressions of propositional logic, which was developed by Quine (1952) and (1959). This method, the *method of iterated consensus*, when applied to a propositional formula $\mathcal{F}$ in clausal normal form, results in a set $\mathcal{P}_{\mathcal{F}}$ of prime implicants. These are the clauses, which are minimal (with respect to the subsumption order) among those implied by $\mathcal{F}$. This means that each clause that is implied by $\mathcal{F}$, either is a member of $\mathcal{P}_{\mathcal{F}}$ or is subsumed by some member of $\mathcal{P}_{\mathcal{F}}$. In general the set of prime implicants of a formula $\mathcal{F}$ still contains redundant clauses and therefore can be reduced to some "simplest equivalent" of $\mathcal{F}$. This is a minimal subset of $\mathcal{P}_{\mathcal{F}}$, which is still logically equivalent to $\mathcal{F}$. But while the set of prime implicants of $\mathcal{F}$ is uniquely determined, the simplest equivalent is not.

### 1.1 Example

Consider the formula $\mathcal{F} \equiv (p \Leftrightarrow q) \wedge (q \Leftrightarrow r)$. It is easy to see that the set $\mathcal{P} = \{\neg p \vee q, p \vee \neg q, \neg p \vee r, p \vee \neg r, \neg q \vee r, q \vee \neg r\}$ is the set of prime implicants of $\mathcal{F}$. But the following subsets $\{\neg p \vee q, \neg q \vee r, p \vee \neg r\}$, $\{p \vee \neg q, q \vee \neg r, \neg p \vee r\}$ and $\{\neg p \vee q, p \vee \neg q, \neg p \vee r, p \vee \neg r\}$ of $\mathcal{P}$ are all simplest equivalents to $\mathcal{F}$.

The method of iterated consensus consists in the successive formation of resolvents and the removal of subsumed clauses. This yields the set of prime implicants of the original formula. A simplest equivalent is obtained by a selection of an appropriate subset of the prime implicants.

This method has been modified by Loveland & Shostak (1980) in order to simplify interpreted ground formulae. These formulae contain interpreted symbols that belong to some theory with known decision procedure. According to this method, the formula is first transformed into a clause set $S$ over some set $A$ of atoms. Next, the decision procedure for the theory is used to test all $2^{|A|}$ clauses that are composed solely of atoms of $A$, either negated or unnegated, on validity in the underlying theory. The valid ones, the so called "don't-care" conditions, are added to the original clause set $S$. This extended clause set is subjected to the methods of iterated consensus and selection of a simplest equivalent.

The following example is taken from Loveland & Shostak (1980).

## 1.2 Example

Let $T$ be the theory of Presburger arithmetic (i.e. the theory of real numbers together with addition, linear multiplication and the usual ordering relations).

Assume the formula $\mathcal{F} \equiv a \leq b \wedge (c > -3/2 \vee a+2c-b > -3)$ is to be simplified. If we let $p,q,r$ denote the atoms $a \leq b$, $c > -3/2$, $a+2c-b > -3$, respectively, $\mathcal{F}$ can be written $p \wedge (q \vee r)$, or as a clause set $S = \{p, qr\}$. Now all clauses $pqr, pq\neg r, p\neg qr, ..., \neg p\neg q\neg r$ are subjected to a decision procedure for the theory $T$, like the one developed by Shostak (1981). It turns out that only the clauses $\neg pq\neg r$ and $p\neg qr$ are valid. This yields the extended clause set $S^* = \{p, qr, \neg pq\neg r, p\neg qr\}$. The method of iterated consensus now yields the resolvents $q\neg r$ and $q$. The unit clauses $p$ and $q$ subsume all other clauses from which we obtain the set of prime implicants $\mathcal{P} = \{p, q\}$. Moreover, as no proper subset of $\mathcal{P}$ is semantically equivalent to the original formula, $\mathcal{P}$ is already a simplest equivalent.

The drawback of this method is the requirement that $2^n$ clauses must be submitted to the decision procedure, where n is the number of different atoms of $\mathcal{F}$. Of course the method can be improved by the observation, that it is only necessary to test those clauses that are not already subsumed by clauses of the original clause set. In our example only the three clauses $\neg p\neg qr$, $\neg pq\neg r$ and $\neg p\neg q\neg r$ remain to be submitted to the decision procedure.

This paper presents a method to simplify interpreted formulae that avoids the testing of those clauses for validity. Our method proceeds from the original clause set (without adding don't care conditions) and generates successively *theory resolvents* similarly to the method of iterated consensus. In addition, subsumed clauses (with respect to the underlying theory) are removed. The resulting set is the set of "theory prime implicants". In this paper it will be shown that, in analogy to the uninterpreted case, the prime implicants of an interpreted formula $\mathcal{F}$ are the minimal clauses in the deductive closure of $\mathcal{F}$. Here, "minimal" is to be understood with respect to implication under the given theory. From this follows that the set of theory prime implicants is uniquely determined by $\mathcal{F}$. Again as in the uninterpreted case the set of prime implicants of a formula $\mathcal{F}$ can be further reduced to some "simplest equivalent" of $\mathcal{F}$, which is not uniquely determined.

Theory resolution, first proposed by M. Stickel (1985), is a generalization of ordinary resolution. It is based on the following idea: The literals resolved upon may not be syntactically complementary, it is sufficient that they are complementary in some theory. Take for instance the clauses $C = a > b \vee C'$ and $D = a \leq b \vee D'$. As $a > b$ and $a \leq b$ are complementary in the theory of a partial order, $C$ and $D$ can be resolved giving $C' \vee D'$. Resolvents of more than two clauses can be formed, too. An even more generalized kind of resolution is *partial* theory resolution, including total theory resolution as a special case. Suppose the literals to be resolved upon are complementary under some condition. Then the resolvent can be formed as above with the negated condition (the so called *residue*) added to it. For instance let $C = a{>}b \lor C'$ and $D = b{>}c \lor D'$. The literals $a{>}b$ and $b{>}c$ are complementary, provided that the condition $c{\geq}a$ holds. Thus $c{<}a$ is a residue of the two literals and there is a partial theory resolution step giving $c{<}a \lor C' \lor D'$. We show by means of example 1.2 how the method to simplify interpreted formulae works:

## 1.3 Example

We have $\mathcal{F} \equiv a \leq b \land (c > \text{-}3/2 \lor a{+}2c{-}b > \text{-}3)$, written as a clause set $S = \{p, qr\}$. The literals $a{\leq}b$ and $a{+}2c{-}b > \text{-}3$ are complementary under the condition $c \leq \text{-}3/2$. Hence $c > \text{-}3/2$ is a residue of $p$ and $r$ and the appropriate theory resolution step yields the resolvent $c > \text{-}3/2 \lor c > \text{-}3/2$, which simplifies to $c > \text{-}3/2$. This resolvent subsumes its parent clause $c > \text{-}3/2 \lor a{+}2c{-}b > \text{-}3$. Removing this clause we obtain $a \leq b$ and $c > \text{-}3/2$ as the only theory prime implicants of $\mathcal{F}$.

## 2. Theory Resolution

We will assume the standard definitions of a *term*, an *atomic formula* and a *literal*. We will consider a *clause* to be a set of literals. All clauses are *ground clauses*, i.e. they do not contain variables.

We just review the basic notions of theory resolution as it is defined by Stickel (1985), see also Bläsius & Bürckert (1987).

In the following $\mathcal{T}$ is a theory which admits a decision procedure. A $\mathcal{T}$-**interpretation** is an interpretation that satisfies theory $\mathcal{T}$. A set of clauses S is $\mathcal{T}$-**unsatisfiable**, iff no $\mathcal{T}$-interpretation satisfies S. S is **minimally** $\mathcal{T}$-**unsatisfiable**, iff S but no proper subset of S is $\mathcal{T}$-unsatisfiable. The **semantic closure** of S is the set of all formulae $\mathcal{F}$ such that $S \cup \{\neg \mathcal{F}\}$ is $\mathcal{T}$-unsatisfiable.

## 2.1 Definition:

Let $C_1,...,C_n$ be nonempty clauses, let each $C_i$ be decomposed as $K_i \lor L_i$ with unit clause $K_i$ and let $R_1,...,R_m$ $(m{\geq}0)$ be unit clauses. Suppose the set of clauses $K_1,...,K_n,R_1,...,R_m$ is (minimally) $\mathcal{T}$-unsatisfiable. Then the clause $L_1 \lor ... \lor L_n \lor \neg R_1 \lor ... \lor \neg R_m$ is a (**partial**) $\mathcal{T}$-**resolvent** of $C_1,...,C_n$. The clause $\neg R_1 \lor ... \lor \neg R_m$ is called the **residue** of the theory resolution operation. If the residue is the empty clause, then the $\mathcal{T}$-resolvent is **total**.

In order to guarantee the completeness of the procedure, we require the set of clauses $K_1,...,K_n, R_1,...,R_m$ to be minimally $\mathcal{T}$-unsatisfiable. In this case the residue is the strongest consequence of the set $K_1,...,K_n$ and we call it a most general residue. But there may still be more than one most general residue, an example is provided in Stickel (1985). For our purposes we assume a theory $\mathcal{T}$ that admits only a finite set of most general residues.

Stickel (1985) distinguishes between *wide* theory resolution, which allows the clauses $K_i$ to be arbitrary clauses and *narrow* theory resolution, where the $K_i$ are unit clauses. Since only narrow theory resolution is considered in this paper, we simply speak of theory resolution. Also the exclusive use of partial theory resolution accounts for the omission of the word *partial* in this paper.

Soundness and completeness of theory resolution are given by the following theorems (Stickel 1985).

<u>2.2 Theorem:</u>
Let $\mathcal{T}$ be a theory, $S$ a set of clauses and $C$ a $\mathcal{T}$-resolvent of $S$. Then every $\mathcal{T}$-interpretation $\mathfrak{I}$ that satisfies $S$ also satisfies $C$. ∎

<u>2.3 Theorem:</u>
Let $S$ be a $\mathcal{T}$-unsatisfiable set of clauses. Then there is a refutation of $S$ using (partial or total) theory resolution with theory $\mathcal{T}$. ∎

# 3. Simplifying Interpreted Formulae

In this section we first define some basic notions of the interpreted propositional logic. Then we describe the appropriate modification of the method of iterated consensus and prove that it produces the set of theory prime implicants of the original formula. As the underlying theory is always $\mathcal{T}$, we omit the index $\mathcal{T}$ in some notions.

<u>3.1 Definition (semantic notions):</u>
Let $C$ and $D$ be clauses, $\mathcal{T}$ a theory.
(i)   $C$ **$\mathcal{T}$-implies** $D$, iff $C \wedge \neg D$ is $\mathcal{T}$-unsatisfiable, which is denoted by $C \leq_{\mathcal{T}} D$.
(ii)   $C$ and $D$ are called **$\mathcal{T}$-equivalent** (or **semantically equivalent**), iff $C$ $\mathcal{T}$-implies $D$ and $D$ $\mathcal{T}$-implies $C$, which is denoted by $C \equiv_{\mathcal{T}} D$.

<u>3.2 Definition (syntactic notions):</u>
Let $C$ and $D$ be clauses, $\mathcal{T}$ a theory.
(i)   $C$ **$\mathcal{T}$-subsumes** $D$, iff for each literal $L$ of $C$ there exists a literal $K$ of $D$ such that $L \wedge \neg K$ is $\mathcal{T}$-unsatisfiable, which can be recognized with the decision procedure for $\mathcal{T}$.
(ii)   $C' \subset C$ is called a **$\mathcal{T}$-factor** of $C$, iff for each literal $L \in C \backslash C'$ there is some literal $K \in C'$ such that $L$ $\mathcal{T}$-subsumes $K$.
(iii)   $C$ is called **tautological**, iff $\neg C$ is $\mathcal{T}$-unsatisfiable.

It is easy to see that $\equiv_{\mathcal{T}}$ is an equivalence relation and $\leq_{\mathcal{T}}$ is a partial order on $C\!/\!\equiv_{\mathcal{T}}$, the set of all clauses modulo $\mathcal{T}$-equivalence. In the following we always consider $C\!/\!\equiv_{\mathcal{T}}$, i.e. we assume semantically equivalent clauses to be identical.
In analogy to the uninterpreted case, the connection between $\mathcal{T}$-implication and $\mathcal{T}$-subsumption is given by the following

<u>3.3 Lemma:</u>
Let $C$ and $D$ be nontautological clauses. Then $C$ $\mathcal{T}$-implies $D$, iff $C$ $\mathcal{T}$-subsumes $D$.

Proof:
Gottlob (1987) proved the following theorem for the predicate logic: If $C$ is not self-resolving and $D$ is not tautological, then subsumption is equivalent to implication. This proof generalizes to total theory

resolution. As we deal only with ground clauses, our result follows from the fact that nontautological ground clauses cannot be self-resolving.                                                                                  ∎

### 3.4 Definition:

Let $S$ be a set of clauses. A clause, which is minimal (w.r.t. the $\mathcal{T}$-implication order) in the semantic closure of $S$ is called a $\mathcal{T}$-**prime implicant** of $S$. The set of $\mathcal{T}$-prime implicants of $S$ is denoted by $\mathcal{P}_S$.

The modified *method of iterated consensus* now works as follows: Let $S$ be a set of clauses. The nontautological $\mathcal{T}$-resolvents of clauses in $S$ are formed and added to the set. Each clause possessing a factor is replaced by this factor. At the same time, $\mathcal{T}$-subsumed clauses are deleted. When no new clauses can be added that are not $\mathcal{T}$-subsumed by existing clauses, the algorithm terminates.

Before proving the main theorem about the correctness and termination of this method, we give a lemma, which is the interpreted counterpart of a well-known lemma of the uninterpreted propositional logic. However, as partial theory resolution is involved, the proof is not fully analogous to the uninterpreted case.

### 3.5 Lemma:

Let $S$ be a set of clauses. For each nontautological clause $C$ in the semantic closure of $S$, there exists a clause $D$ with $D \leq_T C$ and a deduction of $D$ from $S$ using $\mathcal{T}$-resolution (not necessarily total).

Proof:

If $C$ is in the semantic closure of $S$, then $S \cup \{\neg C\}$ is $\mathcal{T}$-unsatisfiable and, according to the completeness of $\mathcal{T}$-resolution, admits a $\mathcal{T}$-refutation (i.e. a $\mathcal{T}$-resolution deduction of the empty clause). Let $\neg C = K_1 \wedge \ldots \wedge K_n$. Let $S'$ be the set resulting from $S$ by deleting all clauses that contain a literal which is $\mathcal{T}$-subsumed by some $K_i$ and by removing from the remaining clauses those literals that $\mathcal{T}$-subsume some $\neg K_j$. $S' \cup \{\neg C\}$ is still $\mathcal{T}$-unsatisfiable, hence admits a refutation using total narrow $\mathcal{T}$-resolution. We transform each total resolution step $s$ of this refutation into a partial $\mathcal{T}$-resolution step $p$ in the following way: if $s$ uses the clauses $C_1,\ldots,C_n$, $K'_1,\ldots, K'_m$, with $K'_i \in \{K_1,\ldots,K_n\}$, and produces the resolvent $R$, then $p$ is the step deriving the resolvent $R \vee \neg K'_1 \vee \ldots \vee \neg K'_m$ from the clauses $C_1,\ldots,C_n$. Then we obtain a partial $\mathcal{T}$-resolution deduction, starting from $S'$ and resulting in a clause $C'$ that is a subset of $C$. Finally, we restore those original clauses that contained a literal subsuming some $\neg K_j$. This is done by adding those literals to the appropriate clauses in the whole deduction. Let $C''$ be the set of all these clauses. Now we have obtained a $\mathcal{T}$-deduction of a clause $D := C' \cup C''$ from the original set $S$. It is easy to see that $\{D, \neg C\}$ is $\mathcal{T}$-unsatisfiable, i.e. $D \leq_T C$.                                                                 ∎

Example 1.2 shows that lemma 3.5 does not hold for total theory resolution. The clause $c > -3/2$ is in the semantic closure of $S$, but $S$ admits no total theory resolution step at all.

### 3.6 Theorem:

Let $S$ be a clause set and $\mathcal{P}$ be a set of clauses generated by the method of iterated consensus w.r.t. the theory $\mathcal{T}$. Then $\mathcal{P}$ is the set of $\mathcal{T}$-prime implicants of $S$.

Proof:

Let $\{R_i \mid i \in N\}$ be the set of theory resolvents of clauses of $S$. According to lemma 3.5, for each nontautological clause $C$ in the semantic closure of $S$ there is some $R_j$ with $R_j \leq_T C$. Let $L$ be the set of all literals of $S$ and let $\mathfrak{R}$ be the finite set of all possible most general residues of literals from $L$. Furthermore, let $L_{\mathfrak{R}}$ be the literal set of $\mathfrak{R}$. Then the clauses $R_i$ are clauses over the finite literal set $L \cup L_{\mathfrak{R}}$, hence the set $\{R_i \mid i \in N\}$ is finite and the termination of the procedure is assured. Finally the removal of subsumed clauses guarantees the desired minimality of the clauses generated by the method of iterated consensus.
$\blacksquare$

The method of Loveland & Shostak is designed to find a semantic equivalent of S that consists of atoms of S only.

In order to characterize the notion of simplest equivalent, the prime implicants are classified in three categories:

<u>3.7 Definition:</u>

Let $S$ be a clause set and $\mathcal{P}$ the set of prime implicants of $S$.

(i) $P \in \mathcal{P}$ is a **core implicant**, iff $\mathcal{P} \setminus \{P\}$ does not imply P, i.e. $\mathcal{P} \setminus \{P\} \cup \{\neg P\}$ is $\mathcal{T}$-satisfiable.

(ii) $P \in \mathcal{P}$ is an **absolutely eliminable implicant**, iff the set of core implicants implies $P$.

(iii) $P \in \mathcal{P}$ is an **eliminable implicant**, iff it is neither core nor absolutely eliminable.

This definition includes the original definition for the uninterpreted case, i.e. for the empty theory. Any simplest equivalent consists of the set of core implicants and an appropriate subset of the eliminable implicants. The core implicants can be determined with theory resolution.

3.8 Example:

This example is taken again from the theory $\mathcal{T}$ of Presburger Arithmetic.

Let $S = \{C_1, C_2, C_3\}$ with $C_1 = a>0 \lor b>0$, $C_2 = b>a \lor a>c$ and $C_3 = c>1$. $C_2$ and $C_3$ can be resolved giving $C_4 = b>a \lor a>1$, which resolves with $C_1$ to $C_5 = b>0 \lor a>1$. This resolvent subsumes its parent clause $C_1$, which can therefore be deleted. Having obtained the set $\{C_2, C_3, C_4, C_5\}$, all possible steps lead to resolvents that are subsumed by existing ones. Hence this set respresents the prime implicants of $S$. From all resolvents of clauses of $\mathcal{P}_S$ only the resolvent $C_4$ of $C_2$ and $C_3$ is not subsumed by some element of $\mathcal{P}_S$. Hence none of the clauses $C_2, C_3, C_5$ can be deduced from the rest, in other words these clauses are core implicants. As $C_4$ is implied by the two core implicants $C_2$ and $C_3$, it is absolutely eliminable. Thus the set $\{C_2, C_3, C_5\}$ is a simplest equivalent to S.

Moreover, this example shows that the simplest equivalent of a clause set $S$ is not necessarily composed of the same literals as $S$, since the literal $a>1$ occurs in the simplest equivalent, but not in $S$.

The following example points out that in general Loveland & Shostak's method (the LS-method) does not meet the requirement of generating a simplest semantic equivalent of clause set $S$.

3.9 Example:

Let $S = \{a \geq 0, a \geq 1\}$. We compute the prime implicants according to the LS-method. Let $p, q$ denote the atoms $a \geq 0$ and $a \geq 1$, respectively. The clause $p \rightarrow q$ is the only combination of atoms of S that is valid under $\mathcal{T}$. But this clause is subsumed by the clause $p$, hence it need not be added to the set $S$. Therefore the extended clause set is the original one and, as no resolution steps cam be accomplished, the result of the LS-method is the original set. However, the clause $p$ is obviously implied by the clause $q$ in the theory $\mathcal{T}$. Hence $q$ is the only $\mathcal{T}$-prime implicant, which points out that the LS-approach does not yield the intended result.

**Acknowledgement:** I would like to thank Norbert Eisinger and Hans-Jürgen Ohlbach for some helpful suggestions on an earlier draft of this paper. Furthermore I thank one of the (anonymous) referees for his insisting on formal rigour, especially on the distinction between semantic and syntactic notions, which helped very much to clarify the subject of the paper.

# References


Bläsius, K.H. & Bürckert, H.-J. (Eds.) (1987). Deduktionssysteme. Oldenbourg Verlag, München.

Gottlob, G. (1987). Subsumption and Implication. *Information Processing Letters* 24, 109 - 111.

Loveland, D.W. & Shostak, R.E. (1980). Simplifying Interpreted Formulas. In: W. Bibel & R. Kowalski (Eds.): *Proc. of 5th Conference on Automated Deduction, Les Arcs.* Springer LNCS 87, 97 - 109.

Quine, W.V. (1952). The Problem of Simplifying Truth Functions. *American Math. Monthly,* **59**, 521 - 531.

Quine, W.V. (1959). On Cores and Prime Implicants of Truth Functions. *American Math. Monthly,* **66**, 755 - 760.

Shostak,R.E. (1981). Deciding Linear Inequalities by Computing Loop Residues. *Journal of the ACM,* **28/4,** 769 - 779.

Stickel, M. E. (1985). Automated Deduction by Theory Resolution. *Journal of Automated Reasoning,* 1/4, 333 - 356.

# Effizientes Lernen und Bewerten von Regeln

Langpapier zum Themenbereich "Maschinelles Lernen"
von
Thomas Koch
GMD Birlinghoven
Projekt AiD
5205 Sankt Augustin

## 1    Einleitung

Es wird ein neues Lernverfahren vorgestellt, das aus einer gegebenen Menge von Objektinstanzen (Muster, komplexe Datenrecords) Regeln ableitet und deren Qualität bewertet. Die Regeln sollen semantische Zusammenhänge zwischen einzelnen Attributwerten beschreiben. Das dargestellte Lernverfahren besteht aus 3 Phasen. Zuerst werden für eine Menge von Attributen Regelhypothesen generiert. Diese werden anschließend mit einem Bewertungsverfahren bewertet, wobei die Regelhypothesen, deren Bewertung vorgegebene Schwellenwerte überschreiten, in einer Wissensbasis abgespeichert werden. Verringert sich die Bewertung aufgrund neuer Instanzen, so wird in der dritten Phase versucht, durch Verfeinerung der Regel eine höhere Bewertung zu erreichen. Die Bewertung einer Regel besteht aus drei, auf einfachen statistischen Analsyen basierenden Größen: Sicherheit $\pi_\Omega$ Spezialisierung $\sigma_\Omega$ und Allgemeinheit $\alpha_\Omega$. Dabei müssen die Instanzen, mit denen die Regeln gelernt wurden, nicht aufgehoben werden, sondern nur bestimmte Statistiken. Auf der Grundlage dieser Statistiken kann das Verfahren mit neuen Lerninstanzen inkrementell weiterlernen. Der Ausgangs - oder Wahrscheinlichkeitsraum, über dem die Bewertungen definiert sind, kann dabei dynamisch erweitert werden, was für einen inkrementellen Lernprozeß notwendig ist. Es können dabei auch zusammengesetzte Regeln bewertet werden, wobei das Verfahren wesentlich effizienter als vorhandene ist (lineare anstelle exponentieller Speicherplatzkomplexität).

## 2   Generieren von Regelhypothesen

Ausgangspunkt des Verfahrens ist eine Menge von Objektinstanzen zu einem Schema, die durch Protokollierung von Objekten der realen Welt gewonnen werden. Dies kann man beispielsweise dadurch erreichen, daß man die Attributwerte von Instanzen, die ein Benutzer erzeugt hat, abspeichert. Das Lernverfahren wird dann mit den Objektinstanzen gestartet, wenn eine Mindestanzahl vorhanden ist. Für diese Instanzen bestimmt die Kontrollstrategie zu Beginn eine Konklusion, zu der eine Regel gefunden werden soll. Ist schon Vorwissen in Form von Regeln vorhanden, so muß dies zur Erzeugung der Hypothesen berücksichtigt werden, da diese nicht mehr als neue Regeln gelernt werden sollen. Ist kein Vorwissen vorhanden, so muß die Konklusion alleine aus der statistischen Verteilung der Attributwerte ausgewählt werden. Dabei bieten sich besonders Attributwerte an, die häufig in Instanzen aufgetreten sind. Zur Erzeugung von Regeln vergleiche auch die Literatur zum Lernen von Regeln, z B. [1] [2] und [3]. In dem hier vorgestellten Verfahren wird die Erzeugung von Regeln durch die Schwellenwerte der Bewertung gesteuert. Die Konklusion, zu der eine Regel gefunden werden soll, sei ohne Beschränkung der Allgemeinheit : "Das erste Attribut hat den Wert $X_1$" . Für unsere gesuchte Regel konstruieren wir nun eine boolesche Matrix. Die Spalten wobei $A_{i,j} = 1$ bedeutet, daß das i-te Attribut den Wert $X_j$ hat. $X_j$ ist ein Wert aus dem Individuenbereich des i-ten Attributes [1]. Es sind hier nur die Attributwerte $X_j$ interessant, die in Instanzen vorkommen, in denen das erste Attribut den Wert $X_1$ ($A_{1,1} = 1$) hat.

Neben der formalen Beschreibung des Verfahrens möchte ich das Bewertungsverfahren an einem kurzen Beispiel veranschaulichen.

*Bsp*: Gegeben sei eine Menge von Instanzen zum Schema "TIER" . Die Objektbeschreibung besteht aus den Attributen ART, GATTUNG, ART_DER_FORTBEWEGUNG und VERBREITUNGSGEBIET. Eine Instanz ist durch eine 4 - elementige Liste dargestellt. Gegeben sind die Tiere (Amsel,Vogel,fliegen,Europa), (Sperling,Vogel,fliegen,Europa), (Sperling,Vogel, fliegen,Europa), (Wellensittich,Vogel,fliegen,Australien), (Löwe,Säugetier,laufen,Afrika), (Biene,Insekt,fliegen,Europa). Die Bewertungsmatrix für dieses Beispiel ist in Abbildung 1 dargestellt.

In der ersten Analyse werden nun alle Instanzen, in denen die gesuchte Konklusion gültig ist, herausgesucht. Die Instanzen, in denen die Konklusion nicht gilt, spielen zuerst eine untergeordnete Rolle. Anhand der Verteilung der 0' en und 1' en wird nun versucht, mittels einer statistischen Analyse eine Voraussetzung für die Konklusion zu finden.

| Attribute \ Instanzen | $\Omega$ | | | | | | $\Delta$ | | |
|---|---|---|---|---|---|---|---|---|---|
| fliegen | 1 | 1 | 1 | 1 | 0 | 1 | 0 | 1 | 1 |
| Vogel | 1 | 1 | 1 | 1 | 0 | 0 | 1 | 0 | 1 |
| Säugetier | 0 | 0 | 0 | 0 | 1 | 0 | 0 | 0 | 0 |
| Insekt | 0 | 0 | 0 | 0 | 0 | 1 | 0 | 1 | 0 |
| Europa | 1 | 1 | 1 | 0 | 0 | 1 | 0 | 1 | 1 |
| Australien | 0 | 0 | 0 | 1 | 0 | 0 | 0 | 0 | 0 |
| Afrika | 0 | 0 | 0 | 0 | 1 | 0 | 1 | 0 | 0 |
| Amsel | 1 | 0 | 0 | 0 | 0 | 0 | 0 | 0 | 0 |
| Sperling | 0 | 1 | 1 | 0 | 0 | 0 | 0 | 0 | 0 |
| Wellensittich | 0 | 0 | 0 | 1 | 0 | 0 | 0 | 0 | 0 |
| Löwe | 0 | 0 | 0 | 0 | 1 | 0 | 0 | 0 | 0 |
| Biene | 0 | 0 | 0 | 0 | 0 | 1 | 0 | 0 | 0 |
| Strauß | 0 | 0 | 0 | 0 | 0 | 0 | 1 | 0 | 0 |
| Hornisse | 0 | 0 | 0 | 0 | 0 | 0 | 0 | 1 | 0 |
| Meise | 0 | 0 | 0 | 0 | 0 | 0 | 0 | 0 | 1 |

Abbildung 1 : Matrix aus Instanzen und ihren Attributwerten

| Attributwerte \ Instanzen | | (1) | (2) | (3) | (4) |
|---|---|---|---|---|---|
| 1 | $A_{1,1}$ | 1 ... 1 | 1 ... 1 | 0 ... 0 | 0 ... 0 |
| | | | Konklusion | | |
| 2 | $A_{2,1}$ | 1 ... 1 | 0 ... 0 | 1 ... 1 | 0 ... 0 |
| . | . | | Prämisse | | |
| . | . | . | . | . | . |
| | | korrekte Anwendung | Regel nicht anwendbar | fehlerhafte Anwendung | Regel nicht anwendbar |

Abbildung 2 : Bewertungsmatrix für die Regel $A_2 \rightarrow A_1$

---

[1] Gibt es sehr viele Werte, die ein Attribut einer Instanz annimmt, so muß man Attributwerte diskretisieren. Man bestimmt den größten und kleinsten Wert, der für das Attribut auftritt, und unterteilt die Menge der möglichen Attributwerte in äquidistante Intervalle. $A_{i,j} = 1$ bedeutet in diesem Fall, daß das i-te Attribut einen Wert zwischen $X_j$ und $X_{j+1}$ hat.

# 3  Bewertung von Regelhypothesen

Aus der oben konstruierten Matrix werden nun Bewertungsvektoren berechnet, die der Summe einzelner Spalten der Matrix entsprechen. Dazu muß erst aufgrund einer statistischen Analyse eine mögliche Prämisse bestimmt werden. Man sucht dazu die Prämisse, bei der die Bewertung der Regel die vorgegebenen Schwellenwerte erreicht. Eine Möglichkeit ist, nacheinander die Attributwerte zu überprüfen, die in den Instanzen, für die die Konklusion gilt, am häufigsten auftreten. Wir nehmen oBdA an, daß die Prämisse $A_{2,1}$ ist. Erweitert man die Matrix aus der ersten Analysephase dahingehend, daß sie alle Instanzen (nicht nur die, für die $A_{1,1}$ wahr ist) enthält, so kann man die Matrix in 4 ((1) ... (4)) Teile aufspalten. Gegeben sei nun die Regel $A_{2,1}$ -> $A_{1,1}$ oder, mit nur einem Index : $A_2$ -> $A_1$ .

Für die Instanzen aus Teil (1) ist die Regel korrekt, für die Regeln in Teil (3) ist sie ungültig oder falsch. Die Teile (2) und (4) sind für die Gültigkeit einer Regel unwichtig, da die Regel für diese Instanzen nicht anwendbar ist. Für spätere Verfeinerungen der Regel benötigt man jedoch noch Informationen über die Fälle, in denen die Regel nicht anwendbar ist. Jedem dieser 4 Bereiche ordnet man einen Spaltenvektor zu, der für jede Aussage $A_{i,j}$ die Summe der Instanzen enthält, in denen $A_{i,j}$ wahr ist. Die entsprechenden Bewertungsvektoren heißen $\beta_1$, $\beta_2$, $\beta_3$ und $\beta_4$ [1].

> *Bsp* : Für unsere Regel, "Wenn x ein Vogel ist, so kann x fliegen", oder $A_2$ -> $A_1$ ergeben sich
> folgende Bewertungsvektoren: $\beta_1(A_2$ ->$A_1) = (4,4,0,0,3,1,0,1,2,1,0,0)$, $\beta_2(A_2$ ->$A_1) = (1,0,0,1,1,$
> $0,0,0,0,0,0,1)$, $\beta_3(A_2$ ->$A_1) = (0,0,0,0,0,0,0,0,0,0,0,0)$, $\beta_4(A_2$ ->$A_1) = (0,0,1,0,0,0,1,0,0,0,1,0)$
> Man sieht sofort, daß die Attribute, deren Anzahl der möglichen Werte in der gleichen
> Größenordnung liegt wie die Anzahl der Instanzen, zu speziell sind, um als mögliche Prämissen
> bertrachtet zu werden. Man nimmt deshalb diese Attributwerte aus den Bewertungsvektoren heraus.
> In unserem Beispiel ist dies das Attibut "ART". Die Länge der Bewertungsvektoren reduziert sich
> damit beträchtlich. Für die neuen Bewertungsvektoren ergeben sich für unsere Regel folgende Werte:
> $\beta_1 = (4,4,0,0,3,1,0)$, $\beta_2 = (1,0,0,1,1,0,0)$, $\beta_3 = (0,0,0,0,0,0,0)$ und $\beta_4 = (0,0,1,0,0,0,1)$.

Mit den Vektoren $\beta_1$, $\beta_2$, $\beta_3$ und $\beta_4$ läßt sich nun die eigentliche Bewertung der Regeln berechnen. Neben den Vektoren gehören zur der Bewertung einer Regel 3 Angaben. Die Bewertungen sind immer abhängig vom Stichprobenraum $\Omega$, also von der Menge der Instanzen.

<u>Sicherheit $\pi_\Omega$</u>: Die Sicherheit gibt an, mit welcher Wahrscheinlichkeit man von der Gültigkeit der Prämisse
auf die Gültigkeit der Konklusion schließen kann. Dieser Wert ist der wichtigste der 3 Angaben, da er angibt, in welchem Maße die Sicherheit der Prämisse bei Regelanwendung weitervererbt wird. Die Sicherheit einer Regel ist wie folgt definiert :

$$\pi_\Omega = \frac{\text{Anzahl der korrekten Anwendungen}}{\text{Anzahl der möglichen Anwendungen}}$$

Für die Regel $A_2$ -> $A_1$ gilt also:      (1.1)      $\pi_\Omega (A_2$ -> $A_1) = \dfrac{\beta_1[2]}{\beta_1[2] + \beta_3[2]}$

<u>Spezialisierung $\sigma_\Omega$</u>: Die Spezialisierung gibt an, wie häufig die Prämisse im Vergleich zur Konklusion auftritt.

$$\sigma_\Omega = \frac{\text{Anzahl der Fälle in denen die Konklusion erfüllt ist}}{\text{Anzahl der Fälle in denen die Prämisse erfüllt ist}}$$

---

[1]  $\beta_i[j]$ entspricht der Anzahl der 1' en in der j-ten Spalte des i-ten Unterbereiches der Bewertungsmatrix

Für die Regel $A_2 \to A_1$ gilt:  (1.2)  $\sigma_\Omega \ (A_2 \to A_1) \ = \dfrac{\beta_1[1] + \beta_2[1]}{\beta_1[2] + \beta_3[2]}$

**Allgemeinheit $\alpha_\Omega$:** Die Allgemeinheit einer Regel gibt an, wie häufig die Regel im bezug auf alle vorhandenen Instanzen anwendbar ist.

$$\alpha_\Omega \ = \ \frac{\text{Anzahl der Instanzen in denen die Prämisse erfüllt ist}}{\text{Anzahl der Instanzen}}$$

Analog für $A_2 \to A_1$ : (1.3)  $\alpha_\Omega \ (A_2 \to A_1) \ = \dfrac{\beta_1[2] + \beta_3[2]}{|\, \Omega \, |}$

*Bsp* : Für unsere Regel "Wenn x ein Vogel ist, so kann x fliegen" ergeben sich folgende Bewertungen :

$$\pi_\Omega \ (A_2 \to A_1) \ = \frac{4}{4+0} \ = \ 1 \ , \ \sigma_\Omega \ (A_2 \to A_1) \ = \frac{4+1}{4+0} \ = \ \frac{5}{4} , \ \alpha_\Omega \ (A_2 \to A_1) \ = \frac{4+0}{6} = \frac{4}{6}$$

Nachdem die Bewertung der Regel berechnet ist, werden die Instanzen und damit auch die boolesche Matrix gelöscht, sofern man nicht mehr nach neuen Regeln für andere Attributwerte sucht. Mit dem Löschen dieser Informationen wird das Vergessen des Systems modelliert. Es ist nicht möglich, die gesamte Information der Instanzen abzuspeichern. Vielmehr ist es eine Forderung an ein lernendes System aus den eingegebenen Daten Informationen zu abstrahieren, und nur diese Informationen abzuspeichern.

## 4  Verfeinerung von Regeln

Nachdem die Vektoren $\beta_1$, $\beta_2$, $\beta_3$ und $\beta_4$ und die Bewertungen $\pi_\Omega$, $\sigma_\Omega$ und $\alpha_\Omega$ für eine Regel bestimmt wurden, kann die speicherplatzintensive Matrix wieder gelöscht werden. Es kann nun der Fall eintreten, daß eine gelernte Regel bei einer neuen Menge von Instanzen nicht mehr mit der vorher berechneten Bewertung gilt. Es tritt also das Problem auf, daß die Regel neu bewertet und nötigenfalls auch verändert werden muß, obwohl die ursprüngliche Matrix und die Instanzen gelöscht wurden. Meist will man die Regel nicht ganz verwerfen, sondern die Prämisse verändern, um so eine bessere Bewertung zu erreichen. Ich unterscheide zwischen *konjunktiver* und *disjunktiver* Verfeinerung von Regeln, je nachdem, ob eine zusätzliche Bedingung mit einer "∧" oder "∨" Verknüpfung an die ursprüngliche Regel gebunden wird.(vgl [4]) . Es tritt also folgender Fall ein:

Mittels einer großen Menge von Instanzen $\Omega$ wurden die Werte $\beta_1$, $\beta_2$, $\beta_3$, $\beta_4$, $\pi_\Omega$, $\sigma_\Omega$ und $\alpha_\Omega$ berechnet und die Matrix gelöscht. In einer neuen Menge von Instanzen $\Delta$ gelten die abgeleiteten Regeln nicht mehr mit den ursprünglichen Bewertungen. Die Bewertungen können im schlechtesten Fall so niedrig sein, daß die Regel aufgrund der schlechten Bewertung unbrauchbar ist. Die Bewertung von $\pi$ ist hierbei von besonderer Bedeutung, da sie angibt, wie die Sicherheit durch Anwenden der Regel weitervererbt wird. Man gibt deshalb für den Wert von $\pi$ einen Schwellenwert an, unter die die Bewertung nicht fallen darf, um die entsprechende Regel noch sinnvoll anwenden zu können. Mit Hilfe der Bewertungsmatrix für $\Delta$ sucht man nun nach Verfeinerungen bzw. zusätzlichen Prämissen für die Regel. Diese Suche verläuft ähnlich wie die Suche nach einer Prämisse zur gegebenen Konklusion zu Beginn der Bewertung. Hat man eine zusätzliche Prämisse gefunden, so muß man für die neue Regel die Bewertungen $\pi_{\Omega \cup \Delta}$, $\sigma_{\Omega \cup \Delta}$ und $\alpha_{\Omega \cup \Delta}$ berechnen.

*Bsp* : In unserem Beispiel soll die neue Menge von Instanzen $\Delta$ aus folgenden Tieren bestehen: (Strauß,Vogel,laufen,Afrika), (Hornisse,Insekt,fliegen,Europa) und (Meise,Vogel,fliegen,Europa)

## 4.1  Konjunktive Verfeinerung

Gegeben sind also $\beta_1$, $\beta_2$, $\beta_3$, $\beta_4$, $\pi$, $\sigma$ und $\alpha$ für die voherige Regel $A_1 \rightarrow A_2$ in $\Delta$ und $\Omega$. Ist nun die konjunktive Verfeinerung $A_j$, so kennt man auch die Werte $\beta_1$, $\beta_2$, $\beta_3$, $\beta_4$, $\pi$, $\sigma$ und $\alpha$ für die verfeinerte Regel $A_1 \wedge A_j \rightarrow A_2$ in $\Delta$.

Gesucht sind die Bewertungen dieser Regel in $\Omega$ bzw. in $\Omega \cup \Delta$.

Die Konstruktion der Vektoren $\beta_1$, $\beta_2$, $\beta_3$ und $\beta_4$ erlaubt die Berechnung der Bewertung der verfeinerten Regel, obwohl die zugehörigen Instanzen gelöscht wurden.

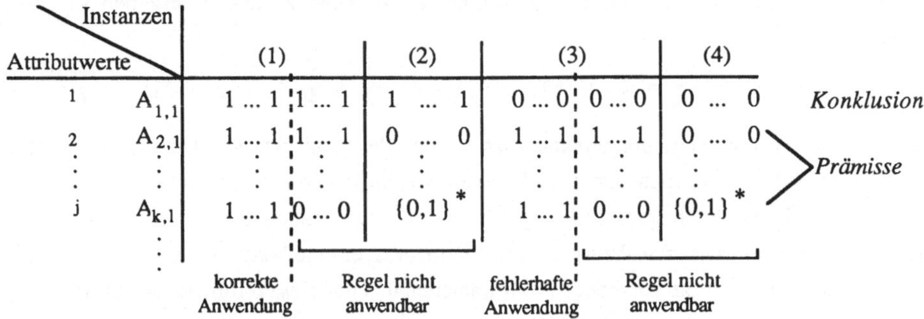

Abbildung 3 : Bewertungsmatrix für $A_2 \wedge A_j \rightarrow A_1$ :

Die Regel ist nur dann korrekt anwendbar, wennn sowohl $A_2$ als auch $A_j$ wahr sind. Die Anzahl dieser Fälle ist gleich der Anzahl der 1' en für $A_j$ im Teil (1) der Matrix ( $= \beta_1[j]$). Eine fehlerhafte Anwendung ensteht dann, wenn sowohl $A_2$ als auch $A_j$ wahr sind, $A_1$ aber falsch ist. Die Anzahl diese Fälle entspricht der Anzahl der 1'en für $A_j$ im Teil (3) der Matrix ( $= \beta_3[j]$). In allen anderen Fällen ist die verfeinerte Regel nicht anwendbar. Die gesuchten Bewertungen der verfeinerten Regel in $\Omega$ werden dann wie folgt berechnet:

$$(2.1) \qquad \pi_\Omega (A_2 \wedge A_j \rightarrow A_1) \; = \; \frac{\beta_1[j]}{\beta_1[j] + \beta_3[j]}$$

$$(2.2) \qquad \sigma_\Omega (A_2 \wedge A_j \rightarrow A_1) \; = \; \frac{\beta_1[1] + \beta_2[1]}{\beta_1[j] + \beta_3[j]}$$

$$(2.3) \qquad \alpha_\Omega (A_2 \wedge A_j \rightarrow A_1) \; = \; \frac{\beta_1[j] + \beta_3[j]}{|\,\Omega\,|}$$

Die Bewertungen für die Menge aller Instanzen, also für $\Omega \cup \Delta$ erhält man, indem man die Bewertungsvektoren für $\Omega$ und $\Delta$ addiert, und die Formeln (2.1) bis (2.3) auf die Summe anwendet. Tritt ein Attribut in $\Delta$ zum ersten mal auf, so muß man im Bewertungsvektor für $\Omega$ an der entsprechenden Stelle eine 0 einfügen und somit den Vektor um eine Komponente vergrößern.

Im Vergleich zur ursprünglichen Regel $R_1$ gelten für die konjunktiv verfeinerte Regel $R_2$ folgende Beziehungen :    1) $\pi_{\Omega \cup \Delta}(R_2) \geq \pi_{\Omega \cup \Delta}(R_1)$,    2) $\sigma_{\Omega \cup \Delta}(R_2) \geq \sigma_{\Omega \cup \Delta}(R_1)$    3) $\alpha_{\Omega \cup \Delta}(R_2) \leq \alpha_{\Omega \cup \Delta}(R_1)$

Voraussetzung für die Beziehungen 1) ist jedoch, daß $\beta_3[2] - \beta_3[j] \geq \beta_1[2] - \beta_1[j]$, das heißt: Durch die Verfeinerung fallen mehr Fehler weg als korrekte Anwendungen ausgeschlossen werden. Durch eine konjunktive Verfeinerung wird eine Regel in jedem Fall spezieller und damit auch weniger allgemein.

In unserem Beispiel sei die konjunktive Verfeinerung: "Verbreitungsgebiet ist Europa". Für die Bewertungen der verfeinerten Regel $R_2$ in $\Delta$ gilt also: $\pi_\Delta(R_2) = 1$, $\sigma_\Delta(R_2) = 1$ und $\alpha_\Delta(R_2) = 2/3$ Aufgrund der Formeln (2.1) bis (2.3) ergeben sich für die Bewertungen in $\Omega \cup \Delta$ folgende Beziehungen : 1) $\pi_{\Omega \cup \Delta}(R_2) = 1 \geq \pi_{\Omega \cup \Delta}(R_1) = 5/6$ , 2) $\sigma_{\Omega \cup \Delta}(R_2) = 7/4 \geq \sigma_{\Omega \cup \Delta}(R_1) = 7/6$ 3) $\alpha_{\Omega \cup \Delta}(R_2) = 4/9 \leq \alpha_{\Omega \cup \Delta}(R_1) = 6/9$

## 4.2 Disjunktive Verfeinerung

Eine weitere Möglichkeit der Verfeinerung einer Regel ist die disjunktive Verfeinerung. Sie erhöht im allgemeinen den Wert von $\pi$ nicht. In jedem Fall, in dem die ursprüngliche Regel fehlerhaft ist, ist es auch die verfeinerte Regel. Der Wert von $\pi$ wird durch eine disjunktive Verfeinerung nur dann größer, wenn durch die Disjunktion mehr gültige als zusätzliche fehlerhafte Regelanwendungen hinzukommen. Oft tritt auch der Fall ein, daß sich die Sicherheit einer disjunktiv verfeinerten Regel nur unwesentlich ändert, die Allgemeinheit der Regel jedoch wesentlich größer wird. Wenn man nur an hohen Werten für $\pi$ interessiert ist, ist es günstiger, anstelle einer zusätzlichen disjunktiven Voraussetzung eine neue Voraussetzung zu wählen. $\pi_\Omega(A_j \to A_1)$ ist dann meist größer als $\pi_\Omega(A_2 \vee A_j \to A_1)$ . Für die Bewertung der verfeinerten Regel in $\Omega$ kann man analog zu der konjunktiven Verfeinerung die entsprechenden Bewertungsmatrizen konstruieren. Die Bewertungsmatrix für $A_2 \vee A_j \to A_1$ ist in Abbildung 4 dargestellt.

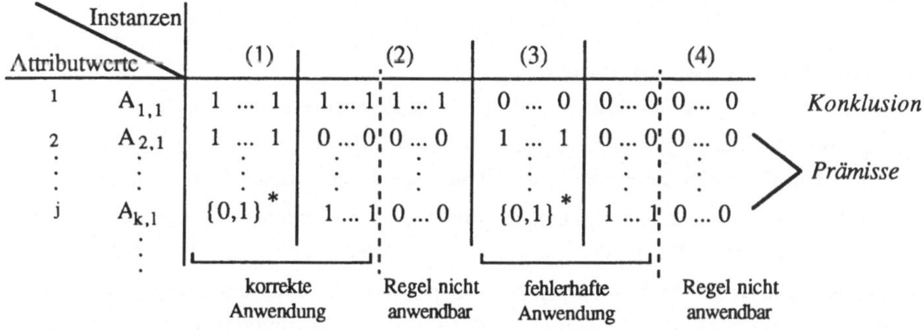



Abbildung 4: Bewertungsmatrix für $A_2 \vee A_j \to A_1$

Die Regel ist dann anwendbar, wenn entweder $A_2$ oder $A_j$ wahr ist. Im Vergleich zur ursprünglichen Regel ist die verfeinerte Regel mindestens so häufig anwendbar wie die ursprüngliche Regel. Dabei nimmt sowohl die Anzahl der korrekten als auch die der fehlerhaften Anwendungen zu oder bleibt gleich. Die Bewertungen der disjunktiv verfeinerten Regel für $\Omega$ berechnen sich wie folgt.

$$(3.1) \quad \pi_\Omega(A_2 \vee A_j \to A_1) = \frac{\beta_1[2] + \beta_2[j]}{\beta_1[2] + \beta_2[j] + \beta_3[2] + \beta_4[j]}$$

$$(3.2) \qquad \sigma_\Omega(A_2 \vee A_j \to A_1) \;=\; \frac{\beta_1[1] + \beta_2[1]}{\beta_1[2] + \beta_2[j] + \beta_3[2] + \beta_4[j]}$$

$$(3.3) \qquad \alpha_\Omega(A_2 \vee A_j \to A_1) \;=\; \frac{\beta_1[2] + \beta_2[j] + \beta_3[2] + \beta_4[j]}{|\,\Omega\,|}$$

Im Gegensatz zur konjunktiven Verfeinerung nimmt bei der disjunktiven Verfeinerung die Allgemeinheit der Regel zu, und ihre Spezialisierung entsprechend ab. Nimmt man die Sicherheit einer Regel als ausschließliches Bewertungskriterium, so besteht die Tendenz, eher eine konjunktive als eine disjunktive Verfeinerung der Regel anzustreben. Durch einen geeignet gewählten Parameter für die Allgemeinheit einer abzuleitenden Regel kann diese Tendenz jedoch kompensiert werden. Ausschließlich spezielle Regeln bringen viele Nachteile mit sich, da sie nur sehr selten anwendbar sind.

Im Vergleich zur ursprünglichen Regel $R_1$ sollen für die disjunktiv verfeinerte Regel $R_2$ folgende Beziehungen gelten:   1) $\pi_{\Omega \cup \Delta}(R_2) \geq \pi_{\Omega \cup \Delta}(R_1)$ ,      2) $\sigma_{\Omega \cup \Delta}(R_2) \leq \sigma_{\Omega \cup \Delta}(R_1)$

        3) $\alpha_{\Omega \cup \Delta}(R_2) \geq \alpha_{\Omega \cup \Delta}(R_1)$

Gilt $\beta_2[j] \geq \beta_4[j]$ , ist also die Anzahl der zusätzlichen korrekten Anwendungen größer als die der fehlerhaften Anwendungen, so wird die Sicherheit der Regel durch die disjunktive Verfeinerung größer. Ist diese Beziehung nicht erfüllt, so kann eine disjunktive Verfeinerung dennoch sinnvoll sein, da die Allgemeinheit, also die Zahl der Instanzen, für die die Regel anwendbar ist, zunimmt. In solchen Fällen muß man abwägen, inwieweit die Sicherheit der Regel zugunsten der Allgemeinheit verringert werden soll.

In unserem Beispiel sei die disjunktive Verfeinerung: "Gattung ist Insekt". Für die Bewertungen der verfeinerten Regel $R_2$ in $\Delta$ gilt also: $\pi_\Delta(R_2) = 2/3$, $\sigma_\Delta(R_2) = 2/3$ und $\alpha_\Delta(R_2) = 1$

Die Formeln (3.1) bis (3.3) ergeben folgende Bewertungen für $\Omega \cup \Delta$ :

1) $\pi_{\Omega \cup \Delta}(R_2) = 7/8 \geq \pi_{\Omega \cup \Delta}(R_1) = 5/6$        ,      2) $\sigma_{\Omega \cup \Delta}(R_2) = 7/8 \leq \sigma_{\Omega \cup \Delta}(R_1) = 7/6$

3) $\alpha_{\Omega \cup \Delta}(R_2) = 8/9 \geq \alpha_{\Omega \cup \Delta}(R_1) = 6/9$

## 4.3   Einfügen einer neuen Prämisse

Es kann nun auch der Fall eintreten, daß weder durch eine konjunktive noch durch eine disjunktive Verfeinerung die Bewertung der Regel einen vorgegebenen Schwellenwert erreichen kann. Dies tritt besonders dann auf, wenn $|\Delta|$ groß ist oder die Bewertung in $\Omega$ niedrig ist. Man möchte dann natürlich nicht gerne die gespeicherten Informationen und damit auch die Regel löschen. Gegeben sei also eine Menge von Instanzen $\Delta$, in der die vorherige Regel $A_2 \to A_1$ nicht mehr mit den notwendigen Bewertungen gilt. Gesucht wird eine andere Prämisse für die Konklusion $A_1$. Nehmen wir an, wir finden eine solche Prämisse $A_j$, so daß $A_j \to A_1$ eine ausreichend hohe Bewertung in $\Delta$ hat, dann muß man die neue Regel bezüglich der Instanzen aus $\Omega$ bewerten. Das Problem besteht nun darin, daß die Instanzen aus $\Omega$ wieder gelöscht wurden, und nur die Bewertungsvektoren $\beta_1$, $\beta_2$, $\beta_3$ und $\beta_4$ für die ursprüngliche (jetzt falsche) Regel vorhanden sind.

Die Konstruktion der Vektoren erlaubt jedoch trotzdem eine Bewertung der neuen Regel in $\Omega$. In Abbildung 5 wird die Berechnung dargestellt. Die Bewertung ist aufgrund folgender Eigenschaft möglich: Die Werte $\beta_1[1]$, $\beta_2[1]$ und $\beta_3[2]$ entsprechen genau der Anzahl der Instanzen in dem Teil der Matrix, da in den Zeilen nur 1' en enthalten sind. Der Wert von $\beta_1[j]$ entspricht beispielsweise der Anzahl der gültigen

Anwendungen der Regel in Teil (1) der Matrix. Die Differenz von $\beta_1[1]$ und $\beta_1[j]$ entspricht der Anzahl der Fälle, in denen die Regel $A_j$ -> $A_1$ nicht anwendbar ist ( da $A_j$ falsch ist). Analog lassen sich die Teile (2) und (3) der Matrix in die benötigten Teile aufspalten. Etwas schwieriger ist nur die Aufspaltung des vierten Teiles, da man nicht die Anzahl der Instanzen in diesem Teil kennt, weil die ersten beiden Spalten der Matix nur 0' en enthalten. Kennt man die Anzahl der Instanzen in diesem Teil, so kann mann auch den vierten Teil der Matrix aufspalten und damit die neue Regel in $\Omega$ bewerten. Es reicht dazu, den Wert von $|\Omega|$ zu kennen, denn der gesuchte Wert ist $|\Omega| - \beta_1[1] - \beta_2[1] - \beta_3[2]$.

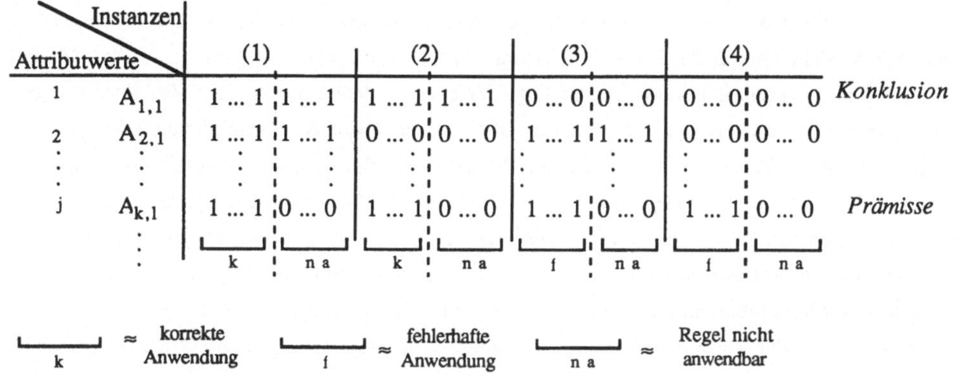


Abbildung 5 : Bewertungsmatix für $A_j$ -> $A_1$

Für die Bewertung der Regel in $\Omega$ ergeben sich damit folgende Werte:

$$(4.1) \quad \pi_\Omega (A_j \text{->} A_1) = \frac{\beta_1[1] - \beta_1[j] + \beta_2[1] - \beta_2[j]}{\beta_1[1] - \beta_1[j] + \beta_2[1] - \beta_2[j] + \beta_3[2] - \beta_3[j] + \beta_4'[1] - \beta_4[j]}$$

$$(4.2) \quad \sigma_\Omega (A_j \text{->} A_1) = \frac{\beta_1[1] + \beta_2[1]}{\beta_1[1] - \beta_1[j] + \beta_2[1] - \beta_2[j] + \beta_3[2] - \beta_3[j] + \beta_4'[1] - \beta_4[j]}$$

$$(4.3) \quad \alpha_\Omega (A_j \text{->} A_1) = \frac{\beta_1[1] - \beta_1[j] + \beta_2[1] - \beta_2[j] + \beta_3[2] - \beta_3[j] + \beta_4'[1] - \beta_4[j]}{|\Omega|}$$

wobei $\beta_4'[1] = |\Omega| - \beta_1[1] - \beta_2[1] - \beta_3[2]$

In unserem Beispiel sei die neue Prämisse : "Gattung ist Insekt". Für die Bewertungen der verfeinerten Regel $R_2$ in $\Delta$ gilt also: $\pi_\Delta (R_2) = 1$, $\sigma_\Delta (R_2) = 2$ und $\alpha_\Delta (R_2) = 1/3$

Mit Hilfe der Formeln (4.1) bis (4.3) ergeben sich für die Bewertungen in $\Omega \cup \Delta$ dann folgende Beziehungen : 1) $\pi_{\Omega \cup \Delta} (R_2) = 1 \geq \pi_{\Omega \cup \Delta} (R_1) = 5/6$ , 2) $\sigma_{\Omega \cup \Delta} (R_2) = 7/2 \geq \sigma_{\Omega \cup \Delta} (R_1) = 7/6$ 3) $\alpha_{\Omega \cup \Delta} (R_2) = 2/9 \leq \alpha_{\Omega \cup \Delta} (R_1) = 6/9$

Läßt sich die Bewertung der Regel weder durch Verfeinerung noch durch eine neue Prämisse so verändern, daß die Werte für $\Omega \cup \Delta$ einen vorgegebenen Wert überschreiten, so muß die Regel zurückgenommen werden.

# 5 Vergleich mit anderen numerischen Bewertungsverfahren

## 5.1 Vergleich zur Bewertung mit Wahrscheinlichkeiten

Der Begriff der "Sicherheit" des hier vorgestellten Verfahrens ähnelt dem der Wahrscheinlichkeit. Betrachtet man eine Regel als Implikationsaussage, so entspricht die *Sicherheit der Regel* der *Wahrscheinlichkeit der Implikationsaussage, unter der Bedingung, daß die Regel anwendbar ist.* Durch die Einschränkung auf die Fälle, in denen die Regel anwendbar ist, ergeben sich weitreichende Vereinfachungen gegenüber dem klassischen Wahrscheinlichkeitsbegriff (vgl z.B. [5]). Alle übrigen Fälle, in denen die Regel nicht anwenbar ist, spielen für die Sicherheit der Regel keine Rolle. Die Definition dieses Begriffs der bedingten Wahrscheinlichkeit hat den Vorteil, daß man zu seiner Definition auf das Modell der möglichen Welten verzichten kann. Hierin liegt der entscheidende Vorteil des Verfahrens gegenüber anderen numerischen Bewertungsverfahren, die auf dem Begriff der Wahrscheinlichkeit beruhen (vgl. [6] und [7]). Obwohl auf den Begriff der möglichen Welten verzichtet wird, beruht der Begriff der Sicherheit einer Regel nicht auf intuitiven Heuristiken, wie beispielsweise die Bewertung mit Certainty Factors. Das Problem, zu Beginn eine Wahrscheinlichkeitsverteilung definieren zu müssen, stellt sich hierbei nicht.

Durch den Verzicht auf das Modell der möglichen Welten umgeht man viele Probleme, die mit ihm verbunden sind. Man muß nicht mehr, wie oben erwähnt, eine Wahrscheinlichkeitsverteilung bestimmen, denn die Zuordnung der Verteilung birgt große Probleme, da es keine allgemeingültigen Kriterien für sie gibt. In jeder Zuordnung einer Verteilung liegt eine gewisse Willkür, die nicht beseitigbar ist. Durch den Verzicht umgeht man ein weiteres Problem. Definiert man Wahrscheinlichkeiten über einer Menge von möglichen Welten, so müssen alle Elemtarereignisse sowie deren Wahrscheinlichkeiten zu Beginn des Verfahrens festgelegt werden. Dies ist besonders problematisch, wenn man die Bewertung der Ungenauigkeiten benutzt, um einen Lernprozeß zu simulieren. Gerade beim Lernen kann man nicht davon ausgehen, das diese Informationen zu Beginn des Verfahrens bekannt sind. In dem hier vorgestellten Verfahren lassen sich noch nicht vorhandene Attributwerte dadurch bewerten, daß man die Bewertungsvektoren in $\Delta$ um eine Komponente vergrößert, in die dann die Häufigkeit des Auftretens des neuen Attributs in $\Delta$ eingetragen wird. Wird dann die Bewertung für $\Omega \cup \Delta$ berechnet, so müssen die Bewertungsvektoren in $\Omega$ um eine Komponente erweitert werden, in die dann der Wert 0 eingetragen wird. Für einen inkrementellen Lernprozeß ist das Modell der möglichen Welten ungeeignet, da es nicht möglich ist, neue Informationen, z.B. neu aufgetretene Attributwerte, in die Bewertung mit aufzunehmen.

## 5.2 Unterschied zu wahrheitsfunktionaler Bewertung

Ein Bewertungsverfahren heißt wahrheitsfunktional, wenn die Bewertung einer zusammengesetzten Aussage aus den Bewertungen der Teilaussagen berechenbar ist (z.B. Aussagenlogik). Ein solches Verfahren ist der Incidence Calculus von A. Bundy [8]. Mit ihm können auch genaue Werte für die Wahrscheinlichkeit zusammengesetzter Aussagen berechnet werden. Der wesentliche Unterschied zum Incidence Calculus besteht in dem Wahrscheinlichkeitsraum, über dem die Wahrscheinlichkeiten bestimmt werden. Der Incidence Calculus beruht auf dem Prinzip der Einteilung in mögliche Welten. Die möglichen Welten entsprechen beim Lernen von Regeln über Instanzen der Kombination aller möglichen Attibutwerte. Hat eine Instanz n Attribute, die jeweils $i_1$ bis $i_n$ verschiedene Werte annehmen können, so gilt für die Zahl der möglichen Welten, und damit für die Anzahl der Komponenten des Incidences einer Aussage A: $\dim(i(A)) = i_1 * \ldots * i_n$. Außerdem hat der Incidence Calculus die oben beschriebenen Nachteile einer Bewertung mit Wahrscheinlichkeiten.

Das hier vorgestellte Vefahren ist bedingt wahrheitsfunktional. Durch das Löschen von Instanzen und Bewertungsmatrix wird das Vergessen des Systems modelliert. Es wird nur die zur Bewertung notwendige Information in Form der Bewertungsvektoren abgespeichert. Aus ihr läßt sich die Bewertung einer verfeinerten Regel berechnen. Verfeinert man eine verfeinerte Regel (im allgemeinen ist dies eine Regel mit mehr als 3 Gliedern in der Prämisse), so liefert das Verfahren ein Ungenauigkeitsintervall. Dies liegt daran, daß sich aus den Bewertungsvektoren $\pi$, $\sigma$ und $\alpha$ für die verfeinerte Regel berechnen lassen, nicht aber die Bewertungsvektoren der neuen Regel. Deshalb ist es wichtig, daß die Regelhypothesen, die anfangs erzeugt wurden, möglichst gut sind. Dies kann man dadurch erreichen, daß man erst dann Regelhypothesen generiert, wenn man schon eine große Menge Instanzen zur Verfügung hat. Eine andere Möglichkeit besteht darin, zu Beginn mehrere Regeln zu erzeugen, von denen diejenigen, die sich später nicht mehr durch Verfeinerungen verbessern lassen, wieder gelöscht werden. In diesem Fall ist es sinnvoller, anstelle einer Verfeinerung eine neue Regelhypothese zu erzeugen.

Für die Größe der Vektoren $\beta_1$, $\beta_2$, $\beta_3$ und $\beta_4$ gilt, daß sie höchstens so groß werden können wie die Summe der möglichen Attibutwerte der Instanzen: $\dim(\beta_i(R)) \leq i_1 + \ldots + i_n$. Vergleicht man die Längen der Bewertungsvektoren des Incidence Calculus mit denen des hier vorgestellten Verfahrens, so ergibt sich als obere Abschätzung für $i = \max_{1 \leq j \leq n}\{i_j\}$:

$$\dim(i(A)) \quad = i_1 * \ldots * i_n \leq i * \ldots * i = i^n$$
$$\dim(\beta_i(R)) = i_1 + \ldots + i_n \leq i + \ldots + i = n * i$$

Aufgrund der bedingten Wahrheitsfunktionalität hat das Bewertungsverfahren eine *lineare* Speicherplatzkomplexität, wobei Verfahren, in denen beliebige Verfeinerungen einen genauen Wert erhalten sollen, eine *exponentielle* Speicherplatzkomplexität haben müssen.

# 6   Literatur


[1]   P. Clark und T. Niblett, "Learning If Then Rules in Noisy Domains", *AI Methods in Statistics* London Buisness School, 16/17.12.86 S. 84-97.

[2]   L.-M. Fu und B.G. Buchanan, "Inductive Knowledge Acquisition for Rule-Based Expert Systems", Department of Computer Science Stanford, Report No. KSL-85-42, Oktober 85.

[3]   J.R. Quinlan, *The Effect of Noise on Concept Learning,* in Machine Learning Vol. 2, Morgan Kaufmann, S.149-166, 1986.

[4]   A. Bundy, B. Silver und D. Plunner, "An Analytical Comparison of Some Rule-Learning Programs", *Artificial Intelligence,* Vol. **27**, S. 137-181, 1985.

[5]   S.A. Schmitt, *Measuring Uncertainty* , Addison-Wesley, 1969.

[6]   J. Gordon und E.H. Shortliffe, "A Method for Managing Evidential Reasoning in a Hierachical Hypothesis Space", *Artificial Intelligence,* Vol. **26**, S. 323-357, 1985.

[7]   G.Shafer und R.Logan, "Implementing Dempster's Rule for Hierarchical Evidence", *Artificial Intelligence,* Vol. **33**, S. 271-298, 1987.

[8]   A. Bundy, "Incidence Calculus : A Mechanism for Probabilistic Reasoning", *Journal of Automated Reasoning*, Vol. **1**, S. 263-283, 1985.

# Model-Based Learning of Rules
# for Error Diagnosis

**Kai Zercher**

Universität Karlsruhe
Fakultät für Informatik
Institut für Prozeßrechentechnik und Robotik
Prof. Dr.-Ing. U. Rembold, Prof. Dr.-Ing. R. Dillmann
D-7500 Karlsruhe

**Abstract**

For robot applications, automatic error diagnosis becomes an ever more important capability. Diagnosis from first principles (DFP), a technique previously applied mostly to fault diagnosis of digital circuits, promises to be a fruitful approach. Unfortunately, this technique normally fails to meet the real time requirements of robot applications.

It is shown how this problem can be overcome by using explanation-based generalization (EBG). The proposed technique uses the diagnosis and its explanation from a DFP-based system and generates an error diagnosis rule. After an initial learning phase, the DFP-based system can be replaced by a rule-based diagnosis system utilizing the rules learned by EBG. This replacement can speed up the diagnosis process considerably without loosing relevant diagnosis power.

The proposed combination of DFP and EBG is not limited to robot applications. It is applicable whenever DFP can be used in a given domain.



# 1    Introduction

Robots are an important factor to enhance productivity in industry. Unfortunately, robot applications are not error free: An object slips out of a griper, a part on a conveyer belt is misoriented, a workpiece does not meet its specifications, the robot arm collieds with an unexpected obstacle in the working area, etc. If an error has occurred, most of todays robots behave rather stupid: often they do not notice the error and cause extra damage or if they notice it, they stop working at all. In any case, human intervention is necessary to find the cause of the error situation, to fix it, and to restart the robot. Obviously, this is an expensive approach, both because of the lost robot operating time and the cost for the humans involved.

Early robot systems had no chance to deal intelligently with errors. Since they had no or only primitive sensors, they were basically performing blindly. With the advent of robots equipped with a variety of sensors, including powerful vision systems, this situation has changed. Consequently, the research efforts for automatic error detection, diagnosis, and recovery are increasing [Gini 88]. Error detection is the problem of deciding whether an error has occurred or not. Error diagnosis tries to find the cause of an error and its effects on the working environment. Finally, error recovery is the problem of planning actions which achieve the robot's goal in spite of the error encountered. Error recovery is essentially a planning problem and will not be addressed by this paper.

The problem of error detection and diagnosis is strongly complicated by the real time requirements posed by robot applications. Error detection should not noticeably slow down the robot's actions. Since errors are usually a rare event and error diagnosis is only activated after an error has been detected, error diagnosis might take a little bit longer; but still for "standard" cases it should be fast. On the other hand, we do not necessarily need a system which handles all the errors it could, considering its knowledge about the application and the abilities of the sensors. Important gains of productivity would already be achieved, if some of the encountered error situations could be handled automatically.

## 2 Diagnosis from first principles (DFP)

Diagnosis from first principles (DFP) requires that a system is described by a formal model, which allows to make predictions[1] about the system's behavior. A discrepancy between observed and predicted behavior is called an error. Obviously an error indicates a difference between the model and the real system. Diagnosis is the problem of finding this difference. A difference can be described by pointing out those assumptions of the model which are violated, i.e., assumptions whose removal would render predictions and observations consistent.

More formally, we get the following definitions:

- Let $A = \{a_1, \ldots, a_n\}$ be a set of assumptions, which are used to model the system under consideration.

- Let $Obs = \{obs_1, \ldots, obs_m\}$ be a set of observations about the behavior of the system. These observation include input to as well as output from the system.

- The predicate consistent(Assumptions, Observations) is true, iff Assumptions and Observations are consistent, i.e., there is no discrepancy between predicted and observed behavior[2].

- An error is present, if consistent(A, Obs) is false.

- $A'$ is a candidate for explaining an error, iff $A' \subseteq A$ and consistent(A \ A', Obs).

- $A'$ is a minimal candidate, iff $A'$ is a candidate and no proper subset of $A'$ is a candidate.

---

[1] A prediction does not have to describe a behavior exactly. It might specify a whole class of accepted behaviors, e.g., a numerical value might be bounded by an interval.

[2] The less assumptions are given, the less precise the prediction is and the greater the chances of consistency with the observations. As an extreme case consistent({}, Observations) is always true.

- Diagnosis is the task of finding the set of minimal candidates.

For more details about DFP see [Davis 84], [Genesereth 84], [Reiter 87].

# 3  An example

Assume a robot has to grip a workpiece. The robot is equipped with a parallel jaws gripper. A tactile array is mounted on both jaws. The gripping areas are rectangles. The situation — with the gripper still open — is depicted in Fig. 1.

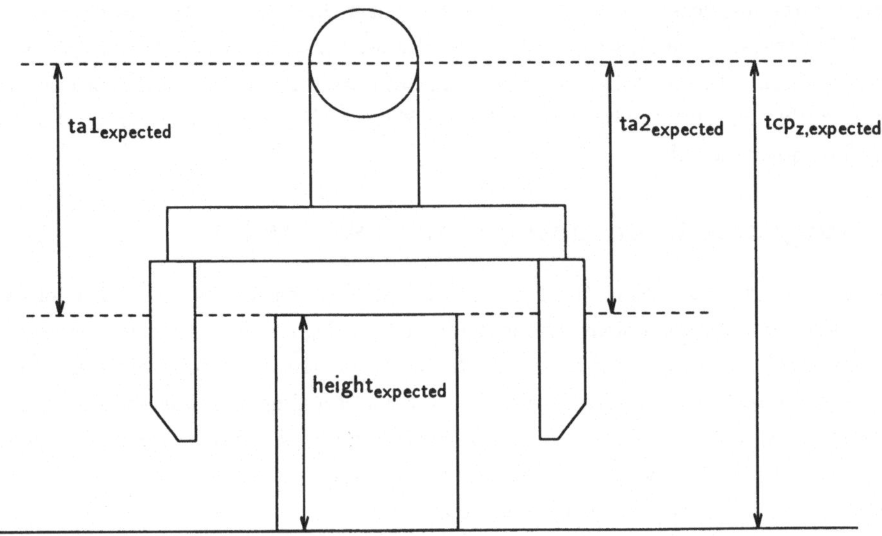


Figure 1: Gripper with open jaws

The model of the situation with the gripper closed consists of the set A of assumptions listed below[3]. Note, that in contrast to other work, we explicitly model uncertainties of sensor measurements and allowed tolerances of objects.

$a_1$     $tcp_{z,sensor} + tcp_{z,delta} = tcp_{z,expected}$

$a_2$     $tcp_{z,delta}$ in $[-0.01, 0.01]$

       The z-axis component of the tool center point ($tcp_{z,expected}$) can be measured ($tcp_{z,sensor}$) with a known uncertainty ($tcp_{z,delta}$).

---

[3]The set of assumptions which should be true at a certain point in time is maintained by the controlling robot program.

$a_3$      $\text{height}_{\text{expected}}$ in $[4.5, 5.5]$

The $\text{height}_{\text{expected}}$ of the workpiece is allowed to be between 4.5 and 5.5 units.

$a_4$      $\text{ta1}_{\text{expected}} + \text{height}_{\text{expected}} = \text{tcp}_{z,\text{expected}}$

$a_5$      $\text{ta2}_{\text{expected}} + \text{height}_{\text{expected}} = \text{tcp}_{z,\text{expected}}$

The contact area between workpiece and a gripper jaw is a rectangle. All points on the upper edge of this rectangle have the same z-axis component. $\text{ta1}_{\text{expected}}$ ($\text{ta2}_{\text{expected}}$) is this value for the left (right) contact area.

$a_6$      $\text{ta1}_{\text{sensor}} + \text{ta1}_{\text{delta}} = \text{ta1}_{\text{expected}}$

$a_7$      $\text{ta1}_{\text{delta}}$ in $[-0.2, 0.2]$

$a_8$      $\text{ta2}_{\text{sensor}} + \text{ta2}_{\text{delta}} = \text{ta2}_{\text{expected}}$

$a_9$      $\text{ta2}_{\text{delta}}$ in $[-0.2, 0.2]$

$\text{ta1}_{\text{expected}}$ and $\text{ta2}_{\text{expected}}$ can be measured with a known uncertainty.

Given the observations $\text{Obs}_1 = \{\text{tcp}_{z,\text{sensor}} = 8, \text{ta1}_{\text{sensor}} = 2.95, \text{ta2}_{\text{sensor}} = 3.05\}$ it is easy to show that the predicate $\text{consistent}(A, \text{Obs}_1)$ is true. But for the observations $\text{Obs}_2 = \{\text{tcp}_{z,\text{sensor}} = 8, \text{ta1}_{\text{sensor}} = 1.8, \text{ta2}_{\text{sensor}} = 1.9\}$ the predicate $\text{consistent}(A, \text{Obs}_2)$ is false. An error has been detected.

Since the predicate $\text{consistent}(A \setminus \{a_3\}, \text{Obs}_2)$ is true, DFP concludes that $\{a_3\}$, i.e., the workpiece has not the specified height, is a minimal candidate for explaining $\text{Obs}_2$. Obviously, we could learn the following simple rule:

IF    $\text{tcp}_{z,\text{sensor}} = 8$ and $\text{ta1}_{\text{sensor}} = 1.8$ and $\text{ta2}_{\text{sensor}} = 1.9$

THEN    $\{a_3\}$ is a minimal candidate.

However, this rule has an important drawback: it is only applicable in a very specific situation. With slightly different observations the antecedent would not be fulfilled. In the next section we will show how this problem can be overcome.

# 4   Combining DFP and EBG

Explanation-based generalization (EBG) is a technique which has recently attracted much attention. In contrast to inductive learning techniques it is able to learn justified generalizations from a single training instance. Given a goal concept, a training example, a domain theory, and an operationality criterion, it learns a concept definition which is a sufficient condition for the goal concept and which satisfies the operationality criterion [Mitchell 86].

In order to get rules for error diagnosis, we want to learn operational concept definitions of a minimal candidate, specificly of a minimal candidate which is a singleton set, i.e., $\{a_i\}$. This corresponds to the fact that we use the *single error hypothesis*, i.e., we assume that an error can be explained by the violation of a single assumption of the model. Our goal concept is

# Wissenspräsentation und -repräsentation


Carsten Kindermann, Joachim Quantz
TU Berlin, Fachbereich Informatik
Projektgruppe KIT, FR 5 -12
Franklinstr. 28/29, 1000 Berlin 10



**Kurzfassung**

Ausgehend von einer Trennung zwischen Wissenspräsentation und -repräsentation in KL-ONE Systemen werden Probleme bei der graphischen Präsentation behandelt. Hierzu gehören Informationseingrenzung, Navigation in großen Netzen und Visualisierung von Strukturveränderungen. Es werden die in GROW realisierten Lösungen vorgestellt und neue Anforderungen an die Repräsentation entwickelt.[1]


## 1 Einleitung

Eine Arbeitsumgebung, die den Aufbau und die Modifikation einer Wissensbasis unterstützt, ist in zwei Komponenten zu unterteilen:

- Eine **Repräsentationskomponente**, die eine Menge von Operationen zur Modifikation der Wissensbasis zur Verfügung stellt. Wir beschränken uns im folgenden auf Wissensrepräsentationssysteme, die auf dem KL-ONE Formalismus [BS85] basieren. Den Operationen kann dann eine formale Semantik zugeordnet werden.

- Eine **Präsentationskomponente**, die die Benutzungsoberfläche des Gesamtsystems realisiert. Sie präsentiert das repräsentierte Wissen und gibt Hilfestellungen für den Modellierungsprozeß, stellt also Operationen zur Verfügung, die den Editierprozeß unterstützen. Zur Verwaltung der Wissensbasis verwendet sie die formal definierten Operationen der ersten Komponente. Allgemeine Anforderungen an Benutzungsoberflächen sind aus der Mensch-Computer-Interaktion bekannt [DIN88, Her86].

Hinsichtlich der Benutzung einer Arbeitsumgebung nehmen wir an, daß der Benutzer bei der Modellierung einer Terminologie mit KL-ONE von ersten, intuitiv motivierten Grunddefinitionen ausgeht, die dann durch Hinzufügen komplexerer Definitionen zu einer differenzierteren Begriffshierarchie erweitert werden [LNPS87]. Dieser inkrementelle Entwicklungsprozeß sollte von einer interaktiven Benutzungsoberfläche unterstützt werden. Da KL-ONE in der Tradition der Semantischen Netze steht, liegt es nahe, das repräsentierte Wissen graphisch zu präsentieren und graphik-orientierte Interaktionsformen zur direkten Manipulation der repräsentierten Entitäten anzubieten. Für KL-ONE Benutzungsoberflächen ergeben sich dabei folgende Probleme:

- Realistische KL-ONE Netze zeichnen sich durch ihre Größe (ca. 1000 Konzepte und 200 Rollen) und starke Verflechtung zwischen den einzelnen Objekten aus. Die Inspektion einer solchen Terminologie (Gesamtüberblick und Detailinformation) muß ermöglicht werden.

- Durch die Klassifikation erfahren KL-ONE Netze starke Strukturveränderungen. Eine adäquate Visualisierung muß dem Benutzer über den Umfang dieser Strukturveränderungen informieren und eine Orientierung im neuen Netz unterstützen.

---

[1] Eine ausführliche Diskussion der hier vorgestellten und in GROW realisierten Lösungen findet sich in [KQ88].

# 5  Applying EBG

EBG learns a concept definition by generalizing the explanation why a training instance belongs to the goal concept. In our example, it uses the explanations for not consistent$(A, Obs_2)$ and consistent$(A \setminus \{a_3\}, Obs_2)$.

In this application assumptions and observations can be seen as a set of equations involving interval specifications. Assumptions and observations are consistent, if an assignment to the variables exists, which satisfies all equations. Constraint propagation with interval labels [Davis 87] is used to check whether such an assignment exists. We get a constraint network where every variable of the model is represented by a node and every equation by a constraint. A node is labeled with a real valued interval which represents the set of all possible values the variable might take. Constraint propagation repeatedly evaluates constraints and thereby restricts the sets of possible values, i.e., makes the intervals smaller. Evaluating a constraint (equation) with $n$ variables means to plug in the values of $n - 1$ variables and to compute – using interval arithmetic – the value of the remaining variable. This interval is then intersected with the already existing interval. The intersection becomes the new label for the corresponding node.

If – at any point – an interval becomes empty, then no assignment to the variables exists which satisfies all equations. Assumptions and observations are inconsistent.

Constraint propagation terminates if no label of a node can be changed any further. If this happens without any interval being empty, we assume that assumptions and observations are consistent. The found intervals show us possible ranges of the variables in the model. There are (pathological) cases where an inconsistency is not detected by constraint propagation with interval labels. To avoid (some of) these cases and to enhance the accuracy of the computed intervals, new constraints are derived from already existing ones before constraint propagation starts. In our example, we get $a_{10}$ $ta1_{expected} = ta2_{expected}$ from $a_4$ and $a_5$. Within our application no undetected inconsistencies were encountered. For a detailed discussion of the advantages and disadvantages of constraint propagation with interval labels see [Davis 87] and [Zercher 88].

EBG generalizes each step of the constraint propagation. Below, we give one step of this process for consistent$(A \setminus \{a_3\}, Obs_2)$ along with its generalizations.

| $ta2_{delta}$ | **numerical interval and conditions** | **generalized interval and generalized conditions** |
|---|---|---|
| **value1** | $[-0.2, 0.2]$ | $[-0.2, 0.2]$ |
| **value2** | $[-0.3, 0.1]$ | $[-TA2 + TA1 - 0.2, -TA2 + TA1 + 0.2]$ |
| **new_ value** | $[-0.2, 0.1]$ | $[-0.2, -TA2 + TA1 + 0.2]$ |
| | $-0.3 \leq -0.2$ | $-TA2 + TA1 - 0.2 \leq -0.2$ |
| | $0.1 \leq 0.2$ | $-TA2 + TA1 + 0.2 \leq 0.2$ |
| | $-0.2 \leq 0.1$ | $-0.2 \leq -TA2 + TA1 + 0.2$ |

**value1** has been derived from $a_9$. Utilizing $a_6$, $a_7$, and $a_{10}$, we get $ta2_{expected} = [1.6, 2.0]$ and its generalization $[TA1 - 0.2, TA1 + 0.2]$. **value2** is then computed by using $a_8$. **new_value** is the

interval intersection of **value1** and **value2**. The numerical interval of **new_value** has the lower bound from the numerical interval of **value1** and the higher bound from the numerical interval of **value2**. The intersection of the generalized intervals mirrors exactly this behavior. The resulting generalized interval has the lower bound from the generalized interval of **value1** and the higher bound from the generalized interval of **value2**. For this result of an interval intersection to hold, we must require that the lower bound of the generalized interval of **value1** is higher or equal than the one from **value2**. This yields the first listed generalized condition. We get the second condition by considering the upper bounds. Finally, we have to ensure that the interval exists (is not empty), i.e., the lower bound is lower or equal than the upper bound. This results in the third condition. All three generalized conditions are simplified to $TA2 - 0.4 \leq TA1$ and $TA1 \leq TA2$. During checking $consistent(A, Obs_2)$ we detect an inconsistency. For $tal_{sensor}$ we can compute the values $[1.8, 1.8]$ ($[TA1, TA1]$) and $[2.29, 3.71]$ ($[TCP - 5.71, TCP - 4.29]$). Both have an empty interval intersection. The upper bound of the first value is lower than the lower bound of the second value. This is captured by the generalized condition $TA1 < TCP - 5.71$.

All conditions found during the constraint propagation steps are collected. This set is then simplified, i.e., redundant conditions are removed. The result forms the concept definition shown in the previous section. It is important to note that conditions from constraint propagation steps where the interval label of a node is not changed are also collected. This is needed to take the termination condition of constraint propagation adequately into account.

# 6 Implementation

The technique has been implemented in PROLOG. All results of applying DFP and EBG to our example have been derived automatically.

For our example, the DFP-based system needed several seconds to find a diagnosis. This is far too slow for a real time robot application. A rule-based system utilizing the learned error diagnosis rules was faster by two orders of magnitude. Since the example is small and the DFP implementation is not geared towards efficiency, this result should be taken with care. Still we think it demonstrates the potentials of this approach.

# 7 Utilizing the learned concept definitions

There are many ways to apply the proposed technique. For instance, during a training (learning) phase, which is supervised by an engineer, DFP is used for error detection and diagnosis. Whenever DFP has found a correct diagnosis[4], EBG learns a rule for this diagnosis. After the learning phase has been ended[5], DFP is replaced by a rule based system using the learned error

---

[4]In some cases, DFP might find several minimal candidates. In this situations further observations, domain specific heuristics or the supervising engineer might help to find the correct diagnosis.

[5]This can be based on knowledge about the particular application (all relevant errors have been learned) or on the fact that no new error diagnosis rule has been learned over a long period of time.

diagnosis rules. If such a rule fires for a given observation, we know that an error is present and we get a minimal candidate for explaining this error.

For every diagnosis suggested by a rule an appropriate error recovery routine has to be found. Our approach does not only provide the error recovery planner with the diagnosis and its associated conditions; in addition the current state (after the error has happened) is described as accurately as possible. With the observation $Obs_2$ and the diagnosis $\{a_3\}$, i.e., the height of the workpiece is wrong, we would get $height_{expected}$ in $[5.99, 6.31]$ and its generalization $height_{expected}$ in $[-0.21 + TCP - TA1, 0.21 + TCP - TA2]$. Together with similar expressions for the other variables, this should be a good starting point for planning the error recovery.

With the above application the robot is assumed to operate error free as long as no error diagnosis rule fires. A more cautious approach would be to learn rules stating that everything is o.k. A suitable goal concept is:

$$no\_error(\{tcp_{z,sensor} = TCP, \ ta1_{sensor} = TA1, \ ta2_{sensor} = TA2\})$$

$$\Leftarrow consistent(A, \{tcp_{z,sensor} = TCP, \ ta1_{sensor} = TA1, \ ta2_{sensor} = TA2\})$$

In situations where none of these rules fire an error is assumed to be present (even if no error diagnosis rule fires).

Assuming $n$ assumptions in the model and the usage of the *single error hypothesis*, there are $n$ possible errors for which we might have to learn error diagnosis rules. Fortunately, in most applications a small number of errors are responsible for the bulk of the erroneous situations. Being able to detect infrequent and tricky errors normally requires extra sensors, larger models and more powerful computers. There is a tradeoff between the costs for automatic error diagnosis and the costs for not detecting and/or diagnosing an error (extra damage, lost operating time, human intervention). Therefore, even if we have to learn several concept definitions to cover one error, we are probably able to keep the required rule set small.

## 8  Related work

Failsafe [Mostow 87] explains and generalizes failures which it encounters during planning. Failsafe uses explicit knowledge about the failures whereas this work uses knowledge about a correct system.

Steels and Van de Velde [Steels 85, Van de Velde 86] propose to use deep knowledge, e.g., a causal model, for diagnosis and a technique called *learning through progressive refinement* to learn error diagnosis rules, i.e., shallow knowledge, from the results of the diagnosis. "In particular the goal of learning in such a system is to start from a deep model of a problem-domain, and gradually 'compile' it into an efficient set of heuristics" [Van de Velde 86]. First, an initial rule is generated which simply associates the fact that an error happened — in their example *engine doesn't start* — with the found diagnosis, e.g., *battery discharged*. This rule is then integrated into the already found rule set. Integration assures mutual exclusiveness of each rule and is done by adding extra conditions to the antecedent of rules. These extra conditions are found by syntactic manipulations of the rule set without utilizing the given deep model.

Over time their rules become more specific, whereas our rules, if several rules for the same diagnosis are combined into one, become more general. Also their rules are heuristics, i.e., normally there antecedent is "too" general, whereas our rules are always justified by the domain model. [Zercher 88] describes how their ideas can be combined with our approach.

For a good survey about error detection, diagnosis, and recovery for robots see [Gini 88].

# 9    Conclusions and future research

We proposed to learn justified error diagnosis rules by combining *diagnosis from first principles* (DFP) and *explanation-based learning* (EBG). Using these rules has the potential of speeding up diagnosis considerably.

We demonstrated that DFP as well as its combination with EBG can successfully be applied in the field of robotics. A critical requirement of this approach is the availability of models. If expectations about future developments in robotics (task level programming, CIM, etc.) become true, models suitable for diagnosis should be available at little costs.

The combination of DFP and EBG is not limited to the domain of robotics. It is applicable whenever DFP can be used. Digital circuit analysis should be a good candidate for a next test. Here, large scaled models are already available.

# 10    Acknowledgements

I want to thank my advisor Prof. Dr. Dillmann for his encouraging support of the work and his valuable comments. Further thanks go to Angelika Hecht and Horst Spandl with whom I had fruitful discussions. Thanks for reading and criticizing earlier drafts of this paper go to Andreas Hörmann, Jörg Raczkowski, and Jürgen Koenemann.

This work was partially supported by DFG, SFB-KI (SFB-314), subproject RO.

# References

[**Davis 84**] Davis,R., "Diagnostic reasoning based on structure and behavior," Artificial Intelligence 24, p.347-410, 1984.

[**Davis 87**] Davis,E., "Constraint propagation with interval labels", Artificial Intelligence 32, p.281-331, 1987.

[**Genesereth 84**] Genesereth,M.R., "The use of design descriptions in automated diagnosis," Artificial Intelligence 24, p.411-436, 1984.

[**Gini 88**] Gini,M., "Automatic error detection and recovery," to appear in Rembold,U. (ed.), "Robot technology and applications," 1988.

[**Keller 87**] Keller,R.M., "Defining Operationality for Explanation-Based Learning," AAAI-87.

[**Mitchell 86**] Mitchell,T.M., Keller,R., Kedar-Cabelli,S., "Explanation-based generalization: a unifying view," Machine Learning 1, 1986.

[**Mostow 87**] Mostow,J., Bhatnagar,N., "FAILSAFE – A Floor Planer that Uses EBG to Learn from its Failures," IJCAI 87.

[**Reiter 87**] Reiter,R., "A theory of diagnosis from first principles," Artificial Intelligence 32, p.57-95, 1987.

[**Steels 85**] Steels,L., "Second generation expert systems," Future Generations Computer Systems, Vol. 1, 1985.

[**Van de Velde 86**] Van de Velde,W., "Explainable knowledge production," Proceedings of the Seventh European Conference on Artificial Intelligence, Brighton, 1986.

[**Zercher 88**] Zercher,K., "Modellbasiertes Lernen von Regeln zur Fehlerdiagnose", Diplomarbeit, Universität Karlsruhe, April 1988.

# Wissenspräsentation und -repräsentation

Carsten Kindermann, Joachim Quantz
TU Berlin, Fachbereich Informatik
Projektgruppe KIT, FR 5 -12
Franklinstr. 28/29, 1000 Berlin 10

**Kurzfassung**

Ausgehend von einer Trennung zwischen Wissenspräsentation und -repräsentation in KL-ONE Systemen werden Probleme bei der graphischen Präsentation behandelt. Hierzu gehören Informationseingrenzung, Navigation in großen Netzen und Visualisierung von Strukturveränderungen. Es werden die in GROW realisierten Lösungen vorgestellt und neue Anforderungen an die Repräsentation entwickelt.[1]

## 1   Einleitung

Eine Arbeitsumgebung, die den Aufbau und die Modifikation einer Wissensbasis unterstützt, ist in zwei Komponenten zu unterteilen:

- Eine **Repräsentationskomponente**, die eine Menge von Operationen zur Modifikation der Wissensbasis zur Verfügung stellt. Wir beschränken uns im folgenden auf Wissensrepräsentationssysteme, die auf dem KL-ONE Formalismus [BS85] basieren. Den Operationen kann dann eine formale Semantik zugeordnet werden.

- Eine **Präsentationskomponente**, die die Benutzungsoberfläche des Gesamtsystems realisiert. Sie präsentiert das repräsentierte Wissen und gibt Hilfestellungen für den Modellierungsprozeß, stellt also Operationen zur Verfügung, die den Editierprozeß unterstützen. Zur Verwaltung der Wissensbasis verwendet sie die formal definierten Operationen der ersten Komponente. Allgemeine Anforderungen an Benutzungsoberflächen sind aus der Mensch-Computer-Interaktion bekannt [DIN88, Her86].

Hinsichtlich der Benutzung einer Arbeitsumgebung nehmen wir an, daß der Benutzer bei der Modellierung einer Terminologie mit KL-ONE von ersten, intuitiv motivierten Grunddefinitionen ausgeht, die dann durch Hinzufügen komplexerer Definitionen zu einer differenzierteren Begriffshierarchie erweitert werden [LNPS87]. Dieser inkrementelle Entwicklungsprozeß sollte von einer interaktiven Benutzungsoberfläche unterstützt werden. Da KL-ONE in der Tradition der Semantischen Netze steht, liegt es nahe, das repräsentierte Wissen graphisch zu präsentieren und graphik-orientierte Interaktionsformen zur direkten Manipulation der repräsentierten Entitäten anzubieten. Für KL-ONE Benutzungsoberflächen ergeben sich dabei folgende Probleme:

- Realistische KL-ONE Netze zeichnen sich durch ihre Größe (ca. 1000 Konzepte und 200 Rollen) und starke Verflechtung zwischen den einzelnen Objekten aus. Die Inspektion einer solchen Terminologie (Gesamtüberblick und Detailinformation) muß ermöglicht werden.

- Durch die Klassifikation erfahren KL-ONE Netze starke Strukturveränderungen. Eine adäquate Visualisierung muß dem Benutzer über den Umfang dieser Strukturveränderungen informieren und eine Orientierung im neuen Netz unterstützen.

---

[1] Eine ausführliche Diskussion der hier vorgestellten und in GROW realisierten Lösungen findet sich in [KQ88].

Für das BACK System [LNPS87] wird zur Zeit die Benutzungsoberfläche GROW (GRaphik-Orientierte Wissenspräsentation) entwickelt [KQ88]. In einem ersten Prototypen wurden die im folgenden Abschnitt vorgestellten Lösungen exemplarisch realisiert.

# 2 Wissenspräsentation für KL-ONE

**Informationseingrenzung.** Bei der angenommenen Größe und Verflechtung können KL-ONE Netze nicht in ihrer Gesamtheit dargestellt werden. Üblicherweise verteilt man die darzustellende Information auf verschiedene *Sichtweisen*, die jeweils unterschiedliche Aspekte des modellierten Gegenstandsbereichs mit wechselnder Genauigkeit präsentieren. Die Sichtweisen sollten an den Anforderungen eines Benutzers in konkreten Arbeitssituationen orientiert sein. In GROW werden, wie in vielen Systemen üblich, die Hierarchien für Konzepte und Rollen getrennt und Detailinformationen für einzelne, selektierte Knoten angeboten. Solche selektierten Knoten bezeichnen wir im folgenden auch als *fokussiert* oder kurz als *Fokus*.[2] Die darüberhinaus angebotenen Vorher-/Nachher-Netze und der Fokus-Stack werden unten beschrieben.

Ein alternativer Ansatz ist, die Menge der darzustellenden Objekte zu begrenzen, dafür aber die in Artikeln über KL-ONE übliche Darstellung beizubehalten. Merkmal dieser Notation ist die Visualisierung der Zusammenhänge zwischen Konzepten und Rollen für einen kleinen, *relevanten Ausschnitt* der insgesamt aufgebauten Terminologie. Ein relevanter Ausschnitt präsentiert den Mittelpunkt der Modellierung als eine Einheit, die Vorteile einer graphischen Präsentation werden weitergehend genutzt. Wegen negativer Erfahrungen anderer Kollegen (vgl. u.a. [KBR86]) und der offenen Frage eines an KL-ONE orientierten Relevanzmaßes wurde dieser Ansatz in GROW bisher nicht weiter verfolgt.

**Navigation.** Auch nach der Informationseingrenzung stellt sich das Problem, daß bei großen Netzen einzelne Sichtweisen (z.B. die Konzepthierarchie) nicht in ihrer Gesamtheit visualisiert werden können. Es müssen deshalb Techniken zur Verfügung gestellt werden, einen Teilausschnitt des Netzes zu präsentieren und gewünschte Informationen/Teilnetze aufzufinden und darstellen zu lassen. Das Bewegen durch ein Netz wird *Navigation* genannt.

In GROW werden zur Zeit zwei Navigationsmethoden angeboten: Mit dem *kontinuierlichen Scrolling* kann sich ein Benutzer leicht einen Überblick über große Netze verschaffen und durch diese navigieren. Das Netz wird dabei in zwei Ausgabebereichen dargestellt. Der eine enthält eine stark verkleinerte Übersicht (das *Strukturbild*), der andere einen Ausschnitt des Netzes. Über das Strukturbild ist ein Rechteck gelegt, das anzeigt, welcher Ausschnitt der Hierarchie im Ausschnittsfenster zu sehen ist. Ein Bewegen des Rechtecks über das Strukturbild erzeugt dann ein entsprechendes Scrolling im Ausschnittsfenster. Im Gegensatz zu Verfahren, die ein Scrolling mittels Scroll-Balken realisieren, bietet das kontinuierliche Scrolling den Vorteil, dem Benutzer sowohl einen Gesamteindruck von der Struktur des Netzes zu geben als auch deutlich anzuzeigen, wo der aktuelle Ausschnitt relativ zum Gesamtnetz liegt.

Die zweite Navigationsmethode stellt die gezielte Suche von Knoten eines Netzes dar. Dies wird dadurch unterstützt, daß die in anderen Ausgabebereichen angezeigte Information zur Spezifikation des Zielknotens durch einfaches Anklicken nutzbar gemacht wird.[3] In Anlehnung an das KREME System [AB87] bieten wir einen sogenannten *Fokus-Stack* an, in dem alle fokussierten Konzepte oder Rollen aufgenommen werden. Dadurch ist eine schnelle Navigation zu allen Knoten möglich, an denen aktuell gearbeitet wird.

---

[2]In [AB87] werden konkrete (textuelle) Sichtweisen auf fokussierte Objekte vorgestellt, die im wesentlichen Zusammenhänge zwischen Konzepten, Rollen und Rollenfüllern angeben.

[3]Die Selektion eines Knotens führt dann zu einer Aktualisierung der Inhalte der diesen Knoten enthaltenden Ausschnitts- und Übersichtsfenster.

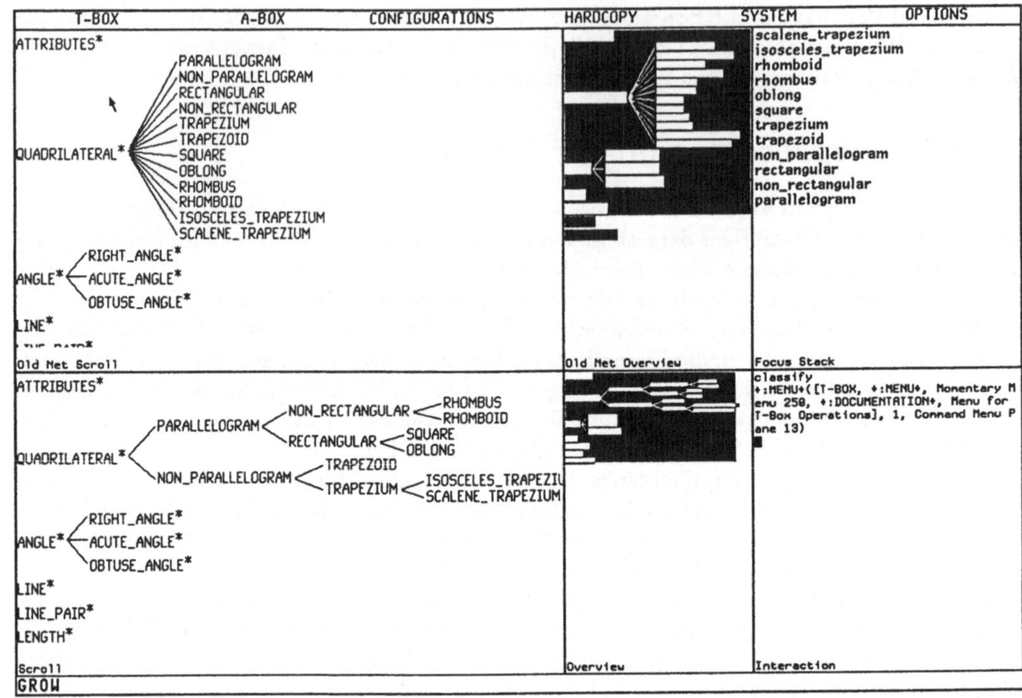



Abbildung 1: Eine Bildschirmkonfiguration für GROW. Zu sehen sind die Konzepthierarchien vor und nach der Klassifikation in Übersicht und Ausschnitt. Die von der Klassifikation betroffenen Konzepte werden in einem speziellen Ausgabebereich gesammelt und können zum Annavigieren der betroffenen Konzepte verwendet werden.

Trotz Informationseingrenzung und Einsatz von Navigationtechniken sind bei begrenzten Ausgabebereichen der übersichtlichen Visualisierung von Netzen Grenzen gesetzt. Bei einem ersten Versuch, unter Verwendung des kontinuierlichen Scrolling ein Netz mit ca. 1700 Knoten und 3000 Kanten zu inspizieren, zeigte das Strukturbild keine Struktur mehr, sondern bestand aus einem schwarzen Klumpen, in dem der aktuelle Ausschnitt einen stecknadelkopfgroßen Anteil ausmachte. In diesem Fall sollten Teile des Netzes ausblendbar oder entsprechend dem Abstraktionsprinzip zu ikonischen Darstellungen zusammenfaßbar sein. Dies soll in einer späteren Version von GROW realisiert werden.

**Strukturveränderungen.** Die *Klassifikation* als wesentliches Merkmal der KL-ONE Systeme kann starke Strukturveränderungen der Begriffshierarchie zur Folge haben. Für einen Benutzer stellt sich in diesem Zusammenhang die Frage, was sich durch den Klassifikationsvorgang verändert hat und wie Konzepte in der veränderten Taxonomie wieder aufgefunden werden können.[4]
In GROW werden zum einen in dem aus der Klassifikation resultierenden Netz die Knoten mit veränderter Position durch spezielle Darstellungsformen hervorgehoben. Ferner werden die Namen der betroffenen Objekte in einem eigenen Ausgabebereich gesammelt, sodaß sie zur gezielten Anwahl der Objekte verwendet werden können. Um dem Benutzer die Orientierung in dem neuen Netz zu erleichtern, wird das bekannte Netz (Zustand vor der Klassifikation) als Navigationshilfe

---

[4]Die hier vorgestellten Probleme und Lösungen lassen sich auch auf Strukturveränderungen infolge von Löschung übertragen.

| | | NIKL | BACK | KREME | GROW |
|---|---|---|---|---|---|
| Sichtweisen | Konzepthierarchie | ■ | ■ | ■ | ■ |
| | Rollenhierarchie | ■ | ■ | ■ | ■ |
| | Text-Editor | ■ | | ■ | |
| | Details (graphisch) | | ■ | | ■ |
| | Details (textuell) | ■ | ■ | ■ | ■ |
| | Interaktionsfenster | ? | ■ | ■ | ■ |
| | Fokus-Stack | | | ■ | ■ |
| | Vorher-/Nachher Netze | | | | ■ |
| Navigation | kontinuierl. Scrolling | ■ | | ■ | ■ |
| | Fokussierung | ■ | ■ | ■ | ■ |
| | Unterstützte Fokussierg. | | | ■ | ■ |
| Interaktion | Termbeschreibung | ■ | ■ | ■ | ■ |
| | Kommandoleisten/Menüs | | ■ | ■ | ■ |
| | lokale Pop-Up Menüs | ■ | ■ | ■ | ■ |
| | direkte Manipulation | | ■ | ■ | ■ |
| Strukturveränderg. | Trace der Klassifikation | | ■ | | |
| | Vorher-/Nachher Netze | | | | ■ |
| | Stack d. klassif. Objekte | | | | ■ |
| Integration der Sichtweisen | lok. Fensterverwaltung | ■ | | | |
| | starre Konfiguration(en) | | ■ | ■ | |
| | adaptierbare Konfig. | | | | ■ |

Tabelle 1: Merkmale einiger KL-ONE Benutzungsoberflächen (vgl. [KQ88]).

weiterhin zur Verfügung gestellt. Die Selektion eines Knotens im ursprünglichen Netz führt dann zu einer entsprechenden Navigation im klassifizierten Netz.

**Layout.** Bei Forderung graphischer Interaktionsmethoden wäre es konsequent, das Netz in einer Art 'Hand-Layout' durch den Benutzer strukturieren zu lassen. Gegen dieses Verfahren spricht, daß es nur auf kleine Netze effektiv anwendbar ist und die Klassifikation in KL-ONE eine automatische Umstrukturierung des Netzes notwendig macht, die dann notwendigerweise die Benutzereingaben überschreiben muß. GROW verwendet daher ein automatisches Layout. Bei der Berechnung des Layouts großer Netze muß abgewogen werden zwischen einem 'annähernd optimalen' Layout und der Geschwindigkeit, in der dieses berechnet werden kann. Layout-Algorithmen fallen sehr leicht in die Klasse der NP-harten Algorithmen [Rob87], die bei den hier angenommenen Netzgrößen zu einem Performanzverlust führen würden, der bei direkt rückkoppelnden Benutzungsoberflächen, für die ein häufiges Auffrischen der Graphiken notwendig ist, unzumutbar wäre. Der in GROW verwendete Layout-Algorithmus des ISI-Graphers [Rob87] stellt diesbezüglich einen guten Kompromiß dar. Sein Aufwand ist linear zur Größe des Netzes (Anzahl der Knoten und Kanten), dessen Layout berechnet werden soll.

**Integration.** Stellt man dem Benutzer im Sinne der Multirepräsentativität viele verschiedene Sichtweisen und mehrere Interaktionsformen zur Verfügung, müssen diese sinnvoll integriert werden, um eine übersichtliche Gesamtdarstellung zu gewährleisten. In den meisten Systemen wird jeder Sichtweise ein eigenes Fenster zugeordnet, die Integration bleibt dann dem Benutzer überlassen, wobei ihm die Möglichkeiten der jeweiligen Fensterverwaltung zur Verfügung stehen.

Für GROW wurde eine andere Lösung gewählt: Der Benutzungsoberfläche wird ein einziges Fenster zugeordnet, das aber in kleinere Ausgabebereiche aufgeteilt ist, denen dann die einzelnen

Sichtweisen zugeordnet werden. Vorgegeben werden einige Standard-Aufteilungen (*Konfiguratio-nen*), die Aufteilung und die Zuordnung der Sichtweisen zu den einzelnen Ausgabebereichen kann aber auch vom Benutzer selber vorgenommen werden. Das Erstellen von Konfigurationen ist in GROW integriert und erfolgt interaktiv durch Aufteilen des Bildschirms mithilfe der Maus und anschließender Zuordnung von Sichtweisen zu Ausgabebereichen. Da Konfigurationen von den einzelnen Benutzern getrennt erstellt und gespeichert werden können, ist hier ein hohes Maß an *Adaptierbarkeit* gewährleistet.

**Anforderungen an die Repräsentation.** Im Sinne einer klaren Trennung zwischen Präsentation und Repräsentation wurde eine saubere *Tell/Ask*-Schnittstelle zwischen beiden Komponenten angestrebt, wobei die gegenseitige Beeinflussung von Präsentation und Repräsentation zu berücksichtigen war. So muß die Funktionalität der Repräsentationskomponente erweitert werden, da sie Operationen zur Verfügung stellen muß, die über den Kern des Repräsentationsformalismus hinausgehen. Insbesondere sollte sie die Revision einer Terminologie unterstützen (vgl. [Neb88]), um die Rücknehmbarkeit von Aktionen (UNDO) zu gewährleisten, und Informationen über die Auswirkungen von Klassifikation oder Löschung zur Verfügung stellen.

# 3   Zusammenfassung

Wissensrepräsentationssysteme sind in eine Präsentations- und eine Repräsentationskomponente zu unterteilen. Die Wissenspräsentation muß die repräsentierte Information in verschiedene Sicht-weisen aufteilen, graphische Navigations- und Interaktionsmethoden zur Verfügung stellen, Struk-turveränderungen visualisieren und eine adaptierbare Integration der Sichtweisen gewährleisten. Tabelle 1 faßt die wichtigsten Merkmale einiger KL-ONE Benutzungsoberflächen zusammen und gibt einen Überblick über den Leistungsumfang von GROW.

# Literatur


[AB87] G. Abrett, M.H. Burstein, "The KREME Knowledge Editing Environment" in: *Int. J. Man-Machine Studies* **27**, 1987, 103–126

[BS85] R.J. Brachman, J.G. Schmolze, "An Overview of the KL-ONE Knowledge Representation Langu-age" in: *Cognitive Science* **9**(2), April-June 1985, 171–216

[DIN88] Normenausschuß Informationsverarbeitungssysteme im DIN: *Bildschirmarbeitsplätze: Grundsätze der Dialoggestaltung, DIN 66234 Teil 8*, Deutsches Institut für Normung e.V., Februar 1988

[Her86] M. Herczeg: *Eine objektorientierte Architektur für wissensbasierte Benutzerschnittstellen*, Institut für Informatik der Universität Stuttgart, Dezember 1986

[KBR86] T.S. Kaczmarek, R. Bates, G. Robins, "Recent Developments in NIKL" in: *Proceedings of the AAAI-86*, 1986, 978–987

[KQ88] C. Kindermann, J. Quantz: *Graphik-orientierte Wissenspräsentation für KL-ONE*, TU-Berlin, KIT-Report Nr. 63, in Vorbereitung

[LNPS87] K. v. Luck, B. Nebel, C. Peltason, A. Schmiedel: *The Anatomy of the BACK-System*, TU-Berlin, KIT-Report No 41, Januar 1987

[Neb88] B. Nebel: *Knowledge Base Revision in Terminological Representation Systems*, TU-Berlin, in Vorbereitung

[Rob87] G. Robins, "The ISI Grapher: a Portable Tool for Displaying Graphs Pictorially" in: *Symboliikka '87*, Helsinki, Finland, August 17–18 1987

# Money Talk:
## Hierarchical Consultation Dialogue *

Eric Werner

University of Hamburg
Department of Computer Science, Project, WISBER, P.O. Box 302762
Jungiusstrasse 6, 2000 Hamburg 36, West Germany
and
Department of Computer Science
Bowdoin College, Brunswick, Maine, U.S.A.

### Abstract

In this paper we sketch a model of the stages involved in a consultation dialogue for a single goal. The model is applied to investment consultation. It is indicated how the model might be extended to deal with the more complex case of portfolio consultation. Together, the models provide instances of general conversational stragegies that guide and structure dialogues.

## I. Introduction

In the process of consultation we are faced with the problem of dialogue control. What is to be said next cannot simply be deduced from a model of the user wants. Rather we need more global conversational strategies. Global conversational strategies can be viewed as linguistic strategies that are part of the conversational participants' overall intentional state [Werner 88a]. In this paper we describe a framework that extends dialogue control beyond the one step at a time deductive dialogue control mechanism underlying WISBER [Bergmann & Gerlach 87], [Cohen and Perrault 1979] as well as [Appelt 85]. We do so by modeling the dialogue strategy directly by indicating its overall structure. In this paper we restrict our investigation to an outline of a particular conversational strategy that appears to govern some kinds of consultations. We focus on investment consultations [See Liermann and Messing 88 for a descriptive approach]. For the general theoretical and logical foundations see [Grosz 85 and Werner 88a].

At various points in the dialogue the system must decide when to issue an assertion and when to make a suggestion. The informative statement *Bonds have a higher interest rate than*

---

*This work was in part supported by the BMFT and was part of the joint project WISBER. The WISBER partners include: Nixdorf Computer AG, SCS GmbH, Siemens AG, Universität Hamburg and Universität Saarbrücken. It was also in part supported by grants from Bowdoin College. Special thanks to Russell Block for editing this paper. The responsibility for the contents of this work rests solely with the author.

*a savings account* is different from the suggestion *I suggest you buy bonds* In this paper we leave out the  formal semantics and pragmatics of assertions and suggestions, concentrating instead on strategic issues.  However, the semantics and pragmatics of suggestions appears to be similar to directives in that the point of a suggestion is to affect the **intentional state** of the hearer.  If the hearer accepts the suggestion, then he will update his intentions to be in accordance with the suggestion, thereby, reducing his **process uncertainty** as to what to do. If, on the other hand, the hearer accepts an assertion, he will update his information state.  In the implementation of the consultation system WISBER [Bergmann &  Gerlach 87] these intentional and informational states are represented by want and belief contexts, respectively. For details see [Werner 88b].

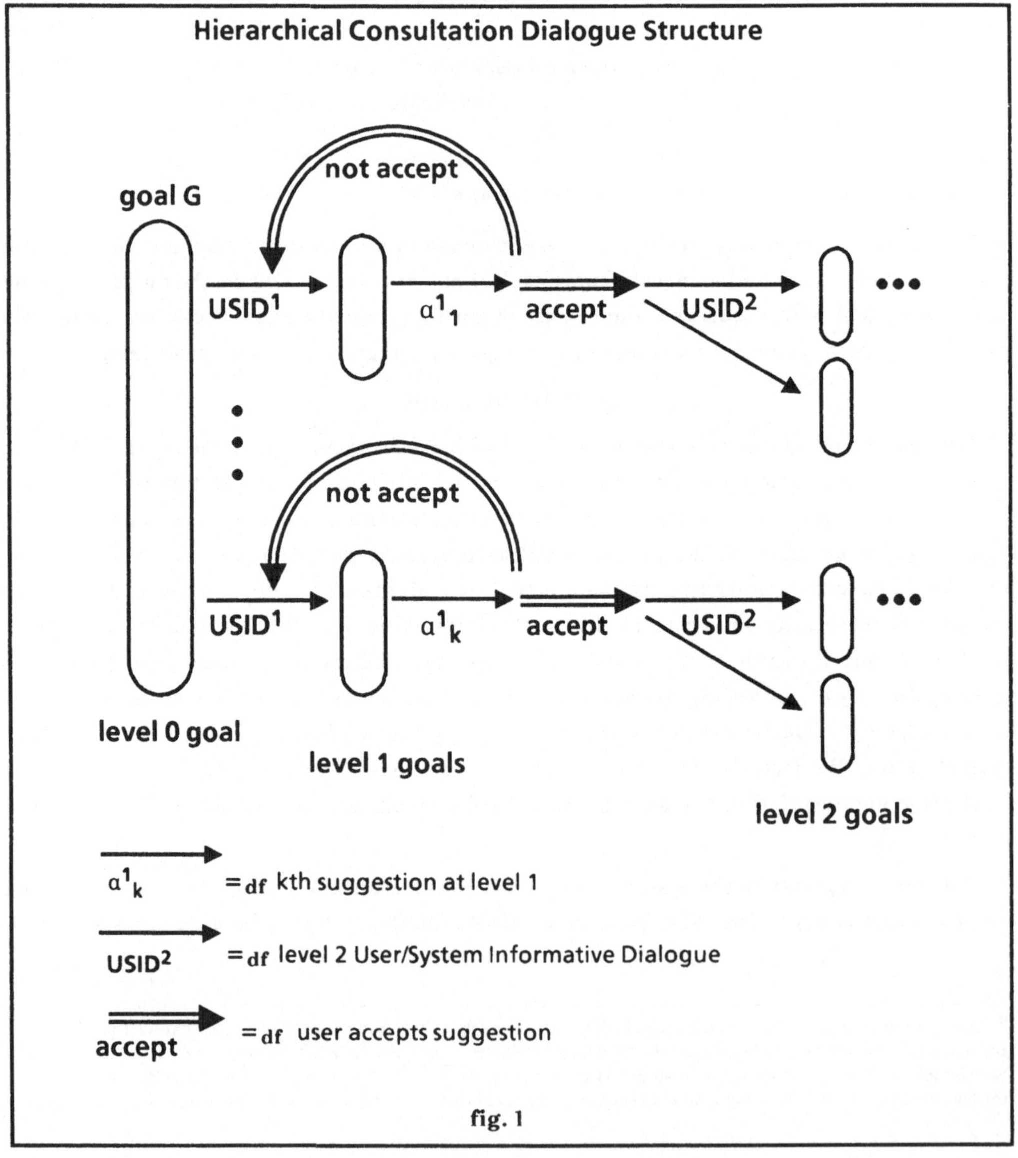

## II. Consultation for a Single Goal

Whether the user wants advice in order to invest his money, to buy a car or to choose a home, the basic problems are very similar. We have some general goal G the user wants, but he does not know what particular actions are needed to achieve G, or he does not know what particular kind of G he wants. The goal G consists of performing some action or sequence of actions on some object and the user may want advice as to which actions are the best or which object is the best. For example, he may want to invest his money, but he does not know which investment is best. Or, he may want to buy a car, but does not know which car to buy. The normal process of the dialogue then consists of finding out the general goal G, then finding out which particular goal $g_i$ is the one that suits the user's interest. When the particular goal $g_i$ is found, a suggestion is made to the user that this particular $g_i$ appears to fit his needs.

In fact, the process is more complex [See Fig. 1]. It proceeds hierarchically through a series of types of goals $g^l$ until the specific goal $g^i$ is found. Each goal $g^i$ has **associated properties** $\phi_1(\ g^i\ ),...,\ \phi_{n_i}(\ g^i\ )$ which define it and determine when the suggestion $\alpha^i$ associated with $g^i$ may be made. Furthermore, within the consultation dialogue, there may be **user informative subdialogues** that give the user information as to the types of goals there are at a given level, as well as **system informative subdialogues** that provide the system with the information it needs to make the appropriate suggestion at the given level.

The **hierarchical consultation dialogue procedure** then consists of:

1. Find out the **general goal** G that gives the theme to the dialogue.

2. Engage in a **user and system informative subdialogue** $USID^i$ that establishes sufficient properties $\phi_1,...,\phi_{n_i}$ to determine goal type $g^i$ .

3. Make a **level i suggestion** $\alpha^i$ to the user to choose $g^i$ based on the preference and necessary properties $\phi_1,...,\phi_{n_i}$ .

4. If the user accepts the suggestion $\alpha^i$ , then continue with a **level i+1 user system subdialogue** $USID^{i+1}$ to determine the next level goal type $g^{i+1}$ .

5. If the user rejects the suggestion $\alpha^i$ , then return to a **level i user system subdialogue** $USID^i$ to resolve inconsistencies in the user wants.

## III. Simple Investment Consultations

Applying the model to investments, for example, before making a suggestion, a broker will first want to determine the capital available for investment, whether the investor wants growth or income, what risks the investor is willing to take and how long the money can be invested. Thus growth, income and risk-tollerance are examples of level 1 properties of an investment consultation dialogue. They are associated with basic categories in the types of investment, namely, high-risk/low-risk, income-producing/growth, and short-term/long-term, respectively. The properties are tighly **coupled** with other properties or their opposites, e.g., high-risk $\approx$ high-return, low-risk $\approx$ low-return, long-term-growth $\approx$ short-term-risk.

# IV. Portfolio Consultation

**A. Motivation.** To reduce risk and still allow for a mixture of income and growth a portfolio is worked out that consists of a set of investments commensurate with the investor's needs and wants. The notion of a **portfolio** really takes us beyond the assumptions that we have been making. Implicitly, we have assumed that the investor is looking for one, unique investment type and it is the system's job to determine which type best fits his or her needs. (WISBER assumes this explicitly.) The point of the portfolio is to reduce risk in the face of uncertainty. It attempts to balance risk and high growth with security and low growth. It does so by providing a **set** of investments so that the expectation of gain is maximized and, at the same time, risk is reduced as much as possible. Hence, one would expect the portfolio dialogue to be more complex than the one-investment dialogue.

**B. Definitions.** We assume each investment  inv  has an associated set of **investment properties** $\phi_1, \ldots, \phi_k$ that partially define and differentiate it. A **meta-property** $\Phi$ is a set of investment properties $\Phi = \{\phi_1, \ldots, \phi_m\}$ . A meta-property $\Phi(\text{inv})$ **holds** of an investment inv if for all $\phi \in \Phi$ , $\phi(\text{inv})$ holds. Let an **investment strategy IS** be a set of meta-properties $IS = \{\Phi_1, \ldots, \Phi_n\}$ together with a weight distribution **W**. With each meta-property is associated a **weight** $w_i = W(\Phi i)$ that reflects the relative importance the meta-property has for the user. A simple definition of the weight disribution function is: A function **W** that assigns an integer $w_i$ to each of the meta-properties $\Phi i$ in a given investment strategy IS. An investment strategy is thus a set of possibly contradictory features that reflect the needs, wants and preferences of the user and that any portfolio for that investor is supposed to satisfy. The user  relative preferences are indicated by the weights $w_i$. A **portfolio** $\pi$ is a set of sets of investments. The subsets $\pi_i \in \pi$ correspond to the portfolio meta-properties $\Phi i$ , i.e., each subset of investments $\pi_i$ in the portfolio $\pi$ satisfies one of the meta-properties $\Phi i$ wanted by the user. Thus, the portfolio is a particular set of investments that satisfy the investment strategy. More formally:

A portfolio $\pi$ **satisfies** an investment strategy IS iff

1. The portfolio $\pi$ is **complete** for IS , i.e., $\forall \Phi_i \in IS$ , $\exists \pi_i \in \pi$ such that
   $\forall \text{ inv} \in \pi_i \ \forall \phi \in \Phi_i$ , $\phi(\text{inv})$ holds.

2. The portfolio is **consistent** with IS , i.e., $\forall \pi_i \in \pi$, $\exists \Phi_i \in IS$ where
   $\forall \text{ inv} \in \pi_i$, $\forall \phi \in \Phi_i$, $\phi(\text{inv})$ holds.

3. The **distribution of investment funds** reflects the weights $w_i$ of
   importance associated with the investment meta-property $\Phi i$ .

**C. Hierarchical Portfolio Consultation Dialogue Structure.** Very briefly, a portfolio consultation system then takes the abstract and unspecified user goal of making an investment and attempts to determine a particular portfolio that satisfies the needs and wants of the user. The heuristic is: Determine the user's investment strategy, i.e., find a combination of meta-properties that the user wants. Find out the relative importance of the properties to the user. For each meta-property find a set of investments that have that meta-property. Construct a portfolio that satisfies the investment strategy. In constructing the portfolio give more weight, in terms of relative amount of investment funds, to those investments that have meta-properties more important to the user. Suggest the portfolio to the user. If the user accepts the suggestion, then continue with other dialogue. If the user rejects the suggestion, engage in an information gathering dialogue until a new portfolio can be suggested.

The basic problem is to determine how to distribute risk and gain over a set of sets of investments. The typical arrangement of a portfolio in a triangle with high-risk investments occupying the small top of the triangle and low-risk investments occupying the broad base, is a graphic representation of a type of investment strategy that takes the typical user's aversion to risk into consideration.

**D. Satisfying Contradictory Goals.** Note that a portfolio is an attempt to satisfy the contradictory demands of the investor. No one investment satisfies all the needs of the user since his needs are **contradictory**. For example, he may want high gain and low risk. Instead of trying to attain one consistent set of wishes or wants of the user, the portfolio distributes the user's wishes according to the importance he gives them and then provides investemtments that satisfy those conflicting wants.

# V. Conclusion

We have seen that single investment consultation is a special instance of a more general hierarchically structured consulation strategy. While it is unclear to what extent this model applies to other kinds of consultations, first indications suggest the model applies to **sales consultations** involving a buyer and a seller. More generally, it appears to apply to situations where the user wants advice as to what to choose from a hierarchically structured group of objects or events. Single investment consultations are, as one would expect, less complex than portfolio consultations. Portfolio consultations have the added feature that contradictory goals of the investor may be simultaneously satisfied. Such models of consultation are to be viewed as instances of general and global conversational strategies that structure the dialogue between system and user. We view these results as tentative hypotheses about the nature of such conversational strategies. We expect further research will show a much richer strategic structure than we have described with our model.

# References


Appelt, D.E., *PLANNING ENGLISH SENTENCES*, Cambridge University Press, New York, 1985.

H. Bergmann/ M. Gerlach: Semantisch-pragmatische Verarbeitung von Äußerungen im natürlichsprachlichen Beratungssystem WISBER, in: W. Brauer, W. Wahlster (Eds.): Wissensbasierte Systeme - GI-Kongress 1987. Springer-Verlag, Berlin 1987, pp. 318-327

Cohen, P. R., and Perrault, C. R., "Elements of a Plan-Based Theory of Speech Acts," *COGNITIVE SCIENCE*, 3, pp. 177 - 212, 1979.

Grosz, B. J., "The Structures of Discourse Structure," Techn. Note 369, Artificial Intelligence Center, SRI International, Menlo Park, California, 1985.

Liermann, I., and Messing, J., "Dialogstrukturen," WISBER Memo Nr. 19, SCS GmbH, Hamburg, 1988.

Werner, E., "Toward a Theory of Communication and Cooperation for Multiagent Planning", *THEORETICAL ASPECTS OF REASONING ABOUT KNOWLEDGE*: Proceedings of the 1988 Conference, Morgan Kaufman Publishers, pp. 129-143, 1988a.

Werner, E., " A Formal Computational Semantics and Pragmatics of Speech Acts", COLING-88, 12th International Conference on Computational Linguistics, Budapest, Hungary, 1988b.

# SHERLOCK.0 - Kognitive Modellierung von Debuggingstrategien

H. Mehmanesh & J. Krems

Universität Regensburg
Institut für Psychologie
8400 Regensburg

## Abstract

Aufbauend auf Ergebnisse experimenteller Vergleichsuntersuchungen zur Wissensstruktur und Wissensanwendung von Novizen und Experten bei Programmieraufgaben wird die Clusterbildung des prozeduralen Wissens und die Fokussierung der mentalen Aufmerksamkeit in der kognitiven Modellierung von Fehlersuchverfahren aufgegriffen. Es wird ein Simulationsmodell beschrieben, das bei der Suche von Fehlern in einfachen Lispfunktionen Expertenstrategien nachbildet. Das System sagt nicht nur Breakpunkte voraus, sondern gibt Hypothesen über wahrscheinliche Fehlerursachen an. SHERLOCK.0 ist in LOOPS implementiert.

## 1 Einleitung

Die Kognitionswissenschaft wird gelegentlich als die Grundlagendisziplin beschrieben, die zu einer theoretischen Fundierung und zur Sicherung des wissenschaftlichen Status von KI-Ansätzen beitragen kann (vgl. Freksa, 1988). Dies gilt zunächst für die Beurteilung und Auswahl von Formalisierungs- und Modellalternativen: die kognitive 'Adäquatheit' ist ein wichtiges Bewertungskriterium, das einer empirischen Überprüfung zugänglich ist und in der Systementwicklung mittlerweile unter dem Schlagwort 'cognitive emulation' (Slatter, 1987) aufgegriffen wurde. Dies gilt aber besonders bei Aufgabenkonstellationen, für deren automatisierte Bewältigung die herkömmlichen Mittel der Algorithmisierung nicht ausreichen. Hier können kognitive Erkenntnisse als Entwürfe zur Modellkonstruktion aufgegriffen werden: der menschliche Problemlöser ist dann nicht nur Maßstab und Richtschnur für die Leistungsgüte künstlicher Problemlöser, sondern kognitive Modelle sind Orientierungslinien auch für die Konstruktion von Systemen (vgl. auch Krems, 1988). Eines der Gebiete, in denen die klassischen Mittel der Informatik an bekannte Grenzen stoßen, ist die Suche von Fehlern in Programmen durch Programme. Neben den aus der Berechenbarkeitstheorie (vgl. Hopcroft & Ullman, 1979) bekannten Beschränkungen ist dafür auch der Umstand verantwortlich, daß leistungsfähige Fehleridentifikationsverfahren an heuristische Informationen über die vermutete Intention des Programmautors, an spezielle Kenntnisse über die jeweilige Rechnerkonfiguration, an Wissen über Besonderheiten einer einzelnen Implementationsumgebung usw. gebunden sind. So ist es in herkömmlichen

Diagnosesystemen in aller Regel nur für die Klasse von syntaktischen Programmfehlern möglich, effektive Fehlersuchprozeduren zu entwickeln und den Debugging-Prozeß - normalerweise nur eine Fehlerlokalisation, nicht aber eine Fehlerursachenbeschreibung - zu automatisieren. Die Identifikation und Korrektur semantischer und logischer Fehler wird nur von wenigen Systemen versucht (z.B. Soloway et al., 1983; Shapiro, 1981; Johnson, 1986).

Der menschliche Programmierexperte hingegen besitzt besonders in der Identifikation semantischer und konzeptueller Fehler einen Leistungsvorteil gegenüber Novizen (Vessey, 1987). In der vorliegenden Studie wird ein System vorgestellt, das Strategien und Prinzipien der Fehlersuche, die vom erfahrenen Problemlöser eingesetzt werden, modelliert und auch für die automatische Fehlersuche nutzbar macht. Aus der empirischen Analyse der Wissensstruktur und der Wissensanwendung unterschiedlich kompetenter Problemlöser gewonnene Erkenntnisse werden in der Modellierung expertennaher Debuggingstrategien aufgegriffen.

## 2 Unterschiede in der Wissensstruktur und Wissensanwendung von Novizen und Experten

In der kognitionspsychologischen Forschung wurden Novizen mit Experten auf vielfältigen Gebieten verglichen (z.B. DeGroot, 1965), lange bevor die KI den Expertensystemen breite Aufmerksamkeit widmete. Weitgehend übereinstimmendes Ergebnis einer Reihe von Untersuchungen ist, daß die kompetenteren Problemlöser nicht über wirkungsvollere bereichsinvariante Verarbeitungsfähigkeiten ('Vorausdenken', Gedächtniskapazität, Auffassungsgeschwindigkeit usw.), sondern eher über eine differenziertere und reichhaltigere sachgebietsrelevante Wissensstruktur verfügen. Die Expertenschaft beruht hauptsächlich auf der Kenntnis von aufgabenspezifischen Konfigurationen, die in der Interpretation und Klassifikation neuer Anforderungssituationen eingesetzt werden und die auch den Zugang zu Verfahrensschritten, die diesen Äquivalenzklassen angemessen sind, ermöglichen. Diese Ergebnisse wurden neben den bereits erwähnten Arbeiten zu Schach anhand von Aufgaben aus der Mathematik, Physik, Medizin und seit etlichen Jahren auch bei Problemstellungen aus der Informatik ermittelt. Einer neueren Übersicht von Allwood (1986) ist zu entnehmen, daß bislang relativ wenige wissenschaftliche Kenntnisse über die Psychologie des Fehlersuchens in Programmen vorliegen. Die empirischen Ergebnisse, die in der Entwicklung eines 'kognitiv plausiblen' Modell des Debuggens aufzugreifen sind, zeigen, daß

- Experten in der Analyse von Programmen eher am Algorithmus bzw. Ziel (was ein Programm tut), Novizen eher am Ablauf (wie ein Programm arbeitet) bzw. an Oberflächenmerkmalen orientiert sind (Adelson, 1984).

- Experten im Verstehensprozeß eher prozedurale, dann erst funktionale Einheiten bilden (Pennington, 1987).

- Experten Programme effektiver in angemessene Einheiten gliedern (Vessey, 1985).

- in der erfolgreichen Fehlersuche weniger allgemeines Programmierwissen, sondern spezifische Debuggingstrategien relevant sind (Vessey, 1987).

- Experten im Verleich zu Laien über umfangreichere prozedurale Wissensbestände verfügen (simuliert in ACT*, Anderson, 1987; Kessler & Anderson, 1986). Im Verlauf ihrer Lerngeschichte wird durch Composition und Prozeduralisierung ein höherer Compilierungsgrad ihres Wissens erreicht. Dadurch haben Experten einerseits erheblich mehr und differenziertere Regeln zur Verfügung und sie sind andererseits seltener gezwungen, auf deklaratives Wissen zurückgreifen zu müssen.

# 3 Experimente zur Interaktion von Kompetenz und Wissensanwendung

Eine der Basisannahmen von ACT* (Anderson, 1987) ist, daß Personen, die sich in ein neues Gebiet einarbeiten - sogenannte 'Naive' -, mit Hilfe von 'weak-methods' (Analogiebildung, means-ends-analysis o.ä.) die ersten Probleme bewältigen. Anderson & Reiser (1985) gaben naiven Versuchspersonen die Aufgabe, einfachste Lispfunktionen zu definieren. Als Ergebnis wird berichtet, daß das Problemlöseverhalten in diesem Kompetenzstadium durch Analogiebildung gesteuert wird und nicht durch die Anwendung von verstandenen Grundprinzipien des Gebietes. Uns interessierte die Frage, bei welchen Problemkonstellationen diese Grundprinzipien in Abhängigkeit vom Kompetenzgrad eingesetzt werden und ein eher musterorientiertes Vorgehen in den Hintergrund tritt. Daneben erscheint es uns nicht ausreichend, den Leistungsunterschied von Laien und Experten ausschließlich auf den Grad der Compilierung des Wissens zurückzuführen.

In drei Experimenten (Krems & Mehmanesh, 1988) wurden vier unterschiedlich kompetente Gruppen von Lisp-Anwendern (8 Experten mit mehrjähriger, intensiver Lisp-Erfahrung; 5 Ex-Experten mit mehrjährer Lisp-Erfahrung, die allerdings bereits mehrere Monate zurücklag; 6 Fortgeschrittene mit einer 1-jährigen Erfahrung; 8 Laien mit einer einsemestrigen Kurserfahrung in Lisp) untersucht. Die Probanden hatten zwei unterschiedliche Aufgabentypen zu bewältigen: (a) 'mentale' Evaluation von 4 einfachen, nacheinander vorgegebenen Lisp-Funktionen und (b) Fehlersuche in 8 Funktionen, ebenfalls nacheinander auf einem Monitor dargeboten. Als Daten wurde die Bearbeitungsdauer der Aufgaben und die von den Probanden ermittelte Lösung erhoben. Statistische Analysen ergaben, (1) daß sich Novizen und Experten in der Evaluierung von Codesegmenten nicht (weder in der Anzahl korrekter Lösungen noch in der Bearbeitungsgeschwindigkeit) unterscheiden. Dieses Ergebnis spricht gegen die globale Compilierungsannahme in ACT*.

(2) daß in der Fehleridentifikation aber die Experten sowohl in der Anzahl wie in der Bearbeitungszeit einen signifikanten Leistungsvorteil zeigen und

(3) daß Experten bei untypischen, aber korrekten Codesegmenten (z.B. ein Prädikat als Argument eines Konstruktors) ähnlich wie Laien längere Bearbeitungszeiten benötigen, aber im Gegensatz zu Novizen signifikant häufiger richtige Lösungen ermitteln.

# 4 Regelcluster und zielgeleitete Fokussierung

In der Modellierung der Wissensstruktur und der Wissensanwendung von unterschiedlich kompetenten Problemlösern wird aufgrund der oben geschilderten Befunde davon ausgegangen, daß im Laufe der Erfahrungsbildung ein

**(1) Clustering des prozeduralen Wissens** stattfindet. In Erweiterung zu ACT* wird angenommen, daß mit wachsender Kompetenz und Regeldifferenzierung die Regelmenge nicht nur additiv erweitert, sondern gleichzeitig strukturiert wird. In einem Prozeß der Regelclusterung wird die Organisation des Expertenwissens der Tiefenstruktur des jeweiligen Sachgebiets angeglichen. Mit zunehmender Erfahrung wird das Wissen mehr und mehr nach Domainkriterien in verschiedenen Regelclustern organisiert. Der Anfänger dagegen, der diese Kriterien noch nicht erfaßt hat, kann sein Wissen nicht nach den Objekten und relevanten Subproblemlösestrategien der Domain strukturieren. Sein Wissen ist in frühen Lernphasen noch in einer unstrukturierten Regelmenge abgebildet.

Außerdem gehen wir von einer **(2) zielgeleiteten Fokussierung** in der Wissensanwendung aus. Im Unterschied zu Laien sind Experten in der Lage, ihre mentale Aufmerksamkeit unter einer bestimmten Zielperspektive auf relevante, informationsträchtige Codesegmente (z.B. die 'typischen' Fehlerstellen) zu konzentrieren. Kompetentere Problemlöser besitzen eher die Fähigkeit, aus der Gesamtmenge der verfügbaren Informationen die in der jeweiligen Anforderungssituation bedeutsamste Teilklasse auszuwählen und in ihrem Arbeitsspeicher ('mind's eye') zu verwalten. Diese optimierte Informationsselektion basiert (a) auf der Fähigkeit, aufgrund des differenzierteren programmspezifischen Wissens die jeweilige Vorgabe im Hinblick auf Domainkriterien in angemessenere Einheiten zergliedern zu können. Bei rekursiven Funktionen sind wichtige Einheiten Rekursionsbasis und Rekursionsschritt, die ihrereseits in feinere Einheiten, bis hin zu den einzelnen Primitiva, gegliedert werden können. Aufgrund ihres differenzierteren Bereichswissens ist Experten (b) auch eine größere Anzahl prototypischer Fehler, inclusive ihrer 'typischen' Lokalisation in einem Programm, bekannt. Sie sind (c) eher in der Lage, in ihren Arbeitsspeicher neben dem fehlerverdächtigen Codesegment nur jene Wissenscluster aufzunehmen, die zur Bearbeitung von einzelnen Subzielen relevant sind (s. Clustering des prozeduralen Wissens). Subziele des Analyseprozesses, wie sie von Experten gezeigt werden, sind z.B. grobe syntaktische Überprüfung, mentale Evaluierung einzelner Codesegmente. Die Ergebnisse dieser 'zielgerichteten mentalen Aktionen', bei der relevante Codesegmente mit einem spezifischen Problemlösesubziel analysiert werden, werden zunächst in einer 'lokalen Datenhülle' vermerkt, die bei einer Fokusverschiebung als Ganzes in einen Kurzzeitspeicher verlagert wird.

# 5  SHERLOCK.0 - ein Simulationsmodell

SHERLOCK.0 (System for Humanlike Elimination of Recursive Lispbugs with Objectoriented and Clustered Knowledge) ist ein Simulationssystem, dessen Wissensbasis aus Clustern besteht und das in der Wissensanwendung das Prinzip der Fokussierung in der Suche von Fehlern in einfachen Lispprogrammen modelliert. Die oben geschilderten Befunde aus der Kognitionsforschung werden als Leitlinien der Modellkonstruktion aufgegriffen.

## 5.1  Die Wissensbasis von SHERLOCK.0

Die Wissenskomponenten von SHERLOCK.0 sind zwei Gedächtnisarten zuzurechen:

ein Kurzzeitgedächtnis zur Repräsentation temporär relevanter Daten mit begrenzter Kapazität und rapide wechselndem Inhalt und ein Langzeitgedächtnis (LZG), in dem das Hintergrundwissen zu einfachen Lisp-Funktionen und zur Fehlersuche abgebildet ist.

Das LZG besteht aus 2 Wissenskategorien:

- Objektklassen, in denen Wissen zu den Lisp-Primitiva, aber auch zu komplexeren Konzepten wie 'Rekursionsbasis', 'Konstruktor' usw. repräsentiert ist.

- Produktionsregeln, die in disjunkte Mengen eingeteilt sind. Diese sind entweder - als Instanzvariablen - den Objektklassen (z.B. Regeln, die zur Bearbeitung von CONS-Termen wichtig sind) oder Unterzielen des Analyseprozesses (z.B. Identifikation von Lisp-Expressions, Syntaxprüfung) zugeordnet.

Dadurch werden unterschiedliche Wissensarten, nämlich Wissen über ein bestimmtes Objekt (z.B. Lispprimitive wie COND, LISTP) und Wissen, das Grundlage einer einzelnen kognitiven Leistung ist (z.B. Identifikation von Komponenten eines LispExpressions), zu einzelnen Wissens-Clustern verknüpft.

Auch das aktuelle, dynamische Wissen des Systems wird in abgegrenzten Informationsbündeln repräsentiert. Es sind die folgenden Kategorien zu unterscheiden:

- Instanzenspeicher: er enthält die Instanzen der Klassen, die aufgrund der aktuellen Vorgabe gebildet werden. Darin sind lokale Informationen eingetragen, z.B. die tatsächlichen Argumente eines Lispprimitivs. Diese Cluster bestehen aus einer Regelmenge (z.B. Regeln zur Identifikation der Argumente von CONS-Ausdrücken) und einer frameartigen, dynamischen Datenbasis, der Datenhülle. Beispielsweise hat die Datenhülle des CONS-Clusters Slots wie "Anzahl der Argumente", "lokaler Kontext" usw.

- Kurzzeitspeicher: er umfaßt alle Informationen, die während eines Analysedurchgangs global relevant sind (z. B. die Ergebnisse bearbeiteter Unterziele, Pointer zu den bereits gebildeten Instanzen, globaler Kontext).

- Arbeitsspeicher: er enthält das gerade fokussierte Material und die Zielvorgabe. Im wesentlichen entspricht der Arbeitsspeicher der temporäre Datenbasis des Regelinterpreters: in ihr sind Informationen festgehalten, die nur innerhalb der Anwendung eines Regelclusters relevant sind. Kurzzeit- und Arbeitsspeicher werden durch Funktionen manipuliert, die während der Regelanwendung ausgeführt werden.

Am Beispiel der Klasse CONS und ihrer Verwendung in der Analyse - jedes Vorkommen von CONS im Code führt zur Bildung einer CONS-Instanz - soll nun das Repräsentationsprinzip des lispspezifischen Wissens, inclusive der Fehlersuchprozeduren, verdeutlicht werden. Es sind die folgenden Klassenvariablen gegeben:

**NumberofArguments:** 2

**wrongwritepattern**  (enthält typische Schreibfehler: KONS, CON, cons usw.)

**Instances**  (enthält Pointer zu den Instanzen der Klasse: z.B. CONSA001)

**ClassAttributes**  (primitive, constructor, cons)

**correctwritepattern:**  CONS

Daneben sind der Klasse die folgenden Instanzvariablen zugeordnet:

**LocalContext**  (enthält einen Pointer auf die Funktion, von der das gerade fokussierte Segment aufgerufen wird)

**DebugRules**  (enthält eine Liste von Regelnamen, die auf Produktionsregeln verweisen, die Fehler in CONS-Ausdrücken ermitteln)

**LocalDatabase**  (anfallende Daten über den aktuellen CONS-Aufruf, die noch keinem anderen Slot, keiner anderen Struktur oder keinem anderen Speicher zugeordnet sind)

**ActualArguments**  (z.B. (QUOTE A) (CDR Reclist))

**EvaluatedArguments**  (enthält Pointer zu den Instanzen der aktuellen Argumente des CONS-Aufrufs, z.B. CDR008)

**EvalResult**  (enthält eine Beschreibung der Datentypen, die dieser Aufruf ermittelt).

Zu den DebugRules von Cons gehört z.B.

Wenn CONS ein Argument einer Selektorkette ist, dann weise LocalDatabase den Wert 'meanless usage' zu.

## 5.2  Ablaufsteuerung - Kontrollmechanismen

Der Analyseablauf besteht aus einer Folge von Interpreteraufrufen mit unterschiedlichen, disjunkten Regelmengen bei gleichem Codesegment oder mit gleicher Regelmenge bei wechselnden Codesegmenten. Bei der erstmaligen Analyse eines Segments werden in Abhängigkeit von den aufgefundenen Codeteilen Instanzen der oben beschriebenen Klassen gebildet. Bei nachfolgender Analyse des gleichen Codesegments werden weitere Regelcluster auf die bereits bestehende Instanz angewandt. Die Regelanwendung erfolgt durch einen Interpreter, der mit einer vorwärtsverkettenden Strategie arbeitet. Er wird mit stets nur einer der in 5.1 angegebenen Regelmengen, einem gerade fokussierten Codesegment und einem Ausschnitt aus der dynamischen Wissensbasis aufgerufen. Die dabei übergebene Regelmenge spezifiziert das Subziel.

Die während eines Interpreterzyklusses anfallenden Ergebnisse werden in den Instanzen oder im Kurzzeitspeicher abgelegt - damit sind sie auch in allen nachfolgenden Sequenzen verfügbar - und in der temporären Datenbasis festgehalten. Die temporäre Datenbasis enthält damit die gerade fokussierten Daten (Codesegment und Analysebefunde, z.B. korrekte Parameterzahl). Diese Informationsmenge bleibt beschränkt, während das global verfügbare Wissen in den Objektinstanzen mit fortschreitender Analyse anwächst.

Wurde beispielsweise die Prozedur COND identifiziert, dann wird der Interpreter mit Regeln für das Finden 'typischer' COND-Fehler und nur mit einem Pointer zu der in Frage stehenden, bereits gebildeten Instanz aufgerufen. Bei der Überprüfung der Argumente wird der Interpreter gegebenenfalls erneut in Anspruch genommen. Damit übernehmen die Wissenscluster fallweise die Kontrolle im Problemlöseprozeß. Das System fokussiert ausschließlich auf das dem Interpreter übergebene Codesegment.

Die Steuerung der einzelnen Interpreteraufrufe mit jeweils neuen Regelmengen und Daten erfolgt im jetzigen System über die Regeln. Beispielsweise lautet eine der Regeln zur Syntaxprüfung: "Wenn die Anzahl der Argumente korrekt ist und das erste Argument ein weiteres LISP-Primitiv enthält, dann bilde eine Instanz dieses Primitivs und aktiviere den Interpreter mit den DebugRules, die der neuen Objektklasse zugeordnet sind" (s. 5.3).

## 5.3   Ein Beispiel

Anhand eines Beispiels soll nun das Zusammenwirken des Interpreters mit den Objektklassen verdeutlicht werden.

Angenommen, das System befindet sich in der Analyse eines COND-Ausdrucks und es soll die Rekursionsbasis untersucht werden. Vor der Lokalisation semantischer Fehler verfolgt SHERLOCK.0 bei der Betrachtung von Lisp-Expressions zunächst das Unterziel 'oberflächliche syntaktische Überprüfung' (Diese Reihenfolge ist in globalen Regeln festgelegt). Dabei lokalisiert das System Fehler, die unabhängig von der Wertebindung der Funktionsparameter und ohne Kontextinformation diagnostizierbar sind (z.B. die Übergabe von zu vielen Argumenten an ein Primitiv). Dazu wird der Interpreter mit einem einzigen Faktum (z.B. (StringToCheck (NULL (CDR x) NIL))) in seiner temporären DatenBasis und dem Regelcluster für die syntaktische Überprüfung von Codesegmenten aufgerufen. Folgende Regel erweist sich als anwendbar:

WENN

1. In der temporären DatenBasis des Interpreters (tDBI) ein Faktum ist, welches das Muster (StringToCheck Expression) matcht, 2. Expression eine Liste ist, 3. Das erste Element der Liste ein Primitiv ist,

DANN

1. Entferne (StringToChek Expression) aus tDBI, 2. Kreiere eine neue Instanz des Primitivs, 3. Setze den Slot "ActualArguments" der neuen Instanz auf Expression, ohne das erste Element, 4. Sende an die Instanz die Nachricht, sie soll den Interpreter mit den DebugRules der neuen Instanz und dem Codesegment als ActualArguments aktivieren und das Ergebnis in tDBI eintragen.

Nun wird zunächst eine neue Instanz der Klasse NULL gebildet und der Slot "ActualArguments" auf ((CDR X) NIL) gesetzt. Anschließend wird der Regelinterpreter mit den spezifischen Fehlersuchregeln, die der Objektklasse NULL zugeordnet sind, gestartet. Da das Primitiv NULL nur mit einem Argument aufgerufen werden kann, wird durch die Regel, die diese Abweichung erkennt, in die "Lokale DatenBasis" (slot) der NULL-Instanz das Faktum (TooManyArgs Null ((CDR X) NIL)) geschrieben und als Ergebnis zurückgegeben.

Bei einer korrekten Argumentanzahl (z.B. (CDR X)) würde (StringToChek (CDR X)) an die tDBI zurückgeben. Der Interpreter würde von neuem alle Regeln zur Überprüfung der syntaktischen Korrektheit des neuen Expressions (CDR X) durchgehen. Die Meldung (TooManyArgs...) bewirkt in diesem Beispiel jedoch den Abbruch der Fehlerlokalisation.

Anhand dieses Beispiels kann die Idee der zielgerichteten Fokussierung verdeutlicht werden. Die temporäre Datenbasis des Interpreters ist derjenige Speicher, dessen Inhalt im aufwendigen Pattern-Matching Prozeß am häufigsten durchsucht wird. SHERLOCK.0 versucht, durch die Verlagerung von Informationen (die aktuell nicht von Bedeutung sind) in Instanzen-Speicher, die tDBI zu entlasten. Diese Reduktion und die damit zusammenhängende Einengung des Suchsraumes sind wesentliche Aspekte der zielgerichteten Fokussierung. Spezielle Tests (wie z.B. das Testen der korrekten Anzahl von Argumenten) werden auch von Funktionen übernommen, die den einzelnen Objektklassen zugeordnet sind. Dadurch ist es möglich, die in einem bestimmten Zielkontext relevanten Regeln abstrakt, d.h. unabhängig von einzelnen Objekttypen, zu formulieren. Dies ist der zweite Aspekt der zielgerichteten Fokussierung.

## 5.4  Aufgaben, Anwendung, Simulationsgüte

Die von SHERLOCK.0 bislang bearbeitbaren Funktionen sind definiert als linear rekursive ("simple recursive", Winston & Horn, 1984) Listenmanipulationsfunktionen, die höchstens zwei Parameter besitzen, als Ergebnis eine Liste liefern und innerhalb derer nur folgende Lispprimitive vorkommen: CAR, CDR, MEMBER, ATOMP, LISTP, NUMBERP, NOT, NULL, <, >, LENGTH, PLUS, MINUS, TIMES, CONS, LIST, APPEND, REVERSE, QUOTE, AND, OR und EQUAL. Eingabe von SHERLOCK.0 ist eine fehlerhafte Lisp-Funktion, der tatsächliche Aufruf und das eigentlich erwünschte Ergebnis.

Die folgenden Fehlervarianten sind vorläufig zugelassen: einfache Rechtschreibfehler, Klammerungsfehler, Endlosschleifen, unerlaubter Datentyp bei Funktionsaufruf, Parametervertauschung, nicht greifende Rekursionsbasis. SHERLOCK.0 ermittelt - im Unterschied zum Lispinterpreter - nicht nur, vor Evaluierung des Codes, die Breakpunkte, sondern das Programm ist auch in der Lage, wahrscheinliche Fehlerursachen anzugeben.

Im Hinblick auf die eingangs erwähnten empirischen Befunde ist festzuhalten, daß SHERLOCK.0 sowohl Wissenscluster verwendet als auch in der Problemlösung auf dem Prinzip der zielgerichteten Fokussierung beruht. Diese beiden Prinzipien waren als Schlußfolgerung aus der Interpretation der empirischen Befunde im Rahmen der ACT*-Theorie formuliert worden. Für diese Grundannahmen beansprucht SHERLOCK.0 den Status eines Simulationsmodells. Ein direkter Vergleich der Systemreaktionen mit Befunden von Versuchspersonen ist verfrüht und wenig aussagekräftig, da eine Vielzahl zusätzlicher, hier nicht beachteter und kontrollierter Parameter (z.B. Aufmerksamkeit,

Gedächtniskapazität) eine Rolle spielt und konfundierend in die Reaktionsdaten einfließt. Es ist aber zu betonen, daß SHERLOCK.0 - wie die erfahrenen Programmierexperten auch - die Kompetenz nicht aus effektiveren Strategien oder Findealgorithmen gewinnt, sondern auf der Fähigkeit beruht, aufgrund des differenzierteren Hintergrundwissens fehlerträchtige Codesegmente zielgeleitet inspizieren und mit einer höheren Anzahl prototypischer Fehlermuster vergleichen zu können. In SHERLOCK.0 sind kognitionspsychologische Erkenntnisse zur Fehlersuche in Computerprogrammen und zur Wissensstruktur von Experten im Sinne einer Emulation als Modellkriterien und als Implementationsvorgaben aufgegriffen worden.

## 5.5 Implementation

SHERLOCK.0 ist in LOOPS auf SIEMENS-5815 (XEROX-1132) implementiert. Das System umfaßt derzeit 25 Objektklassen, 103 Lisp-Prozeduren, 48 Produktionsregeln und benötigt 120 KByte Speicherplatz. Die Regeln sind als Listen globalen Variablen zugeordnet. Die Regelmengen sind als Listen von Regelnamen entweder in den Instanzvariablen der Objektklassen abgelegt oder an globale Variablen gebunden. Der globale Speicher ist als ein active-value (Bobrow & Stefik, 1983) mit einer selbstdefinierten 'PutFun' implementiert, die bei jedem schreibenden Zugriff auf diesen Speicher den Interpreter aufruft.

## 5.6 Zusammenfassung, Ausblick

In ACT* (Anderson, 1987) ergibt sich eine implizite Bündelung der Regeln dadurch, daß im Bedingungsteil jeder Regel der Zielkontext spezifiziert ist, in dem die Anwendung der Regel sinnvoll ist. Im Unterschied hierzu wird in SHERLOCK.0 eine explizite, aufgabenspezifische Regelclusterung vorgenommen. Damit kann ein höherer Effektivitätsgrad in der Regelauswahl erreicht werden, der näher an Daten liegt, die von Programmierexperten (s. Experimente) bekannt sind.

Das Aktivationskonzept (bestimmt den Teil des deklarativen Wissens, der in den Arbeitsspeicher gelangt) in ACT* beruht auf allgemeinen, bereichsunabhängigen Kriterien wie z.B. 'Anzahl der Bezugnahmen auf eine einzelne Proposition in den letzten Interaktionssequenzen'. In SHERLOCK.0 hingegen ist in den einzelnen Regeln festgehalten, welche Teilmenge aus dem dynamischen Wissen des Systems aktuell dem Interpreter zugänglich gemacht werden muß. Die Struktur der Regeln von SHERLOCK.0 wird dadurch zwar komplizierter, der Inferenzprozeß aber effektiver und im Vergleich zu Programmierexperten plausibler.

SHERLOCK.0 ist als Variante von Produktionssystemen zu betrachten, bei der mittels zielgeleiteter Fokussierung und den dafür notwendigen Wissensclustern zwei Ziele erreicht werden: es werden dem Interpreter nur die problemlöscrelevanten Codesegmente und nur eine Teilmenge der zusätzlich verfügbaren Informationen zur Verfügung gestellt, und er wird jeweils nur mit einer ausgewählten Regelmenge mit einem spezifischen Analyseziel aufgerufen. Durch diese Auswahl der in einem Interpreterzyklus verfügbaren Informationen werden 'typische' Fehler in den betrachteten Funktionen mit vergleichsweise geringem Aufwand gefunden. Erste Erfahrungen mit der bisherigen Implementation zeigen, daß die Regeln wegen ihrer Komplexität nur mit erheblichem Aufwand zu modifizieren bzw. zu ergänzen sind. Aufgrund der dynamischen Kontrollmechanismen treten bei Fehlern, die vom System nicht identifizicrt werden können, völlig unplausible - verglichen zu empirischen Befunden mit Programmierexperten - Systemreaktionen auf. Zur Analyse dieser Fehler ist die genauere Kenntnis des eigentlich intendierten Algorithmus notwendig, der dann in der globalen Steuerung der zu untersuchenden Subziele und für die Auswahl der zu betrachtetenden Codesegmente eingesetzt werden kann.

# 6 Literatur


Adelson, B. (1984): When Novices Surpass Experts: The Difficulty of a Task May Increase With Expertise. J.o.Exp.Psych.: Learning, Memory and Cognition, 10, 483-495.

Allwood, C.M. (1986): Novices on the computer: a review of the literature. Int. J. of Man-Machine Studies, 25, 633-658.

Anderson, J. (1987). Skill Acquisition: Compilation of Weak-Method Problem Solutions. Psychological Review, 94, 192-210.

Anderson, J. & Reiser, B. J. (1985): The Lisp Tutor. Byte, 10, 159-175.

Bobrow, D.G. & Stefik, M. (1983): The LOOPS Manual, Xerox PARC.

De Groot, A.D. (1965): Thought and Choice in Chess. The Hague: Mouton.

Freksa, Chr. (1988): Cognitive Science - Eine Standortbestimmung. In: G. Heyer, J. Krems & G. Görz: Wissensarten und ihre Darstellung. Heidelberg: Springer. 1-12.

Hopcroft, J.E. & Ullman, J.D. (1979): Introduction to Automata Theory, Languages, and Computation. Reading: Addison-Wesley.

Johnson, W. L. (1986): Intention-Based Diagnosis of Novice Programming Errors. London: Pitman.

Kessler, C. M. & Anderson, J. R. (1986): A Model of Novice Debugging in LISP. In: E. Soloway & S. Iyengar (eds.): Empirical Studies of Programmers. Norwood: Ablex. 198-212.

Krems, J. (1988): Kognitionspsychologie und Wissensverarbeitung. In: G. Heyer, J. Krems & G. Görz: Wissensarten und ihre Darstellung. Heidelberg: Springer. 124-129.

Krems, J. & Mehmanesh, H. (1988): Kompetenzabhängige Identifikationsstrategien bei Fehlern in einfachen, linear-rekursiven Funktionen - Vergleich von Laien und Experten. Regensburg: Forschungsberichte zur Psychologie der Kommunikation und Informationsverarbeitung. Nr. 14.

Pennington, N. (1987): Stimulus Structures and Mental Representations in Expert Comprehension of Computer Programs. Cognitive Psychology, 19, 295-341.

Shapiro, D.G. (1981): Sniffer: a System that Understands Bugs. AI Memo 638, MIT, AI-Lab.

Slatter, Ph. E. (1987): Building expert systems: cognitive emulation. Chichester: Ellis Horwood.

Soloway, E., Bonar, J. & Ehrlich, K. (1983): Cognitive Strategies and Looping Constructs: An Empirical Study. CACM, 26, 853-860.

Vessey,I. (1987): On Matching programmers' chunks with program structures: An empirical investigation. Int. J. of Man-Machine Studies, 27, 86-89.

Winston, P.H., Horn, B.K. (1984): Lisp. Reading: Addison-Wesley.

**VERTRÄGLICHKEITSPRÜFUNGEN FÜR DIE VERARBEITUNG
RÄUMLICHEN WISSENS[1]**

Simone Pribbenow
Universität Hamburg

## 0. EINLEITUNG

Die vorliegende Arbeit beschäftigt sich mit Problemen, die bei der Simulation von Textverstehensvorgängen auftreten, wobei die Untersuchungen eine Integration von Ansätzen der KI, Linguistik und teilweise auch der Kognitionswissenschaft vorzunehmen versuchen. Den Gegenstandsbereich bildet dabei die Analyse **räumlicher** Ausdrücke. Als grundlegend für diese Forschungen betrachte ich die beiden Annahmen:

-   Um die Modellierung von Textverstehensvorgängen gewährleisten zu können, ist neben der syntaktischen und semantischen auch eine konzeptuelle Analyse erforderlich.

-   Für die Interpretation räumlicher Ausdrücke wird neben dem propositionalen Repräsentationsformat auch ein bildhaftes benötigt. Dieser Ansatz folgt einer in der kognitiven Psychologie weit verbreiteten Auffassung, vgl. u.a. KOSSLYN (1980), die auch in KI-Systemen ihren Niederschlag findet, z.B. FUNT (1987), ADORNI et al (1984). Dabei ist für die Aufgaben des maschinellen Textverstehens primär die Erstellung und Weiterverarbeitung von bildhaften Repräsentationen wichtig und nicht die Arbeit mit vorgegebenen Bildern wie in Naos (NOVAK (1987)) oder Citytours (ANDRÉ et al (1986)).

Diesen Richtlinien folgend, basiert die konzeptuelle Interpretation der räumlichen Textbestandteile auf zwei verschiedenen, interagierenden Repräsentationsformalismen. Die bildhafte Ebene wird dabei durch sogenannte "Depiktionen" (HABEL (1987), (1988)) bereitgestellt, die momentan durch Zellmatrizen implementiert werden (KHENKHAR (1988)). Sie folgen der Idee der "mentalen Bilder", d.h. sie besitzen einen skizzenhaften, (quasi)-analogen Charakter (siehe auch REHKÄMPER (1987)). Der Übergang zwischen den Ergebnissen der syntaktischen und semantischen Analyse des sprachlichen Ausdrucks und den Depiktionen wird ermöglicht durch propositional basierte Interpretationsprozesse, die im weiteren noch genauer vorgestellt werden. Dazu wird das von mir entwickelte Regelsystem für Präpositionen verwendet, das in der prädikatenlogischen Sprache $L_{LILOG}$[2] implementiert worden ist. Es ergibt sich folgender Interpretationsprozeß:

$$\text{Text} \;\rightarrow\; \begin{array}{c}\text{syntaktische Analyse} \\ \text{semantische}\end{array} \;\rightarrow\; \begin{array}{c}\text{konzeptuelle} \\ \text{Analyse}\end{array} \left\{ \begin{array}{c}\text{regelbasiert} \\ \updownarrow \\ \text{depiktional}\end{array}\right.$$

Das benutzte Regelsystem hat vordringlich folgende Aufgaben:

-   das Zurückführen der Ergebnisse der semantischen Analyse auf elementare Konzepte und Relationen (z.B. konzeptuelle Primitive zur Beschreibung von Objekten, räumliche und funktionale Beziehungen wie "Nähe" und "support")

---

[1] Diese Arbeiten entstanden im Rahmen des von der IBM geförderten Projektes LILOG (LInguistische und LOGische Methoden für das maschinelle Verstehen des Deutschen) in dem Hamburger Teilprojekt LILOG-R, das sich speziell mit der Verarbeitung räumlichen Wissens beschäftigt.

[2] $L_{LILOG}$ basiert auf sortierter Prädikatenlogik und ist im LILOG-Projekt entwickelt worden. Die Syntax und die speziellen Features dieser Sprache werden in ROLLINGER et al (1987), sowie in dem in Vorbereitung befindlichen Report "The Knowledge Representation Language L-LILOG" beschrieben.

-    das Erschließen zusätzlicher Information (z.B. implizites Wissen, Defaultannahmen).

Mit der so erschlossenen konzeptuellen Bedeutung der Vorlage ist nun eine Umsetzung auf die depiktionale Ebene möglich, sowie eine Einbettung in das bisherige Wissen. Diese Einbettung besteht in einem Zusammenführen der neu erschlossenen mit der bereits vorliegenden Information. Typische Fragestellungen dieses klassischen Integrationsproblems sind: Enthält die neue Information zusätzliches Wissen? Stellt sie ggf. eine Verstärkung bereits vorhandener Information dar, oder handelt es sich um eine Abschwächung des oder sogar um einen Widerspruch zum vorgegebenen Wissen?

## 1. PROBLEMSTELLUNG

Die Frage nach der Inkonsistenz, der letzte Punkt der obigen Aufzählung, nimmt in gewisser Weise eine herausragende Stellung ein, denn die Feststellung dieses Zustandes hat die größten Auswirkungen auf das Gesamtverhalten des Systems. Weder die Aufdeckung noch die Beseitigung von bzw. die kontrollierte Weiterarbeit mit inkonsistentem Wissen ist trivial, wie viele Arbeiten auf diesem Gebiet zeigen.

Ein weiteres Problem entsteht durch die zusätzliche konzeptuelle Analyse, d.h. die weitergehende Explizierung der Bedeutung. Einerseits ist dieser Interpretationsprozeß nötig, um eine einheitliche Form zu erhalten, die den Vergleich von Wissenselemente überhaupt erst möglich macht. Andererseits verursachen die hierbei getroffenen Entscheidungen -bei der Anwendung von nicht-sicherem Weltwissen z.B.- Situationen, in denen komplexe Prozesse vorausgehen müssen, ehe die Konsistenz bzw. Inkonsistenz festgestellt werden kann. Diese ausführlichen Verfahren zum Abgleich von Wissen, von denen die Konsistenzprüfung eine Untermenge darstellt, werde ich im folgenden als **Verträglichkeitsüberprüfung** oder **Verträglichkeitstest**[3] bezeichnen.

Hierbei können durchaus unterschiedliche Szenarien vorliegen, in denen dieser Prozeß angewendet wird. Sie ergeben sich aus dem unterschiedlichen Charakter der neu zugeführten Information:

-    sprachlicher Input, z.B. bei Textverarbeitung
-    visueller Input, z.B. beim Vergleich der vorliegenden räumlichen Gegebenheiten mit dem aus Texten oder Berichten extrahierten Wissen (Reise- und Landschaftsbeschreibungen, Wegbeschreibungen usw.).

Im weiteren werde ich mich auf die Textverarbeitungsvariante beschränken. Dabei sind die wichtigsten Bausteine für alle räumlichen Beschreibungen die Lokalisierungsangaben, die die räumlichen Beziehungen von Objekten angeben, wie "der Weg neben dem Kanal" oder "die Lampe über dem Tisch". Unabhängig davon, ob der Abgleich mit sprachlichem oder visuellem Input erfolgt, sind es die konzeptuellen Interpretationen dieser Objektlokalisierungen, auf die sich die Verträglichkeitsprüfung bezieht. Ihre Eigenschaften beeinflussen die Überprüfungsprozesse.

Das weitere Thema dieses Aufsatzes wird also die Beschreibung eines Verträglichkeitstests sein, der die spezifischen Gegebenheiten der konzeptuellen Interpretation von Objektlokalisierungen benutzt, um  möglichst effizient und vollständig arbeiten zu können. Zum besseren Verständnis soll zunächst der hier verwendete Ansatz der konzeptuellen Analyse erläutert werden.

---

[3]In dieser Arbeit werde ich die Begriffe Konsistenz und Verträglichkeit (bzw. Inkonsistenz und Unverträglichkeit) synonym verwenden, wobei ich den Konsistenzbegriff der Prädikatenlogik übernehme. Allerdings muß die Verträglichkeit später auch für die Depiktionen bzw. die gleichzeitige Verwendung zweier Repräsentationsformate definiert werden, wofür der logische Konsistenzbegriff erweitert werden muß.

## 2. KONZEPTUELLE ANALYSE VON PRÄPOSITIONALPHRASEN

Die Ausführungen beschränken sich auf die Objektlokalisierung; die speziellen Probleme der Ereignislokalisierung werden vernachlässigt, ebenso direktionale Präpositionalphrasen (die sich aber ohne große Änderungen in diesen Ansatz einfügen lassen). In den Beispielen

    1a) die Blumen in der Vase

    1b) der Baum hinter dem Gartenhäuschen

bilden die Blumen bzw. der Baum das zu lokalisierende Objekt (im weiteren kurz LO genannt), die Vase bzw. das Gartenhäuschen stellen das Referenzobjekt (RO)[4], das den Bezugspunkt der Lokalisierung bildet. Für die folgenden Analysen werden somit im allgemeinen Tripel bestehend aus Präposition, LO und RO verwendet. An einigen Stellen wird zur Verdeutlichung bestimmter Problemstellungen auch auf die textuelle Umgebung eingegangen. Der Schwerpunkt der Analyse liegt auf der Frage:

**Was wird wo lokalisiert?**

Dabei bezieht sich das **was** auf den Teil des LO, der in dem zu erstellenden Gebiet erwartet wird. In dem ersten Beispiel wären das im Normalfall nicht die gesamten Blumen, sondern nur die Stengel. **Wo** bezeichnet den Aufenthaltsort, der dem LO durch diese Phrase zugeordnet wird; das Gebiet, welches durch das Referenzobjekt zur Verfügung gestellt wird.

Die Bezeichnung "Gebiet" deutet schon an, daß es sich hierbei um Entitäten handelt, die auch depiktional interpretiert werden können; also die Nahtstelle zwischen dem propositionalen und dem bildhaften Repräsentationsformat darstellen. Diese Gebiete sind das Ziel der konzeptuellen Interpretation, die die vorgegebene Situation so auswertet, daß danach die Übertragung in eine Depiktion möglich ist. Der erste Schritt dieses Verfahrens ist die Bestimmung der in diesem Kontext relevanten "Konzeptualisierung"; ein Begriff, der die benötigte Sichtweise des Referenzobjektes bezeichnet[5]. Sie wird bestimmt durch die vorliegende Präposition, aber - wie die späteren Beispiele zeigen werden - auch von dem zu lokalisierenden Objekt, sowie dem gegebenen Gesamtkontext. Damit entsteht folgender Ablauf:

$$\text{RO} \quad \rightarrow \quad \text{Konzeptualisierung} \quad \rightarrow \quad \text{Gebiet ("Suchdomäne")}$$

Für das Beipiel 1a) wäre die passende Konzeptualisierung der innere Hohlraum der Vase, für den Baum in 1b) hingegen ein Teil der Umgebung des Gartenhäuschens. Die daraus abgeleiteten Gebiete werden im folgenden weiter verfeinert, bis sie entsprechend dem Lokalisierungscharakter von Präpositionen eine "Suchdomäne", entsprechend der Terminologie von MILLER/JOHNSON-LAIRD (1976) bilden. Für Miller/Johnson-Laird ist dieser Begriff der "Suchdomäne" nicht primär aufgabenorientiert, sondern gehört zur semantischer Bedeutung.

Die Festlegung der passenden Konzeptualisierung und die Anforderungen an eine Suchdomäne werden durch Regeln vorgegeben. Sie dienen als Constraints zur Erstellung einer Depiktion im Rahmen eines "Gebietskonstituierenden Prozesses" (siehe HABEL/PRIBBENOW (1988)). Die wichtigste Rolle spielen dabei zwei verschiedene Arten von Regeln: Auswahl- und Abgrenzungsregeln, die ich hier mit ihrer Arbeitsweise vorstellen möchte.

---

[4]In der Terminologie schließe ich mich den in der Linguistik verwendeten Begriffen an (siehe z.B. WUNDERLICH/-HERWEG (1986)).

[5]Ähnliche Konzepte finden sich in HERSKOVITS (1985). Dort werden sie "geometric descriptions" genannt.

## 2.1 AUSWAHLREGELN

Auswahlregeln werden u.a. benötigt, um die Konzeptualisierung zu bestimmen, aus der hinterher das Gebiet erstellt wird. Für einige Präpositionen ist dieser Vorgang eindeutig; <u>bei</u> bezieht sich z.B. immer auf die Außenregion. Die Präposition <u>in</u> dagegen erfordert einen komplexeren Auswertungsprozeß. Die semantische Definition als "Lokale Inklusionsbeziehung", wie sie sich in der linguistischen Literatur überwiegend findet (siehe z.B. WUNDERLICH/HERWEG (1986)), reicht nicht unbedingt aus, um eine Gebietsbestimmung erfolgreich durchführen zu können, wie die folgenden Phrasen zeigen:

     2a) die Oma im Sessel

     2b) der Riß im Sessel

     2c) die Spirale im Sessel.

In allen diesen Beispielen wird von der Präposition <u>in</u> eine Innenregion als Konzeptualisierung gefordert, wobei aber jedes der zu lokalisierenden Objekte eine andere Ausprägung erfordert. So entstehen bei der Interpretation dieser Phrasen drei verschiedene, paarweise disjunkte Gebiete, wie die folgenden Skizzen verdeutlichen sollen:

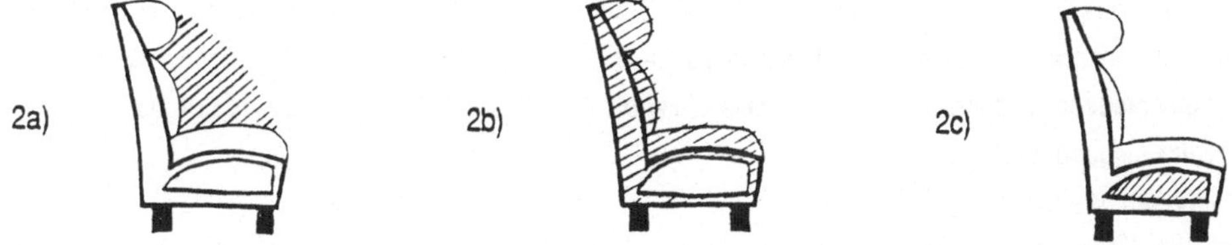


Für eine Person ist der "Sitzbereich" des Sessels relevant, die Konzeptualisierung der "Hülle". Der Riß erfordert als Innenregion die festen Teile des RO. Das dritte Objekt, die Spirale, wird hingegen in dem Hohlraum des Sesselkörpers lokalisiert. Hierbei liegt die gängigste Variante der Innenregion, die Konzeptualisierung des Innenraumes vor, wie sie zu allen Behältnisobjekten wie Schränken, Schachteln, Dosen, aber auch Autos usw. gehört.

Auch wenn der Sessel als Bezugsobjekt in Hinsicht auf die Vielfalt der möglichen Konzeptualisierungen ein Extremum darstellen mag, so besitzen doch die meisten Objekte mehr als eine mögliche Innenregionkonzeptualisierung, aus der die passende ausgewählt werden muß. Diese Aufgabe wird von Regeln geleistet, die die **funktionalen Wechselwirkungen** von RO und LO berücksichtigen. Der Präposition <u>in</u> liegt dabei die Annahme der "Behältnis"-Funktion von RO für das vorgegebene LO zugrunde. Entsprechend den physikalischen Gegebenheiten erfordern dabei verschiedene Klassen von Objekten unterschiedliche Arten von Behältnissen: Feste Körper benötigen genügend große Räume; Risse u.ä. wie oben beschrieben feste Materialien; Flüssigkeiten brauchen "dichte" Hohlräume usw. Die Auswahlregeln werden dazu benutzt, verträgliche Objektklasse/Konzeptualisierungspaare zu berechnen. Die hierfür verwendeten Regeln sollen das physikalische Weltwissen von Menschen darstellen. Sie entsprechen also weniger wissenschaftlich exakten Gesetzen als vielmehr naivem Wissen ("naive physics"), wie es zuerst von Hayes gefordert wurde (siehe HAYES (1979), aber auch GENTNER/STEVENS (1983)).

Ein zweiter Anwendungsbereich für Auswahlregeln betrifft die Bearbeitung von Ausdrücken der sekundären Deixis, wie <u>vor</u>, <u>hinter</u>, <u>links</u>, <u>rechts</u>, <u>neben</u>, usw. (vgl. z.B. EHRICH (1985)). Diese Präpositionen bieten generell die Möglichkeit der intrinsischen (mit Bezug auf die Gestalteigenschaften des Referenzobjekts) und der deiktischen (ausgehend von einem Bezugspunkt (BP), z.B. dem Sprecherstandort) Interpretation, wie sie im folgenden Beispiel dargestellt wird:

3) der Brunnen vor dem Rathaus.

Durch die deiktische Interpretation würde der Brunnen zwischen Bezugspunkt und einer beliebigen Seite des Rathauses lokalisiert werden, bei der intrinsischen Variante an der Vorderseite des Gebäudes unabhängig vom Bezugsort.

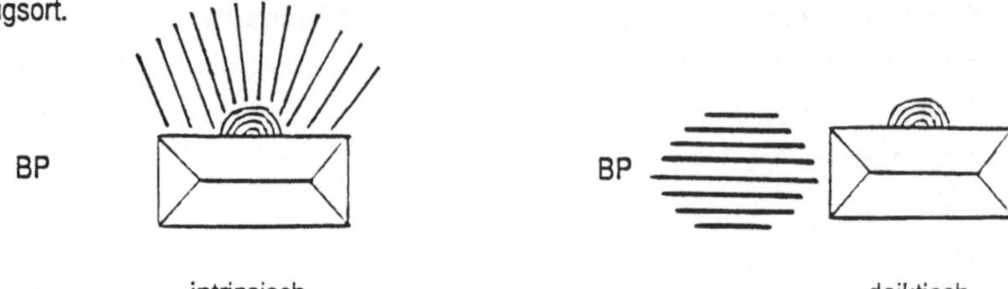

<table>
<tr><td>intrinsisch</td><td>deiktisch</td></tr>
</table>

Die deiktische Interpretation kann dabei jederzeit gebildet werden, da ein Bezugspunkt prinzipiell vorhanden ist. Die intrinsische setzt bestimmte Eigenschaften des RO voraus. Der Interpretationsprozeß muß daher zwei Aufgaben leisten: Er muß die Anwendbarkeit der intrinsischen Ausprägung abprüfen und, falls diese existiert, die Auswahl zwischen den beiden Sichtweisen treffen. Der erste Schritt soll hier im folgenden vernachlässigt werden; ein Bestimmungsalgorithmus findet sich u.a. in MILLER/JOHNSON-LAIRD (1976, S. 403). Problematischer erscheint der Auswahlprozeß. Einerseits existieren in der Literatur zu diesem Thema unterschiedliche Aussagen, andererseits scheinen viele verschiedene Kriterien eine Rolle zu spielen (siehe z.B. EHRICH (1985), LEVELT (1986)), u.a.

- die behandelte Aufgabenstellung
- die Eigenschaften des Referenzobjektes
- die intrinsische Sichtweise als Defaultannahme.

Ohne weitere Zusatzinformation würde das Beispiel 3) entsprechend diesen Kriterien intrinsisch interpretiert werden.

## 2.2 ABGRENZUNGSREGELN

Wie oben beschrieben, werden für die Präposition bei keine Auswahlregeln benötigt. Die Funktionalität dieser Präposition beschränkt sich auf den "landmark"-Charakter (im Sinne von LYNCH (1960)) des Referenzobjektes, d.h. die Fähigkeit des RO, als wahrnehmbarer Lokalisierungspunkt zu dienen. Die dazugehörige Konzeptualisierung ist immer die Außenregion des Objektes. Analoges gilt für alle anderen Außenregionpräpositionen wie vor, neben, usw.

Bei der Interpretation dieser Präpositionen ist das vorrangige Problem die Bestimmung von Größe und Form des Ergebnisgebietes, d.h. seine Abgrenzung. Die wichtigsten Regularitäten möchte ich im folgenden auflisten, eine ausführliche Analyse findet sich in HABEL/PRIBBENOW (1988).

a) Referenzobjekt

Je größer ein Objekt, umso größer ist auch sein Einflußgebiet, für das es als "landmark" dienen kann. Ähnliches gilt bei gleichgroßen Objekten bzgl. ihrer (subjektiven) Relevanz und visuellen Auffälligkeit.

b) zu lokalisierendes Objekt

Die Funktionalität des Referenzobjektes beinhaltet natürlich auch seine Wechselbeziehungen zum LO; je kleiner das zu lokalisierende Objekt, desto kleiner muß auch die Umgebung werden, in der es noch lokalisiert werden kann. So werden bei der Interpretation der beiden Beispiele

4a) der Baum beim Haus

4b) der Schlüssel beim Haus

sicherlich verschiedene Gebiete erstellt werden.

Beachtet werden sollte an dieser Stelle auch, daß die entstehenden Gebiete keine strikten Grenzen haben. Der Einflußbereich eines Objektes stellt eine vage Größe dar; er hört nicht an einer eindeutig bestimmbaren Stelle abrupt auf, sondern schwächt sich langsam ab. Da eine Gebietsrepräsentation diesem graduellen Charakter der Randzonen Rechnung tragen muß, besitzt der verwendete Formalismus der Depiktionen Mechanismen zur Darstellung unscharfer Gebietsgrenzen.

Eine weitere wichtige Anwendung für Abgrenzungsregeln ist die Beschränkung eines Gebietes auf die vermutlich relevantesten Teile, m.a.W. das Erstellen einer realistischen Suchdomäne, entsprechend den durch die Präpositionalphrase induzierten Erwartungen. Die hierfür wichtigste - aber keineswegs einzige - Informationsquelle bietet das Wissen über die **typischen Aufenthaltsorte** von Objekten; wobei diese Informationen, wie der Begriff "typisch" bereits beschreibt, Defaultcharakter haben. In den Beispielen

    5a) der Teppich im Wohnzimmer

    5b) das Gemälde im Wohnzimmer

fungiert der Innenraum als gemeinsame Konzeptualisierung. Trotzdem wecken die beiden Phrasen verschiedene Erwartungen über den vermutlichen Ort des zu lokalisierenden Objektes. In 5a) wird eher der Fußboden des Zimmers als bevorzugte Suchdomäne ausgezeichnet, im Fall 5b) die Wände. Benutzt wird für die Interpretation Wissen über typische Beziehungen von Objekten, also allgemeines Weltwissen, das nicht nur für _in_, sondern auch bei der Analyse aller anderen Präpositionen eingesetzt wird.

## 3. VERTRÄGLICHKEITSÜBERPRÜFUNGEN

Obwohl im vorangegangenen Kapitel die verschiedenen Regeln jeweils an einer Präposition demonstriert wurden, müssen i. allg. mehrere Regelmengen bei der Interpretation einer Präpositionalphrase zusammenspielen. Wie oben angedeutet ist die Verwendung von Weltwissen, z.B. zur Bestimmung einer Suchdomäne, für alle Präpositionen wichtig. Ausdrücke der sekundären Deixis unterliegen neben der beschriebenen intrinsisch/deiktisch-Auswahl den gleichen Gebietsabgrenzungsprozessen, wie sie für _bei_ beschrieben wurden. Für die Verarbeitung einer Präposition sind deshalb u.U. mehrere der im folgenden beschriebenen Verträglichkeitstests relevant. Herausgearbeitet werden soll, wie sich der Charakter des zugrundeliegenden Interpretationsprozesses auf die Art der Verträglichkeitsprüfung auswirkt.

## 3.1 ABGRENZUNG

A) Zuerst möchte ich auf die Abgrenzungsprozesse eingehen, die auf Regeln über typische Aufenthaltsorte von Objekten basieren, und dazu noch einmal das Beispiel 5a) verwenden:

    5a) der Teppich im Wohnzimmer.

Die ausgezeichnete Suchdomäne wird in diesem Fall vom Fußbodenbereich des Zimmerinnenraumes gebildet. Es ist die erste Wissensentität, die für die Überprüfung herangezogen wird. Beim Vergleich mit sprachlich gegebenen Eingaben würde ein positiver Befund vorliegen bei Lokalisierungen wie

    6a) der Teppich auf dem Wohnzimmerboden

    6b) der Teppich am Boden.

Trotz der verschiedenen Präpositionen und der damit verbundenen unterschiedlichen Konzeptualisierungen stimmen die letztendlich erstellten Gebiete hinreichend überein, wie in den zugehörigen Depiktionen erkennbar ist. Das trifft nicht mehr zu für eine Situation, wie sie durch die Phrase

      6c) der Teppich (hängt) an der Wohnzimmerwand

beschrieben wird. Hierbei werden wie im Beispiel 5b) die Wände des Zimmmers als Interpretationsergebnis geliefert. Aber auch dieser Bereich ist ein Teilgebiet des Zimmerinnenraumes, d.h. die zugrundeliegende Konzeptualisierung mit dem direkt daraus ableitbaren Gebiet sind nach wie vor zutreffend, eine echte Inkonsistenz liegt nicht vor. Sie ist erst dann gegeben, wenn das zu lokalisierende Objekt sich außerhalb des Zimmers befindet, wie es für die Phrase

      6d) der Teppich im Keller

aufgrund des Weltwissens über Zimmer geschlossen werden kann.

B) Das zweite Beispiel für Abgrenzung sind die zur Bestimmung der Gebietsgrenzen benutzten Regeln, wie sie z.B. für die Interpretation von

      4a) der Baum beim Haus

benutzt werden. Obwohl in diesem Fall der (visuelle) Abgleich mit der räumlichen Realität, der u.a. bei der Suche nach dem bezeichneten Objekt erfolgen würde, interessanter als der Abgleich mit sprachlichen Eingaben ist, werde ich mich aus Gründen der Einheitlichkeit auf letztere beschränken. Mögliche Alternativen für neue Lokalisierungs-angaben könnten z.B. folgendermaßen aussehen:

      7a) der Baum bei der Hintertür

      7b) der Baum im Garten

      7c) der Baum am Gartenzaun.

Die Verarbeitung des ersten Beispieles ist dabei sicherlich unproblematisch, da die Hintertür einen Teil des Hauses bezeichnet und durch die Interpretation von 7a) ein echtes Teilgebiet generiert wird. Bei der Phrase 7b) ist der Abgleich komplizierter. Da der Garten normalerweise ein Haus umgibt, überlappt er sich dadurch auch mit dessen Außengebiet. Aber je größer der Garten und je kleiner das Haus, umso schwerer fällt die Akzeptierung. Bzgl. des Akzeptanzgrades ergibt sich ein nahtloser Übergang in das dritte Beispiel, denn der Zaun bildet die Begrenzung des Gartens. Letztendlich ist es eine graduelle Frage, wann die Noch-Verträglichkeit in eine Nicht-mehr-Verträglichkeit, also eine Inkonsistenz, übergeht, wobei die Ursache im vagen Charakter der Gebietsgrenzen liegt.

Bei der Verarbeitung unter Benutzung von Abgrenzungsregeln stellen sich für die Verträglichkeitsprüfung somit zwei Probleme. Im Fall der Gebietsabgrenzung bei B) sind das die fließenden Gebietsgrenzen, die eine genaue Unterscheidung von "verträglich" und "nicht-verträglich" (bzw. inkonsistent) verhinderten. Da unter diesen Bedingungen die Konzepte ineinander übergehen, werden zur Behandlung dieses Problems Graduierungsmechanismen gebraucht, wobei auch dann ein zufriedenstellender Vergleich nur mit Hilfe von ausreichendem Wissen über die konkreten Gegebenheiten und mithilfe der depiktionalen Ebene erzielt werden kann.

Einfacher ist das zweite Problem, die Verträglichkeitstests, die sich auf Weltwissen, z.B. die in A) benutzten typischen Aufenthaltsorte, beziehen. Kann das neue Wissen nicht direkt mit dem vorliegenden in Verbindung gebracht werden, wie das bei den Beispielen 6c) und 6d) der Fall war, so wird das bei der Analyse der vorliegenden Situation verwendete Weltwissen zurückgenommen. Danach besteht die Möglichkeit, die Eingaben jetzt mit einem nicht eingeschränkten Gebiet zu vergleichen. Erst wenn das fehlschlägt, liegt eine Inkonsistenz vor. Zur Modellierung dieses Prozesses muß ein Non-monotonic-reasoning Verfahren für die Regelauswertung zur Verfügung stehen.

Zusätzlich wird dann eine Markierung der auf diesem Wege inferierten Wissenselemente gebraucht. Denn nur mit den Angaben aus einer Wissensspur ist es möglich, das verwendete Weltwissen zu selektieren und seine Auswirkungen rückgängig zu machen.

## 3.2 AUSWAHL

Interessanter sind die Phänomene, die durch die Auswahlregeln impliziert werden.

C) Eine Schwierigkeit bei der Verträglichkeitsüberprüfung von Aussagen mit Präpositionen wie vor, hinter, usw. liegt darin begründet, daß für einen vollständigen Abgleich der Bezugspunkt der Äußerung (i. allg. der Sprecherstandort) bekannt sein muß. Ohne ihn ist die Auswertung der deiktische Variante nicht möglich, da die Präpositionen der sekundären Deixis obligatorisch diesen dritten Parameter benötigen. Um diese Information über den Bezugsort mitzuliefern, gehen die folgenden Beispiele über einfache erweiterte Präpositionalphrasen hinaus. Für die kommenden Ausführungen beziehe ich mich auf das Brunnenbeispiel aus 3), das ich hier in leicht veränderter Form wiederaufnehme:

> 8a) Vor dem Rathaus steht der Brunnen.

Wie bereits für 3) beschrieben, liegt auch bei dieser Fassung eine intrinsische Interpretation nahe, der Brunnen wird in Bezug auf die Vorderseite des Rathauses lokalisiert.

Ein positives Ergebnis der Überprüfung würde erzeugt werden durch die neue Eingabe

> 8b) Seine Form harmoniert mit den wunderschönen Statuen des Hauptportals hinter dem Brunnen.

Da das Hauptportal normalerweise die ausgezeichnete Vorderseite eines Gebäudes bestimmt, befindet sich in dieser Situation der Brunnen an der vorderen Rathausseite; die intrinsische Interpretation kann erhalten bleiben. Anders verläuft der Test bei der neuen Information

> 8c) Wenn wir jetzt um die Ecke biegen, können wir die Statuen vor dem Hauptportal bewundern.

Erst durch die Bewegung wird jetzt die intrinsische Vorderseite des Gebäudes sichtbar; der Brunnen kann in Situation 8a) also nicht mit Bezug auf diese Seite lokalisiert worden sein. Da aber die Möglichkeit der deiktischen Interpretation unabhängig von der Ausrichtung des Gebäudes nach wie vor offen ist, liegt keine wirkliche Inkonsistenz vor. Das Gesamtwissen ist dann verträglich, wenn die Interpretation 8a) modifiziert wird. Wie das geschehen könnte, werde ich im Anschluß an die Analyse der Auswahlprozesse für Konzeptualisierungen erläutern.

D) Wie beschrieben beruhen die für diese Auswahlprozesse für Konzeptualisierungen benötigten Inferenzen auf Verträglichkeitsregeln, die sich auf die von der Präposition geforderte funktionale Beziehung zwischen RO und LO beziehen. Hierbei scheint auf den ersten Blick kein Abgleich außerhalb der Inkonsistenzprüfung möglich; eine Annahme, die für die Betrachtung von Gesamtsituationen nicht mehr gilt. Für die Phrase

> 2c) die Spirale im Sessel

wurde das LO im Sesselkörper lokalisiert. Diese Annahme widerspricht der später gegebenen Information

> 9) Wenn Du dich 'reinsetzen willst, lege sie auf den Fußboden.

Die Spiralfeder befindet sich also in dem Bereich, der in den Ausführungen zum Beispiel 2) Personen zugeordnet wurde. In dieser speziellen Situation muß damit auch auf die dort verwendete Konzeptualisierung der "Hülle" und des damit verbundenen Gebietes zurückgegriffen werden. Die Unverträglichkeit kann durch den Wechsel auf eine andere der möglichen Innenregionskonzeptualisierungen behoben werden.

Eine andere Vorgehensweise erfordert eine neue Information zu

> 1a) die Blumen in der Vase.

Eine problematische Eingabe wäre z.B. der Satz

      10) Sie sind vor dem Brennen in den Ton eingeritzt worden.

Obwohl für Blumen als reale Objekte der Innenraum als Konzeptualisierung dient, können Blumen als Muster nur in dem festen Material des Referenzobjektes lokalisiert werden. In diesem Fall müßte vor der erneuten Auswahl der Konzeptualisierung zusätzlich eine "Sortenänderung" des LO stattfinden, vom realen Objekt zum Muster.

Die Beispiele aus C) und D) zeigen, daß es bei der Verwendung von Auswahlregeln zu Situationen kommen kann, in denen zusätzliche Alternativen gesucht werden müssen, bevor eine Inkonsistenz festgestellt werden kann. Für die Präpositionen der sekundären Deixis beschränkt sich diese Auswahl auf die beiden Alternativen intrinsisch/deiktisch. Für die Auswahl von funktional bedingten Konzeptualisierungen ist eine Anpassung von Objektsorte und Konzeptualisierung nötig. Eine Inkonsistenz tritt erst dann ein, wenn keine neue Alternative mehr gefunden werden kann. Ein Interpretationsvorgang für eine Präpositionalphrase beinhaltet aber i. allg. mehr als nur diese Auswahl. Es wäre daher nicht adäquat, für eine Änderung an dieser Stelle den gesamten Prozeß in Form eines Backtracking-Verfahrens wiederaufzurollen. Das läßt sich nur verhindern, wenn die Teile des Interpretationsprozesses expliziert werden, an denen Veränderungen vorgenommen werden können, also die intrinsisch/deiktisch-Auswahl oder die Auswahl von konsistenten Objektklasse/Konzeptualisierungspaaren. Zusätzlich muß ein Zugriff auf das Wissen bestehen, welche Alternativen noch möglich sind und welche bereits evaluiert wurden. Für die Explizierung und die zur Verfügung stehenden Möglichkeiten bieten sich in diesem Fall Konsistenzregeln der folgenden Form an

$$\forall\ P \in \{vor, hinter, \dots \},\ \forall\ KO: Kontext :$$
$$\neg\ Intrinsisch\ (P, KO)\ \&\ \neg\ Deiktisch\ (P, KO) \rightarrow Inkonsistenz$$

$$[\ \forall\ S: LO\text{-}Objektklasse,\ \forall\ K: RO\text{-}Konzeptualisierung : \neg\ Funkt\_Verträglich\ (S\ ,\ K)\ ]$$
$$\rightarrow Inkonsistenz$$

Für die erste Regel ist der Geltungsbereich, die sekundäre Deixis, direkt angegeben, ebenso die beiden möglichen Alternativen, die für jeden einzelnen Kontext prinzipiell zugelassen sind. Im zweiten Fall gilt die Regel für alle Präpositionen, wobei die Art der funktionalen Verträglichkeit abhängig ist von der verwendeten Präposition und mithilfe von Regelmengen festgelegt wird. Da die Anzahl der möglichen Uminterpretationen hier stark kontextabhängig ist, müssen alle für LO möglichen Objektklassifizierungen (ablesbar aus der Konzepthierarchie) und alle für diese Präposition in Frage kommenden Konzeptualisierungen evaluiert werden.

Aufgrund ihrer Allgemeinheit haben diese Regeln den Status von Metaregeln, d.h. die Inferenzmaschine muß über geeignete Mechanismen für ihre Auswertung verfügen. Sie braucht dafür eine Möglichkeit, bisher durchgeführte Uminterpretationen zu verfolgen. Als Lösung bieten sich die bereits bei den Abgrenzungsregeln beschriebenen Wissensspuren an, in denen markiert wird, ob ein Auswahlprozeß stattgefunden hat, und welche Annahme gewählt wurde. Ein ähnliches Feature findet sich auch als Bestandteil anderer Reasoning Systeme, z.B. in dem von DeKLEER (1984) beschriebenen. Die Supportmengen von Aussagen bestehen dort aus den zugrundeliegenden Angaben (assumption based). Anders aufgebaut sind die in der Tradition von Doyles TMS (DOYLE (1979)) stehenden Systeme, deren Supportmengen von denjenigen Propositionen gebildet werden, die zum Inferieren der dargestellten Information benötigt wurden (justification based; zur Unterscheidung und Diskussion dieser Begriffe siehe MARTINS/SHAPIRO (1986)). Dabei setzt der Aufgabenbereich für beide Arten von Systemen erst dort an, wo Konsistenz bzw. Inkonsistenz von Aussagenmengen bestimmt sind. Die Arbeit der hier beschriebenen Verträglichkeitsprüfung bildet eine Möglichkeit, diese Voraussetzung zu schaffen.

## 4. SCHLUßBEMERKUNG

Insgesamt kann festgestellt werden, daß für die Bearbeitung komplexer Domänen, wie sie die Verarbeitung räumlicher Ausdrücke bildet, die Vorgehensweise der einfachen Konsistenzprüfung aufgegeben werden muß zugunsten einer ausführlicheren Verträglichkeitsprüfung. Diese sollte, um außer vollständig auch effizient arbeiten zu können, auf das arbeitsaufwendige Backtracking verzichten. Besser eignen sich hier die vorgestellten speziellen Inferenzprozesse, die auf domänespezifischen Metaregeln basieren und Wissensspuren zur Lenkung der Uminterpretationsprozesse benutzen. So wird gleichzeitig die Ausgangsbasis für die Arbeit eines (assumption based) Reasoning-and-Belief Systems geschaffen.

Der hier vorgestellte, regelbasierte Ansatz zur Interpretation von Präpositionalphrasen ist im ersten LILOG-Prototypen implementiert worden. Eine vollständigere Regelmenge mit erweiterten inferentiellen Fähigkeiten und einer Anbindung an die Depiktionen soll der zweite Prototyp enthalten.

## Literatur:


Adorni, G./Di Manzo, M./Giunchiglia, F. (1984): "From Descriptions to Images: What Reasoning in Between?". In: O'Shea, T. (ed.): Proc. ECAI-84.
André, E./Bosch, G./Herzog, G./Rist, T. (1986): "Coping with the Intrinsic and Deictic Uses of Spatial Prepositions". In: Jorrand, Ph./Sgurev, V. (eds.): Proc. AIMSA-86. North-Holland: Amsterdam
deKleer, J. (1984): "Choices without Backtracking". In: Proc. AAAI-84.
Doyle, J. (1979): "A Truth Maintenance System". In: Artificial Intelligence, Vol. 12, No. 3
Ehrich, V. (1985): "Zur Linguistik und Psycholinguistik der sekundären Raumdeixis". In: Schweizer, H. (Hrsg.): Sprache und Raum. Metzler: Stuttgart
Funt, B. (1987): "Analogical Modes of Reasoning and Process Modelling". In: Cercone, N./McCalla, G. (eds.): The Knowledge Frontier. Springer: New York
Gentner, D./Stevens, A. (eds.) (1983): Mental Models. Lawrence Erlbaum Ass.: Hillsdale, New Jersey
Habel, Ch. (1987): "Prozedurale Aspekte der Wegplanung und Wegbeschreibung". In: Schnelle, H. (Hrsg.): Sprache in Mensch und Computer. Westdeutscher Verlag: Wiesbaden. Auch als LILOG-Report 17
Habel, Ch. (1988): "Repräsentation räumlichen Wissens". Erscheint in: Rahmstorf, G. (Hrsg.): Wissensrepräsentation in Expertensystemen. Springer: Berlin
Habel, Ch./Pribbenow, S. (1988): "Gebietskonstituierende Prozesse". LILOG-Bericht 18
Hayes, P.J. (1979): "The Naive Physics Manifesto". In: Michie, D. (ed.): Expert Systems and Micro Electronic Age. Edinburgh University Press: Edinburgh
Herskovits, A. (1985): "Semantics and Pragmatics of Locative Expressions". In: Cognitive Science 9
Khenkhar, M. (1988): Vorüberlegungen zu einem depiktionalen Repräsentationsformalismus. LILOG-Bericht 19.
Kosslyn, S. (1980): Image and Mind. Harvard UP: Cambridge, Mass.
Levelt, W. (1986): "Zur sprachlichen Abbildung des Raumes: Deiktische und intrinsische Perspektive". In: Bosshardt, H.-G. (Hrsg.: Perspektiven auf Sprache. de Gruyter: Berlin
Lynch, K. (1960): "The Image of the City. MIT-Press: Cambridge, Mass.
Martins, J./Shapiro, S. (1986): "Theoretical Foundations for Belief Revision". In: Halpern, J. (ed.): Theoretical Aspects of Reasoning about Knowledge. Morgan Kaufmann: Monterey, CA
Miller, G./Johnson-Laird, P. (1976): Language and Perception. Cambridge UP: Cambridge, Mass.
Novak, H.-J. (1987): Textgenerierung aus visuellen Daten: Beschreibung von Straßenszenen. Informatik-Fachbericht 142. Springer: Berlin
Rehkämper, K. (1987): "Mentale Bilder und Wegbedeutungen". In: Morik, K. (Hrsg.): Proc. GWAI-87. Springer: Berlin
Rollinger, C.-R./Studer, R./Uszkoreit, H./Wachsmuth, I. (1987): Textunderstanding in LILOG - Sorts and Reference Objects. LILOG-Report 25
Wunderlich, D./Herweg, M. (1986): "Lokale und Direktionale". Universität Düsseldorf, Manuskript. Erscheint in: v. Stechow, A./Wunderlich, D. (Hrsg.): Handbuch der Semantik. Athenäum Verlag: Königstein/Ts.

# PLUG: Benutzerführung auf Basis einer dynamisch veränderlichen Zielhierarchie [1]


Bärbel Ripplinger, Alfred Kobsa
SFB 314: KI - Wissensbasierte Systeme
Fachbereich Informatik
Universität des Saarlandes



**Abstract**

Das Problem, einem Benutzer Hilfestellung zum kognitiv adäquaten Ausfüllen eines Formulars zu geben, wird zurückgeführt auf das systematische Abarbeiten einer durch die Formularhierarchie vorgegebenen initialen Zielhierarchie. Zur Durchführung dieser Aufgabe wurde das aktive Hilfesystem PLUG entwickelt, das auf Basis einer solchen hierarchischen Zielstruktur eine bestimmte Art von kooperativer Benutzerführung durchführt, nämlich eine Aufmerksamkeitsfokussierung auf das vollständige Abarbeiten des gegenwärtigen Teilplans. Planzweige werden dabei Prioritätsbewertungen unterworfen und die Ergebnisse zur Benutzerführung verwendet. Durch das Ausfüllen von Formularfeldern ergeben sich allerdings dynamische Veränderungen in der Zielhierarchie. Diese betreffen das Hinzutreten als auch das Wegfallen von Planzweigen. Die Verwaltung dieser Abhängigkeiten, insbesondere auch das dependenzgesteuerte Rücksetzen von Planzuständen bei der nachträglichen Rücknahme von Zielvorgaben durch den Benutzer, wird mit Hilfe eines TMS verwaltet.


## 1. Problemstellung und Verallgemeinerung

PLUG [2] [Ripplinger 88] ist ein aktives Hilfesystem [3] im System XTRA [Allgayer et al. 88], einem natürlichsprachlichen Zugangsystem für Expertensysteme. Das gegenwärtige Objektsystem von XTRA ist LST1 [Beiche 87,88], ein Expertensystem zur Unterstützung des Benutzers beim Ausfüllen eines Lohnsteuerjahresausgleichsformulars. Der Benutzer soll die Möglichkeit haben, über ein Dialogfenster natürlichsprachliche Eingaben zu machen (aus denen XTRA die für das Expertensystem relevanten Daten extrahieren kann) oder auch natürlichsprachliche Anfragen an das Zugangssystem zu stellen. Er kann aber auch in das am Bildschirm dargestellte Lohnsteuerformular direkt Einträge vornehmen, die an das Expertensystem weitergeleitet werden.

Im Unterschied zu bisherigen Lohnsteuerberechnungsprogrammen erfordert LST-1 keine korrekt und vollständig ausgefüllten Formulare, sondern der Benutzer kann während eines bestimmten Modus von LST-1 an beliebiger Stelle Daten eintragen. (Diese Daten können aber auch aus der natürlichsprachlichen Benutzereingabe kommen.) Die Eingabewerte werden einer Plausibilitätsprüfung unterworfen und auf Konsistenz mit allen anderen Einträgen getestet. Berechnungen, die keine weiteren Daten mehr erfordern, werden optional sofort durchgeführt und dem Benutzer auf dem Bildschirmformular angezeigt. Zu den meisten Feldern kann der Benutzer Erläuterungen und Eingabebeispiele verlangen. Weitere Angaben zur Funktionalität von LST-1 finden sich in [Beiche 87].

Obwohl der Benutzer in das am Bildschirm dargestellte Formular also im Prinzip an beliebiger Stelle eintragen kann, erscheint es günstig, eine mehr zielgerichtete Ausfüllstrategie anzustreben. Zusam-

---


[1] Die vorliegende Arbeit wurde von der Deutschen Forschungsgemeinschaft gefördert. Wir danken Matthias Hecking für wichtige Kommentare zu einer früheren Version dieser Arbeit. Derzeitige Adresse von Alfred Kobsa: International Computer Science Institute, 1947 Center Street, Suite 600, Berkeley, CA 94704-1105, U.S.A.


[2] PLUG steht als Akronym für <u>PL</u>an-Controlled <u>U</u>ser <u>G</u>uide

[3] Siehe dazu etwa [Finin 83], [Fischer et.al. 85], [Hecking 87].

mengehörige Unterbereiche des Formulars, in die gerade ein Eintrag erfolgte, sollten nach Möglichkeit vollständig ausgefüllt werden, bevor in einen anderen Bereich gewechselt wird. Das Formular wird dadurch für den Benutzer überschaubarer und seine Aufmerksamkeit fokussiert, was intuitiv die "Qualität" des ausgefüllten Formulars erhöhen dürfte (etwa dahingehend, daß die Zahl der vergessenen Einträge – z.B. vergessene Absetzposten – verringert wird). Der Benutzer hat vom Vorliegen bereits ausgefüllter Unterbereiche aber auch unmittelbarere Vorteile, nämlich daß LST-1 auf Anfrage eventuelle Zwischenergebnisse sofort auf dem Bildschirm anzeigen kann.

Aufgabe des Systems PLUG ist es, den Benutzer zu einem solchen zielgerichteten Verhalten anzuhalten, ohne jedoch die "Spontaneität" seines Problemlöseprozesses zu hemmen. Es kann nämlich etwa durchaus sinnvoll sein, den bisher behandelten Bereich (temporär) zu verlassen, um rasch einen anderen kleinen Bereich auszufüllen. Weniger empfehlenswert ist dieses Verhalten allerdings dann, wenn auch im bisherigen Bereich nur noch wenige Felder auszufüllen wären. Deswegen muß bei jedem Wechsel eine Bewertung des Ausgangs- und des Zielbereichs vorgenommen werden und in Abhängigkeit davon der Benutzer eventuell auf die Nachteile seines Wechsels aufmerksam gemacht werden. Einige Bewertungsstrategien von PLUG werden in Abschnitt 3 behandelt. Die Bewertungen berücksichtigen u.a. die Anzahl der in einem Bereich noch auszufüllenden Felder. Da das Ausfüllen bestimmter Felder oft das Ausfüllen anderer bisher nur optional auszufüllender Felder notwendig macht bzw. Einträge in andere Felder, die bisher optional waren, verbietet, ist diese Bewertung nicht statisch, sondern ändert sich dynamisch. In Abschnitt 5 werden Mechanismen zur Verwaltung dieser Dependenzen vorgestellt.

Das System PLUG wurde so gestaltet, daß es nicht an die Formulardomäne gebunden ist, sondern auch in anderen Bereichen, in denen hierarchische Zielstrukturen existieren, zur Benutzerführung eingesetzt werden kann. Es gilt nämlich ganz allgemein, daß komplexe Aufgaben meist besser gelöst werden, wenn sie in einfachere Unterziele zerlegt und diese konsequent verfolgt werden (vgl. etwa [Grenno 74], [Thomas 74], [Simon 75]). Dabei kann es aber durchaus sinnvoll sein, bisher angestrebte Teilziele (temporär) zu verlassen, um andere einfacher zu erreichende Teilziele vorzuziehen. Es sind daher Bewertungen der Teilziele vorzunehmen und – beim Hinzutreten oder Wegfallen von Teilzielen – die sich durch Teilzieldependenzen ergebende Dynamik zu berücksichtigen und zu verwalten. Einige Einschränkungen bezüglich der allgemeinen Verwendbarkeit von PLUG werden in Abschnitt 6 diskutiert.

## 2. Die Zielhierarchie

Durch die Gliederung des Formulars in eingebettete Ober- und Unterbereiche ist unmittelbar eine Hierarchie von zu erreichenden Zielen gegeben. Das Erreichen des Ziels $TZ$ = 'Ausfüllen eines Bereichs $R$' läßt sich dekomponieren in die Ziele $TZ_1$ - $TZ_n$ ( = Ausfüllen der Bereiche $R_1$ - $R_n$), wobei $TZ_1$ - $TZ_n$ eine vollständige Partitionierung von $TZ$ darstellen, d.h. $TZ$ genau dann erreicht ist, wenn $TZ_1$ - $TZ_n$ erreicht sind. $TZ_1$ - $TZ_n$ sind also Teilziele von $TZ$ (bzw. Hierarchien von Teilzielen, da auch die $TZ_i$ meist wieder dekomponiert werden können). Zur Erreichung derjenigen Teilziele, die nicht weiter dekomponiert werden können, steht in der Formulardomäne ein einziger (trivialer) Operator zur Verfügung, nämlich das Ausfüllen des entsprechenden Bereichs.

Eine solche Zielhierarchie kann mit Hilfe des Systems TACTILUS [Allgayer 86, 87] erstellt und verwaltet werden. TACTILUS ist eine Graphikkomponente zum interaktiven Aufbau von Formularen auf dem Bildschirm, zur parallelen Repräsentation der Formularhierarchie und, in einer darauf aufbauenden Verwendungsweise, zur Analyse von Zeigegesten auf solche Formulare – eventuell in Verbindung mit natürlichsprachlichen Referenzausdrücken. Für PLUG sind ausschließlich die Formularrepräsentation und deren Verwaltung von Bedeutung. Ein Überblick über die Zeigegestenanalyse und deren Integration in ein natürlichsprachliches System findet sich in [Allgayer/Reddig 86] und [Kobsa et al. 86].

TACTILUS unterscheidet vier verschiedene Repräsentationsprimitiva zur Beschreibung der Elemente, aus denen ein Formular zusammengesetzt ist:

- *Regionen* $R_i$, die eingerahmten Formularbereichen entsprechen und wiederum Regionen, Namensfelder, Wertfelder oder virtuelle Felder enthalten können;

- *Namensfelder*, in denen Strings enthalten sein können (insbesondere Beschriftungen des Formulars);

- *Wertfelder (value regions)* $VR_i$, in die vom Benutzer Daten eingetragen werden können;

- *virtuelle Felder*, die die Möglichkeit bieten, zur normalen Formularhierarchie orthogonale Hierarchien von Feldern bilden zu können, d.h. insbesondere auch semantisch zusammengehörende, aber im Formular nicht benachbart angeordnete Felder zusammenzufassen (z.B. alle "Summenfelder" oder alle "grün unterlegten Felder" des Formulars).

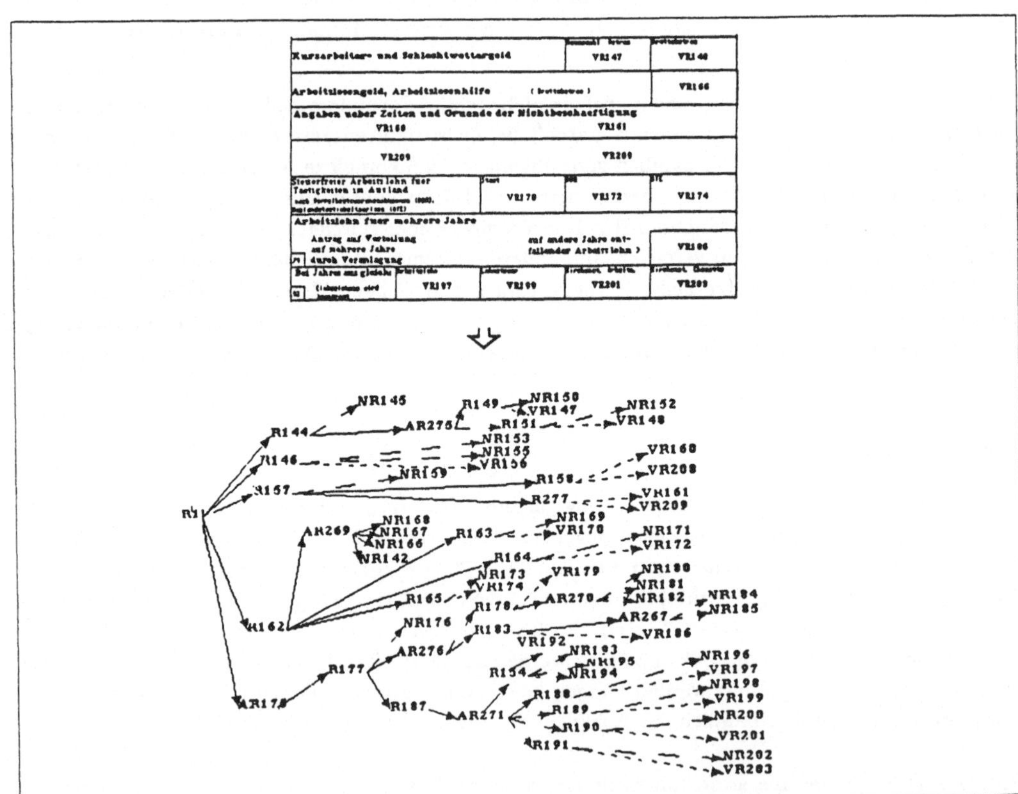

Abb.1: Beispiel für den Aufbau der Zielhierarchie in der Formulardomäne

Die Formularhierarchie, also die erwähnte Unterordnungsrelation zwischen Formularbereichen, wird mit Hilfe eines gerichteten azyklischen Graphen repräsentiert (vgl. Abb. 1). Da für die Benutzerführung in PLUG aber nur Regionen und Wertfelder von Bedeutung sind, kann hier die Formularhierarchie als Baum angesehen werden, dessen Blätter Wertfelder und dessen sonstige Knoten Regionen sind. *Teilziele TZ$_i$* sind in der Formulardomäne sowohl das Ausfüllen von Wertfeldern als auch von Regionen. Im ersten Fall kann das Teilziel nicht weiter dekomponiert werden und stellt ein *Basisziel BZ$_i$* dar. Die vollständige Dekomposition von *TZ$_i$* wird als *Teilplan TP$_i$* mit Wurzel *TZ$_i$* bezeichnet. Für PLUG ist nur die Hierarchie von Teilzielen von Bedeutung und nicht die Operatoren (Aktionen), durch die die Teilziele erreicht werden (siehe auch Abschnitt 6).

Es wurden mit Hilfe von TACTILUS bisher 6 Seiten des Lohnsteuerformulars vollständig aufgebaut, und zwar die 4 Seiten des Mantelbogens sowie die 2 Seiten der Anlage N (diese Teile sind von allen Lohnsteuerpflichtigen auszufüllen; Anlage N umfaßt etwa Eintragebereiche für Angaben zum Arbeitslohn, Werbungskosten, etc.).

Nicht alle Wertfelder eines Formulars müssen ausgefüllt werden, stellen also obligatorische Teilziele dar. Im gesamten Lohnsteuerformular ist dies beispielsweise von vornherein nur für vier Felder der Fall. Durch das Ausfüllen von optionalen Wertfeldern können allerdings neue Teilziele hinzutreten bzw. bisher fakultative (potentielle) Teilziele wegfallen. Entsprechende Informationen über die Notwendigkeit und die Erreichung von Teilzielen gehen wesentlich in die Bewertung von Teilplänen zur Benutzerführung ein und werden daher von PLUG verwaltet. Es soll für diese Informationen folgende Notation eingeführt werden:

(ZB) Ziel-Bewertung eines Teilziels:

$$ZB\,(TZ_i) = \begin{cases} obligat \\ potentiell \\ inhibiert \end{cases}$$

(ZE) Ziel-Erreichung eines Teilziels:

$$ZE\,(TZ_i) = \begin{cases} erreicht \\ nicht\ erreicht \end{cases}$$

In die Bewertung eines Teilplans werden auch die Entfernung der Wurzel $TZ_i$ des Teilplans $TP_i$ von der Wurzel des Gesamtplanes $TP_0$ ('Tiefe' von $TP_i$) und die maximale Entfernung der Basisziele eines Teilplans von seiner Wurzel ('Höhe' von $TP_i$) mit eingehen. Zur Präzisierung dienen die folgenden Definitionen:

$$Antecedent\,(TP_i) = \begin{cases} nil, & \text{falls } TP_i = TP_0; \\ TP_j & \text{mit } TZ_i \text{ ist Sohn von } TZ_j, \text{ sonst.} \end{cases}$$

*Antecedent* $^*$ entspricht einer n-maligen (n$\geq$1) Anwendung der Funktion *Antecedent*.

$$Tiefe\,(TP_i) = \begin{cases} 0, & \text{falls } TP_i = TP_0; \\ 1 + (\,Tiefe\,(Antecedent\,(TP_i))), & \text{sonst.} \end{cases}$$

$$MBZ\,(TP_i) = \{BZ_j \mid Antecedent^*(BZ_j) = TZ_i\}$$
(Menge der Basisziele von Teilplan $TP_i$)

$$Höhe\,(TP_i) = \max_j \{Tiefe\,(BZ_j) \text{ mit } BZ_j \in MBZ\,(TP_i)\}$$

## 3. Die Gewichtung von Teilplänen

Um dem Benutzer einen sinnvollen Freiraum, innerhalb dessen er die Bearbeitungsreihenfolge frei wählen kann, einzuräumen, zieht PLUG zur Entscheidung, ob ein Wechsel der Zielhierarchie zulässig ist oder nicht, mehrere Gewichte heran. Zwei davon beziehen sich auf die Anzahl der noch unerreichten Teilziele bzw. deren Verhältnis zu den erreichten Teilzielen. Läßt sich anhand dieser Gewichte noch keine Entscheidung treffen, so wird ein drittes Gewicht betrachtet, das eine Aussage darüber macht, wie die beiden betrachteten Teilpläne in die übergeordnete Zielhierachie einzuordnen sind.

Zur Vereinfachung der Gewichtsdefinitionen werden die folgenden mengenbildenden Funktionen eingeführt:

- MOBZ $(TP_i)$   (Menge der obligatorischen Basisziele eines Teilplans)

$$MOBZ\ (TP_i) = \{BZ_j \in MBZ(TP_i) \mid ZB(BZ_j) = obligat\}$$

- MPBZ $(TP_i)$   (Menge der potentiellen Basisziele)

$$MPBZ\ (TP_i) = \{BZ_j \in MBZ(TP_i) \mid ZB(BZ_j) = potentiell\}$$

- MUOBZ $(TP_i)$   (Menge der noch unerreichten obligatorischen Basisziele)

$$MUOBZ\ (TP_i) = \{BZ_j \in MOBZ(TP_i) \mid ZE\ (BZ_j) = nicht\ erreicht\}$$

- MUPBZ $(TP_i)$   (Menge der noch unerreichten potentiellen Basisziele)

$$MUPBZ\ (TP_i) = \{BZ_j \in MPBZ(TP_i) \mid ZE\ (BZ_j) = nicht\ erreicht\}$$

Das erste Gewicht zur Bewertung eines Teilplans bezieht sich schlicht auf die Anzahl der noch unerreichten obligatorischen Basisziele des Teilplans:

$$(E1) \qquad\qquad E1(TP_i) = \mid MUOBZ\ (TP_i)\mid$$

Beim zweiten Gewicht wird die Anzahl der unerreichten Ziele eines Teilplans zur Anzahl der erreichten Ziele in Beziehung gesetzt. Um den Einfluß der potentiellen Ziele gegenüber den obligatorischen herabzusetzen, wird ein Abschwächungsfaktor eingeführt (und arbiträr mit 0.5 festgesetzt):

$$(E2) \qquad\qquad E2(TP_i) = 1 - \frac{E1(TP_i) + 0.5 * \mid MUPBZ(TP_i)\mid}{\mid MOBZ(TP_i)\mid + 0.5 * \mid MPBZ(TP_i)\mid}$$

E2 gibt in der Formulardomäne also an, inwieweit der Benutzer diesen Teilbereich abgearbeitet hat; je kleiner der Wert für E2, desto mehr muß vom Benutzer noch ausgefüllt werden. Es gilt $0 \leq E2(TP_i) \leq 1$.

**Beispiel für E2:**
Der Benutzer will im Bereich *Steuerfreier Arbeitslohn für Tätigkeiten im Ausland* (vgl. Abb.1) ausfüllen. Der anfängliche Wert für E2 beträgt:

$$1 - \frac{0 + 0.5 * 3}{0 + 0.5 * 3} = 0$$

Trägt der Benutzer nun in das Feld *DBA - Doppelbesteuerungsabkommen* - etwas ein, dann wird auf Grund von Dependenzregeln (vgl. Abschnitt 5) das Feld *Staat* zu einem Teilziel und das Feld *ATE - Auslandstätigkeitserlaß* - zu einen inhibierten Teilziel. Für E2 ergibt sich dann der folgende Wert:

$$1 - \frac{1 + 0.5 * 0}{2 + 0.5 * 0} = 0.5$$

Das dritte Gewicht für einen Teilplan ist identisch mit der Tiefe des Teilplans:

$(E3)$ $\qquad\qquad\qquad\qquad\qquad E3(TP_i) = Tiefe\,(TP_i)$

## 4. Systemreaktionen bei Teilplanwechsel

Ziel von PLUG ist es, die Aufmerksamkeit des Benutzers auf das Abarbeiten des derzeit behandelten Teilplans $TP_i$ zu fokussieren, ohne jedoch sein spontanes Wechseln in einen anderen Teilplan $TP_j$ zu stören, wenn dieses zielgerichtet zu sein scheint. Ein Wechsel in einen anderen Teilplan wird von PLUG daher verschiedenen Beurteilungen unterworfen, die zum einen ausschließlich den derzeitigen Zustand (Struktur und Erreichungsgrad) der Zielhierarchie berücksichtigen, andererseits aber auch domänenspezifische Informationen und Restriktionen einbeziehen.

Relativ einfach ist die Entscheidung bezüglich der Zulässigkeit eines Teilplanwechsels, wenn der Ausgangsplan $TP_i$ keine unerreichten obligatorischen Teilziele mehr besitzt (d.h. MUOBZ $(TP_i)$ = 0). In diesem Fall sollte der Benutzer jedoch nicht in jeden beliebigen anderen Teilplan wechseln, sondern nur in

- a) den zuletzt mit "Zustimmung" des Systems verlassenen Teilplan, falls ein solcher vorhanden ist, andernfalls in
- ba) unmittelbar übergeordnete Teilpläne (d.h. $TP_j = Antecedent\,(TP_i)$), oder in
- bb) "parallele" Teilpläne der Art, daß $Antecedent\,^{*}\,(TP_j) = Antecedent\,(TP_i)$.

Entspricht ein Teilplanwechsel nicht diesen Bedingungen, so wird ein entsprechender Hinweis an den Benutzer ausgegeben, den dieser aber selbstverständlich auch ignorieren kann.

Ist der derzeitige Teilplan noch nicht vollständig bearbeitet, kann der neue Teilplan bearbeitet werden, wenn eine der folgenden Bedingungen erfüllt ist (andernfalls erfolgt ebenfalls eine entsprechende Systemmeldung):

- $E1(TP_j) \leq 2 \wedge E1(TP_i) \geq 2$.
  Mit dieser Bedingung soll ein "rasches Wechseln" in einen Teilplan mit sehr wenigen unerfüllten Zielen gestattet werden, wenn der jetzige Teilplan noch größere Lücken aufweist.
- $E2(TP_j) \geq E2(TP_i)$.
  Ein Wechsel wird gestattet, wenn der "Erreichungsgrad" von $TP_j$ größer ist als derjenige von $TP_i$.
- $E2(TP_j) = E2(TP_i) \wedge E3(TP_j) \leq E3(TP_i)$.
  Bei "gleich gut erreichten" Teilplänen wird derjenige mit kleinerer Tiefe bevorzugt.

Zusätzlich ist in PLUG auch die Berücksichtigung domänenabhängiger Teilzielpräferenzen möglich. In der Formulardomäne etwa ist die Anlage N in zwei getrennte Bereiche (Angaben zum Arbeitslohn und Werbungskosten) gegliedert. Da diese Bereiche inhaltlich voneinander völlig unabhängig sind und auch das Expertensystem beide Teile getrennt bearbeitet, ist ein Wechsel in einen dieser Bereiche erst dann möglich, wenn der andere ausgefüllt ist. Der Entscheidungsalgorithmus von PLUG ist modular aufgebaut, so daß einzelne Kriterien bei Bedarf hinzugefügt oder entfernt werden können.

## 5. Dependenzen zwischen Zielbewertungen und Zielerreichung

Zielbewertungen (obligat, potentiell oder inhibiert) können durch die Aufgabenstellung vorgegeben sein (a-priori-Zielbewertungen). In der Lohnsteuerdomäne etwa ist nur das Ausfüllen der Felder 'Name', 'Vorname', 'Steuerklasse' und 'Bruttoarbeitslohn' obligatorisch, alle anderen Felder können optional hinzutreten. Zwischen den Bewertungen von Zielen können aber auch Dependenzen bestehen. Wird ein Ziel (aus welchen Gründen auch immer) obligat, so können deswegen andere Ziele inhibiert, potentiell oder ebenfalls obligat werden. In der Formulardomäne ist einer dieser Gründe, daß das betreffende Wertfeld ausgefüllt wurde. Dadurch werden Einträge in anderen Wertfeldern notwendig oder verboten. Gerade in der Lohnsteuerdomäne, bei der fast alle Einträge optional sind, treten sehr viele solcher Abhängigkeiten auf. Dependenzen zwischen Zielen stellen aber üblicherweise keine nur paarweisen Relationen dar. In PLUG haben Dependenzregeln deshalb die folgende Form:

$\langle$Zielbewertung$\rangle \leftarrow \langle$Bedingungsteil$\rangle$ mit

$\langle$Zielbewertung$\rangle \ ::= \ ZB(BZ_i) = \langle$Zielwert$\rangle$

$\langle$Bedingungsteil$\rangle \ ::= \ \langle$Atomarformel$\rangle \mid \neg (\langle$Atomarformel$\rangle) \mid$
$\qquad\qquad\qquad\qquad \langle$Atomarformel$\rangle \langle$Junktor$\rangle \langle$Bedingungsteil$\rangle$

$\langle$Atomarformel$\rangle \ ::= \ ZB(BZ_i) = \langle$Zielwert$\rangle \mid a-priori-ZB(BZ_i) = \langle$Erreichungswert$\rangle \mid$
$\qquad\qquad\qquad\quad ZE(BZ_i) = \langle$Erreichungswert$\rangle$

$\langle$Zielwert$\rangle \ ::= \ obligat \mid potentiell \mid inhibiert$

$\langle$Erreichungswert$\rangle \ ::= \ erreicht \mid nicht\ erreicht$

$\langle$Junktor$\rangle \ ::= \ \wedge \mid \vee \mid \oplus$

Ergibt die Auswertung der Vorbedingung den Wert *wahr*, so ändert sich die Zielbewertung der linken Seite auf den spezifizierten Wert.

**Beispiel:**
Für die Felder des Bereichs *Steuerfreier Arbeitslohn für Tätigkeiten im Ausland* (vgl. Abb. 1) sind die folgenden Dependenzregeln formuliert:

$ZB(VR170) = obligat \leftarrow ZB(VR172) = obligat \oplus ZB(VR174) = obligat$

$ZB(VR172) = obligat \leftarrow ZB(VR170) = obligat \wedge \neg (ZB(VR174) = obligat)$

$ZB(VR172) = obligat \leftarrow ZB(VR174) = inhibiert$

$ZB(VR174) = obligat \leftarrow ZB(VR170) = obligat \wedge \neg (ZB(VR172) = obligat)$

$ZB(VR174) = obligat \leftarrow ZB(VR172) = inhibiert$

VR170 entspricht dabei dem Feld *Staat*, VR172 dem Feld *DBA* und VR174 dem Feld *ATE*.

In PLUG können diese Dependenzregeln entweder in Form von STRIPS-ähnlichen Operatoren [Fikes/Nilsson 71] (die in "generierender" Verwendungsweise eingesetzt werden), oder mit Hilfe eines Truth-Maintenance-Systems [Doyle 79] definiert werden. Im ersten Ansatz gibt es in der Formulardomäne als einzige Operatoren nur 'Eintragen' und 'Löschen' mit dem entsprechenden Wertfeld als Parameter. In den Vorbedingungen wird geprüft, ob die entsprechende Aktion auf Grund der Zielbewertung und der Zielerfüllung des Wertfelds (Eintrag verboten, Eintrag bereits erfolgt?) überhaupt zulässig ist. Die Add- und Delete-Listen verschmelzen zu "Änderungslisten", in denen die eventuellen Änderungen in den Zielbewertungen spezifiziert werden.

Der STRIPS-Ansatz stellt eine recht effiziente Realisierung dar, kann aber nicht mehr sinnvoll angewandt werden, wenn die Zielbewertungen über mehr als eine Stufe propagiert werden müssen (was bereits in der simplen Formulardomäne oft auftritt). In diesem Fall empfiehlt sich die Verwendung eines TMS. Die (idealisierte) Grundstruktur des in PLUG verwendeten TMS ist in Abb.2 dargestellt. Für jede mögliche Bewertung (obligat, potentiell, inhibiert) eines Zieles $BZ_i$ existiert ein Knoten (die Bewertungen sind in Abb.2 mit 1, 0.5 bzw. 0 abgekürzt). Für den IN-Set eines Knotens sollen hier aus Vereinfachungsgründen disjunktive Beziehungen gelten, d.h. ein Knoten ist *in* wenn *mindestens eine* Rechtfertigung im IN-Set *in* ist (in Abb.2 durch kleine "Oder-Gatter" symbolisiert) und *alle* Rechtfertigungen im OUT-Set *out* sind. Zum IN-Set eines jeden Zielbewertungsknotens gehört dann die jeweilige a-priori-Zielbewertung, die als "Prämisse" des Systems auftritt (es wird natürlich vorausgesetzt, daß für ein $BZ_i$ nur eine a-priori-Zielbewertung *in* ist). Zum IN-Set des Knotens für '$ZB(BZ_i) = 1$' gehört auch der Knoten für die Prämisse '$ZE(BZ_i) =$ erreicht', also die Zielerreichungsbewertung. Zum OUT-Set jeder Zielbewertung gehören natürlich die anderen möglichen Zielbewertungen.

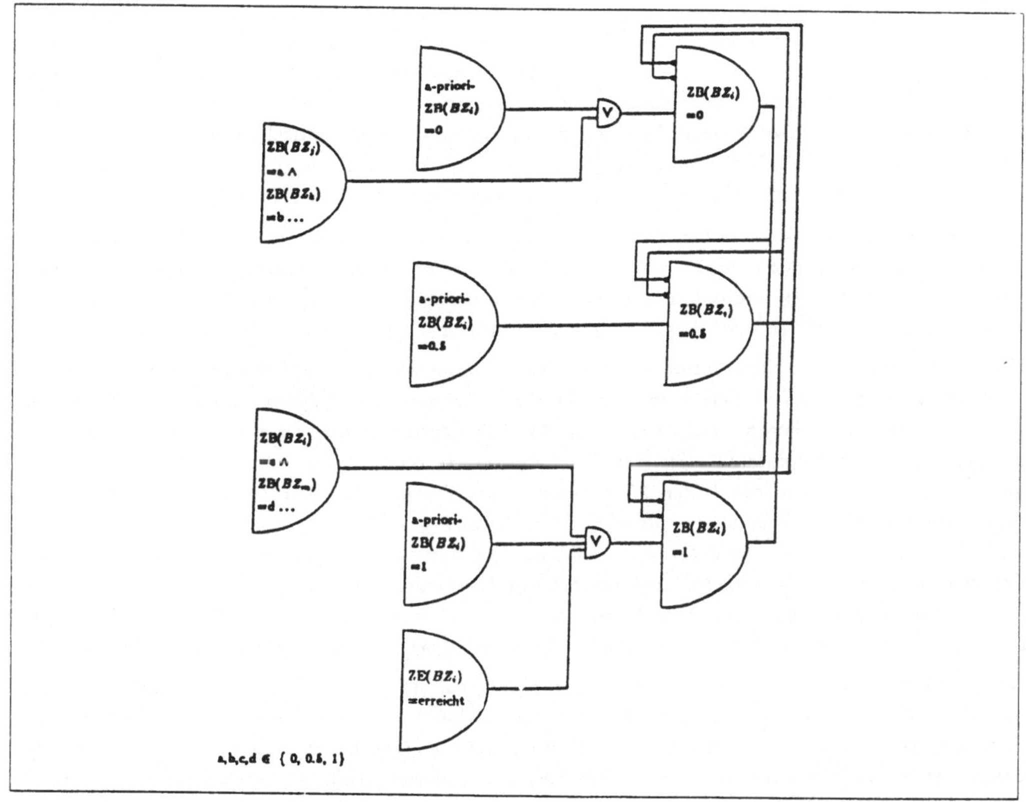


Abb.2: TMS zur Verwaltung von Zielbewertungsdependenzen

Ferner können Zielbewertungen von beliebigen anderen $BZ_i$ im IN-Set von '$ZB(BZ_i) = 1$' und '$ZB(BZ_i) = 0$' enthalten sein. Wird dadurch eine dieser beiden Zielbewertungen von $BZ_i$ *in*, so werden die anderen sofort *out*. '$ZB(BZ_i) = 0.5$' bekommt Support nur von der a-priori-Zielbewertung (die Zielbewertung 'optional' tritt in allen untersuchten Domänen nur als Default auf). Konflikte können nur zwischen $ZB(BZ_i) = 1$' und '$ZB(BZ_i) = 0$' auftreten, was in der Formulardomäne bedeutet, daß irgendwelche Wertfelder $VR_m$ und $VR_n$ ausgefüllt wurden, wobei durch das eine das Ausfüllen von $VR_i$ gefordert, durch das andere aber verboten wird. In diesem Fall wird der Benutzer gebeten, einen der am Konflikt beteiligten Werte zu löschen.

Wegen dieser speziellen TMS-Struktur konnte eine vereinfachte Implementierung gewählt werden. Knoten enthalten dabei die Formeln '$ZB(BZ_i) = z$', wobei die Rechtfertigungen für '$z = 1$' im IN-Set und für '$z = 0$' im OUT-Set des Knotens enthalten sind (in beiden Sets gilt nun Disjunktivitätsbeziehung). Falls keiner der Rechtfertigungen *in* ist, gilt '$z = 0.5$'. Insgesamt wurde mit diesem TMS ein System geschaffen, daß die auftretenden Abhängigkeiten zwischen dynamisch veränderlichen Zielbewertungen in korrekter Weise verwaltet.

## 6. Zusammenfassung und Ausblick

Es wurde das aktive Hilfesystem PLUG vorgestellt, das auf Basis einer hierarchischen Zielstruktur eine bestimmte Art von kooperativer Benutzerführung durchführt, nämlich eine Aufmerksamkeitsfokussierung auf das vollständige Abarbeiten des gegenwärtigen Teilplans. Es wird davon ausgegangen (wofür auch die erwähnten empirischen Evidenzen existieren), daß das Zerlegen einer Gesamtaufgabe in Teilaufgaben und das systematische Abarbeiten der entsprechenden Teilpläne die Qualität des Ergebnisses deutlich verbessert. PLUG geht aber nicht von einer statischen Zielstruktur aus, sondern verwaltet auch das Hinzutreten und Wegfallen von Teilzielen und die sich daraus ergebenden Implikationen bezüglich der Notwendigkeit, Optionalität bzw. Inhibiertheit anderer Teilziele.

PLUG führt keinerlei Planung durch. Das System geht davon aus, daß von einem Plangenerierungssystem bereits eine initiale Zielhierarchie erzeugt wurde (oder wie in der Formulardomäne eine solche von vornherein vorliegt), und daß die Dependenzen zwischen den Teilzielen bekannt sind. Auch alle dynamisch hinzutretenden oder wegfallenden Ziele müssen explizit genannt werden.

PLUG setzt derzeit eine bestimmte Art von Zielhierarchie voraus, nämlich eine Zieldekomposition (oder -partitionierung) und nicht eine Zielexpansion. Der erste Fall ist dadurch gekennzeichnet, daß durch das Erreichen aller Subziele $TZ_1 - TZ_n$ das übergeordnete Ziel $TZ$ automatisch erfüllt wird. Im zweiten Fall hingegen stellt dies nur eine notwendige *Voraussetzung* dar, damit ein Operator angewandt werden kann, durch den $TZ$ erreicht wird. Dieser Unterschied wirkt sich insbesondere in der Bewertung von Teilplänen und in der Verwaltung von Zielbewertungsdependenzen aus, wo bei Zieldekomposition konsequenterweise nur Basisziele berücksichtigt werden, während im Falle von Zielexpansion auch übergeordnete Ziele bewertet und verwaltet werden müssen. Eine entsprechende Erweiterung ist aber sehr einfach dadurch möglich, daß man übergeordnete Ziele sowohl bei der Teilplanbewertung als auch bei der Dependenzverwaltung wie normale Basisziele behandelt.

Etwas problematischer ist die derzeitige Einschränkung auf baumartige Zielhierarchien, die allerdings nur Auswirkungen auf die Teilplanbewertung hat. Erlaubt man nämlich für ein Teilziel mehrere Oberziele, so ist unklar, welchen der Teilpläne der Benutzer verfolgen will und welcher daher bewertet werden soll. Als Lösungen kämen in Betracht, nur den größten oder den kleinsten Teilplan zu bewerten. Am zielführendsten dürfte es aber wohl sein, *alle* Teilpläne zusammenzufassen und als Gesamtes zu bewerten, da diese Menge ja auch wirklich dem Benutzer als Alternativenraum zur Verfügung steht.

## 7. Implementierungsaspekte

PLUG ist in ZETA- bzw. COMMON-Lisp auf einer Lispmaschine SYMBOLICS 3600 implementiert.

Das System TACTILUS liefert die für PLUG benötigten Vorleistungen - Erstellen der Zielhierarchie, Aufbau des Formulars -; da es zur Realisierung der dafür notwendigen Objekte (vgl. S. 3) Flavors benutzt, wird dieser Programmierstil in PLUG übernommen. Die Beschreibungen der Wertfelder sowie die der Regionen werden entsprechend den Anforderungen von PLUG erweitert (z.B. um die Zielbewertung und die Daten zur Berechnung der Gewichtung).

Das zur Dependenzverwaltung eingesetzte TMS ist ebenfalls mithilfe des Flavorsystems realisiert. Insgesamt umfaßt der compilierte Lispcode 80 KB, davon entfallen etwa 21 KB auf die im TMS verwendeten Constraints.

## 8. Literatur


Allgayer, Jürgen (1986): Eine Graphikkomponente zur Integration von Zeigehandlungen in natürlichsprachliche KI-Systeme. Proceedings der 16. GI-Jahrestagung, Berlin: Springer.

Allgayer, Jürgen und Carola Reddig (1986): Processing Descriptions Containing Words and Gestures. In: C.-R. Rollinger and W. Horn, eds.: GWAI-ÖGAI-86. Berlin: Springer.

Allgayer, Jürgen (1987):Interpretation von Zeigehandlungen in Dialogen auf der Basis einer interaktiv aufgebauten Repräsentation von Formularen - oder "Was kann ich hier [╱] eintragen ?". Diplomarbeit, Universität Kaiserslautern, Fachbereich Informatik.

Allgayer, Jürgen, Karin Harbusch, Alfred Kobsa, Carola Reddig, Norbert Reithinger, Dagmar Schmauks (1988): XTRA: A Natural-Language Access System to Expert Systems. Universität des Saarlandes, Sonderforschungsbereich 314 (XTRA), Techn. Report.

Beiche, Hans-Peter (1987): Lst-1 - Ein wissensbasiertes System zur Berechnung und Durchführung des Lohnsteuerjahresausgleichs. In: E. Buchberger und J. Retti, Hrsg.: 3. Österreichische Artificial-Intelligence-Tagung. Berlin: Springer.

Beiche, Hans-Peter (1988): Zusammenwirken von LST-1, PLUG, FORMULAR und MINI-XTRA. Universität des Saarlandes, Sonderforschungsbereich 314 (XTRA), Memo Nr.12.

Doyle, Jon (1979): A Truth Maintenance System. In: Artificial Intelligence 12, 231–272.

Fikes, Richard E., Nils J. Nilsson (1971): STRIPS: A New Approach to the Application of Theorem Proving to Problem Solving. In: Artificial Intelligence 2, 189–208.

Finin, T. W. (1983): Providing Help and Advice in Task Oriented Systems. In: IJCAI-83, 176-178.

G. Fischer, A. Lemke, T. Schwab (1985): Knowledge-based Help Systems. In: CHI-85, 161-167.

Greeno, J.G. (1974): Hobbits and Orcs: Acquisition of a Sequential Concept. Cognitive Psychology 6, 270 - 292.

Hecking, M. (1987): How to Use Plan Recognition To Improve the Abilities of the Intelligent Help System SINIX Consultant. In: H.-J. Bullinger and B. Shakel, eds.: Human-Computer Interaction: INTERACT'87. Amsterdam: North Holland, 657-662.

Kobsa, Alfred, J. Allgayer, C. Reddig, N. Reithinger, D. Schmauks, K. Harbusch, W. Wahlster (1986): Combining Deictic Gestures and Natural Language for Referent Identification. Proceedings of the 11th International Conference on Computational Linguistics, Bonn, 356-361.

Ripplinger, Bärbel (1988): PLUG – Plankontrollierte Benutzereingabe in das Formular Anlage N des Antrags auf Lohnsteuerjahresausgleich. Universität des Saarlandes, Fachbereich Informatik, Diplomarbeit.

Simon, H.A. (1975): The Functional Equivalence of Problem Solving Skills. Cognitive Psychology 7, 268 - 288.

Thomas, J.C. (1974): An Analysis of Behavior in the Hobbits-Orcs Problem. Cognitive Psychology 6, 257 - 379.

# SASLOG: Lazy Evaluation Meets Backtracking

Knut Hinkelmann[1], Klaus Nökel[2] and Robert Rehbold[2]

## Abstract

We describe a combined functional / logic programming language SASLOG which contains Turner's SASL, a fully lazy, higher-order functional language, and pure Prolog as subsets.

Our integration is symmetric, i.e. functional terms can appear in the logic part of the program <u>and</u> v.v. Exploiting the natural correspondence between backtracking and lazy streams yields an elegant solution to the problem of transferring alternative variable bindings to the calling functional part of the program.

We replace the rewriting approach to function evaluation by combinator graph reduction, thereby regaining computational efficiency and the structure sharing properties. Our solution is equally well suited to a fixed combinator set and to a super combinator implementation. In the paper we use Turner's fixed combinator set.

## <u>Keywords</u>:

functional programming, logic programming, lazy evaluation, combinators, graph reduction, streams, backtracking, set abstraction, semantic unification.

## 1. <u>Introduction</u>

Declarative programming languages have been discussed now for several years. Declarative languages describe certain situations and facts without giving explicit instructions for computation. They are developed based on mathematical models independent of the requirements of concrete computing machines. Their mathematical well-foundedness results in certain benefits, e.g. greater expressive power, ease of parallel evaluation and the possibilitiy of formal manipulations thus supporting the verification of programs.

Two kinds of programming styles belong to this group: functional programming and relational (logic) programming. Several authors ([Turner82], [Hughes84]) emphasize that lazy evaluation and higher-order functions are two of the most important features of purely functional languages. Lazy evaluation requires normal-order reduction, which can be implemented quite efficiently using combinator graph reduction (as shown in [Turner79]). Logic programming, based on first-order Predicate Calculus, is the other major declarative approach. Its most prominent exponent is Prolog ([Clocksin, Mellish84]).

Both the functional and the logic programming style have their advantages. In order to be able to decide locally which part of a problem to represent using which style, many integrations of both paradigms have been published. Distinctions between these approaches can be made by the intensity of the integration, the functional and logic language used or the implementation technique used.

## 2. <u>What's New?</u>

We present a fully symmetric integration of a pure functional higher-order language featuring lazy evaluation (SASL) implemented via combinator graph reduction and a classical interpreter for a logic language (pure Prolog). Lazy lists in the functional part and backtracking in the logic part are interlinked and yield a natural interface between the two programming styles. The primary concern of the paper is to propose a solution to the difficult problem of reconciling combinator graph reduction and logic variables that avoids the FUNARG problem.

---

[1] FAW Ulm, P.O.Box 2060, 7900 Ulm, FRG
[2] Universität Kaiserslautern, FB Informatik, P.O.Box 3049, 6750 Kaiserslautern, FRG

## 3. Related Work

We decided to integrate two (reasonably efficiently implemented) existing languages: SASL (St. Andrews Static Language, [Turner83]), since it features lazy evaluation and higher-order functions, and pure Prolog.

Unlike many known integrations we really interlink the two languages in both directions, i.e. Prolog goals can be proven from SASL as well as functions can be called from Prolog. Influenced by Wadler ([Wadler85]) and Narain ([Narain86]) our integration is based on the kinship between lazy evaluation and depth-first search with backtracking. This yields an elegant solution of the opposition between determinism in functional languages, where every expression has a definite value, and nondeterminism in logic languages, where one goal can have multiple solutions.

Prolog goals in functional expressions are represented via set abstraction (or better list abstraction) where the elements of such a potentially inifinite stream are the alternative solutions of the goal (cf. [Darlington, Field, Pull86] or SUPERLOGLISP[Robinson83]). Because SASL is lazy, each solution is computed only when it is needed.

Integrating a functional language in a logic language can be done at two distinct levels. At the predicate level the integration essentially consists in adding a new built-in predicate `eq(X,Y)`, which computes the functional expression `Y` and unifies the result with the term `X` (cf. `is` in Prolog). Systems like LISPLOG ([Boley 86]) or HORNE ([Frisch, Allen, Giuliano83]) use predicate-level integration. Integration at term level, as realized in SASLOG, consists in using functional expressions as terms in predicates (cf. FUNLOG [Subrahmanyam, You86]). Term-level integration requires an extension to the unification algorithm of the logic programming language to take into account the semantics of the function symbols. See [Dincbas, vanHentenryck87] for a discussion of different extended unification algorithms.

Several systems have been built that make available a functional and a logic language in a single environment thereby implementing the logic language (mostly Prolog) in the functional language (mostly LISP) with defined interfaces to evaluate functional expressions in the logic part. Examples are LISPLOG ([Boley 86]), LOGLISP ([Robinson, Sibert 82a,b]), HORNE ([Frisch, Allen, Giuliano83]) and LM-Prolog ([Kahn, Carlsson83]).

Instead of integrating two existing languages many attempts were made to invent a totally new language or to augment an existing language with new features to achieve functional and logic programming.

As can be found in [Reddy86] there are several ways to capture the additional expressive power of logic programming within the framework of functional languages. The first way is to execute nonground expressions by narrowing instead of reduction (as in FRESH[Smolka86]). Using set expressions with free logic variables allows the importation of fresh variables in the output of expressions. SUPERLOGLISP[Robinson83] and the language in [Darlington, Field, Pull86] augment a functional language by set abstraction and unification to achieve relational programming. The translation of functional programs to logic programs with resolution used as their operational semantics results in the usage of functions as syntactic sugar (e.g. LEAF[Barbuti, Bellia, Levi86]).

The introduction of functional notation into relational languages is achieved by the extension of Prolog with the equality relation ([Kornfeld83]). EQLOG ([Goguen, Meseguer86]) combines horn-clause logic with confluent and terminating equational theories.

For a more detailed discussion of different methods to integrate functional and logic programming paradigms see [Bellia, Levi86].

## 4. A Review of SASLOG

The SASL part is based on [Turner83]. For convenience in linking SASL to Prolog we added the object type *__constant__* to SASL. Constants are identifiers marked by "′ "; they are atomic and do <u>not</u> correspond to strings.

The link from SASL to Prolog is possible through two constructs: `prove-` and ZF-expressions.

1. Instead of any boolean expression in a SASL term there can be an expression
             `prove(prolog-goal)`
    where `prolog-goal` can contain SASL variables and expressions. If the value of the
    `prove`-expression is needed (remember: SASL evaluation is lazy!) the Prolog interpreter is called
    with the given `prolog-goal`. If the goal can be proven, the expression yields TRUE; if the
    Prolog interpreter fails the result is FALSE.

Regard the following SASL function which tests whether we know the mother of a given person
(returning `'ok`) or not (`'unknown`):

```
def test x = prove(mother(_M,x)) -> 'ok; 'unknown
```
Note that the Prolog goal contains (local) Prolog variables (`_M`) <u>and</u> parameters from the SASL
function (`x`).

2. The more interesting link to Prolog (of which 1. is just a syntactically sugared special case) is
through an extension of the ZF-expression (named after the underlying Zermelo-Fraenkel set
abstraction). The syntax of a SASLOG ZF-expression is as follows:

$$[E;Q_1;...;Q_n]$$

where the result term $E$ is an expression and the qualifiers $Q_k$ take the form

```
V_k   <- E_k                              ("normal" generator) or
[V_k1,...,V_km] <- prolog-goal            (Prolog generator) or
E_k        , E_k a boolean-valued expression  (filter)
```

The meaning of this ZF-expression is very much the same as the one of $\{E \mid Q_1;...;Q_n\}$ in
mathematical notation (reading "<-" for "$\in$"), except that the ZF-expression denotes a list instead of
a real set (i.e. doubles can occur and the order of members is significant).
While $V_k$ <- $E_k$ binds $V_k$ successively to the members of the list produced by $E_k$,
$[V_{k1},...,V_{km}]$ <- `prolog-goal` binds the $V_{ki}$ simultaneously to the values these Prolog
variables take in the Prolog proof of `prolog-goal`. If the next set of values is needed,
backtracking on `prolog-goal` is started.
Consider the following example, where the function `g` yields the list of all grandchilds of a given
list of persons whose parent belongs to a certain set of people. Supposing the Prolog database
contains several facts of the form `parent('john,'sue)` we can define `g` as follows:

```
def g L = [gc; old <- L;
               [gc,X] <- parent(old,_X), parent(_X,_gc);
               member ['sue,'joe,'john,'mary] X ]
```

(* Note that in SASL the order of the arguments to `member` is changed to make currying easier. *)
While `X` and `gc` are logic variables <u>inside the goal</u>, they become SASL parameters <u>outside</u> the
generator.
Let us take a closer look at this example showing the combined computation with lazy evaluation and
backtracking. Given the following database definitions:

```
parent('john,'sue).      parent('john,'sam).      parent('sam,'mary).
parent('joe,'linus).     parent('sue,'charly).    parent('mary,'lucy).
parent('jeff,'joe).
```

the expression E = `g ['john,'jeff]` is evaluated as follows:
a. The first element of `['john,'jeff]` (= `'john`) is assigned to `old`.
b. The Prolog interpreter is started to prove `parent('john,_X), parent(_X,_gc)`.
c. The interpreter returns with `X` bound to `'sue` and `gc` bound to `'charly`.
d. `member ['sue,'joe,'john,'mary] 'sue` is evaluated to TRUE.
e. Since no more qualifiers exist this is a acceptable solution and the value bound to `gc` (i.e.
   `'charlie`) is delivered as the first element of the global expression E.
f. If the next member of E is needed, the next element from the last satisfied generator must be
   generated; since in this case this is the Prolog interpreter, backtracking is started.
g. Prolog finds another solution binding `X` to `'sam` and `gc` to `'mary`.
h. `member ['sue,'joe,'john,'mary] 'sam` is FALSE so another backtracking is started.
i. Since there are no more solutions for `parent('john,_X), parent(_X,_gc)`, the Prolog
   interpreter fails, thus the next element from the generator of `old` must be examined (that is
   `'jeff`).
j. A "new" Prolog interpreter is started to prove `parent('jeff,_X), parent(_X,_gc)`.
k. It finds a solution (`X = 'joe, gc = 'linus`) which satisfies the "`member`"-filter so that
   `'linus` is the next member of E.
l. No more solutions for `'jeff` can be found so the next element of `L` has to be used. Since
   there is no such element, the result list is terminated.
Thus: `g ['john,'jeff] = ['charly, 'linus]`.

Calling SASL from Prolog is a little easier: any term in the goals on the right hand side of a Prolog clause may be an arbitrary SASL expression. These SASL terms may contain Prolog variables, which must be bound to a value when being evaluated (we do not perform residuation). Naturally SASL terms in Prolog goals can contain Prolog goals themselves (via `prove`- or ZF-expressions) etc. and vice versa. Note that there is no need for an operator like "is", since "==" (unification) serves the purpose equally well.

Looking at the usage of the well-known predicate `member-r` shows the interaction between lazy evaluation and backtracking in the Prolog part of SASLOG:

```
member-r(_e,[_e|_?]).
member-r(_e,[_?|_l]) :- member-r(_e,_l).
```

The goal

```
?-member-r(_x,(from 1 where from n = [n|(from (n+1))]])), p(_x).
```

will succeed if there is a natural number `_x` such that `p(_x)` is true. The expression `(from 1 where from n = [n|(from (n+1))])` denotes the infinite list of natural numbers. Due to the lazy evaluation paradigm the list is evaluated only far enough so that `_x` can be unified with an element in the list. If the subsequent goal `p(_x)` fails with this value, backtracking causes the further computation until `_x` can be unified with another value.


## 5. <u>The Operational Semantics of SASLOG</u>

One reason to integrate two existing languages instead of creating a completely new one is to give the programmer a familiar basis to work on so that programs written in either of the two languages can still be used. This puts fairly strong restrictions on the semantics of the combined language: the separate semantics have to be retained as special cases and the new elements concerning the link between the languages must be injected into their union as unobtrusively as possible. In this paragraph we will construct an operational semantics for SASLOG building on the operational semantics for SASL (i.e. the reduction rules for the combinators together with normal-order reduction) and Prolog, respectively.

Before going into detail we give an informal overview of the semantics we have in mind for the new constructs:

(i) A ZF-generator of the form `list-of-vars <- prolog-goal` is taken to generate the stream of all success bindings of `prolog-goal` projected onto the `list-of-vars`. In order to make the stream truly lazy we will introduce a special Prolog combinator that takes a Prolog continuation and reduces to a list of values and a new continuation. Logic variables which on return to SASL are still uninstantiated are mapped to $\bot$, the SASL value for "undefined".

(ii) The basic unification algorithm is replaced by semantic unification. Two SASL terms which contain functions other than constructors unify iff they can be reduced to equal ground terms where ground terms are considered equal iff the SASL function `eq` yields `TRUE` for them. Prior to reduction all logic variables in the SASL terms are replaced by their current bindings. No residuation takes place, yet an uninstantiated variable does not automatically mean that unification fails. As in (i) we substitute $\bot$ for these variables; so if some of the functions in the term are non-strict, normal-order reduction may nevertheless produce a non-$\bot$ result (e.g. when the unbound variable occurs in the non-selected arm of a conditional).

(iii) To cope with logic variables in SASL terms we need the notion of reduction w.r.t. a binding environment which is in some way alien to the basic idea of combinator graph reduction. Since at any moment during the execution of a SASLOG program an arbitrary number of alternating Prolog incarnations and SASL reductions may be pending (each Prolog incarnation with its own current binding environment) we have to be careful in defining which term is to be reduced in which environment in order to evade both the upward and downward FUNARG problems. The convention regarding $\bot$ outlined in (i) and (ii) ensures that no uninstantiated Prolog variable can appear in a reduction taking place outside of the scope of the Prolog incarnation to which it belongs. We shall see in the following paragraph how the formal solution below can be implemented with only a slight loss in laziness.

## The semantic unification algorithm

Although our algorithm bears some resemblance to the one given in [Subrahmanyam, You 86] there is an important difference. Embedded SASL terms are always reduced to their head-normal form by the combinator reduction machine rather than step by step under the control of the unification algorithm. This means that terms containing uninstantiated variables are not treated as irreducible but as containing $\perp$ subterms. As a direct consequence in SASLOG only one notion of equality is left: that of the SASL function eq. Unification fails in exactly those cases where eq is FALSE for the head-normal forms of the terms and is aborted when eq yields $\perp$.

One might note that by unifying terms containing non-constructor functions only if they are equal w.r.t. equality in SASL we avoid importing higher-order predicate logic into SASLOG. Of course, a logic variable may be bound to a SASL function which in turn is defined as the characteristic function of a predicate. By definition the SASL-function eq is undefined for any two functional values so that they cannot be unified. This limits the use of functional values to exactly those cases covered by the 'call' meta-predicate in conventional Prolog implementations.

We can now specify our unification algorithm which is the only departure from standard Prolog semantics. It differs from syntactic unification in the last four cases where two SASL terms are to be unified.

```
UNIFY t₁ t₂ σ:

IF  σ = 'FAIL' THEN RETURN 'FAIL';
FOR i=1,2 DO tᵢ := ULTIMATE-ASSOC(tᵢ, σ);
IF t₁ is a variable THEN RETURN σ ∪ {(t₁/t₂)};
IF t₂ is a variable THEN RETURN σ ∪ {(t₂/t₁)};
IF t₁ and t₂ are in head-normal form
    THEN IF tᵢ = g(sᵢ₁,...,sᵢₖ), g constructor
        THEN RETURN UNIFY(s₁ₖ,s₂ₖ,UNIFY(...UNIFY(s₁₁,s₂₁,σ)))
        ELSE RETURN FAIL;
IF t₁ is in head-normal form and t₂ is not
    THEN RETURN UNIFY(t₁,SASL-REDUCE(ULTIMATE-INST(t₂,σ')),σ);
IF t₂ is in head-normal form and t₁ is not
    THEN RETURN UNIFY(SASL-REDUCE(ULTIMATE-INST(t₁,σ')),t₂,σ);
FOR i=1,2 DO tᵢ := ULTIMATE-INST(tᵢ, σ');
IF SASL-REDUCE(eq t₁ t₂) = TRUE THEN RETURN σ;
IF SASL-REDUCE(eq t₁ t₂) = FALSE THEN RETURN FAIL;
ABORT WITH ERROR
where for a variable x
```

$$
\sigma'(x) := \begin{cases} \sigma(x), & \text{if } x \in \mathrm{Dom}(\sigma) \\ \perp, & \text{else} \end{cases}
$$

ULTIMATE-ASSOC dereferences a variable until a non-variable is encountered whereas ULTIMATE-INST applies ULTIMATE-ASSOC recursively to all variables in a term.

But notice, that this unification algorithm is incomplete. Thus the unification of the terms append [1|_x] [3,4] and append [1,2,3] [4] with function definition

```
def  append []      l  = l
     append [a|l1] l2 = [a|(append l1 l2)]
```

does not succeed, if _x is a free variable. The function append is strict in its first argument and thus append [1|_x] [3,4], with _x instantiated to $\perp$, will be reduced to $\perp$ and unification aborts with error.

## The augmented reduction semantics for SASL

All we have to specify is how the augmented ZF-expressions and prove-expressions are translated into combinator graphs and how the newly introduced combinators are to be reduced. Atoms can be treated as distinct constants requiring only a small adjustment in the reduction rule for eq. The rest of the combinators and their reduction rules remain completely unchanged.

First, we observe that a `prove`-expression is in fact a special case of a ZF-expression since every expression of the form

    prove *prolog-goal*

can be replaced by the equivalent

    [TRUE ; [] <- *prolog-goal*] <> [].

Likewise ZF-expressions can be eliminated by a purely syntactical program transformation according to the following scheme:

A ZF-expression Z generally takes the form

$$[E; Q_1; ...; Q_n]$$

where the result term  E  is an expression and the qualifiers $Q_k$ take the form

|  |  |
|---|---|
| $V_k$ <- $E_k$ | ("normal" generator) or |
| $[V_{k1}, ..., V_{km}]$ <- *prolog-goal* | (Prolog generator) or |
| $E_k$, $E_k$ a boolean-valued expression | (filter) |

Assume that $V_1, ..., V_r$ are the generator variables of Z. We let T(Z) denote $[V_r, ..., V_1]$. Then

    map f $[T(Z); Q_1; ...; Q_n]$ where f T(Z) = E

is equivalent to the original Z.

A ZF-expression Z is said to be in <u>normal form</u> iff its result term is T(Z). Let $NZ_n$ be a ZF-expression in normal form with n qualifiers. We inductively define $norm(NZ_n)$, an equivalent ZF-free SASL expression as follows:

case n = 0: $norm(NZ_0)$ := [[]].
case n > 0, $Q_n$ = $E_n$ (filter):
    $norm(NZ_n)$ := filter f $norm(NZ_{n-1})$ where f $T(NZ_{n-1})$ = $E_n$.
case n > 0, $Q_n$ = $V_n$ <- $E_n$ (normal generator):
    $norm(NZ_n)$ := cp f $norm(NZ_{n-1})$ where f $T(NZ_{n-1})$ = $E_n$.
case n > 0, $Q_n$ = $[V_{n1}, ..., V_{nm}]$ <- *prolog-goal*:
    $norm(NZ_n)$ := cpp f $norm(NZ_{n-1})$
        where f $T(NZ_{n-1})$ = goal *prolog-goal* $[V_{n1}, ..., V_{nm}]$ .

The function `filter` is a predefined SASL function whereas `cp`, `cpp` (named for their superficial similarity to cartesian products) and the auxiliary functions `join` and `joinp` are new combinators with the reduction rules:

```
cp f []           = []
cp f [a|x]        = append (join (f a) a) (cp f x)
join [] e         = []
join [a|x] e      = [[a|e] | (join x e)]
cpp f []          = []
cpp f [a|x]       = append (joinp (f a) a) (cpp f x)
joinp [] e        = []
joinp [a|x] e     = [(append a e) | (joinp x e)]
```

The real interfacing between SASL and the Prolog interpreter is hidden in the reduction rules of the combinators `goal` and `next`:

```
goal prolog-goal resultlist = [], if prolog-goal is not provable
goal prolog-goal resultlist =
[ULTIMATE-INST (resultlist, first successful variable binding for prolog-goal)
    | (next prolog-continuation resultlist)], otherwise
next prolog-continuation resultlist =
        [], if there is no alternative proof of prolog-goal
next prolog-continuation resultlist =
[ULTIMATE-INST (resultlist, next successful variable binding for prolog-goal)
    | (next prolog-continuation' resultlist)], otherwise
```

In both cases ULTIMATE-INST replaces unbound variables by $\perp$, i.e. $\sigma'$ instead of $\sigma$ is used. In addition to the operational semantics given above a denotational one would be desirable for a complete understanding. We feel, however, that resolving the clash between higher-order SASL functions and first-order Prolog requires substantial further work in this direction.

## 6. Implementation Aspects

### SASL expressions containing logic variables

One problem in integrating Prolog and SASL is caused by the destructive graph reduction technique. Being quite efficient in pure SASL applications it cannot be used for SASL expressions containing logic variables. The reason for this is that logic variables may change their value due to backtracking. Thus, a destructive first reduction of a SASL expression would prevent it from being evaluated a second time with new bindings for the logic variables it contains.

Example:
```
database:   p(_x,_y,_z) :- r(_x,_z), _y == 15.
            r(3,5).
            r(4,6).
goal:       p(_u,_u+(_v+5),_v).
```

Unifying the goal with the conclusion we get the substitution
$\sigma = \{ (\_u/\_x), (\_y/\_u+\_v+5), (\_v/\_z) \}$. Now we prove $r(\_x,\_z)$ obtaining
$\sigma \cup \{ (\_x,3), (\_z,5) \}$. To prove $\_y == 15$ requires the reduction of $\_u+(\_v+5)$. In a simplified form the internal representation before this reduction looks like:

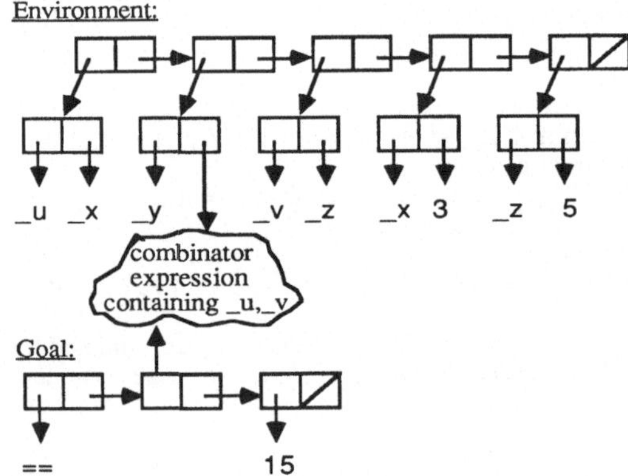



A straightforward (and wrong!) reduction will simply destructively change the combinator expression. $\_u$ is physically replaced by its value $3$, $\_v$ by its value $5$; then the expression is reduced to $13$. Because unification fails, backtracking is required. But by now the value of $\_y$ is a constant which is obviously false.

### Abstracting logic variables

A naive solution would be to copy every expression before reduction, probably combined with instantiation. This would be correct but since the combinator expression may be a cyclic graph copying is an expensive (i.e. time and space consuming) operation.

To solve this problem without having to copy at run-time we need to invest some effort at compile-time: First, we scan a clause for its global logic variables (i.e. those logic variables that occur outside of any embedded `prove`- or zf-term). Then we can translate the SASL expressions into a special form: After collecting the global logic variables occurring in an expression E into a list $(v_1 \ldots v_n)$ we translate E into a combinator expression COMB. If n=0, the translation is finished. Otherwise, we abstract the variables $v_1, \ldots, v_n$ from COMB, obtaining the variable-free combinator expression COMB', and finally replace E by the form `(graph COMB' [`$v_1, \ldots, v_n$`])`. When reducing this form, we first instantiate the variables and replace the pointer to `(graph COMB' [`$v_1, \ldots, v_n$`])` by one to the form `(COMB' `$v_1' \ldots v_n'$`)`, where the $v_i'$ are the ultimately instantiated values of the variables. If the environment contains no final (i.e. ground) binding for a $v_i$ at that time, $v_i$ is bound to $\perp$. This technique prevents us from copying of and instantiating through arbitrarily complex combinator graphs.

<u>Example (continued):</u>
The goal  `p(_u,_u+(_v+5),_v)`  is a literal with only one SASL-expression  `_u+_v+5`.
`COMB' = [_u][_v](_u+(_v+5)) = (C (B' +) (C + 5))` (where [x]E̅ denotes x
abstracted from E) so we get   `(graph COMB' [_u _v])`  after translation.

When we reach the goal  `_y == 15`, the instantiation of the goal results in the following situation
(the combinator P is the internal list constructor):

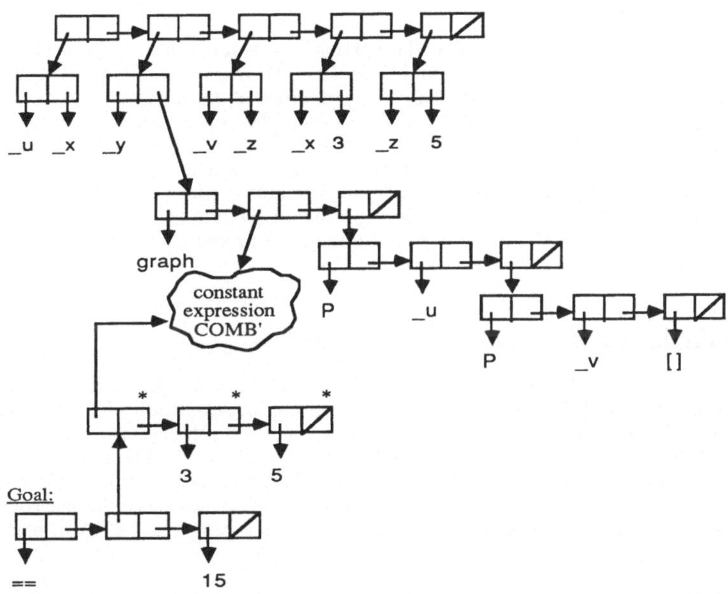


The cloud representing the constant part of the expression  `_u+(_v+5)`  needs not to be copied,
while the nodes signed with "*" are new nodes. During the reduction process only constant subterms
of `COMB'` can be changed preserving the functionality of the combinator expression. Now we see
that the instantiation pattern of  `_y`  will still be correct if backtracking causes alteration of the bindings
of  `_x` and  `_z`.


## Returning variable bindings to SASL

While this procedure solves the problem of calling SASL from Prolog we still have to answer the
question of how variable bindings found by the Prolog interpreter should be returned to the calling
SASL program. The problem here is exemplified by the following situation:

ZF-expression:    `[X; [X] <- foo(_X,_Y)]`

variable binding found by the Prolog interpreter:
`{ (_Z/3), (_X/[_U,_V]), (_U/_Z), (_V/(graph (+ 1) [_U])) }`

If we ultimately instantiate _X we get _X = `[3,((+ 1) 3)]`.
There are two important decisions to make at this point. First, we have to decide <u>when</u> to instantiate a
variable.The option that fits best with the lazy evaluation strategy would be to postpone the instantiation
of logic variables until they are actually needed during subsequent reduction steps. While this solution
has the advantage of being conceptually pleasing its consequences have nevertheless lead us to reject it.
Postponing the instantiation presupposes (among other things) that the entire binding environment is
kept along with the variable which would be extremely space-consuming if e.g. several successive

solutions were to be gathered in a list. We therefore perform the ULTIMATE-INST in the reduction rules of goal and next immediately when the final variable binding is handed back by the Prolog interpreter. In doing so we run the risk of instantiating variables which will not be referred to subsequently; however, apart from a few special cases (such as counting the number of solutions without actually inspecting them) we do not expect this situation to occur very frequently in reality.

The second major decision concerns the way that the method of ULTIMATE-INSTantiating affects structure sharing. Imagine that in the example above _Z's value were a large list structure instead of 3 and consider the following intermediate step during the ultimate instantiation of _X:

$$\_X = [\_Z, (graph \ldots [\_Z])]$$

If the two occurrences of _Z were instantiated separately one would not only duplicate the computational effort but (even worse) _Z would be replaced by two copies of the list structure that would not be shared in memory. The structure sharing properties of combinator graph reduction which ordinarily guarantee that no expression has to be reduced more than once would be completely lost. The solution that we offer makes use of a memoized version of ULTIMATE-INST that records the ultimate instantiation of a variable in a working area when it is computed for the first time and looks it up when the same variable is again encountered later. We keep the working area until all the variables in the result list have been processed thereby achieving structure sharing _and_ ultimate instantiation of all variables in only one sweep through the binding environment. A more detailed discussion of the enhanced ULTIMATE-INST is given in [Hinkelmann88].

## 7. <u>Status of the Implementation and Future Work</u>

The SASLOG interpreter has been implemented in Common Lisp and currently runs on a Symbolics Lisp machine [Hinkelmann88]. It contains as essential parts the former LISPLOG interpreter described in [Boley85] and the SASL interpreter written by two of the authors [Nökel,Rehbold86].

Our next step will be to implement a polymorphic type concept like the one in Miranda [Turner85] that allows typing of both functional and logic expressions. The introduction of named tuples into SASLOG will be a necessary prerequisite for the type concept; these tuples should be easy to implement and will allow constructors to be used throughout the Prolog and the SASL part as well.

## 8. <u>Acknowledgments</u>

We wish to thank Harold Boley who helped us in the earlier stages of the project and who provided the LISPLOG interpreter that forms an integral part of the SASLOG system.

We are also indebted to Gert Smolka whose valuable comments on the form and the contents of the paper we greatly appreciate.

# Mehrwertige Funktionen als Alternative zu Prädikaten

Thomas Wilmes

Institut für Informatik und praktische Mathematik
Christian-Albrechts-Universität Kiel

## 1 Einführung

Eine aktuelle Tendenz auf dem Gebiet der KI-Sprachen ist die Integration logischer und funktionaler Konzepte. LISPLOG [BeDaMe], LOGLISP [RoSi], FRESH [Sm] und QUTE [SaSa] seien hier exemplarisch genannt; einen Überblick über eine größere Auswahl einschlägiger Modelle liefert [DeLi]. In der vorliegenden Arbeit wird die Sprache FPS (funktionale Produktionssysteme) vorgestellt, die auf der Basis *mehrwertiger Funktionen* die Vorteile konventioneller Funktionen mit dem Nichtdeterminismus von Prädikaten vereinigt und kompakte Programmierung auf der Grundlage eines einfachen, neuen Formalismus ermöglicht. Mehrwertigkeit ist hierbei so zu verstehen, daß ein Funktionsaufruf eine Ergebnis*menge* (oder synonym: formale Sprache) anstelle eines einzelnen Ergebnisses liefert.

Ein weiteres aktuelles Bestreben zielt auf die Einführung von Typen in prädikative und applikative Sprachen ab; vgl. hierzu etwa [GoMe]. Mehrwertige Funktionen führen zu einer Typisierung unter völligem Verzicht auf Variablen, deren Rolle nun durch gekoppelte Funktionsaufrufe übernommen wird. Die aus einem Aufruf herleitbare Ergebnismenge spezifiziert hierbei den jeweiligen Typ. An die Stelle von Unifikation, Superposition oder Narrowing einerseits und Resolution bzw. Reduktion andererseits tritt ein einheitlicher Formalismus zur Parameterübergabe und Funktionsauswertung.

Als dritte Besonderheit von FPS handelt es sich bei den manipulierten Objekten um Strings über Funktionsaufrufen. Strings ermöglichen eine natürliche Darstellung von Sprachen; ferner erleichtern sie die Mustererkennung an beliebiger Position, da der bei Listen übliche rekursive Durchlauf mit sukzessivem Abspalten des Listenkopfes entfällt.

## 2 Vorgehen

FPS wird definiert und mit Prolog und definiten Klausel-Grammatiken (DCG) gegenübergestellt. Dabei wird auch gezeigt, daß prädikative Programmierung als spezielle Anwendungsform in FPS praktiziert werden kann. Abschließend wird das Verarbeitungsmodell, das der Implementierung von FPS zugrunde liegt, beschrieben. Die in dieser Arbeit vorgestellte Semantik von FPS ist eine modelltheoretische, die gleichberechtigt neben der bereits früher eingeführten, hierzu äquivalenten Ableitungssemantik [Wi83,Wi87a] steht.

# 3 Definition von FPS

## 3.1 Syntax

(1) Ein **funktionales Produktionssystem** ist eine endliche Menge von **Produktionen** $l::=r$, wobei $l$ eine linke Seite und $r$ ein String ist.

(2) Eine **linke Seite** hat die Form $\alpha(v_1)(v_2)...(v_n)$. Hierbei ist $\alpha$ ein Funktionssymbol, und $v_1,...,v_n$ sind Strings mit $n{\geq}0$ (die **formalen Parameter**).

(3) Ein **String** ist eine endliche Folge von Funktionsaufrufen $c_1...c_n$ mit $n{\geq}0$. Der **leere String** wird metasprachlich mit $\varepsilon$ bezeichnet.

(4) Ein **Funktionsaufruf** oder kurz Aufruf hat die Form $\alpha i_0(u_1)i_1(u_2)i_2...(u_n)i_n$. Hierbei ist $\alpha$ ein Funktionssymbol; $n{\geq}0$; $u_1,...,u_n$ sind Strings (**aktuelle Parameter**); $i_1,...,i_n$ sind Indizes.

(5) Ein unendlicher Vorrat von **Funktionssymbolen** sei gegeben.

(6) Ein **Index** ist entweder leer oder besteht aus einem Punkt und einer natürlichen Zahl.

*Beispiel* Ein Produktionssystem **PStammbaum**. (Zur Vereinfachung der Notation werden identische linke Seiten aufeinanderfolgender Produktionen nicht wiederholt.)

| | | | |
|---|---|---|---|
| Person ::= Mann<br>      ::= Frau<br>Mann ::= Adam<br>    ::= Otto<br>    ::= Fred<br>Frau ::= Eva<br>    ::= Maria | Kind(Adam) ::= Otto<br>      ::= Fred<br>Kind(Otto) ::= Maria<br>Kind(Eva) ::= Otto<br>      ::= Fred | Vater(Kind(Mann)) ::= Mann<br>Mutter(Kind(Frau)) ::= Frau<br>Verw ::= Vater<br>    ::= Mutter<br>    ::= Kind | Adam  Eva<br>Otto  Fred<br>Maria |

Beispiele für Strings sind:  Kind(Person).1 Kind(Person).2

Verw.1(Person) Verw.2(Person)

Vater(Person.1) Vater(Person.2)

## 3.2 Vorkommen eines Aufrufs

(1) Ein Aufruf $c$ kommt in einem String $v$ genau dann vor, wenn $v$ aus $n{>}0$ Aufrufen $d_1...d_n$ besteht und $c$ in mindestens einem $d_j$ vorkommt.

(2) Ein Aufruf $c$ kommt in einem Aufruf $d$ genau dann vor, wenn

   (i) $d$ die Form $c(u_1)i_1...(u_m)i_m$ mit $m{\geq}0$ zusätzlichen Parametern und Indizes hat *oder*

   (ii) $c$ in mindestens einem Parameter von $d$ vorkommt.

*Beispiel* In dem String Verw(Person.1) Verw(Person.2) kommen genau folgende Aufrufe vor:

   Verw , Person.1 , Person.2 , Verw(Person.1) , Verw(Person.2)

## 3.3 Terminalstrings

Ein String ist genau dann terminal bzgl. eines gegebenen Produktionssystems $P$, wenn für jeden in ihm vorkommenden Aufruf $\alpha i_0(u_1) i_1 ... (u_n) i_n$ gilt: $P$ enthält keine Produktion $\alpha(v_1)...(v_n) ::= v_{n+1}$ (d.h. keine Produktion für $\alpha$ mit $n$ Parametern), und $i_0,...,i_n$ sind leer.

**Beispiel** Bezgl. PStammbaum ist etwa der folgende String terminal:  Adam Eva Vater .

Nicht terminal sind dagegen : Frau , Kind(Adam) , Kind(Maria) , Kind(Frau) , Vater(Frau) , Verw .

## 3.4 Semantik eines Produktionssystems

Jede Produktion $\alpha(v_1)...(v_n) ::= v_{n+1}$ wird als ein *Axiom* interpretiert, das die Existenz gewisser Terminalstrings in den Ergebnismengen von Aufrufen der Funktion $\alpha$ postuliert. Die Ergebnismenge eines Aufrufs oder allgemein eines Strings $v$ unter einem Produktionssystem $P$ wird metasprachlich mit $L_P(v)$ oder kurz $L(v)$ bezeichnet.

Bei der Interpretation wird '$::=$' als '$\epsilon$' mit vertauschten Argumenten aufgefaßt, ähnlich wie '$:-$' in Prolog eine Implikation von rechts nach links darstellt. Für jeden nichtterminalen Aufruf $c$ in $v_1,...,v_{n+1}$ wird eine metasprachliche Variable $X_c$ vom Typ $L_P(c)$ eingeführt und an einen Allquantor gebunden, dessen Bindungsbereich sich über das ganze Axiom erstreckt. *Algorithmus 1* beschreibt diese Transformation detailliert. Hinzu kommt wie in Prolog die *closed world assumption*.

Für jede Produktion $\alpha(v_1)...(v_n) ::= v_{n+1}$ in $P$ :

  Präfix :- $\forall$;

  <u>while</u> in $v_1,...,v_{n+1}$ ein Aufruf $c$ der Form $\beta i_0(w_1) i_1 ... (w_m) i_m$ wie folgt vorkommt:

    $w_1,...,w_m$ sind Terminalstrings, evtl. mit metasprachl. Variablen durchsetzt

    <u>und</u> ($P$ enthält eine Produktion für $\beta$ mit genau $m$ formalen Parametern

        <u>oder</u> $\beta$ ist eine metasprachliche Variable)

  <u>do</u> wähle ein solches $c$ und eine 'frische' metasprachliche Variable $X_c$;

    ersetze alle Vorkommen von $c$ in $v_1,...,v_{n+1}$ durch $X_c$;

    ergänze im Präfix: $X_c \in L_P(\beta(w_1)...(w_m))$.

Hierbei sei $\alpha(v_1)...(v_n) ::= v_{n+1}$ umgeformt worden zu $\alpha(v'_1)...(v'_n) ::= v'_{n+1}$.

Das zugehörige Axiom ist: **Präfix:** $v'_{n+1} \in L_P(\alpha(v'_1)...(v'_n))$

Algorithmus 1: Transformation eines Produktionssystems $P$ in ein Axiomensystem

**Beispiel** Tabelle 1 zeigt die Axiome für PStammbaum. Vermöge der closed world assumption lassen sich diese zu den darunter angegebenen Gleichungen zusammenfassen.

| Produktionen | Axiome |
|---|---|
| Person ::= Mann<br> ::= Frau | $\forall w \in L(\text{Mann})$: $w \in L(\text{Person})$<br>$\forall w \in L(\text{Frau})$: $w \in L(\text{Person})$ |
| Mann ::= Adam<br>$\vdots$ | Adam $\in L(\text{Mann})$<br>$\vdots$ |
| Frau ::= Eva<br>$\vdots$ | Eva $\in L(\text{Frau})$<br>$\vdots$ |
| Kind(Adam) ::= Otto<br>$\vdots$ | Otto $\in L(\text{Kind(Adam)})$<br>$\vdots$ |
| Vater(Kind(Mann)) ::= Mann | $\forall v \in L(\text{Mann})$, $w \in L(\text{Kind}(v))$: $v \in L(\text{Vater}(w))$ |
| Mutter(Kind(Frau)) ::= Frau | $\forall v \in L(\text{Frau})$, $w \in L(\text{Kind}(v))$: $v \in L(\text{Mutter}(w))$ |
| Verw ::= Vater<br>$\vdots$ | Vater $\in L(\text{Verw})$<br>$\vdots$ |

Tabelle 1: PStammbaum und die repräsentierten Axiome

$L(\text{Person}) = L(\text{Mann}) \cup L(\text{Frau}) = \{\text{Adam}, \text{Otto}, \text{Fred}, \text{Eva}, \text{Maria}\}$, $L(\text{Kind(Adam)}) = \{\text{Otto}, \text{Fred}\}$,

$L(\text{Vater(Otto)}) = \{\text{Adam}\}$, $L(\text{Verw}) = \{\text{Vater}, \text{Mutter}, \text{Kind}\}$ usw.

Jedes Produktionssystem verfügt zusätzlich über zwei **eingebaute Axiomenschemata**: $Tc::=c$ für jeden terminalen Aufruf $c$ und $\text{Other}(v)::=w$ für je zwei verschiedene Terminalstrings $v, w$.

### 3.5 Semantik eines Strings

Die durch ein Produktionssystem repräsentierten Axiome spezifizieren die Ergebnismengen $L_P(c)$ nur für einzelne Aufrufe $c$ mit terminalen Parametern. Die Semantik $L_P(v)$ für komplexere Aufrufe und allgemeine Strings $v$ ergibt sich durch Transformation von $v$ in einen Mengenterm gemäß *Algorithmus 2*.

Präfix := $\bigcup$ ;

<u>while</u> in $v$ ein Aufruf $c$ der Form $\beta i_0(w_1)i_1...(w_m)i_m$ wie folgt vorkommt:

$w_1,...,w_m$ sind Terminalstrings, evtl. mit metasprachl. Variablen durchsetzt

<u>und</u> ($P$ enthält eine Produktion für $\beta$ mit genau $m$ formalen Parametern

<u>oder</u> $\beta$ ist eine metasprachliche Variable)

<u>do</u> wähle ein solches $c$ und eine 'frische' metasprachliche Variable $X_c$;

ersetze alle Vorkommen von $c$ in $v$ durch $X_c$;

ergänze im Präfix: $X_c \in L_P(\beta(w_1)...(w_m))$.

Hierbei sei $v$ umgeformt worden zu $v'$.

Der zugehörige Mengenterm ist: **Präfix { v' }**

Algorithmus 2: Transformation eines Strings $v$ in einen Mengenterm

**Beispiele** $L(\text{Verw(Otto)}) = \bigcup\limits_{\substack{v \in L(\text{Verw}) \\ w \in L(v(\text{Otto}))}} \{w\} = \{\text{Adam}, \text{Eva}, \text{Maria}\}$

$L(\text{Kind(Adam).1 Kind(Adam).2}) = \bigcup\limits_{u_1, u_2 \in L(\text{Kind(Adam)})} \{u_1 u_2\} = \{\text{Otto Otto}, \text{Otto Fred}, \text{Fred Otto}, \text{Fred Fred}\}$

$L(\text{Verw(Person) ist Verw von Person}) = \bigcup\limits_{\substack{u \in L(\text{Verw}) \\ v \in L(\text{Person}) \\ w \in L(u(v))}} \{w \text{ ist } u \text{ von } v\} = \{\text{Adam ist Vater von Otto},...\}$

### 3.6 Bemerkungen

Die in der Einleitung angesprochene *Vereinheitlichung von Parameterübergabe und Funktions-auswertung* zeigt sich in Algorithmus 1: "while in $v_1,...,v_{n+1}$ ..." Die Parameter $v_1,...,v_n$ und die rechte Seite $v_{n+1}$ werden völlig gleich behandelt.

Die ebenfalls erwähnte *Kopplung von Funktionsaufrufen* kommt dadurch zum Ausdruck, daß für einen Aufruf $c$ nur eine einzige metasprachliche Variable $X_c$ eingeführt wird, auch wenn $c$ mehrmals vorkommt. Somit übernehmen Funktionsaufrufe die Rolle von Variablen. Duch unterschiedliche *Indizes* wird die Entkopplung ansonsten identischer Aufrufe erreicht.

Die *Typisierung* schließlich ergibt sich dadurch, daß die formalen Parameter der Produktionen den Definitionsbereich der Funktionen bestimmen. So wird etwa der Definitionsbereich der in PStambaum spezifizierten Funktion Vater durch den formalen Parameter Kind(Mann) auf {Otto, Fred, Maria} festgelegt.

Im Gegensatz zu $\lambda$-Kalkül und Term-Ersetzungssystemen, jedoch im Einklang mit den meisten grammatikalischen Ansätzen, lassen sich FPS-Strings in *drei* disjunkte Rubriken einteilen: weiter auswertbar, terminal, Sackgasse. Als Beispiel für eine *Sackgasse* sei Vater(Eva) genannt. Dieser Aufruf ist nicht terminal, weil PStammbaum eine Produktion für Vater mit genau einem Parameter enthält; andererseits repräsentiert diese Produktion kein Axiom, das zu dem aktuellen Parameter Eva "paßt". Über die closed world assumption ergibt sich: $L($Vater(Eva)$) = \emptyset$.

## 4 Gegenüberstellung mit Prolog und DCG

Eine erweiterte Version des Beispiels PStammbaum soll im folgenden für eine Gegenüberstellung mit Prolog dienen (Tabelle 2).

Als Vorteil des funktionalen Ansatzes werden *verschachtelte Funktionsaufrufe* in FPS in ihrer natürlichen Form notiert, so etwa in Nachko(Person)::=Nachko(Kind(Person)). Im Gegensatz hierzu steht in Prolog ein vergleichsweise aufwendiges Konjunkt zweier Literale unter Verwendung einer Hilfsvariablen K, deren Belegung dem Ergebnis des inneren Funktionsaufrufs entspricht.

Die Produktion für die Funktion Frau_in, die die in einem String von Personen enthaltenen Frauen als Ergebnismenge liefert, demonstriert *Mustererkennung im Innern eines Strings*. Im Gegensatz zu Listen braucht kein expliziter Durchlauf mit sukzessivem Abspalten des Listenkopfes programmiert zu werden.

Verw und It sind Beispiele für *Funktionen höherer Ordnung*. It iteriert Verwandtschafts-funktionen, so daß It(Kind) bzw. It(Vater) angewandt auf eine Person deren Nachkommen bzw. männliche Vorfahren liefert. Die Formulierung in Prolog ist aufwendiger, weil hier zunächst mehrere Goals mittels =.. konstruiert und dann mit call aktiviert werden müssen.

| Prolog | FPS |
|---|---|
| ist_Person(P) :- ist_Frau(P);<br>               ist_Mann(P). | Person ::= Frau<br>      ::= Mann |
| ist_Frau(eva).<br>ist_Frau(maria). | Frau ::= Eva<br>    ::= Maria |
| ist_Mann(adam).<br>ist_Mann(otto).<br>ist_Mann(fred). | Mann ::= Adam<br>     ::= Otto<br>     ::= Fred |
| hat_Kind(eva,otto).<br>hat_Kind(eva,fred).<br>hat_Kind(adam,otto).<br>hat_Kind(adam,fred).<br>hat_Kind(otto,maria). | Kind(Eva) ::= Otto<br>         ::= Fred<br>Kind(Adam) ::= Otto<br>          ::= Fred<br>Kind(Otto) ::= Maria |
| hat_Nachko(P,N) :- hat_Kind(P,N);<br>  hat_Kind(P,K), hat_Nachko(K,N). | Nachko(Person) ::= Kind(Person)<br>        ::= Nachko(Kind(Person)) |
| hat_Vater(K,V) :- hat_Kind(V,K), ist_Mann(V).<br>hat_Mutter(K,M) :- hat_Kind(M,K), ist_Frau(M). | Vater(Kind(Mann)) ::= Mann<br>Mutter(Kind(Frau)) ::= Frau |
| personen([]).<br>personen([P\|R]) :- ist_Person(P), personen(R). | Personen ::= ε<br>       ::= Person Personen |
| frau_in([F\|R], F) :- ist_Frau(F).<br>frau_in([P\|R], F) :- ist_Person(P), frau_in(R,F). | Frau_in(Personen.1 Frau Personen.2) ::= Frau |
| verw_Präd(hat_Vater).<br>verw_Präd(hat_Mutter).<br>verw_Präd(Hat_Kind). | Verw ::= Vater<br>    ::= Mutter<br>    ::= Kind |
| it(Verw,P,Q) :- verw_Präd(Verw),<br>          (Goal =.. [Verw,P,Q], call(Goal) ;<br>         Goal1 =.. [Verw,P,R], call(Goal1),<br>         Goal2 =.. [it,Verw,R,Q] , call(Goal2)). | It(Verw)(Person) ::= Verw(Person)<br>          ::= It(Verw) (Verw(Person)) |
| ?- ist_Person(P).<br>   P=eva ; P=maria ; P=adam ; P=otto ; P=fred | $L($Person$)$ = {Eva, Maria, Adam, Otto, Fred} |
| ?- ist_Frau(F), hat_Kind(F,K).<br>   F=eva, K=otto ; F=eva, K=fred | $L($Frau Kind(Frau)$)$ = {Eva Otto , Eva Fred} |
| ?- hat_Nachko(adam,N).<br>   N=otto ; N=fred ; N=maria | $L($Nachko(Adam)$)$ = {Otto, Fred, Maria} |
| ?- ist_Frau(F), hat_Vater(F,V).<br>   F=maria, V=otto | $L($Frau Vater(Frau)$)$ = {Maria Otto} |
| ?- frau_in([adam,eva,maria], F).<br>   F=eva ; F=maria | $L($Frau_in(Adam Eva Maria)$)$ = {Eva, Maria} |
| ?- verw_Präd(V).<br>   V=hat_Vater ; V=hat_Mutter ; V=hat_Kind | $L($Verw$)$ = {Vater, Mutter, Kind} |
| ?- it(hat_Vater, maria, Ahn).<br>   Ahn=otto ;  Ahn=adam | $L($It(Vater)(Maria)$)$ = {Otto, Adam} |

**Tabelle 2: Beispiel "Familienstammbaum" in Prolog und FPS**

Die eingebaute Funktion Tc zur Erzeugung aller terminalen Aufrufe verhält sich ähnlich wie eine ungetypte Variable und ermöglicht allgemein gehaltene Funktionen wie in Tabelle 3.

| | |
|---|---|
| Ts ::= ε <br>   ::= Tc Ts | alle Terminalstrings |
| It(Tc)(Ts) ::= Tc(Ts) <br>   ::= It(Tc)(Tc(Ts)) | Iteration beliebiger einstelliger Funktionen |
| Inv(Tc)(Tc(Ts)) ::= Ts | Inversion beliebiger einstelliger Funktionen |
| Eq(Ts)(Ts) ::= ε | Gleichheit, wobei ε den Wahrheitswert **true** repräsentiert |
| Ne(Ts)(Other(Ts)) ::= ε | Ungleichheit |
| Ex(Ts) ::= ε | Existenzquantor: Ex($v$) testet, ob $L(v) \neq \emptyset$ |

**Tabelle 3:  einige allgemeine Funktionen unter Verwendung von Tc**

Über den bei Prädikaten bekannten Vorteil der *bidirektionalen Parameterübergabe* verfügt auch FPS, da die aktuellen Parameter eines Aufrufs nicht terminal zu sein brauchen. Dies wird in Tabelle 4 anhand des Prädikats hat_Kind demonstriert. Für jeden der beiden Parameter werden drei Fälle durchgespielt: Konstante, Variable und anonyme Variable.

| Prolog | FPS | Ergebnismenge |
|---|---|---|
| ?- hat_Kind(eva,otto). <br> ?- hat_Kind(eva,K). <br> ?- hat_Kind(eva,_). | Eq(Kind(Eva))(Otto) <br> Kind(Eva) <br> Ex(Kind(Eva)) | { ε } <br> { Otto, Fred } <br> { ε } |
| ?- hat_Kind(P,otto). <br> ?- ist_Frau(F), hat_Kind(F,K). <br> ?- ist_Frau(F), hat_Kind(F,_). | Inv(Kind)(Otto) <br> Frau Kind(Frau) <br> Frau Ex(Kind(Frau)) | { Eva, Adam } <br> { Eva Otto , Eva Fred } <br> { Eva } |
| ?- hat_Kind(_,otto). <br> ?- hat_Kind(_,K). <br> ?- hat_Kind(_,_). | Eq(Kind(Person))(Otto) <br> Kind(Person) <br> Ex(Kind(Person)) | { ε } <br> { Otto, Fred, Maria } <br> { ε } |

**Tabelle 4:  Beispiel zur Bidirektionalität in Prolog und FPS**

*Prädikative Programmierung* kann als spezielle Anwendungsform von FPS praktiziert werden. Hierbei werden Prädikate als boolesche Funktionen aufgefaßt, Wahrheit wird durch ε und Falschheit durch Sackgassen ausgedrückt.

**Beispiel**   Ist_ein_Vater(Mann) ::= Ex(Kind(Mann))

     $L($Ist_ein_Vater(Adam)$)$ = {ε}

     $L($Ist_ein_Vater(Eva)$)$ = $\emptyset$

     $L($Mann Ist_ein_Vater(Mann)$)$ = {Adam, Otto}

Die folgenden, bereits erörterten Besonderheiten von FPS charakterisieren auch die Unterschiede zu *definiten Klausel-Grammatiken* (DCG) [PeWa] und *Metamorphose-Grammatiken* [Co]: Verschachtelung und Kopplung von Funktionsaufrufen/Nonterminalen, Parameterübergabe durch Funktionsauswertung, Typisierung und Funktionen höherer Ordnung. Hinzu kommt, daß Strings im formal-sprachlichen Sinn in FPS in ihrer üblichen Form ohne zusätzliche Trennzeichen dargestellt werden. Das Beispiel in Tabelle 5 spezifiziert $L(Z) = \{ w^{2^n} \mid w \in \{a,b\}^*\{c\} \wedge n \geq 0 \}$. Größere grammatikalische Anwendungen

| DCG | FPS |
|---|---|
| start → z(W,N). | |
| z(W,0) → w(W). <br> z(W,s(N)) → z(W,N), z(W,N). | Z ::= W <br>   ::= Z Z |
| w([c]) → [c]. <br> w([a\|W]) → [a], w(W). <br> w([b\|W]) → [b], w(W). | W ::= c <br>   ::= a W <br>   ::= b W |

**Tabelle 5**

finden sich in [Wi83] (Syntax und Semantik einer Algol-ähnlichen Sprache), [Kr] (englische Syntax) und [Wi87b] (Übersetzung einfacher deutscher Sätze ins Englische). [Wi83] enthält auch einen Vergleich mit Zwei-Stufen- [vW] und Makro-Grammatiken [Fi].

## 5 Verarbeitungsmodell

Die Verarbeitung eines Strings $v$ zwecks Aufzählung seiner Ergebnismenge $L_P(v)$ basiert auf folgender Grundidee: Sei $\alpha i_0(u_1)i_1...(u_n)i_n$ ein Aufruf in $v$ und $\alpha(v_1)...(v_n)::=r$ eine Produktion. Gesucht sind Terminalstrings $w_1,...,w_n,s$ dergestalt, daß unter Berücksichtigung der Kopplungen gilt: $w_j \in L_P(u_j) \cap L_P(v_j)$ (Parameterübergabe) und $s \in L_P(r)$ (Funktionsauswertung).

Für die *Funktionsauswertung* werden alle Vorkommen des betrachteten Aufrufs in $v$ durch $r$ ersetzt. Im weiteren Verlauf der Abarbeitung entsteht aus $r$ im Kontext $v$ das gesuchte $s$.

Das Problem der *Parameterübergabe* wird in Form von zusätzlichen Aufrufen $\text{Equal}(u_j)(v_j)$ im auszuwertenden String $v$ vermerkt. Trifft der Interpreter später auf einen solchen Aufruf, werden $u_j$, $v_j$ nach der gleichen Methode wie das ursprüngliche $v$ bearbeitet, mit dem Ziel, aus $u_j$, $v_j$ einen gemeinsamen Terminalstring $w_j$ zu erzeugen. Hierbei werden identische terminale Präfixe von $u_j$, $v_j$ laufend beseitigt, bis nur noch $\text{Equal}(\varepsilon)(\varepsilon)$ verbleibt und eliminiert wird. Beginnen $u_j$, $v_j$ jedoch mit zwei verschiedenen terminalen Aufrufen, liegt eine Sackgasse vor.

Die Wahl des jeweils nächsten zu bearbeitenden Aufrufs erfolgt durch eine Abbildung $choice_P$. Durch unterschiedliche Definitionen von $choice_P$ können verschiedene Strategien realisiert werden, wie etwa leftmost-innermost, leftmost-outermost usw.

Da zu einem Aufruf mehrere Produktionen mit gleichem Funktionssysmbol und gleicher Stelligkeit existieren können, wird ein baumförmiger Suchraum aufgespannt.

**Definition** Sei $P$ ein Produktionssystem, in dem o.B.d.A. das Symbol $\text{Equal}$ nicht benutzt wird. Dann sei **$choice_P$** eine beliebige Abbildung, die jedem String $v$ einen in $v$ vorkommenden Aufruf der nachstehenden Formen (i) oder (ii) zuordnet, sofern $v$ einen derartigen Aufruf enthält. Andernfalls sei $choice_P(v)$ undefiniert.

(i) $\alpha i_0(u_1)i_1...(u_n)i_n$, wobei $P$ mindestens eine Produktion für $\alpha$ mit genau $n$ Parametern enthalten muß, *oder*

(ii) $\text{Equal}(u_1)(u_2)$, wobei für jedes $j \in \{1,2\}$ gelten muß: $u_j$ beginnt mit einem terminalen Aufruf oder $u_j = \varepsilon$.

**Definition** Zu gegebenem $P$, $v$ und $choice_P$ ist **$tree_P(v)$** ein (potentiell unendlicher) Baum, dessen Knoten mit Strings bewertet sind. Die Wurzel trägt die Bewertung $v$.

Sei nun $K$ bereits ein Knoten und $u$ seine Bewertung.

**Fall 1:** $choice_P(u)$ ist undefiniert. Dann ist $K$ ein Blatt.

**Fall 2:** $choice_P(u)$ hat die Form $\alpha i_0(u_1)i_1 \ldots (u_n)i_n$ mit $\alpha \neq$ Equal. Dann hat $K$ für jede Produktion $\alpha(v_1)\ldots(v_n) ::= r$ einen direkten Nachfolger wie folgt:

Durch (umkehrbar eindeutige) Umbenennung von Indizes werden $v_1,\ldots,v_n,r$ in Strings $v_1',\ldots, v_n',r'$ überführt, die keinen nichtterminalen Aufruf enthalten, der zugleich in $u$ vorkommt. Durch Ersetzen aller Vorkommen von $\alpha i_0(u_1)i_1 \ldots (u_n)i_n$ in $u$ durch $r'$ entstehe $u'$. Der jeweilige Nachfolgeknoten trägt die Bewertung $\text{Equal}(u_1)(v_1')\ldots\text{Equal}(u_n)(v_n')\ u'$.

**Fall 3:** $choice_P(u)$ hat die Form $\text{Equal}(u_1)(u_2)$.

**Fall 3.1:** $u_1 = u_2 = \varepsilon$. Durch Elimination von $\text{Equal}(\varepsilon)(\varepsilon)$ aus $u$ entstehe $u'$. Dann hat $K$ genau einen direkten Nachfolger, und dieser trägt die Bewertung $u'$.

**Fall 3.2:** $u_1 = cu_1'$ und $u_2 = cu_2'$ für einen terminalen Aufruf $c$ und zwei Strings $u_1', u_2'$. Durch Ersetzen von $\text{Equal}(u_1)(u_2)$ durch $\text{Equal}(u_1')(u_2')$ entstehe $u'$. Dann hat $K$ genau einen direkten Nachfolger, und dieser trägt die Bewertung $u'$.

**Fall 3.3:** $u_1 = c_1 u_1'$ und $u_2 = c_2 u_2'$ für terminale Aufrufe $c_1 \neq c_2$ und Strings $u_1'$, $u_2'$; oder genau einer der Strings $u_1$, $u_2$ ist $\varepsilon$, während der andere (gemäß Definition (ii) von $choice$) mit einem terminalen Aufruf beginnt. Dann ist $K$ ein Blatt.

**Theorem** $L_P(v) = \{ u \mid u$ ist Bewertung eines Blattes in $tree_P(v)$ und enthält keinen Aufruf von Equal $\}$.

Auf den Beweis muß hier der Kürze halber verzichtet werden. Für eine ausführlichere Darstellung sei auf [Wi87a] verwiesen, wo auch verschiedene Optimierungen behandelt werden, die sich vor allem durch geschickte Definition von $choice$ ergeben.

Abbildung 1 zeigt einen Pfad aus dem Suchbaum für $L(\text{Vater(Frau)})$, bezogen auf das Produktionssystem PStammbaum. In diesem Beispiel wurde $choice$ so gewählt, daß eine leftmost-innermost-Strategie realisiert wird.

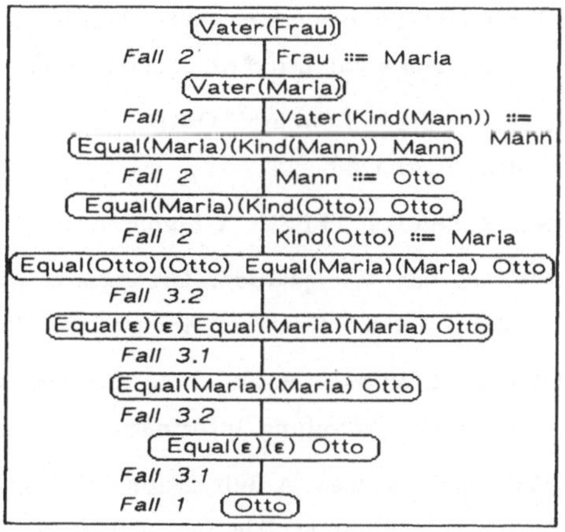

**Abbildung 1**

Wie bei prädikativen Sprachen besteht auch bei FPS die Wahl zwischen Breitendurchlauf (Vollständigkeit, aber Kopieren des Vaterknotens für jeden direkten Nachfolger) und Tiefendurchlauf (Lösungsverluste, jedoch höhere Effizienz, da das Kopieren entfällt). Der Breitendurchlauf wurde in [Oe] und [Wo] implementiert; der Tiefendurchlauf wird z.Zt. realisiert.

# Literatur

[BeDaMe] A.Bernardi, M.Dahmen, M.Meyer: LISPLOG Benutzerhandbuch. SEKI-Working-Paper 87-01, Fachbereich Informatik, Universität Kaiserslautern 1987

[Co] A.Colmerauer: Metamorphosis grammars. In: Natural language communication with computers (Ed: L.Bolc), Springer LNCS 63, Berlin 1978

[DeLi] D.DeGroot, G.Lindstrom (Eds): Logic programming: functions, relations and equations. Prentice-Hall, Englewood Cliffs, New Jersey 1986

[Fi] M.J.Fischer: Grammars with macro-like produktions. Proc 9th IEEE Conference on Switching and Automata Theory 1968

[GoMe] J.A.Goguen, J.Meseguer: Equality, types, moduls and generics for logic programming. Proc. 2nd International Logic Programming Conference, Uppsala 1984

[Kr] B.Kremmer: Ein funktionales Produktionssystem zur Beschreibung der englischen Syntax. Diplomarbeit, Inst. f. Informatik u. prakt. Math., Christian-Albrechts-Universität Kiel 1987

[Oe] K.Oesterle: Eine Implementierung funktionaler Produktionssysteme in der Programmiersprache Simula an der Siemens-Anlage 7.760. Diplomarbeit, Institut für Informatik und praktische Mathematik, Christian-Albrechts-Universität Kiel 1986

[PeWa] F.C.N. Pereira, D.H.D. Warren: Definite clause grammars for language analysis — a survey of the formalism and a comparison with augmented transition networks. Artificial Intelligence 13 1980

[RoSi] J.A.Robinson, E.E.Sibert: Loglisp: an alternative to Prolog. Machine Intelligence 10, Ellis Horwood Ltd., Chichester 1982

[SaSa] M.Sato, T.Sakurai: Qute — a Prolog/Lisp type language for logic programming. Proc. 8th IJCAI 1983

[Sm] G.Smolka: FRESH: A higher-order language based on unification. In [DeLi]

[vW] A. van Wijngaarden: Orthogonal design and description of formal language. MR76, Mathematisch Centrum Amsterdam 1965

[Wi83] Th.Wilmes: Funktionale Grammatiken — ein universelles Spezifikationsmittel. Dissertation, Abteilung Informatik, Universität Dortmund, Bericht 164 1983

[Wi87a] Th.Wilmes: A unification of functional and logic programming based on many-valued functions. Bericht 8716, Inst. f. Informatik u. prakt. Math., Christian-Albrechts-Uni Kiel 1987

[Wi87b] Th.Wilmes: Funktionale Produktionssysteme und ihre Anwendung in der Linguistik. Bericht 8720, Inst. f. Informatik u. prakt. Math., Christian-Albrechts-Universität Kiel 1987

[Wo] K.Wolff: Eine Implementierung funktionaler Produktionssysteme in Pascal auf einem Personal Computer. Diplomarbeit, Institut für Informatik u. praktische Mathematik, Christian-Albrechts-Universität Kiel 1987

# Extraction of Image Domain Primitives with a Network of Competitive/Cooperative Processes

Heiko Neumann

TU Berlin, FB 7, Inst.f.Geodäsie u. Photogrammetrie, Sekr.EB9, Straße des 17.Juni 135, D-1000 Berlin 12

Abstract:
*The central goal of the first step in the visual processing of images is the detection and localization of image domain primitives. Such primitives along with their significant groupings should act as precursors to the recognition of the three-dimensional structure of a viewed scene. Based on mathematical considerations as well as on results of studies in neurophysiological research, a framework for two-step filtering for feature detection has been developed. This allows for the detection of different kinds of linear features such as edge and line primitives (e.g. bars, slits). In order to reduce positional as well as directional uncertainty, further processing of the results from the initial filtering steps is necessary. With the aid of a competitive/cooperative processing architecture, which is an extension of the GROSSBERG/MINGOLLA scheme, gaps within the distribution of aligned operator responses can be closed and the detection of higher order primitives (such as junctions) is supported. Furthermore, as part of this architectural concept, a simple "winner-take-all" inter-scale processing scheme has been realized. Simple grouping phenomena (based on spatial proximity of primitives) as well as vector fields (aligned with the structure of isophotes in homogeneous image regions) can be extracted.*

## 1. Motivation

Since the problem of reliable general purpose edge detection - as the first step for the extraction of image domain primitives - has not been solved so far, an overwhelming amount of contributions to this subject has been published. For the purpose of edge detection the (discrete) 2D intensity distribution is differentiated using isotropic operators (e.g. Difference or Laplacian of Gaussian; DoG, LoG, respectively; /1/) or directional derivative (DD) operators (e.g. 1st order DD (/2/), gradient computation (/3/), 2nd DD along gradient direction (/4/)). For the labeling of pixels as edge elements (or their candidates) mainly simple techniques were applied to the result of the prior filtering step. Thresholding techniques, non-maximum suppression or zero-crossing detection have been used (alone or in combination) most frequently. Mostly, the results did not satisfy generality criteria such as reliability, domain independence, etc. As a consequence either heuristics have been incorporated or the problem of selecting significant edge candidates or groupings of them was shifted to later processing stages.

The architecture framework reported in this paper consists of a two-layer hierarchy of linear filters applied to the raw image function in order to extract a candidate set of relevant image domain primitives. In Ch.2 the framework is described and the mathematical properties are discussed. Further processing of the results of the two-step filtering approach is necessary due to positional and orientational uncertainty of the initial result. Furthermore, gaps (introduced e.g. by noise or sensor drop outs) within the distribution of aligned operator responses can be closed. Junctions - representing non-accidental projections of common termination points of 3D space curves - cannot be detected reliably with simple feed-forward detection schemes without involving some heuristics (see e.g. /5/). In Ch.3 the architecture framework of a feedback processing network is described within which these primitives can be extracted. Its relevance for the extraction of vector fields corresponding to the isophotes in homogeneous image regions is demonstrated as well. In Ch.4 some results of computational experiments are presented.

## 2. Linear Filtering for the Extraction of Image Domain Primitives

The raw intensity image is initially processed by sequentially (1) applying band pass filters, i.e. LoG, at different scales, and (2) filtering the results with anisotropic operators derived from 1st and 2nd order DD of the Gaussian, scaled identically as the corresponding LoG. The isotropic band pass filtering operation is used to disperse the spectrum of the image into frequency bands in order to appropriately deal with the scale problem. The succeeding directional sensitive filtering operations at appropriate scales are used to further decompose a particular frequency band into separate "blobs" of frequency components representing spatial wavefronts of similar frequency and 2D orientation.

### 2.1 Band Pass Filtering with LoG

Rotationally invariant band pass filtering decomposes the full spectrum of the 2D image function into bands of different frequencies. The LoG, with $G(x,y,\sigma)=\exp[-(x^2+y^2)/(2\sigma^2)]/(2\pi\sigma^2)$, realizes a band pass minimizing the trade-off between space and frequency behaviour of a linear filter operation. The current parametrization of the Gaussian is defined as in /6/ using $\sigma=\{1.41,3.18,6.01,12.37\}$. These values of $\sigma$ determine a roughly logarithmic sampling rate for the continuous scale space, which - according to the investigations in /7/ - is sufficient to keep all information of the original image. The infinite impulse response of the LoG is truncated at a diameter of $3\omega_{2D}$ ($\omega_{2D}=2\sqrt{2}\sigma$) (see /8/).

In /9/ different kinds of structural variations in the intensity surface have been classified. A restricted set of primitives (or stimuli) together with their low pass filtered versions cover a broad range of structural gray value variations that may occur in images. The set {step+,step-,bar,slit} contains a step edge with positive and negative slope, respectively. A bar is built from the aggregation of two steps, first with positive, the second with negative slope. A slit is built in the same way as a bar, but with steps of reversed order. The low pass filtered version of a step edge results in a ramp edge (blurring the step with a Gaussian yields an error integral type intensity surface), whilst a blurred bar (or slit) produces a positive (or negative) ridge-like primitive. In /8/ the positional accuracy of zero-crossings in the output of LoG-filtered gray level images has been analyzed. In contrast, the approach described in *this* paper utilizes the characteristic spatial distribution of operator responses resulting from band-pass filtering via differently scaled LoG operators.

## 2.2 Directional Filtering using Anisotropic Operators

In this sub-paragraph the problem of detection of image domain primitives (demontrated at a step edge profile) is considered in frequency domain. For simplicity the mathematical considerations are presented for the 1D case. The Fourier transform of a step edge results in (see /10/):

$$\mathcal{F}(\_\sqcap) = \delta(u)/2 - j/(2\pi u) \quad ; \quad j^2 = -1$$

The Fourier transform of a LoG operator (for v=0) yields

$$\mathcal{F}(\sim) = -4\pi^2 u^2 \exp[-2\pi^2\sigma^2 u^2]$$

Thus, the energy spectrum $|F(u)|^2$ of a LoG-filtered step edge is

$$|\mathcal{F}(\_\sqcap)\,\mathcal{F}(\sim)|^2 = 4\pi^2 u^2 \exp[-4\pi^2\sigma^2 u^2]$$

The simple zero-crossing detection operation, used widely for extraction of edge candidates, can be formulated as a finite differencing operation applied to $\nabla^2 G*I$ arrays. Finite differencing itself is a convolution (see /10/) $\Delta f(x) = 2\,I_I(x) * f(x)$, with $I_I(x)=(\delta(x+1/2)-\delta(x-1/2))/2$. The Fourier transform of this operation defined over a discrete interval $a$ is

$$\mathcal{F}(I_{I_a}) = j\,2\sin(\pi a u)$$

The energy spectrum of finite differencing applied to the LoG, hence results in

$$|\mathcal{F}(\sim)\,\mathcal{F}(I_{I_a})|^2 = 64\pi^2 u^4 \sin^2(\pi a u)\exp[-4\pi^2\sigma^2 u^2]$$

The result shows that simple zero-crossing detection is a noise sensitive operation. Additional high frequency components introduced by the squared sine (together with high frequencies introduced by the truncation of the infinite impulse response of the Gaussian) can degrade the result of the extraction of a candidate set of edge elements. The consequence from this observation is to find a detector whose filter energy distribution is centered at the maximum of the LoG-filtered edge and reduces in the vicinity. Consideration of the response profile of LoG applied to a step edge shows a strong similarity to the first order derivative of a Gaussian, $G_x$. The Fourier transform of a $G_x(x,y,\sigma)$ kernel is

$$\mathcal{F}(G_x) = j\,2\pi u \exp[-2\pi^2\sigma^2(u^2+v^2)]$$

It can be recognized soon, that for v=0 the equation

$$|\mathcal{F}(G_x)|^2 = |\mathcal{F}(\_\sqcap)\,\mathcal{F}(\sim)|^2$$

holds. The maximum of the filter energy is at $(u_0)_{1,2}=\pm 1/(2\pi\sigma)$. The first order DD of a Gaussian possesses the required properties of an optimumally suited kernel for the detection of edge primitives.

Figure 1 shows plots of the spatial distribution of magnitude spectra for different detector kernels including the one for the first order DD of a Gaussian.

Similar considerations can be made with respect to the problem of bar/slit detection as well as to the problem of low pass filtered step edges. The anisotropic filters used in the proposed architecture framework are first and second order DDs of Gaussian with the same scale as the LoG applied in the first filtering step:

- for edge detectors:

$$G'_\varepsilon(x,y,\sigma,\varepsilon) = \pm(Gx \cos\varepsilon + Gy \sin\varepsilon) \quad \text{and} \tag{Eq.1}$$

- for bar/slit detectors:

$$G''_\varepsilon(x,y,\sigma,\varepsilon) = \pm(Gxx \cos^2\varepsilon + 2Gxy \sin\varepsilon \cos\varepsilon + Gyy \sin^2\varepsilon) \ , \quad \text{with } \Delta\varepsilon = \pi/8. \tag{Eq.2}$$

### 2.3 Computing a Potential

The directionally sensitive operators in Equs.1 and 2 only respond, i.e. generate a potential, at loci of zero-level crossings in the LoG operator response. Clearly, only a significant sign change at loci in the $\nabla^2G*I$ array, which are flanked by regions of maximum operator response of opposite sign, should activate a potential in the second level of the filter cascade. Therefore, excitatory and inhibitory parts of the receptive fields of edge and bar/slit detectors are splitted into separate parts. A potential $J_{xy\varepsilon}$ is computed involving the non-linear operation

$$J_{xy\varepsilon} = \emptyset_{AND}(A,B) \quad \text{with}$$

$$\emptyset_{AND}(A,B) = \begin{cases} A + B & \text{, if } sgn(A) = sgn(B) = 1 \\ 0 & \text{otherwise} \end{cases}$$

$$\text{and} \quad A = \Sigma_{ij=\{(ij)|Fkern(i-x,j-y,\varepsilon)>0\}}((\nabla^2G*I)\cdot F(\varepsilon))(i,j)$$
$$B = \Sigma_{ij=\{(ij)|Fkern(i-x,j-y,\varepsilon)<0\}}((\nabla^2G*I)\cdot F(\varepsilon))(i,j)$$

## 3. Competitive/Cooperative Intra-Scale Processing

Due to the frequency behaviour of the two-step filtering approach, the results reveal a positional as well as directional uncertainty of operator responses. In order to achieve results that only consist of primitives corresponding with significant features, the J-potentials must be further processed. One goal must be to thin out the response distribution in the neighborhood of a true feature position. Moreover, closing noise-induced gaps within the distribution of aligned operator responses and the extraction of junctions are further problems to be solved.

The architecture framework is a modification and extension of the feedback (relaxation) system proposed by GROSSBERG and MINGOLLA (see e.g. /11/, /12/). The basic processing stages can be summarized as follows:
- positional competition of J-potentials within each direction separately,
- directional competition at one position utilizing
  - mutual inhibition of potentials of nearly orthogonal directions at one spatial location and
  - directional competition (i.e. a normalization of activations)
- cooperation of aligned operator responses and the generation of feedback potentials.

### 3.1 Positional Competition within one Direction

The purpose of this processing step is the mutual inhibition of operator responses at neighboring positions. Prior to any formulation of a competitive process, the inhibitory neighborhood and the spatial weightings involved must be defined. The diameter of this spatial neighborhood region is equal to the size of the filter kernel defined for the current scale used in the filter hierarchy, i.e. $d=3\omega(\sigma)$. The spatial weighting is inverse proportional to the distance of a point within the neighborhood with respect to the center point. The mutual inhibition in positional competition at each spatial location can be computed by a correlation kernel which is generated once prior to any computation. Based on the weightings, a rotational symmetric kernel is computed with

$$\lambda_{xyij} = 1 / (1 + (x - i)^2 + (y - j)^2)^{1/2}$$

The kernel is truncated for points $d_{xyij}>d(\sigma)/2$; the weighting for the center point , $(i,j)=(x,y)$, is set to zero.

In /11/ the positional competition producing a potential W was formulated as first order linear differential equation:

$$dW_{xy\varepsilon}/dt = \dot{W}_{xy\varepsilon} = -W_{xy\varepsilon} + I + f(J_{xy\varepsilon}) + V_{xy\varepsilon} - W_{xy\varepsilon} \Sigma_{ijf}(J_{ij\varepsilon}) \lambda_{xyij}$$

In this equation, $J_{xy\epsilon}$ is the potential produced from the two-step filtering (possibly transformed by a signal function f), $V_{xy\epsilon}$ is the feedback potential (initially zero), I is a tonical activity and $\Sigma_{ij}f(J_{ij\epsilon})\,\lambda_{xyij}$ expresses the potentials in the local neighborhood weighted according to the above defined weighting function. Since this term is a constant ($Jw_{xy\epsilon}$), it can be computed once and used in each iteration of the feedback loop. For the positional competition process in *this* paper, the tonical activity J is eliminated. A discussion of the influence of this additive constant on the computation of potentials in the network can be found in /13/.

It can be shown that the differential equation always converges for $Jw_{xy\epsilon}>-1$. Since the weighted sum of J-potentials is always positive, the positional competition is computed using the equilibrium equation at $\dot{W}=0$

$$W_{xy\epsilon} = (f(J_{xy\epsilon}) + V_{xy\epsilon}) / (1 + Jw_{xy\epsilon}) \tag{Eq.3}$$

## 3.2 Directional Competition

The next processing steps are used to both, further modify the activations associated with orientations which have received maximum W-potential and normalize all potentials with respect to the total activation. The first step consists of the inhibition of potentials from nearly orthogonal directions. Due to the limited orientation resolution, 1D weighting functions are used to take into account neighboring orientations for each the excitatory and the inhibitory component of the inhibition process. The new potential is computed using the formula

$$X_{xy\epsilon} = \max[(\ W_{xyk}+\Sigma^n_{i=1}W_{xy(k+i)mod n+1}\cdot\gamma_i$$
$$-(W_{xy(k+(n+1)/2)mod n+1}+\Sigma^n_{i=1}W_{xy(k+(n+1)/2+i)mod n+1}\cdot\gamma_i),0]$$

with $\epsilon=k\cdot 180/(n+1)$, $k=\{0,1,\ldots,n\}$, $n=15$ and $\gamma$ is a 1D weighting function.

The directional competition is used to normalize the potentials with respect to the total activity. A pointwise normalization, as proposed in /11/, is not useful in this context, because insignificant activations in the neighborhood of the true location of a primitive are enhanced unintentionally (see /13/ for details). A solution to this problem is the normalization of all potentials weighted over a circular neighborhood of same extent as the one defined for the positional competition. The new potential is computed with the formula

$$Y_{xy\epsilon} = X_{xy\epsilon} / (1 + \Sigma_\theta(X_{xy\theta} + \Sigma_{ij}X_{ij\theta}\,\lambda_{xyij})) \ , \quad \text{incl. } \theta = \epsilon$$

## 3.3 Cooperation and Generation of Feedback Potentials

The previous processing stages define the mechanisms of mutual inhibition of a spatial arrangement of potentials which are originally activated the hierarchical filtering steps. The purpose of the following processing steps is to enhance potentials (in a particular direction) if they are supported by other potentials at spatial locations whose virtual lines are closely aligned with the considered direction of primitives. Gaps should not be closed in cases where a break in a field of potentials is caused by another arrangement of activations in nearly orthogonal direction. In order to deal with this problem, the concept of dipoles of Y-potentials from /12/ is applied here. Each dipole consists of an on- and an off-cell field, where the on-cell field contains the Y-potentials from directions $\epsilon$ and $\epsilon+\pi/2$, one of the pair inhibited by the other. The antagonist of the pair of fields contains the negated activations of the pair of Y-potentials in the on-cell. The interaction of on- and off-cell is defined via disinhibition of the inverse counterpart in the off-cell of a potential which is inhibited in the on-cell field. Thus, a Y-potential in direction $\epsilon$, $Y_{xy\epsilon}$, occurs together with $-Y_{xy\epsilon+\pi/2}$ and this coupled pair enters into the cooperation step.

The cooperation is based on spatial weightings for the locations in the neighborhood of a point (x,y) and a compatibility function to evaluate the support of a particular potential in a given direction. In a neighborhood corresponding with the size of the filter kernel, for each of the discrete orientations a pair of collinear fans is defined by

$$+F^{\epsilon\theta}_{xyij} = \max[\ \exp[-\{d_{xyij}/\omega-1\}^2\text{-}|p|]\ \cos^R(\varphi\text{-}\epsilon)\ |\cos(\varphi\text{-}\theta)|^T,0]$$
$$-F^{\epsilon\theta}_{xyij} = \max[-\exp[-\{d_{xyij}/\omega-1\}^2\text{-}|p|]\ \cos^R(\varphi\text{-}\epsilon)\ |\cos(\varphi\text{-}\theta)|^T,0]$$

where $p=d_{xyij}\sin(\varphi\text{-}\epsilon)$ with $\varphi=\tan^{-1}((y-j)/(x-i))$. The exponent R for the term that denotes the divergence of an orientation $\epsilon$ and the direction $\varphi$ of a virtual line must have an odd value. The term $\cos^R(\varphi\text{-}\epsilon)$ together with the exponential function define the spatial weighting, whereas $|\cos(\varphi\text{-}\theta)|^T$ defines the compatibility function denoting the divergence of a direction $\theta$ at a point (i,j) from the virtual line.

The contributions to the cooperative process for each fan of a collinear pair are determined by

$$A_{xy\varepsilon} = \Sigma_{ij\theta}(Y_{ij\theta} - \overline{Y}_{ij\theta+\pi/2}) \, {}^{+}F^{\varepsilon\theta}{}_{xyij}$$

$$B_{xy\varepsilon} = \Sigma_{ij\theta}(Y_{ij\theta} - \overline{Y}_{ij\theta+\pi/2}) \, {}^{-}F^{\varepsilon\theta}{}_{xyij}$$

The computation of the total cooperative activities can be summarized as follows:
- $A_{xy\varepsilon}$ and $B_{xy\varepsilon}$ are computed for one $\varepsilon$.
- These computations have to be performed for all directions $\varepsilon_k$, $k=\{0,\ldots,n-1\}$, i.e. a set of values for A- and B-type of the defined fans (the cardinality of the set is card($\{\ldots\}$)=2n).
- The pairs of fans together build a rosette with the same number of leafs as dicrete orientations $\varepsilon_k$ for directional filtering.
- A potential for a particular orientation can be supported from the cooperation process only if at least two of the fans (regardless whether A- or B-part of a collinear pair of any direction) receive a positive value. Feedback potentials are produced only for directions associated with fans excited by the cooperation process. With this mechanism it is possible to enhance W-potentials for straight line arrangements, V-junctions of different angular configuration and higher order terminations of edges (e.g. T-, W- or Y-junctions).

A Z-potential for a particular direction is computed using the following mechanism:

$$Z_{xy\varepsilon} = \begin{cases} \max[A_{xy\varepsilon},0] + \max[B_{xy\varepsilon},0] & \text{if card}(\{A_{xy\varepsilon},B_{xy\varepsilon}|A_{xy\varepsilon_k}>0 \wedge B_{xy\varepsilon_k}>0\}) \geq 2 \wedge \\ & (A_{xy\varepsilon}>0 \vee B_{xy\varepsilon}>0); \; k=\{0,\ldots,n-1\} \\ \\ 0 & \text{otherwise} \end{cases}$$

In order to reduce computational time for the simulations, currently only four fans in '+'-configuration are applied in the simulations. Furthermore, for the evaluation of the compatibility function, at each spatial location in the neighborhood of a point (x,y), only the orientations $\varepsilon=\{\varepsilon-\Delta\varepsilon,\varepsilon,\varepsilon+\Delta\varepsilon\}$ have been considered. In order to prevent minimum activations of the cooperation from entering into the feedback loop, a threshold signal function h(x)=max[x-T,0] has been incorporated. Currently, for the computational experiments the threshold T is set to zero.

Finally, the Z-potentials enter into a feedback competition step. The competition process producing V-potentials is performed for each direction $\varepsilon$ separately, using a similar formula as for the computation of W-potentials.

3.4 <u>Convergence of the Feedback Loop</u>
As mentioned above, one goal of iterative processing the initial results from the directional sensitive filtering step is to further enhance potentials corresponding with true feature positions while decreasing non-maximum activations in the vicinity. The conditions of feedback flow of potentials to fulfill these requirements are summarized in the sequel. The complete mathematical consideration and discussion of this problem is reported in /13/.

The equilibrium equation for the positional competition (Eq.3) splits into a constant and a variable part:

$$W^{n}_{xy\varepsilon} = W^{0}_{xy\varepsilon} + V^{n}_{xy\varepsilon}/(1 + Jw_{xy\varepsilon}), \text{ where } W^{0}_{xy\varepsilon} = f(J_{xy\varepsilon})/(1 + Jw_{xy\varepsilon})$$

(superscripts denote the iteration count). In order to achieve convergence under the conditions named above, the ratio of W-potentials of succeeding iterations must decrease with increasing distance from the location of a primitive. This can be expressed with the inequality

$$(f(J_{xy\varepsilon}) + V^{n}_{xy\varepsilon}) / (f(J_{ij\varepsilon}) + V^{n}_{ij\varepsilon}) > (f(J_{xy\varepsilon}) + V^{n-1}_{xy\varepsilon}) / (f(J_{ij\varepsilon}) + V^{n-1}_{ij\varepsilon}) \qquad \text{(Eq.4)}$$

For the first iteration (n=1) V is zero and the inequality reduces to

$$V^{1}_{xy\varepsilon} / V^{1}_{ij\varepsilon} > f(J_{xy\varepsilon}) / f(J_{ij\varepsilon})$$

One must find an answer to the question under which conditions this inequality is satisfied and, in addition to that, which conditions must hold for any iteration n>1. The inequality (Eq.4) is satisfied for n=1 in case that a signal function g($\ldots$) is used for transformation of the Z-potentials which is faster than the functior f($\ldots$) for the transformation of J-potentials, i.e. g'($\ldots$) > f'($\ldots$). The second question is answered directly with the help of Eq.4. The convergence is achieved for

$$V^n_{xy\epsilon} / V^n_{ij\epsilon} > V^{n-1}_{xy\epsilon} / V^{n-1}_{ij\epsilon}$$

A feedback system with positional competition that stores feedback potentials from prior iterations is considered in /13/ and the conditions of convergence have been analyzed there, too. The signal functions used for the simulations are $f(x)=x^2$ and $g(x)=\exp[x]-1$.

The feedback competition is now formulated more precisely with the equation

$$V_{xy\epsilon} = h(g(Z_{xy\epsilon})) / (1 + \Sigma_{ij}h(g(Z_{ij\epsilon})) \lambda_{xyij})$$

### 3.5 Inter-Scale Processing in Scale Space

The problem of the extraction of image domain primitives is that, due to the variety of underlying physical phenomena, the primitives can occur at different scales. The scale, i.e. the range of pixels a particular primitive covers in the discrete image function, can only be determined by applying differently parametrized operator kernels. The comparison of the operator responses allows to find the "optimal" available scale (see e.g. /3/, /5/). Currently, a simple inter-scale inhibition scheme has been defined and embedded within the architectural concept. The inhibition mechanism is based on the fact that the two-step filtering guarantees a unique maximum response for a filter type applied within the discrete scale space. The processing goal is to suppress all operator responses except for those of the "optimal" available scale ("winner-take-all" principle). The inhibition scheme is formalized for the coarse-to-fine and the fine-to-coarse path separately:

$$\bullet \quad (J^{\sigma_i}_{xy\epsilon})^- = J^{\sigma_i}_{xy\epsilon}\, h(J^{\sigma_i}_{xy\epsilon} - J^{\sigma_{i+1}}_{xy\epsilon}) \qquad \text{and}$$

$$\bullet \quad (J^{\sigma_{i+1}}_{xy\epsilon})^- = J^{\sigma_{i+1}}_{xy\epsilon}\, h(J^{\sigma_{i+1}}_{xy\epsilon} - J^{\sigma_i}_{xy\epsilon}) \;\wedge$$

$$(J^{\sigma_{i+1}}_{ij\epsilon})^- = J^{\sigma_{i+1}}_{ij\epsilon}\, h(J^{\sigma_{i+1}}_{xy\epsilon} - J^{\sigma_i}_{xy\epsilon})$$

$$\text{for } \{P_{ij} \mid ((x-i)^2 + (y-j)^2)^{1/2} \leq 2\sqrt{2}\sigma_i\}$$

($h(x)$ is the Heaviside function (see /10/)). The fine-to-coarse inhibition path spreads inhibitory signals to the coarser level $\sigma_{i+1}$ in a region with radius $3\omega(\sigma_i)/2$. Currently, with this simple inhibition scheme it is assumed that each response is maximal in "optimum" scale regardless of the filter orientation. The scheme can only work successful if there is no displacement in the location of maximum filter response moving from one discrete scale to the next. If a displacement is present, inhibition is guaranteed for a shift of $d \leq 3\omega(\sigma_i)/2$, but at the borders of a field of potentials with values different from zero artifacts can occur. Thus, for the application to real world images, the development of a more elaborate model for inter-scale inhibition is necessary. The current investigations, nevertheless, show the principle significance of the magnitude of operator response selecting the optimal scale.

The current state of the architecture is sketched in fig.2. At present, directional filtering and inter-scale inhibition is implemented for all types of detector kernels, i.e. edge as well as bar/slit detectors. The competitive/cooperative intra-scale feedback loop is currently realized only for potentials generated from edge detectors. The competition of responses from detector kernels of different type is defined in /13/, its computational evaluation is planned for the future.

### 3.6 Estimating the Field of Isophotes for Qualitative Shading Analysis

In the prior sub-paragraphs of Ch.3 mechanisms have been defined for processing the images with respect to extraction of image domain primitives representing discontinuities or spatial configurations of them. In homogeneous image regions, the isophotes represent significant features containing information about the geometry of the underlying surface (/14/). Locally, the direction of an isophote is orthogonal to the direction of the intensity gradient. Therefore, it has to be proved that the maximum operator response of $G'_\epsilon$ applied to the LoG-filtered raw image is the direction of the intensity gradient. Based on the investigations in /15/ the Laplacian of the intensity surface of an illuminated Lambertian surface patch is derived to be

$$\nabla^2 I = \rho I_0\, (\kappa_1(d\kappa_1/du\; \mathbf{n_u} - \kappa_1\, \mathbf{n})\, \mathbf{s} + \kappa_2(d\kappa_2/dv\; \mathbf{n_v} - \kappa_2\, \mathbf{n})\, \mathbf{s})$$

($\kappa_1$, $\kappa_2$ represent the principal curvatures of the considered surface patch). Taking advantage of some simplicifications, i.e. neglecting variations in surface curvature due to low pass filtering and pointwise evaluation, the 1st order directional derivative of the Laplacian yields

$$\partial(\nabla^2 I)/\partial m = \rho I_0(-\kappa_1^2 - \kappa_2^2)\, [(\mathbf{n_u}\, \mathbf{s})\, \cos\epsilon + (\mathbf{n_v}\, \mathbf{s})\, \sin\epsilon]$$

The direction of steepest descent in the LoG operator responses is determined by the minimum value of directional derivatives for $\varepsilon$ in the interval $[0,...2\pi)$. For the desired direction $\varepsilon_0$ the following equation holds:

$$\tan\varepsilon_0 = \kappa_2 \tan\Phi_S / \kappa_1 \qquad\qquad (Eq.5)$$

($\Phi_S$ is the azimuth of the illuminant), which is exactly the equation for the gradient direction related to the illuminated surface. From Eq.5 some invariants related to the surface geometry can easily be derived, thus qualitative shape recovery from the vector field estimating the direction of isophotes is possible. The complete description of the proof as well as the derivation of these invariants can be found in /13/. In order to compute J-potentials in all parts of the image, the non-linear operation

$$J'_{xy\varepsilon} = \emptyset_{OR}(A,B) \qquad \text{with}$$

$$\emptyset_{OR}(A,B) = \begin{cases} \max[A+B,0] & \text{, if } sgn(A) = 1 \ \vee \ sgn(B) = 1 \\ 0 & \text{otherwise} \end{cases}$$

is used to combine the output of the two parts of the receptive fields of $G'_\varepsilon$-operators.

## 4. Computational Results
Figure 3 shows the simulation of the competitive processing stages for a synthesized T-junction. Part (a) of the figure contains the results of J-potentials from the initial directional sensitive filtering step. Part (b) contains the result of Y-potentials after positional and directional competition steps. In order to demonstrate the capabilities of the feedback loop to close gaps and to support the extraction of junction primitives, a synthesized pattern of J-potentials is shown in fig.4(a). The potentials at the junction location and its neighborhood have been deleted. Figure 4(b) shows the result of activations for the cooperation generated after three iterations. Figure 5 shows the result of the simple inter-scale inhibition scheme applied to a ramp edge profile. The initial two-step filtering approach gives an explanation for the occurrence of simple grouping phenomena (following the Gestalt law of proximity). This is demonstrated on a synthesized test pattern with black circles on white background with wider horizontal than vertical spacing. On the finest scale (fig.6(a)) edge detectors react with maximum response contouring the individual circles, whereas on the next coarser scale (fig.6(b)) the vertically oriented slit detectors produce maximum activity. In fig.7 the estimation of the direction field of isophotes is demonstrated on an illuminated spherical (fig.7(a)) and a cylindrical (fig.7(b)) surface.

## 5. Prospects
The proposed architecture represents a framework for the extraction of a broad range of image domain primitives. The current state of the development has to be understood to be a starting point for further extensions, modifications and experimental evaluations. A few relevant topics should be named, such as the evaluation of the full rosette determining cooperative support for any direction, the interpolation of multi-dimensional data, the definition of cooperation mechanisms for curved edges and lines, inter-scale processing via competitive/cooperative mechanisms, etc. Research in these directions is currently under way.


Acknowledgements
The author thanks H.S.Stiehl for his critical comments on the research as well as on the draft of this paper. S.Glotz' engagement implementing an experimental software system for the execution of various processes of the network is gratefully acknowledged.



## References
/1/ D.Marr, E.C.Hildreth. 1980. Theory of Edge Detection. Proc. of the Royal Society of London, Vol.207, Series B, pp.187-217.
/2/ J.F.Canny. 1986. A Computational Approach to Edge Detection. IEEE Transactions on Pattern Analysis and Machine Intelligence, Vol.8, No.6, pp.679-698.
/3/ A.Korn. 1985. Das visuelle System als Merkmalsfilter. in: Fachberichte Messen, Steuern, Regeln, Band 13: Aspekte der Informationsverarbeitung. Berlin: Springer-Verlag.
/4/ V.Torre, T.Poggio. 1984. On Edge Detection. MIT, AI Laboratory: AI Memo 768.
/5/ A.Korn. 1988. Towards a Symbolic Representation of Intensity Changes in Images. Preprint, to be published in IEEE Transactions on Pattern Analysis and Machine Intelligence.
/6/ W.E.L.Grimson. 1981. From Images to Surfaces: A Computational Study of the Human Visual System. Cambridge: The MIT Press.
/7/ J.J.Koenderink. 1984. The Structure of Images. Biological Cybernetics, Vol.50, pp.363-370.

/8/    A.Huertas, G.Medioni. 1986. Detection of Intensity Changes with Sub-Pixel Accurracy Using Laplacian-of-Gaussian Masks. IEEE Transactions on Pattern Analysis and Machine Intelligence, Vol.8, No.5, pp.651-664.

/9/    H.-H.Nagel. 1985. Principles of (Low-Level) Computer Vision. Proc. Conf. on Fundamentals in Computer Understanding: Speech, Vision, Natural Language, Versailles, France, May 28-June 7 (preprint).

/10/   R.N.Bracewell. 1978. The Fourier Transform and its Applications. New York: McGrawHill.

/11/   S.Grossberg, E.Mingolla. 1985. Neural Dynamics of Form Perception: Boundary Completion, Illusiory Contours, and Neon Color Spreading. Psychological Review, Vol.92, No.2, pp.173-211.

/12/   S.Grossberg, E.Mingolla. 1985. Neural Dynamics of Perceptual Grouping: Textures, Boundaries, and Emergent Segmentations. Perception & Psychophysics, Vol.38, No.2, pp.141-171.

/13/   H.Neumann. 1988. Theoretische Untersuchungen zur Extraktion monokularer Tiefenhinweise (Konturen und Schattierung) und ihre partielle methodische Evaluierung in einem rechnergestützten Perzeptionslabor. Universität Hamburg, Fachbereich Informatik: Dissertation (in print).

/14/   J.J.Koenderink, A.vanDoorn. 1980. Photometric Invariants Related to Solid Shape. Optica Acta, Vol.27, No.7, pp.981-996.

/15/   A.P.Pentland. 1982. Local Analysis of the Image: Limitations and Uses of Shading. Proc. IEEE Workshop on Computer Vision: Representation and Control, Ringe, USA, Aug.23-25, pp.153-161.

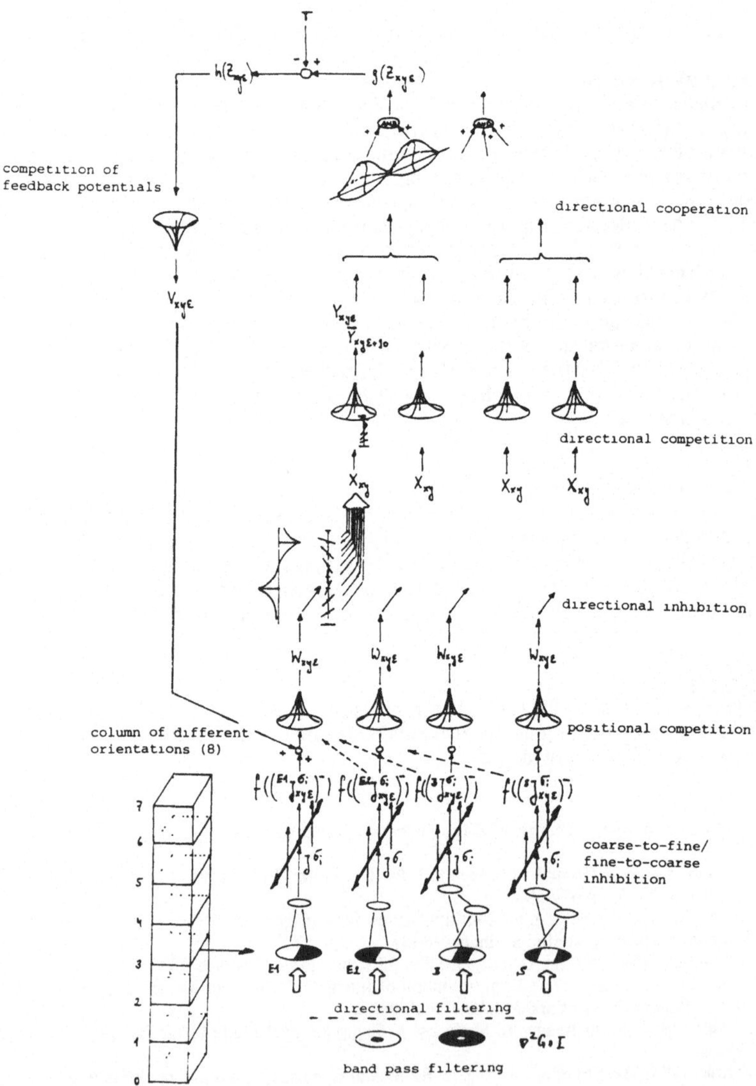


Fig.2: Architecture framework of the feedback system

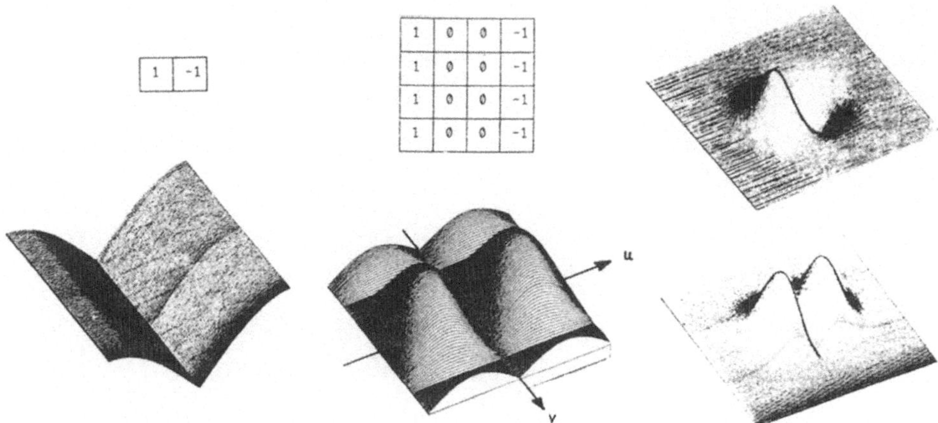

Fig.1: Magnitude spectra of different detector kernels

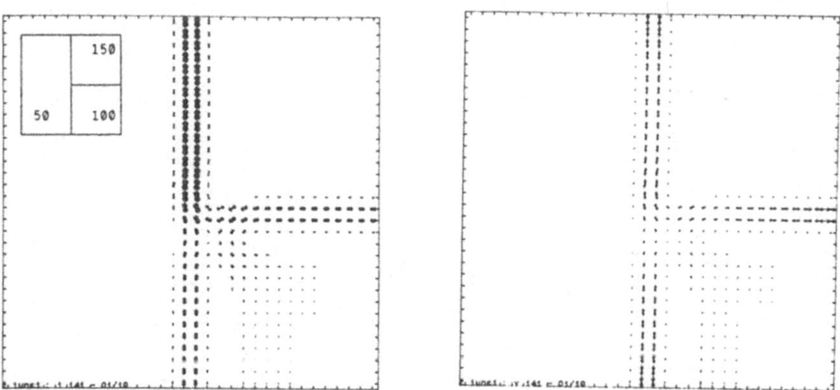

Fig.3: Computational results for a synthesized T-junction, (a) J-potentials, (b) Y-potentials after competition

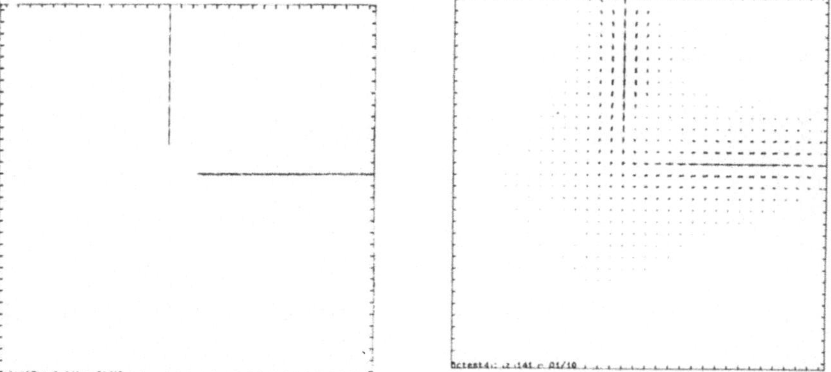

Fig.4: (a) Synthesized pattern of J-potentials for an L-junction with a gap at the junction point and its surround, (b) Z-potentials after 3 iterations

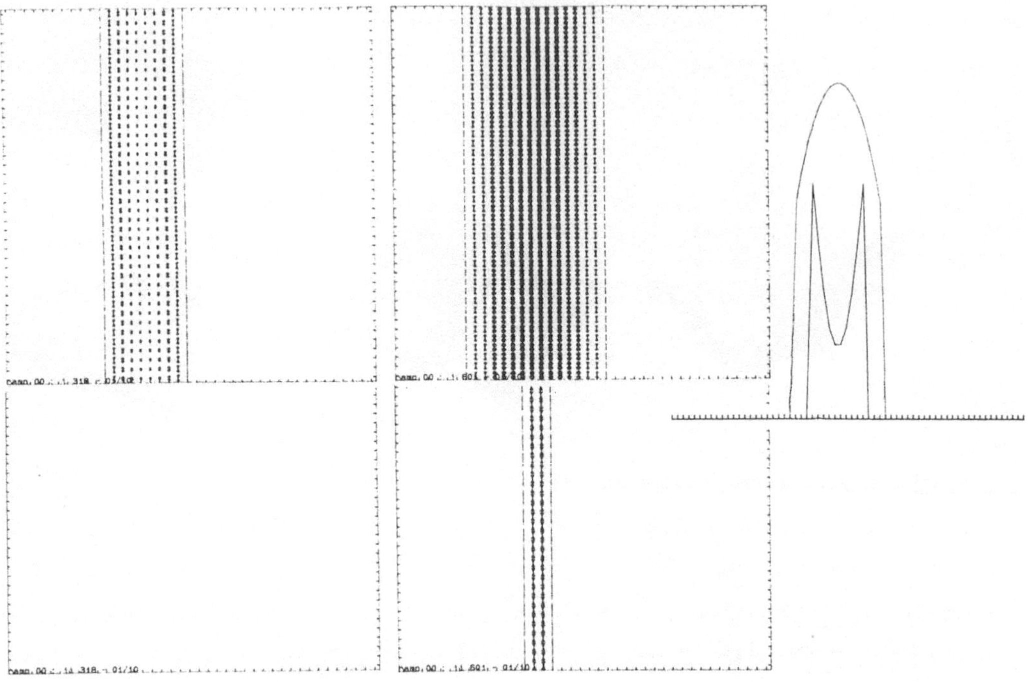

Fig.5: Simulation of inter-scale inhibition for a ramp edge

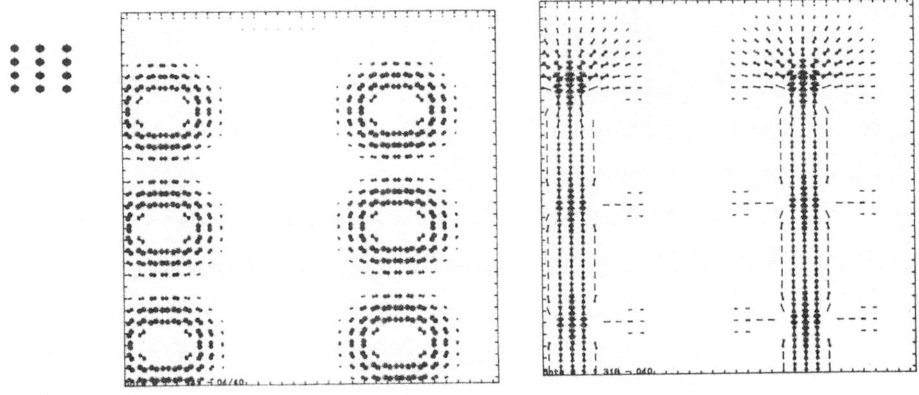

Fig.6: Demonstration of proximity grouping phenomena (see text)

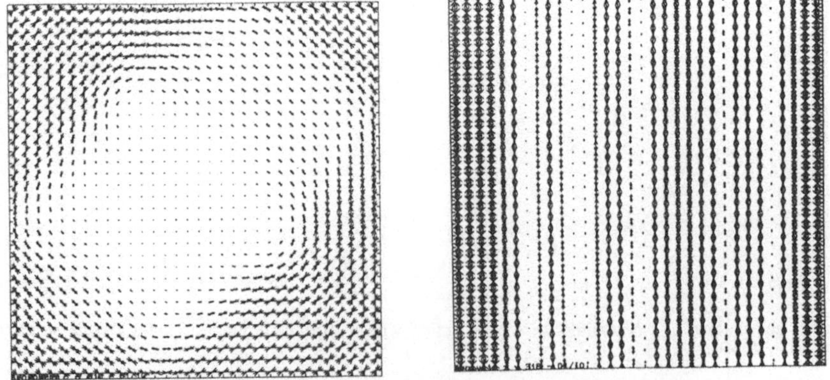

Fig.7: Estimation of the vector field of isophotes on a spherical (a) and a cylindrical (b) surface

# Hierarchische linienbasierte Tiefenbestimmung in einem Stereobild

Stefan Posch
Lehrstuhl für Informatik 5 (Mustererkennung)
Universität Erlangen-Nürnberg
Martensstraße 3
D-8520 Erlangen
posch@fauern.UUCP, posch@fauern.informatik.uni-erlangen.de

*Kurzfassung:* Aus zwei Projektionen einer dreidimensionalen Szene, einem Stereobild, kann die Entfernung von Szenenpunkten bestimmt werden – eine wichtige Information für die Bildanalyse. Im vorliegenden Beitrag wird ein linienbasiertes Stereosystem beschrieben, das unter Verwendung einer Auflösungshierarchie korrespondierende gerade Liniensegmente eines Stereobildes zuordnet.

## 1. Einleitung

Kenntnis über die dreidimensionale Lage von Objektpunkten einer Szene ist eine wichtige Informationsquelle für die Bildanalyse. Wie beim menschlichen Sehen ist es auch beim Rechnersehen möglich, diese Information aus einem *Stereobild* - zwei Projektionen einer Szene zum gleichen Zeitpunkt - zu gewinnen. Gegenüber anderen Methoden, wie Laserabtastung oder strukturiertem Licht (siehe z.B. [Jar83]), hat der Stereoansatz den Vorteil, als passives Verfahren keine spezielle Beleuchtung oder aktive Eingriffe in die Szene zu benötigen.

Das grundsätzliche Vorgehen (siehe z.B. [Bar82]) ist das Zuordnen von *korrespondierenden Bildpunkten* in einer Stereoaufnahme. Korrespondierende Bildpunkte sind die zwei Projektionen eines Objektpunktes auf die beiden Teilbilder des Sterobildes. Mit dieser Zuordnung ist auch die *Disparität* des Bildpunktes, die Verschiebung der Projektion von einem Teilbild zum anderen, gegeben. Bei bekannten Parametern der Stereokamera ist die Berechnung der Entfernung oder Tiefe und damit der 3D-Lage des Objektpunktes dann ein einfaches Triangulationsproblem. Das Kernproblem hierbei ist das sogenannte *Korrespondenzproblem* (siehe auch [Dre87]), das Finden der richtigen Zuordnung zu einem Bildpunkt, da zunächst viele Bildpunkte im anderen Teilbild als Korrespondenz in Betracht kommen. Diese Mehrdeutigkeiten müssen durch geeignete Annahmen eingeschränkt werden. In vielen Systemen wird die Zuordnung nicht auf Bildpunktebene, sondern für komplexere Primitiva durchgeführt, wie z.B. Bildausschnitte, Kantenelemente (Bildpunkte mit starken Grauwertänderungen), Liniensegmente (mehrere verbundene Kantenelemente) oder Regionen.

In dieser Arbeit wird ein Stereosystem beschrieben, das als Primitiva des Zuordnens Liniensegmente verwendet. Grund für diese Wahl ist die Annahme, daß Grauwertänderungen durch Änderungen physikalischer Eigenschaften in der Szene entstehen (vgl. [Bak82] und [Gri81]), die dann auch im korrespondierenden Bildpunkt ähnliche Grauwertänderungen hervorrufen. Diese Invarianzannahme scheint realistischer zu sein als Annahmen über die Invarianz der Grauwerte selbst, wie sie regionenbasierten Ansätzen zu Grunde liegen (siehe [Arn83] und [Bak82]). Um die Mehrdeutigkeiten des Korrespondenzenproblems für Liniensegmente einzuschränken werden verschiedene Techniken eingesetzt:

- geeignete Wahl des Stereokameramodells

- Eigenschaften der Liniensegmente

- Restriktion der Form des Disparitätsfeldes

- Einschränkung des erlaubten Disparitätsbereiches für jedes Liniensegment durch Planen in einer Auflösungshierarchie des Stereobildes

Ergebnis des Systems ist die Zuordnung korrespondierender Liniensegmente des Stereobildes. Die möglicherweise anschließende Interpolation der Disparität für alle Bildpunkte wird nicht betrachtet. Das System arbeitet dabei ohne Verwendung von szenenspezifischem Wissen.

Im folgenden Abschnitt wird zunächst auf verwandte Arbeiten eingegangen. Nach einer Übersicht über das System werden dann die einzelnen Komponenten näher beschrieben. Schließlich werden Ergebnisse dargestellt und ein Ausblick gegeben.

## 2. Andere kanten- und linienbasierte Stereoverfahren

In den kantenbasierten Stereosystemen von Baker/Binford [Bak81], Arnold [Arn83] und Lloyd et al [Llo87] wird die Methode der dynamischen Programmierung (DP) eingesetzt, um zeilenweise unabhängig optimale Zuordnungen von Kantenelementen zu finden. In die Definition von Optimalität gehen dabei Kriterien wie Kontrast und Orientierung der Kantenelemente, Grauwerte zwischen diesen, Intervallkompression und Ergebnisse aus früheren Zuordnungen ein. In getrennten Schritten wird dann die Kantenkontinuitäts-Annahme ausgenutzt: Baker/Binford und Arnold setzen sie ein, um falsche Korrespondenzen zu eliminieren und das so modifizierte Zwischenergebnis als Ausgangspunkt für weitere Zuordnungen mit der DP zu verwenden. Lloyd et al integrieren diese Annahme in einen Relaxationsprozeß, der aus mehreren guten Zuordnungen je Zeile, die vorher mit DP berechnet wurden, auswählt. (Die Kantenkontinuitäts-Annahme besagt, daß benachbarte Kantenelemente eines Teilbildes in der Regel auch im anderen Teilbild benachbart sind und somit die Korrespondenz zweier Kantenelemente auch die Korrespondenz von Kantenelementen in der benachbarten Zeile erwarten läßt.)

Ohta/Kanade [Oht85] verwenden ebenfalls DP zur Suche nach Zuordnungen von Kantenelementen, integrieren jedoch die zeilenweise Zuordnung und die Kantenkontinuität zwischen den Zeilen zu einem dreidimensionalen Suchproblem. Um die für den Einsatz der DP erforderliche Markov-Eigenschaft des Problems zu gewährleisten, müssen sie jedoch die Kontinuitätsforderung abschwächen und lassen damit nicht kontinuierliche Zuordnungen zu. Außerdem setzen sie zusätzlich die beam-search-Technik ein, wodurch zwar der Suchaufwand verringert wird, die gefundene Lösung jedoch im Allgemeinen nicht mehr optimal ist.

Ein weiterer kantenbasierter Ansatz ist der Stereoalgorithmus von Marr/Poggio/Grimson [Gri81], mit dem sie ihr Modell des menschlichen Sehens validieren wollen. Als Kantenelemente verwenden sie Nulldurchgänge des mit Gauss-Laplace-Filtern gefalteten Bildes, wobei verschiedene Größen des Gauss-Filters verwendet werden. Für korrespondierende Nulldurchgänge wird gleiches Vorzeichen und ähnliche Orientierung gefordert. Die Zuordnung wird sukzessive auf immer feineren Auflösungen getroffen, wobei der erlaubte Disparitätsbereich durch die Filtergröße und geschätzte Disparität aus der gröberen Auflösung festgelegt wird. Mehrdeutigkeiten werden durch eindeutige Zuordnungen in der Nachbarschaft aufgelöst. Zusätzlich werden Regionen detektiert, in denen die Disparität außerhalb des erlaubten Bereichs liegt.

Ayache/Faverjon beschreiben in [Aya85] ein linienbasiertes Stereosystem, in dem zunächst unter Verwendung lokaler Linieneigenschaften wenige, möglichst zuverlässige Zuordnungen bestimmt werden. Dann werden aufgrund der Annahme, daß sich die Disparitäten fast überall kontinuierlich ändern, diese Hypothesen über Zuordnungen rekursiv in die Nachbarschaft propagiert. Schließlich wird die Anzahl der so aus einer Hypothese entstandenen Zuordnungen zur Auflösung von Mehrdeutigkeiten benutzt.

Ein weiteres linienbasiertes Verfahren beschreiben Medioni/Nevatia in [Med85]. Für jedes Liniensegment wird eine Menge von potientiell korrespondierenden Liniensegmenten bestimmt. Dann wird in einem relaxationsartigen Prozeß für jede dieser möglichen Korrespondenzen iterativ ein Maß für die Zuverlässigkeit der Zuordnung berechnet und dieses im letzten Schritt zur Auswahl der als richtig angesehenen Zuordnung verwendet.

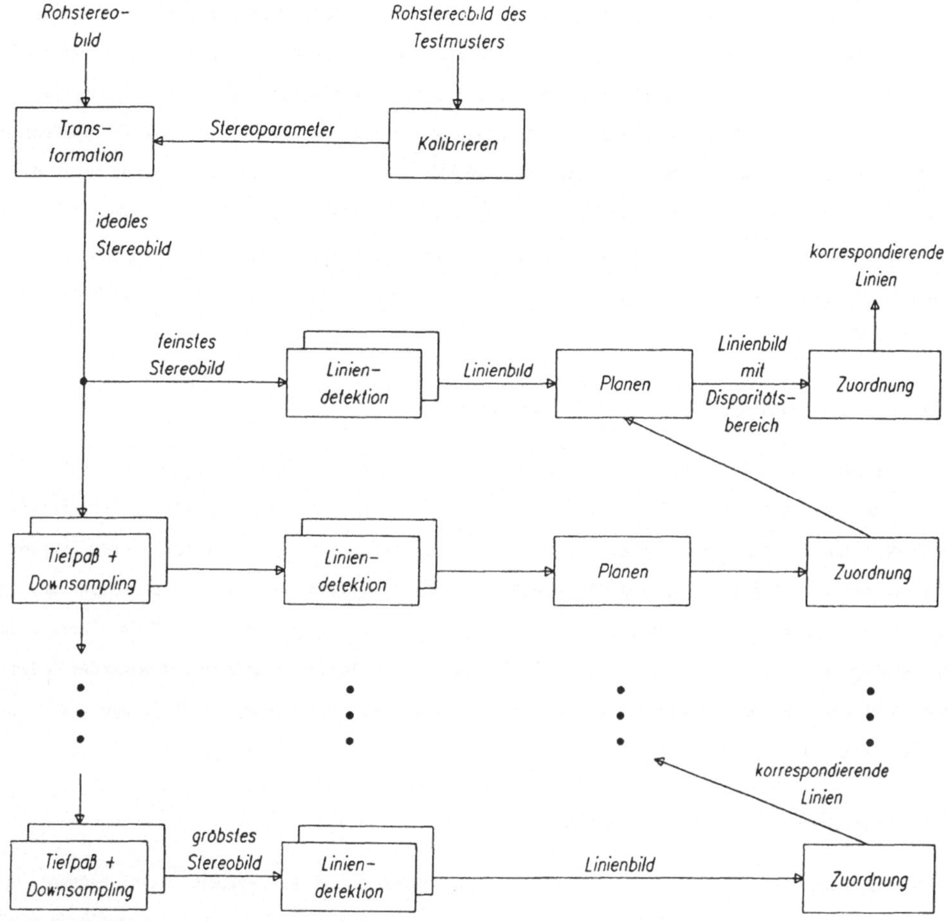


Abb. 1    Übersicht des Stereosystems

## 3.  Systemübersicht

Die Wahl von Liniensegmenten in dem hier vorgestellten Verfahren als Primitiva zum Zuordnen hat gegenüber der Verwendung von Kantenelementen den Vorteil, daß die Kantenkontinuität bereits in der Liniendetektion berücksichtigt wird. Auf diese Weise müssen fehlerhafte Zuordnungen nicht nachträglich korrigiert werden, da die Zuordnung von Liniensegmenten stets der Kantenkontinuitäts-Annahme genügt. Zur Lösung des Korrespondenzproblems wird als Erweiterung gegenüber anderen linienbasierten Ansätzen eine Auflösungshierarchie des Stereobildes verwendet, um mögliche Disparitäten durch Ergebnisse aus gröberen Auflösungen einzuschränken und die Zuordnung auf diese Weise sicherer zu machen. Zur Berechnung der Zuordnungen wird auf jeder Auflösungsebene ein Relaxationsverfahren eingesetzt. Dieses Verfahren ist eine Verbesserung des Vorschlags von Medioni/Nevatia und wurde für die Verwendung in einer Auflösungshierarchie erweitert.

Die Struktur und der Datenfluß des Gesamtsystems sind in Abbildung 1 dargestellt: Das mit den Kameras aufgenommene *Rohsstereobild* ist nicht unmittelbar zur Verarbeitung geeignet, sondern muß zunächst transformiert werden, um dem angenommen Stereokameramodell zu genügen. Das Stereokameramodell wurde wie z.B. auch in [Bak81] so gewählt, daß korrespondierende Bildpunkte auf gleichen Zeilen beider Teilbilder liegen. Anhand eines Testmusters wird die Stereokamera kalibriert und mit den so bestimmten Stereokameraparametern das aufgenommene Rohstereobild in ein möglichst *ideales Stereobild* transformiert (siehe hierzu [Tsa85] und [Mey87]). Aus diesem idealen Stereobild wird dann eine Auflösungshierarchie von Stereobildern erzeugt. Auf jeder Ebene dieser Hierarchie werden in jedem Teilbild gerade Liniensegmente als Primitiva für die Zuordnung detektiert. Beginnend auf der gröbsten Auflösungsebene werden diese daraufhin zugeordnet, wobei auf den feineren Auflösungsebenen das Ergebnis der vorhergehenden Zuordnung zum Planen der Disparitätsbereiche verwendet wird.

## 4. Detektion von Liniensegmenten in der Auflösungshierarchie

Die Auflösungshierarchie wird durch sukezssives Downsampling des idealen Stereobildes erzeugt, wobei in jedem Schritt die Auflösung in horizontaler und vertikaler Richtung halbiert wird. Entsprechend muß zunächst die Grenzfrequenz des Stereobildes halbiert werden. Hierzu wird ein equiripple-Tiefpaß, der eine gute Approximation eines idealen Tiefpaßes (siehe hierzu [Mee86]) ist, mit der Grenzfrequenz $\pi/2$ verwendet. Nun werden in jedem Stereobild der Auflösungshierarchie gerade Liniensegmente detektiert. Wie in Abbildung 1 angedeutet geschieht dies (wie auch die Tiefpaßfilterung und das Downsampling) auf linkem und rechtem Teilbild der Stereobilder separat. Momentan wird zur Extraktion das Verfahren von Nevatia und Babu eingesetzt (siehe [Nev80]). Als Ergebnis liefert der Detektor gerade Liniensegmente mit den Eigenschaften Orientierung, Kontrast, Anfangs- und Endpunkt.

## 5. Zuordnen korrespondierender Liniensegmente

Im Kern des Systems steht das Verfahren zum Bestimmen von Korrespondenzen der detektierten Liniensegmente. Auf einer Auflösungsstufe wird dabei in drei Schritten vorgegangen. Im ersten Schritt wird für jedes Liniensegment in einem Bild eine Menge von potentiell korrespondierenden Liniensegmenten im anderen Teilbild bestimmt. Zur Begrenzung dieser Mengen werden dabei zwei Techniken eingesetzt. Zum einem ist für jedes Liniensegment ein zulässiger Disparitätsbereich vorgegeben. Auf der gröbsten Auflösungsstufe wird er wie in [Med85] durch globale Annahmen, sonst mit Hilfe von Ergebnissen der Zuordnung auf der nächst gröberen Auflösungsstufe festgelegt (siehe Abschnitt 6). Dieser zulässige Disparitätsbereich schränkt die Lage potentiell korrespondierender Liniensegmente, die durch die Wahl des Stereokameramodells bereits auf die entsprechenden Zeilen des anderen Teilbildes festgelegt sind, innerhalb dieser Zeilen weiter auf einen Spaltenbereich ein. Weiterhin wird gefordert, daß korrespondierende Liniensegmente bezüglich ihres Kontrasts und ihrer Orientierung zumindest ähnlich sind und mindestens 20 Prozent der Zeilen des kürzeren Liniensegments gemeinsam haben.

Für jede der so berechneten potentiellen Korrespondenzenpaare wird im zweiten Schritt eine Bewertungsfunktion berechnet, die ein Maß für die Zuverlässigkeit oder Richtigkeit der Korrespondenz dieser Liniensegmente ist. Dabei wird die Annahme, daß das Disparitätsfeld tendenziell glatt ist, d.h. daß sich die Tiefe benachbarter Liniensegmente in der Regel nicht allzu sehr unterscheidet, zur weiteren Einschränkung der Mehrdeutigkeit verwendet. Die Berechnung dieser Bewertungsfunktion erfolgt iterativ mit einer festen Anzahl von Iterationsschritten. In jeder dieser Iterationen werden für jede potentielle Korrespondenz a - b zwei parallelogrammförmige, um a und b symmetrische Fenster betrachtet. In [Med85] werden im Gegensatz hierzu diejenigen Liniensegmente verwendet, die im ersten Schritt Kandidaten für potentielle Korrespondenzen von a und b waren. Je weiter aber die Disparität von a - b von der mittleren erlaubten Disparität abweicht, um so stärker wird nur die linke oder rechte Nachbarschaft der Segmente a und b für die Berechnung herangezogen und so die Glattheitsannahme immer stärker unsymmetrisch ausgenutzt. Für alle Liniensegmente in den hier symmetrischen Fenstern werden nun die *bevorzugten Zuordnungen* (Definition siehe unten) im jeweils anderen Teilbild bestimmt. Diese Korrespondenzen sind nach dem momentanen Iterationsstand relativ zuverlässig richtige Zuordnungen. Wenn auch die gerade betrachtete Zuordnung a - b richtig ist, sollten gemäß der Annahme, daß das Disparitätsfeld glatt ist, die bevorzugten Zuordnungen im Fenster deshalb ähnliche Disparitäten wie a - b haben. Deswegen wird als verbessertes Maß für die Zuverlässigkeit der Zuordnung a - b die normierte Summe dieser Disparitätsdifferenzen für alle bevorzugten Zuordnungen im Fenster berechnet.

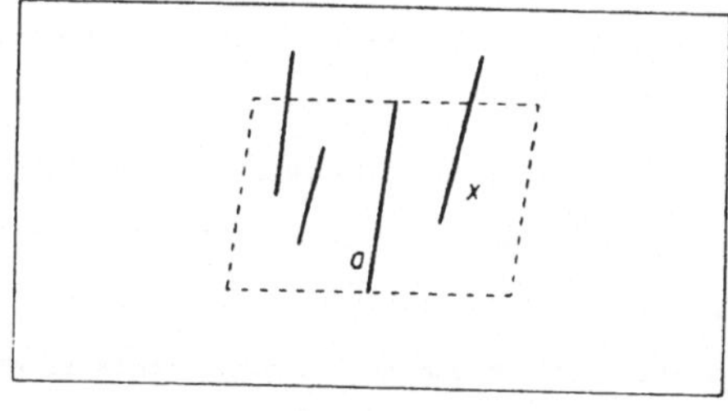


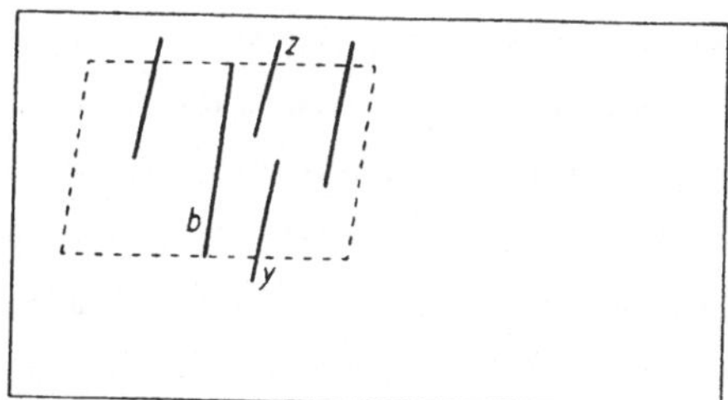


**Abb. 2**  Potentielle Korrespondenz a - b mit Fenstern

Im letzten Schritt werden die bevorzugten Zuordnungen jedes Liniensegments bestimmt und als richtige Korrespondenzen geliefert. Die Zuordnung zweier Liniensegmente x und y ist dann eine bevorzugte, wenn alle anderen potentiellen Zuordnungen x - z gemäß der im letzten Schritt berechneten Bewertungsfunktion unsicherer sind, sofern x - y und x - z *konkurrieren*. Dabei werden x - y und x - z als konkurrierend betrachtet, wenn y und z überlappen, d.h. gemeinsame Zeilen überdecken. Ein Segment kann nach dieser Definition also durchaus mehr als ein korrespondierendes Liniensegment zugeordnet bekommen. Dadurch können auch fragmentierte Linien korrekt zugeordnet werden.

## 6.  Planen der Disparitätsbereiche

Der erlaubte Disparitätsbereich jedes Liniensegments hat wie im letzten Abschnitt beschrieben wesentlichen Einfluß auf die Anzahl potentieller Korrespondenzen und damit auf die Mehrdeutigkeit der Zuordnungen. Daher wird in dem hier vorgestellten Verfahren der Disparitätsbereich der Liniensegmente unter Benutzung von bereits berechneten Disparitäten auf gröberen Auflösungsstufen eingeschränkt, um das im letzten Abschnitt beschriebene Zuordnen korrespondierender

Liniensegmente zu vereinfachen und dadurch auch zuverlässiger zu machen. Der Grundgedanke ist, die Disparitäten der räumlich benachbarten Liniensegmente der nächst gröberen Auflösungsebene zur Planung heranzuziehen. Abbildung 3 illustriert die Annahme, daß die Disparität eines Liniensegments durch die Disparität seiner Nachbarn in der gröberen Auflösung eingegrenzt ist.

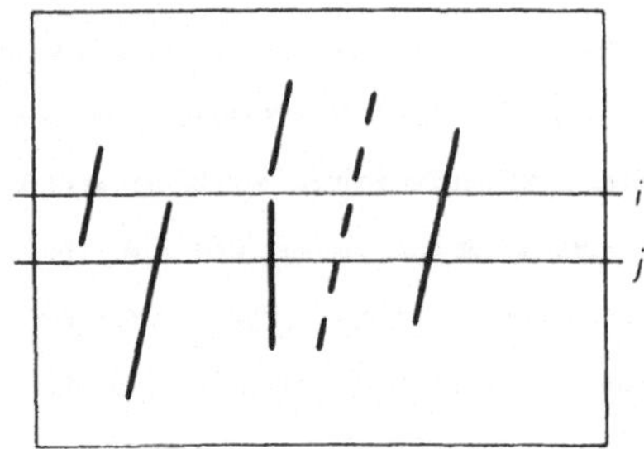
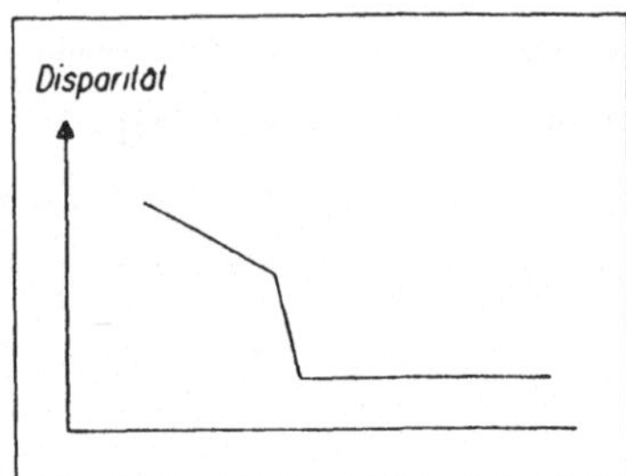


Abb. 3a  Ein Liniensegment (gestrichelt) und benachbarte Liniensegmente der nächst gröberen Auflösung
(durchgezogen)
Abb. 3b  Tiefenprofil, das für die Zeilen i und j gleich angenommen wird

Nach der Projektion aller Liniensegmente der gröberen in die momentane Auflösung wird in jeder Zeile, die das jeweils betrachtete Liniensegment überdeckt, links und rechts das nächstliegende gröbere gesucht. Über diese benachbarten Segmente wird, sofern sie beim Zuordnen mindestens eine Korrespondenz erhalten haben, Minimum und Maximum ihrer Disparitäten gebildet. Diese könnten die Intervallgrenzen der gesuchten Disparität festlegen. Dieses Vorgehen hat jedoch den Nachteil, daß in einer Zeile, die z.B. durch einen Segmentierungsfehler eine Lücke in den benachbarten gröberen Liniensegmenten enthält, ein weit entferntes als nächstliegendes gefunden wird (in Abbildung 3a z.B. das äußerste linke Segment der Zeile i). Die Disparität eines solchen Segments ist natürlich zum Schätzen des Disparitätsbereichs des aktuell betrachteten wenig geeignet. Deshalb wird zunächst der Median der Abstände aller benachbarten gröberen Liniensegmente zum betrachteten Segment berechnet. Bei der Minimum- und Maximumbildung werden dann nur diejenigen Nachbarn berücksichtigt, deren Abstand den um eine *Distanz-Toleranz* vergrößerten Median nicht überschreiten. Mit einer *Disparitäts-Toleranz* nach unten bzw. oben erhält man damit das erlaubte Disparitätsintervall für das Liniensegment.


## 7.  Ergebnisse

Das beschriebene Stereosystem wurde auf einem Cadmus 9931 (68020 Prozessor mit FFP) unter UNIX realisiert. Zur Bewertung werden drei Stereobilder verschiedener Komplexität und Tiefenbereiche untersucht, die mit zwei CCD-Kameras mit $512^2$ Bildpunkten und 8 bit Auflösung aufgenommen wurden. Die Stereobasis betrug dabei 160 mm, bzw. 300 mm in Bild 3. In den Abbildungen 4a, 5a und 6a sind die transformierten idealen Sterobilder in der vollen Auflösung wiedergegeben, in 4b, 5b und 6b die detektierten Liniensegmente. Für die Liniendetektion in einem $512^2$ Stereobild werden sechs Minuten CPU-Zeit benötigt, für die Berechnung der Auflösungshierarchie von $512^2$ bis $64^2$ Bildpunkten und der Liniensegmente auf allen Auflösungsebenen insgesamt zehn Minuten.

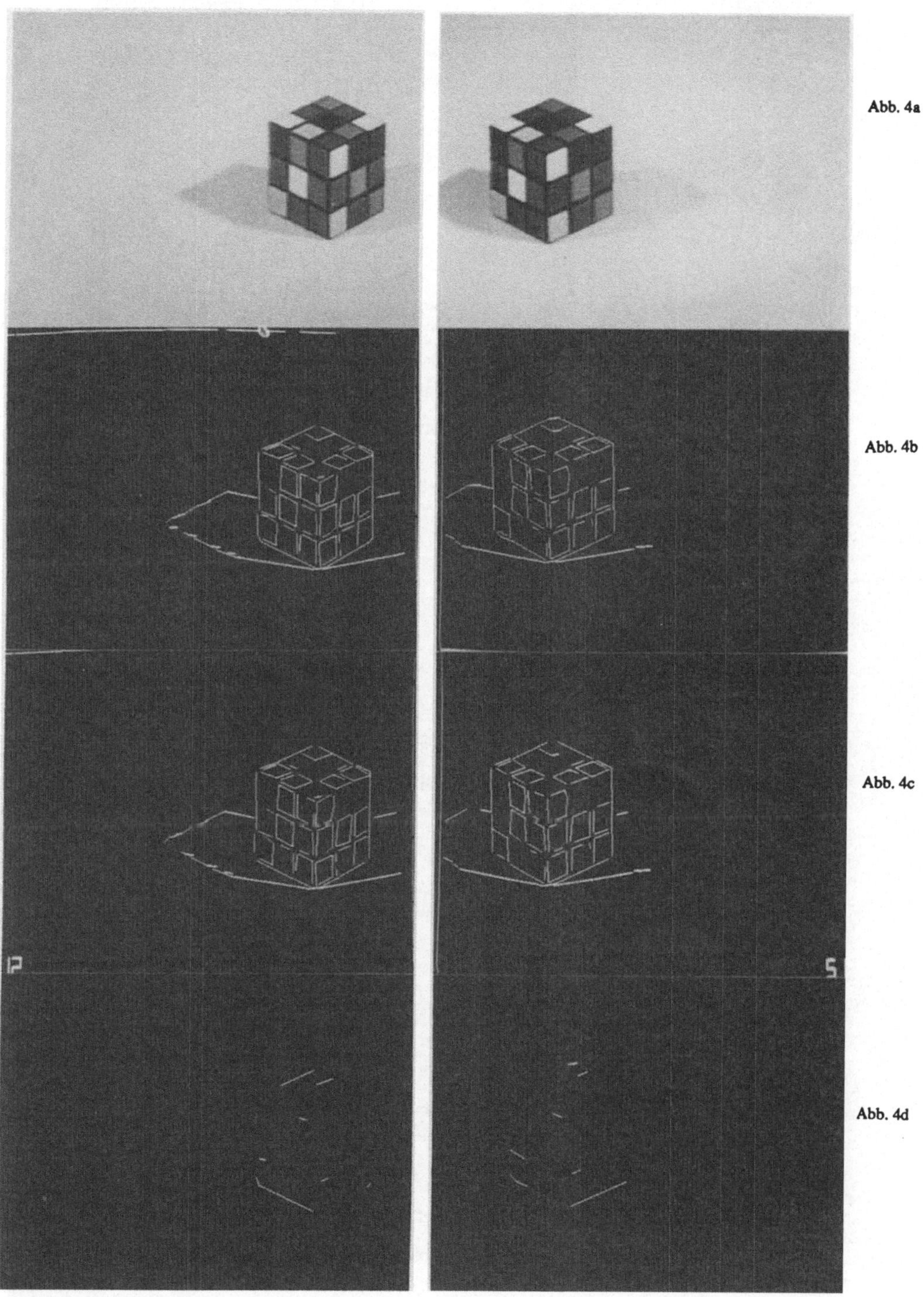

Abb. 4a

Abb. 4b

Abb. 4c

Abb. 4d

Abb. 4    Bild 1:  Rubik-Cube

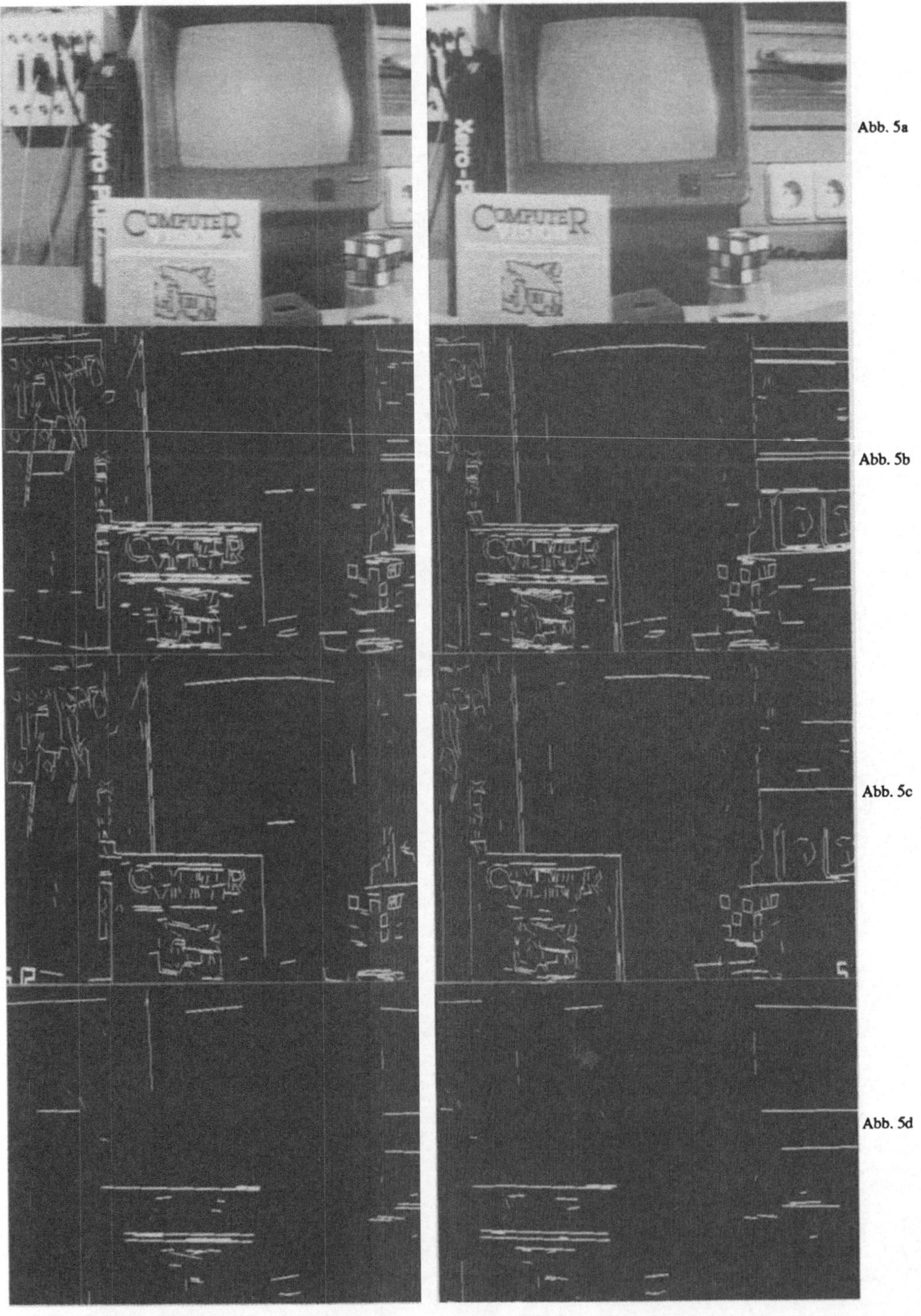

Abb. 5a

Abb. 5b

Abb. 5c

Abb. 5d

Abb. 5   Bild 2:  Terminalszene

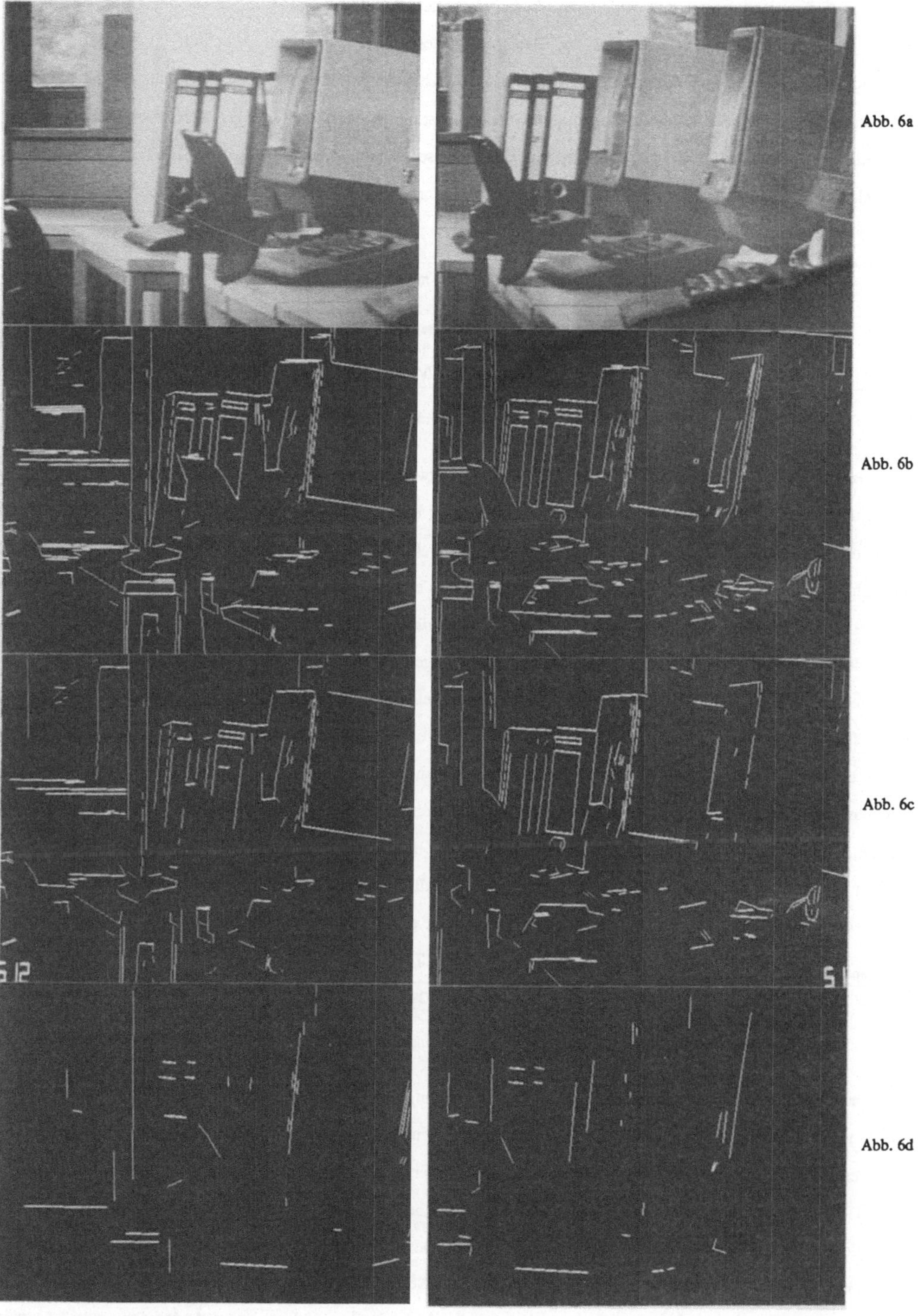

Abb. 6a

Abb. 6b

Abb. 6c

Abb. 6d

Abb. 6   Bild 3: Laborszene

Die Ergebnisse des Verfahrens mit und ohne Ausnutzung der Auflösungshierarchie sowie bei Verwendung der unsymmetrischen Fensterform von [Med85] zur Berechnung der Bewertung (siehe Abschnitt 5) sind in Tabelle 1 zusammengefaßt. Angegeben ist jeweils die Anzahl gefundener, fehlender und falscher Liniensegmentzuordnungen, sowie die CPU-Zeit in Sekunden. Als Referenz dienen dabei manuell bestimmte ideale Zuordnungen aller detektierten Segmente. Wenn ein Liniensegment mehrere Korrespondenzen hat, werden diese auch mehrfach gezählt. Bei allen Versuchen wurde ein maximal erlaubter Disparitätsbereich von 8 bis 62 Prozent der Bildbreite zugelassen, was einer Tiefe von 1,5 bis 10 Metern, bzw. 3 bis 11 Metern im Bild 3 entspricht.

| Bild | Segmente | | ideale | mit Planen | ohne Planen | [Med85] |
| | links | rechts | Zuordnungen | | | |
|---|---|---|---|---|---|---|
| 1 | 113 | 89 | 92 | 84/ 8/ 4 ( 38) | 83/ 9/ 5 ( 26) | 81/11/ 6 ( 19) |
| 2 | 380 | 363 | 264 | 212/52/24 (133) | 230/34/28 (190) | 223/41/34 (153) |
| 3 | 231 | 232 | 125 | 70/30/26 (113) | 65/35/42 (119) | 57/43/50 (126) |

Tab. 1  Ergebnisse der Zuordnung sind folgendermaßen zu lesen: gefundene/fehlende/falsche (Laufzeit in Sekunden)

Bei allen Szenen ist der Anteil falscher Korrespondenzen bei Verwendung der Auflösungshierarchie mit 4 bis 26 Prozent immer geringer als ohne sie, wobei der Unterschied mit steigender Komplexität und Tiefenbereich der Szenen größer wird. Dann tritt die Verbesserung des Relaxationsverfahrens gegenüber [Med85] ebenfalls stärker hervor. Auch bezüglich der Anzahl richtig gefundener Zuordnungen ist das vorgeschlagene Verfahren mit 70 bis 91 Prozent den anderen Verfahren (außer im Bild 2) überlegen. In der Regel wird bei jedem Stereoverfahren zwischen der Menge richtig und falsch gefundener Korrespondenzen abzuwägen sein: Je weniger falsche Zuordnungen akzeptiert werden, um so mehr fehlende wird man tolerieren müssen. Oft wird dabei eine geringe Zahl falscher Entscheidungen vorzuziehen sein, da an diesen Stellen dann auch falsche Tiefenwerte berechnet, im anderen Fall hingegen lediglich keine Informationen geliefert werden. Der Vorteil, dieses Verhältnis bei dem vorgeschlagenen Verfahren variieren zu können, wird in Tabelle 2 illustriert. Für das Bild 2 ist hier in Abhängigkeit von der gewählten Disparitäts-Toleranz (siehe Abschnitt 6) das Ergebnis zusammengefaßt: Je größer beim Planen die Abweichung von der Disparität benachbarter Liniensegmente sein darf (kleine Werte der Disparitäts-Toleranz), desto mehr nimmt zwar die Anzahl falscher Zuordnungen zu, dafür werden aber auch immer mehr richtige gefunden, bis schließlich der Einfluß des Planens verschwindet und die Ergebnisse denen ohne Planen entsprechen.

| Disparitäts-Toleranz | 0,5 | 0,75 | 0,9 | 1,0 |
|---|---|---|---|---|
| Bild 2 | 228/36/30 (215) | 220/44/31 (159) | 212/52/24 (133) | 137/127/13 (110) |

Tab. 2  Ergebnisse der Zuordnung sind folgendermaßen zu lesen: gefundene/fehlende/falsche (Laufzeit in Sekunden)

Zur qualitativen Darstellung der auftretenden Fehler bei Verwendung des Planens sind in den Abbildungen 4c, 5c und 6c die Segmente wiedergegeben, zu denen mindestens eine richtige Zuordnung oder korrekterweise überhaupt keine (z.B. in verdeckten Bereichen) gefunden wurde; in 4d, 5d und 6d dagegen diejenigen, zu denen mindestens eine falsche berechnet wurde. An diesen Darstellungen wird insbesondere deutlich, daß der Algorithmus gut mit Verdeckungen zurecht kommt. Dies ist z.B. im Bild 2 im linken Teilbild in der Region links des Buches oder auch an den Bildrändern zu erkennen. Ebenso kann das Verfahren ein Liniensegment, welches im anderen Teilbild bei der Segmentierung fragmentiert wurde, korrekt zuordnen.

Eine weitere Verbesserung der Ergebnisse kann mit folgenden geringfügigen und geplanten Änderungen erreicht werden:

Die Zuordnung annähernd horizontaler Liniensegmente kann stets nur unsichere Disparitätswerte ergeben, da hierbei wesentlich Anfangs- und Endpunkt des Segments eingehen, deren Detektion für Segmentationsfehler sehr anfällig ist. Daher sollen diese Segmente in Zukunft bei der Zuordnung nicht mehr berücksichtigt werden. Weiterhin wurden bei den präsentierten Ergebnissen noch Liniensegmente in die Zuordnung einbezogen, die als Artefakte der Transformation der Rohstereobildern in ideale Stereobilder an deren Rand entstehen.

## 8. Ausblick

Es wurde ein Stereosystem vorgestellt, das für ein Stereobild korrespondierende Liniensegmente bestimmt. Die präsentierten Experimente mit Stereobildern aus unserem Laborbereich ergaben vielversprechende Ergebnisse und bestätigen den Ansatz. Weitere Arbeiten werden neben der Verbesserung der Kalibrierung und Liniendetektion vor allem zwei Zielrichtungen verfolgen: Bei der Zuordnung der Liniensegmente soll die Glattheitsannahme des Disparitätsfeldes durch besser geeignete Annahmen modifiziert werden, da gerade an Objektgrenzen entgegen dieser Annahme Diskontinuitäten vorliegen. Außerdem soll die Planungskomponente anhand ausführlicherer Experimente weiterentwickelt werden. Ein Verfahren zur Berechnung des optischen Flußes (siehe [Sch86]) soll eingesetzt werden, um ausgehend von den Disparitäten der Liniensegmente ein dichtes Disparitätsfeld für alle Bildpunkte zu bestimmen.

## Literatur


[Arn83]    Arnold, Reginald: Automated Stereo Perception. Ph. D. Thesis, Stanford University, 1983

[Aya85]    Ayache, N. ; Faverjon, B.: Fast Stereo Matcher Based on Prediction and Recursive Verification of Hypothesis. Proc. 3rd Workshop on Computer Vision: Representation and Control, S. 27-37, 1985

[Bak81]    Baker, H. ; Binford, T.: Depth from Edge and Intensity Based Stereo. Proc. 7. Int. Joint Conference on Artificial Intelligence (IJCAI), S. 631-636, 1981

[Bak82]    Baker, H.: Depth from Edge and Intensity Based Stereo. PhD Theses, Dep. of Computer Science, Standford University, 1982

[Bar82]    Barnard, S.; Fischler, M.: Computational Stereo. Computing Surveys, Vol. 14 (4), S. 553-572, ACM, 1982

[Dre87]    Dreschler-Fischer, Leonie: Das 'Bootstrap-Problem' bei der geometrischen Szenenrekonstruktion – ein Überblick. German Workshop on Artificial Intelligence, S. 1-15, Springer-Verlag, 1987

[Gri81]    Grimson, J.: From Images To Surfaces. MIT Press, Cambridge 1981

[Jar83]    Jarvis, R.A.: A Perspektiv on Range Finding Techniques for Computer Vision. Trans. on Pattern Analysis and Machine Intelligence (PAMI), Vol. 5 (2), S. 122-139, IEEE, 1983

[Llo87]    Lloyd, S.A.; Haddow, E.R. ; Boyce, J.F.: A Parallel Binocular Stereo Algorithm Utilizing Dynamic Programming and Relaxation Labeling. Computer Vision, Graphics and Image Processing , Vol. 39, S. 202-225, 1987

[Med85]    Medioni, Gerard; Nevatia, Ramakant: Segment-Based Stereo Matching. Computer Vision, Graphics and Image Processing (CVGIP), Vol. 31, S. 2-18, 1985

[Mee86]    Meer, Peter; Baugher, Sam; Rosenfeld, Azriel: Optimal Image Pyramid Generating Kernels. Tech. Report CS-TR-1665, Univ. Maryland, May 1986

[Mey87]    Meyer, Martin: Kalibrieren einer Stereokamera. Diplomarbeit IMMD 5, Univ. Erlangen-Nürnberg, 1987

[Nev80]    Nevatia, R.; Babu, R.: Line feature extraction and description. Computer Vision, Graphics and Image Processing (CVGIP), Vol. 13, S. 257-269, 1980

[Oht85]    Ohta, Y. ; Kanade, T.: Stereo by Intra- and Inter-Scanline Search Using Dynamic Programming. Trans. on Pattern Analysis and Machine Intelligence (PAMI), Vol. 7 (2), S. 139-154, IEEE, 1985

[Sch86]    Scheuing, A. ; Niemann, H.: Computing depth from stereo images by using optical flow. Pattern Recognition Letters, Vol. 4 (3), S. 205-212, Juli 1986

[Tsa85]    Tsai, Roger: A Versatile Camera Calibration Technique for High Accuracy 3D Machine Vision Metrology using Off-the-Shell TV Camera and Lenses. IBM Research Report RC 11413, Yorktown Heights, Oct. 1985

# Unambiguous Determination of Velocity and Structure of an Accelerating Surface. A Theoretic Framework


Jens Arnspang
DIKU
Computer Science Department, University of Copenhagen.
Universitetsparken 1, DK 2100 Ø, Copenhagen, Denmark



**Abstract.**

A theoretic framework for unambiguous determination of a surface, moving in the gravity of earth or another known acceleration field, is presented. Optic acceleration is defined and new motion constraint equations are derived. The scaling problem between surface depth and velocity is solved, also for non rigid surfaces. Determination of orientation and shape is discussed. All methods derived are local, linear and unambiguous.


## 1    Introduction

Humans are some times able to determine velocity, distance and shape of a surface, moving in the gravity of earth, unambiguously and unscaled; that is, we are not always puzzled by questions like 'is this an object moving ten times further away with ten times the velocity, we first thought' or with questions like 'if this surface is placed at this distance it has this orientation and shape, but it might as well be placed at the double distance and then have a different orientation and shape'; we are often able to determine the moving surface in question unambiguously, even with one eye. Many researchers in various fields have noticed this and discussed cues and techniques for such determinations, among these Gibson [1], Marr [2] and Koenderink [3].

Comparing this observation with research reported in the field of computational vision, we note that many contributions here, concerned with scene determination  from image sequences, for instance Waxman [4] or Horn [5], contain an undeterminable scale parameter between surface distance and surface velocity or between surface distance and surface shape. In this paper we shall discuss a theory, where surface velocity, distance, orientation and curvature may be unambiguously determined.

The emphasis in our analytic paradigm is on development of local linear determination schemes, for which we shall now shortly list the assumptions. (a) We shall assume ideal data: We shall assume an artificial perspective camera delivering an image sequence with local infinite resolution in time and space without any digitization effects or added electronic noise. (b) The imaged surface is assumed to be smooth. (c) For surface albedo and surface illumination we either assume (c1) a smoothly varying albedo which is diffusely illuminated, or (c2) an albedo with illumination invariant and curved texture contours. We shall assume (d) that either our surface or our camera is moving in the gravity of earth or another known acceleration field (think of a falling object or a jumping observer or think even of an observer walking 'straight', but actually performing experienced cycloide like motions).

In the theoretic framework which follows, we first introduce some definitions and basic geometric relations; please note that these relations show, that perspective transformation cannot be regarded as locally orthographic. Optic acceleration is then defined and a new motion constraint equation, relating image intensity with as well optic flow and optic acceleration is derived. It is also noted how optic acceleration may be determined directly from the first order optic flow. It is then shown when and how spatial depth and velocity may be determined for a rigid or non rigid surface, and furthermore when and how orientation and curvature may be determined for a rigid and nonrotating surface, directly from predetermined optic flow and optic acceleration. It is also shown when and how spatial depth, orientation and curvature may be determined directly from the image irradiance. All methods discussed are local, linear and unambiguous and the scaling problem has been solved for the cases considered. Experiments are beyond the scope of this theoretic framework and are left for further research.

## 2    Definitions and basic relations

We shall define some terms by introducing some mathematical notation, make some mathematical assumptions and make a physical interpretation of these. By doing so, we restrict the problem domain to which the discussion and equations apply. Consider Fig. 1.

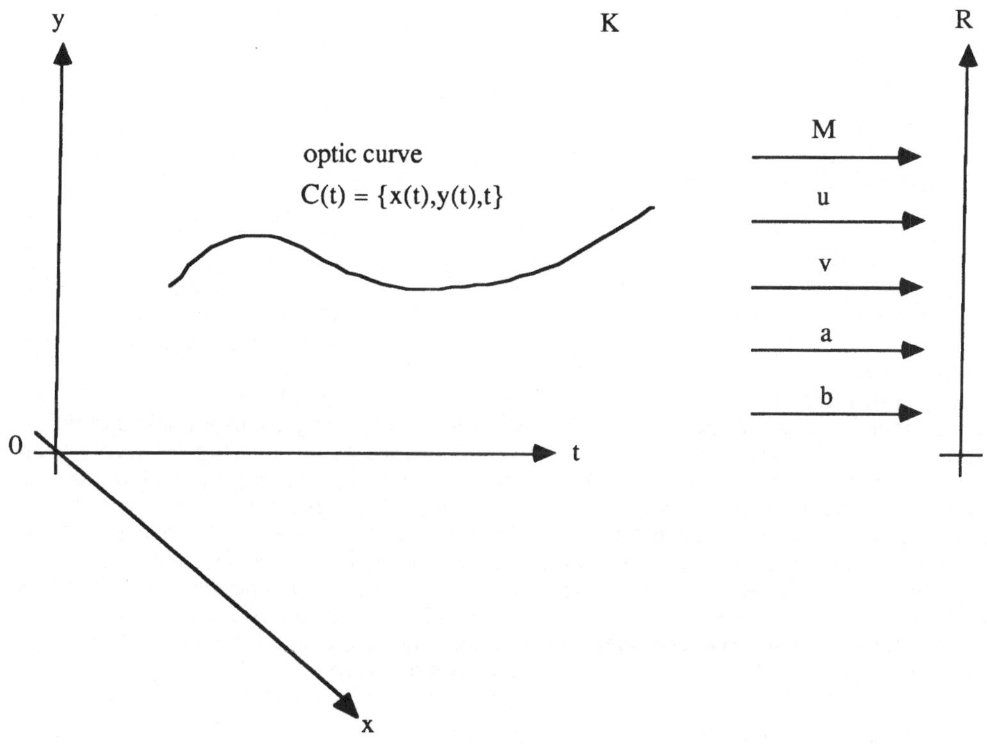


FIG. 1

Consider a set K in $R^3$ (R real numbers) and assume a coordinate system with x, y and t axes in K. Denote the xy plane the **image plane**, the t axis the **time** axis, and a point (x, y, t) in K an **image point**.

Consider a 3D curve C in K, parametrised with time t as $C(t) = \{x(t), y(t), t\}$. Denote such a curve an **optic curve** and the trace of this curve an **optic trace** (curve and trace in the sense of differential geometry). We shall always assume that K is connected, dense in $R^3$ and that K may be written as a union of an infinite set of disjoint flowtraces, each defined and connected within all of K.

Consider five scalar functions which are not a priori related: M, u, v, a and b: K into R. Name these functions data function M, optic flow component u and v, optic acceleration component a and b. We shall often speak of the value of M, u, v, a and b at a specific image point P in K. We then speak of the **data value** M, the **optic flow** (u, v) and the **optic acceleration** (a, b) at P. We shall often speak of these functions f(x, y, t), where f is either M, u, v, a or b, restricted to a connected set of image points **locally around** P; we shall often speak of the further restriction of f to an optic trace through P; this trace may then be parametriced with time t **along the optic curve**, f(x(t), y(t), t).

We shall assume that these scalar functions are totally smooth, i.e. that any partial derivative of any order in K of these exists. We shall assume that the functions are smooth along any optic curve, i.e. that any total time derivative along such an optic curve exist.

We now define a **motion invariant** as a data function M with constant value $M_0$ along an optic curve:

$$M(x(t), y(t), t) = M_0 \tag{1}$$

We also define a connection between optic curves, optic flow and optic acceleration along an optic curve:

$$u(x(t), y(t), t) = d(x(t))/dt$$

$$v(x(t), y(t), t) = d(y(t))/dt$$

$$a(x(t), y(t), t) = d^2(x(t))/dt^2 \tag{2}$$

$$b(x(t), y(t), t) = d^2(y(t))/dt^2$$

The definition (2) may be stated in terms of elementary dynamics and geometry by considering that an image point gliding along an optic curve with time has the velocity vector (u, v, 1), which is always a tangent vector to the curve, and it has the acceleration vector (a, b, 0), which is always parallel to the image plane.

A physical interpretation of the terms, defined above, is the following: K is an image sequence, obtained with a camera with infinite resolution in the image sensor plane and infinite resolution in time between each frame. A physical surface patch, moving relatively to the camera and visible to the camera at all times during image capture, is projected and imaged onto an optic curve in the image sequence during image capture, resulting in an optic flow and acceleration in this image sequence. One example of a data function would be image irradiance E(x, y, t) in the image sequence. If this image irradiance of an imaged surface patch is constant in the image sequence, we have an example of a motion invariant. The various smoothness assumptions demand that the physical problem domain, i.e. the chosen objects and motion, are within a smooth world. We consider only smooth surfaces without structural edges or occluding contours; we do not consider abrupt changes of motion.

We shall now take perspective transformation into account and extend the set of definitions given above. First we shall define image space and metric space; consider Fig. 2.

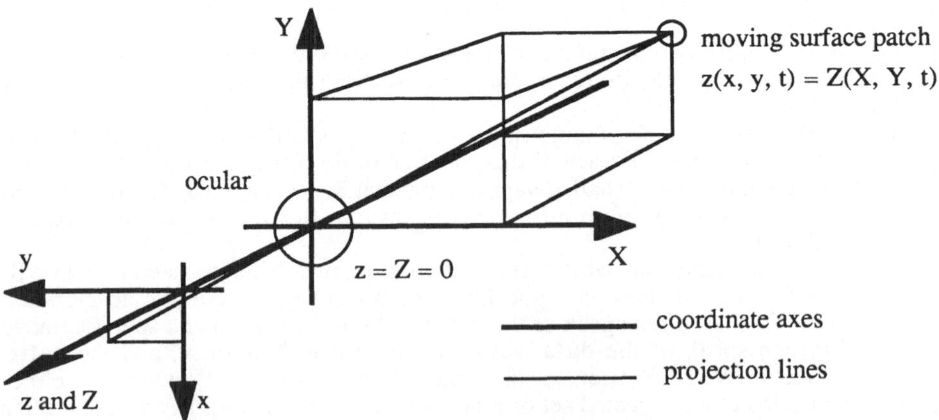


Fig. 2

By **image space**, we mean the set of triples $\{(x, y, t)\}$ in $R^3$, by **metric space** we mean the set of triples $\{(X, Y, t)\}$ in $R^3$, where $(x, y)$ are coordinates in the image plane, $(X, Y)$ are spatial coordinates and $t$ is time. The coordinate axes of image space are then the $x$ and $y$ axes of the image plane and time, as shown in Fig. 1. The coordinate axes of metric space are then the spatial $X$ and $Y$ axes through the center of the ocular, parallel to the image plane, and time. We shall speak of $(x, y, t)$ as coordinates in image space and of $(X, Y, t)$ as coordinates in metric space. As one example, surface depth may, during the relative ocular surface motion, be described by a scalar function of coordinates of image space, $z(x, y, t)$, or alternatively as a scalar function of coordinates of metric space, $Z(X, Y, t)$.

We shall then define a set of scalar functions $\{s\}$: image space into R and a set of scalar functions $\{S\}$: metric space into R, using lower case letters for image space functions and capital letters for metric space functions:

image space functions          metric space functions

$$
\begin{aligned}
&z(x, y, t) &\qquad& Z(X, Y, t) \\
&p(x, y, t) = z_x(x, y, t) && P(X, Y, t) = Z_X(X, Y, t) \\
&q(x, y, t) = z_y(x, y, t) && Q(X, Y, t) = Z_Y(X, Y, t) \\
&g(x, y, t) = z_t(x, y, t) && G(X, Y, t) = Z_t(X, Y, t) \\
&r(x, y, t) = z_{xx}(x, y, t) && R(X, Y, t) = Z_{XX}(X, Y, t) \\
&s(x, y, t) = z_{xy}(x, y, t) && S(X, Y, t) = Z_{XY}(X, Y, t) \\
&t(x, y, t) = z_{yy}(x, y, t) && T(X, Y, t) = Z_{YY}(X, Y, t) \\
&l(x, y, t) = z_{xt}(x, y, t) && L(X, Y, t) = Z_{Xt}(X, Y, t) \\
&m(x, y, t) = z_{yt}(x, y, t) && M(X, Y, t) = Z_{Yt}(X, Y, t) \\
&n(x, y, t) = z_{tt}(x, y, t) && N(X, Y, t) = Z_{tt}(X, Y, t)
\end{aligned}
\tag{3}
$$

where all subscripts denote partial derivatives. We note that for a given surface patch, the scalar $-Z$ is surface depth, the vector $(-P, -Q, 1)$ is a surface normal and $(R, S, T)$ are the Hessian surface curvatures. The scalars $G, L, M$ and $N$ are not given names in the literature of computational vision up to now, but they do surely describe the surface during the motion, independently of the quantities $Z, P, Q, R, S$ and $T$, as commonly discussed.

By making the almost trivial assumption that the value of the image space function $z$ and the value of the metric space function $Z$ are equal for corresponding coordinates $(x, y, t)$ and $(X, Y, t)$, and by using the knowledge of how spatial coordinates $(X, Y)$ at any time $t$ depend on image coordinates $(x, y)$, due to perspective coordinate transformation, we are able to derive differential relations between all functions of image space and metric space, defined in (3). The assumptions and knowledge are then:

$$z(x, y, t) = Z(X(x, y, t), Y(x, y, t), t)$$

$$X(x, y, t) = -f^{-1} \, x \, z(x, y, t) \tag{4}$$

$$Y(x, y, t) = -f^{-1} \, y \, z(x, y, t)$$

The relations may now be derived by simply performing the derivatives of (3), using (4), the chain rule and other common techniques of differential calculus. As an example of this calculus, we shall derive the expression for $p$ in detail and then summarize the derivations for the other quantities, which are quite similar. Using the short notation:

$F_x$ for partial derivatives with respect to $x$: $\partial F / \partial x$
   and
$F'_x$ for total derivatives with respect to $x$: $dF/dx$
   we get:

$$p(x, y, t) = z_x(x, y, t) \qquad\qquad \text{definition (3)}$$
$$= z'_x(x, y, t) \qquad\qquad \text{basic calculus}$$
$$= Z'_x(X(x, y, t), Y(x, y, t), t) \qquad \text{relation (4)}$$
$$= Z_X(X, Y, t)\; X'_x(x, y, t) + \qquad\qquad\qquad (5)$$
$$\quad Z_Y(X, Y, t)\; Y'_x(x, y, t) \qquad\qquad \text{chain rule}$$
$$= P(X, Y, t)\; X'_x(x, y, t) +$$
$$\quad Q(X, Y, t)\; Y'_x(x, y, t) \qquad\qquad \text{definition (3)}$$
$$= P(X, Y, t)\; [(-f^{-1})\, (z(x, y, t) + x\, p(x, y, t)\,)\,] +$$
$$\quad Q(X, Y, t)\; [(-f^{-1})\, (y\, p(x, y, t)\,)\,] \qquad \text{relation (4)}$$

or notated briefly without arguments

$$p = -f^{-1}\, [\, P(z + x\, p) + Q\, (y\, p)\, ] \qquad\qquad\qquad (6)$$

Relation (6) is then part of the final set of relations; these are:

$$\begin{bmatrix} 1 \end{bmatrix} \begin{bmatrix} Z \end{bmatrix} = \begin{bmatrix} z \end{bmatrix} \qquad\qquad\qquad (7a)$$

$$\begin{bmatrix} z + x\,p & y\,p & 0 \\ x\,q & z + y\,q & 0 \\ x\,g & y\,g & -f \end{bmatrix} \begin{bmatrix} P \\ Q \\ G \end{bmatrix} = \begin{bmatrix} -f\,p \\ -f\,q \\ -f\,g \end{bmatrix} \qquad (7b)$$

$$\begin{bmatrix} (z + x\,p)^2 & 2\,(y\,p)(z + x\,p) & (y\,p)^2 \\ (z + x\,p)(x\,q) & (z + x\,p)(z + y\,q) + (x\,q)(y\,p) & (y\,p)(z + y\,q) \\ (x\,q)^2 & 2\,(x\,q)(z + y\,q) & (z + y\,q)^2 \\ (z + x\,p)(x\,g) & (y\,p)(x\,g) + (z + x\,p)(y\,g) & (y\,p)(y\,g) \\ (x\,g)(x\,q) & (y\,g)(x\,q) + (x\,g)(z + y\,q) & (y\,g)(z + y\,q) \\ (xg)^2 & 2\,(y\,g)(x\,g) & (y\,g)^2 \end{bmatrix} \qquad (7c)$$

$$\begin{bmatrix} 0 & 0 & 0 \\ 0 & 0 & 0 \\ 0 & 0 & 0 \\ -f\,(z + x\,p) & -f\,(y\,p) & 0 \\ -f\,(x\,q) & -f\,(z + y\,q) & 0 \\ -2\,f\,(x\,g) & -2\,f\,(y\,g) & f^2 \end{bmatrix} \begin{bmatrix} R \\ S \\ T \\ L \\ M \\ N \end{bmatrix} = \begin{bmatrix} f\,[\, f\,r + (2\,p + x\,r)\,P + y\,r\,Q\,] \\ f\,[\, f\,s + (q + x\,s)\,P + (p + y\,s)\,Q\,] \\ f\,[\, f\,t + x\,t\,P + (2\,q + y\,t)\,Q\,] \\ f\,[\, f\,l + (g + x\,l)\,P + (y\,l)\,Q\,] \\ f\,[\, f\,m + (x\,m)\,P + (g + y\,m)\,Q\,] \\ f\,[\, f\,n + (x\,n)\,P + (y\,n)\,Q\,] \end{bmatrix}$$

Two remarks shall be made, considering the relations (7). Firstly, we note that the quantities (P, Q) are commonly named the coordinates of gradient space. The relations between (z, p, q, r, s, t) and (Z, P, Q, R, S, T) have been derived by Waxman [4] for surface patches, positioned on the optic axis or transformed to the optic axis via a gaze transformation. The above relations (7) are exactly valid at any image point (x, y, t) in the field of view.

Secondly, the relations (7) tell us that perspective projection cannot in general be regarded as being locally orthographic. From (7a-b) we easily extract:

$$p\,(1 + f^{-1}\,(x\,P + y\,Q)\,) = -f^{-1}\,Z\,P$$

$$q\,(1 + f^{-1}\,(x\,P + y\,Q)\,) = -f^{-1}\,Z\,Q \qquad\qquad\qquad (8)$$

With mathematical exactness we may then easily note a few facts about the influence of perspective projection upon the magnitude of (p, q), compared with the magnitude of (P, Q). For finite distance, -Z, and finite focal length f the magnitude of (p, q) need not be equal to or even of the same order of the magnitude of (P, Q), not even on the optic axis, (x, y) = (0, 0).

If distance, -Z, becomes large, but focal length f remains constant, we also see that the magnitudes of (p, q) and (P, Q) need not be equal or even of the same order. Only in the case where distance, -Z, and focal length f become infinitely large together, we have in the limit, where $-f^{-1} Z$ becomes 1 and $f^{-1}$ becomes 0, that (p, q) equals (P, Q). Quite similar remarks may be made about the set of functions (r, s, t) and (R, S, T). This means, that perspective transformation may not be regarded as locally orthographic as assumed by D. Marr [2, p. 211-212] and others, not even aproximately, not even on the optic axis or elsewhere in the field of view, not even when the surface is viewed very distantly. Only in the hypothetical case, when viewing distance Z and focal length f both become infinite, the perspective view may be regarded as locally orthographic. We shall not discuss orthographic projection further.

## 3    Local Differential Relations involving Optic Acceleration

We shall derive local differential relations, involving optic acceleration and shortly point out, how optic acceleration may be determined using these. We shall not give detailed algorithms and numeric considerations.

We shall first derive the differential relation between optic acceleration and optic flow.

Recall that, due to the chain rule, the total time derivative of a smooth function, f: K into R, along an optic curve, C(t) = (x(t), y(t), t), may be written as:

$$d(f(x(t), y(t), t))/dt = f_x u + f_y v + f_t \qquad (9)$$

where $f_x$, $f_y$ and $f_t$ are partial derivatives of f in K and u and v are components of optic flow. Within our problem domain we have assumed that both u and v are such smooth functions. From the definition (2) of components of optic acceleration a and b as time derivatives of components of optic flow u and v along the optic curve in question we then obtain the differential relation between first order optic flow and optic acceleration:

$$a = u_x u + u_y v + u_t$$
$$b = v_x u + v_y v + v_t \qquad (10)$$

We note, that if either component of optic flow is a motion invariant, either component of optic acceleration will be zero. By taking partial derivatives on either side of (4), we get the differential relation between first order optic acceleration and second order optic flow:

$$a_x = u_{xx} u + u_x^2 + u_{yx} v + u_y v_x + u_{tx}$$
$$a_y = u_{xy} u + u_x u_y + u_{yy} v + u_y v_y + u_{ty}$$
$$a_t = u_{xt} u + u_x u_t + u_{yt} v + u_y v_t + u_{tt}$$
$$b_x = v_{xx} u + v_x u_x + v_{yx} v + v_y v_x + v_{tx} \qquad (11)$$
$$b_y = v_{xy} u + v_x u_y + v_{yy} v + v_y^2 + v_{ty}$$
$$b_t = v_{xt} u + v_x u_t + v_{yt} v + v_y v_t + v_{tt}$$

Having derived relations between optic flow and optic acceleration, we shall then derive a motion constraint equation, relating a motion invariant with optic flow and optic acceleration. From the definition (1) of a motion invariant M we get:

$$d(M(x(t), y(t), t)/dt = 0 \qquad (12a)$$

$$d^2(M(x(t), y(t), t)/dt^2 = 0 \qquad (12b)$$

from which we easily get, using the definitions (2) and the calculus (3) several times with f being either of M, $M_x$, $M_y$ and $M_t$ successively, the following equations:

$$dM/dt = M_x\, u + M_y\, v + M_t = 0 \qquad (13a)$$

$$
\begin{aligned}
d^2M/dt^2 = d(dM/dt)/dt = \\
(M_{xx}\, u + M_{xy}\, v + M_{xt})\, u + M_x\, a + \\
(M_{yx}\, u + M_{yy}\, v + M_{yt})\, v + M_y\, b + \\
(M_{tx}\, u + M_{ty}\, v + M_{tt}) = 0 \qquad (13b)
\end{aligned}
$$

If M is chosen as image irradiance, and this is actually a motion invariant, we note that (13a) is the classic motion constraint equation, first derived by Horn and Schunck [6]. We have now derived another motion constraint equation (13b), relating the same motion invariant M with both optic flow (u, v) and optic acceleration (a, b).

We are now able to point out a few linear methods for determination of optic acceleration; but we shall not discuss algorithms in detail. One possibility is to use the velocity functional method of Waxman [2] and determine the first order or second order optic flow. This method is linear, uses measurements of contours locally around the image point in question and is dependent on sufficient richness of texture contours. It does not assume any specific motion nor rigidity of the surface. In case there is not sufficient texture contours, but we know that the optic flow is limited to second order (all partial derivatives of optic flow components u and v of order greater than two being zero), we may , according to Arnspang [7], determine the second order optic flow by a linear system from one motion invariant M. In either case we may then determine optic acceleration from the first order optic flow using (10) and first order optic acceleration from the second order optic flow, using (11). If two motion invariants M1 and M2 are available, as may often be the case according to Wohn [8] or Mitiche [9], we may determine optic flow by a linear system using (13a) twice, and then afterwards determine optic acceleration by a linear system using (13b) twice. A recent survey of alternative methods is given in Nagel [10]. Detailed algorithms are left for further research.

## 4 Unambiguous Depth and Velocity from Optic Acceleration

We shall derive a method, based on linear equations, for absolute determination of spatial position (X, Y, Z) and spatial velocity (U, V, W) of a surface patch S. Consider fig. 3.

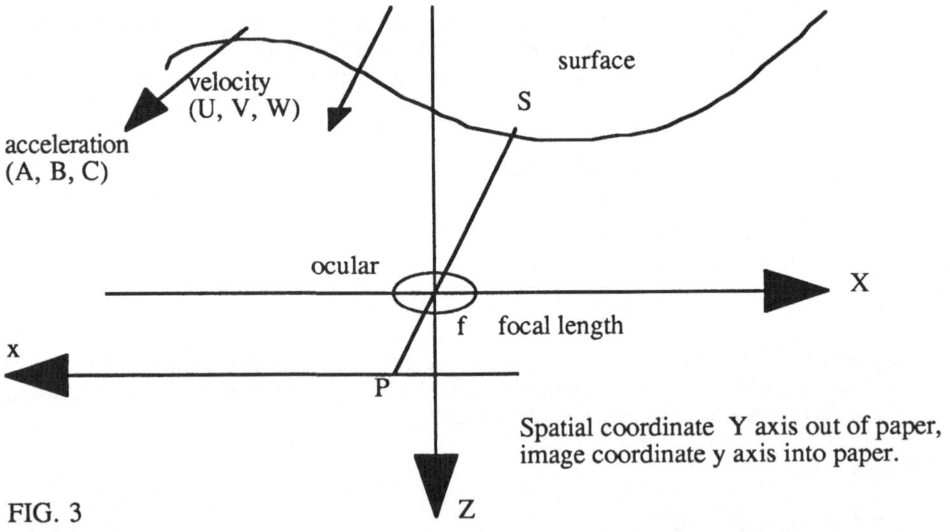


FIG. 3

A surface is placed in a coordinate system in front of an ocular with focal length f. The ocular has its optic axis along the spatial Z axis and transforms spatial coordinates (X, Y, Z) perspectively onto the image plane (x, y). We have the coordinate transformation:

$$x\, f^{-1} = -X\, Z^{-1}$$
$$y\, f^{-1} = -Y\, Z^{-1} \tag{14}$$

As a surface patch S moves in front of the ocular, its image P moves in the image plane and along an optic curve in the image sequence. As (14) is valid at any time t, we may define the motion invariants g and h:

$$g = x\, Z + f\, X = 0$$
$$h = y\, Z + f\, Y = 0 \tag{15}$$

As g and h are motion invariants, their total time derivatives along the optic curve are all zero, we have $d(g)/dt = d(h)/dt = d^2(g)/dt^2 = d^2(h)/dt^2 = 0$. Performing these derivatives and using the notation already introduced:

| | |
|---|---|
| (X, Y, Z) | spatial coordinates |
| (U, V, W) | spatial velocity |
| (A, B, C) | spatial acceleration |
| (x, y) | image coordinates |
| (u, v) | image velocity or optic flow |
| (a, b) | image acceleration or optic acceleration |

we get the set of equations:

$$x\, Z + f\, X = 0 \tag{16a}$$
$$y\, Z + f\, Y = 0 \tag{16b}$$
$$u\, Z + x\, W + f\, U = 0 \tag{16c}$$
$$v\, Z + y\, W + f\, V = 0 \tag{16d}$$
$$a\, Z + 2u\, W + x\, C + f\, A = 0 \tag{16e}$$
$$b\, Z + 2v\, W + y\, C + f\, B = 0 \tag{16f}$$

Now assume we know the spatial acceleration (A, B, C) of a surface patch, imaged at (x, y), and assume we have determined optic flow (u, v) and optic acceleration (a, b) there. We may then rewrite (16) into a linear equation system for determination of absolute spatial position (X, Y, Z) and absolute spatial velocity (U, V, W) of the surface patch S in question:

$$
\begin{bmatrix}
f & 0 & x & 0 & 0 & 0 \\
0 & f & y & 0 & 0 & 0 \\
0 & 0 & u & f & 0 & x \\
0 & 0 & v & 0 & f & y \\
0 & 0 & a & 0 & 0 & 2u \\
0 & 0 & b & 0 & 0 & 2v
\end{bmatrix}
\begin{bmatrix}
X \\ Y \\ Z \\ U \\ V \\ W
\end{bmatrix}
=
\begin{bmatrix}
0 \\ 0 \\ 0 \\ 0 \\ -f\,A - x\,C \\ -f\,B - y\,C
\end{bmatrix}
\tag{17}
$$

The determinant of the coefficient matrix is $2\, f^4\, (a\, v - u\, b)$, which means it is proportional to area expanded by the optic acceleration vector and the optic flow vector in the image plane. The item (17) will be regular if this area is nonzero. In other words, spatial position and spatial ocity of a surface patch may be unambiguously determined by a linear system, if optic flow and ic acceleration are both non zero and non aligned, and if we know the spatial acceleration of the face patch relatively to the camera. One alternative for solving the system (17) is to solve (16e) 1 (16f) for surface depth -Z and surface velocity along the optic axis W; this subsystem of (17) is ular iff (17) is regular; afterwards (16a) - (16d) may be used for determination of (X, Y, U, V) simple elimination.

We have not assumed in the derivations of this section, that the surface is rigid, nor have we umed that the surface is not rotating. We may apply (17) on a translating and rotating surface ch on a nonrigid surface, if we know the spatial acceleration of that surface patch.

## 5     Unambiguous Depth and Shape from Optic Acceleration or from Motion Invariants

We shall now derive sets of linear equations for unambiguous determination of surface distance and surface shape for rigid and nonrotating surfaces. First we derive a system that use optic flow and optic acceleration. Assume spatial acceleration $(A, B, C)$ is common to all surface points and constant in time. Taking partial derivatives of first order in x, y and t on both sides of the equations (16c) - (16f) we then get the set of equations:

$$u_x Z + u Z_x + W + x W_x + f U_x = 0 \tag{18a}$$
$$u_y Z + u Z_y + x W_y + f U_y = 0 \tag{18b}$$
$$u_t Z + u Z_t + x W_t + f U_t = 0 \tag{18c}$$
$$v_x Z + v Z_x + y W_x + f V_x = 0 \tag{18d}$$
$$v_y Z + v Z_y + W + y W_y + f V_y = 0 \tag{18e}$$
$$v_t Z + v Z_t + y W_t + f V_t = 0 \tag{18f}$$
$$a_x Z + a Z_x + 2u_x W + 2u W_x + C = 0 \tag{18g}$$
$$a_y Z + a Z_y + 2u_y W + 2u W_y = 0 \tag{18h}$$
$$a_t Z + a Z_t + 2u_t W + 2u W_t = 0 \tag{18i}$$
$$b_x Z + b Z_x + 2v_x W + 2v W_x = 0 \tag{18j}$$
$$b_y Z + b Z_y + 2v_y W + 2v W_y + C = 0 \tag{18k}$$
$$b_t Z + b Z_t + 2v_t W + 2v W_t = 0 \tag{18l}$$

Assume that we know the spatial acceleration $(A, B, C)$, and assume that we have determined first order optic flow, first order optic acceleration, surface depth and spatial velocity at the image point P in question, by example using the techniques of sec. 3 and 4. We may then rewrite the equations (18) into the linear system:

$$
\begin{bmatrix}
u & 0 & 0 & f & 0 & 0 & 0 & 0 & x & 0 & 0 \\
0 & u & 0 & 0 & f & 0 & 0 & 0 & 0 & x & 0 \\
0 & 0 & u & 0 & 0 & f & 0 & 0 & 0 & 0 & x \\
v & 0 & 0 & 0 & 0 & 0 & f & 0 & 0 & y & 0 & 0 \\
0 & v & 0 & 0 & 0 & 0 & 0 & f & 0 & 0 & y & 0 \\
0 & 0 & v & 0 & 0 & 0 & 0 & 0 & f & 0 & 0 & y \\
a & 0 & 0 & 0 & 0 & 0 & 0 & 0 & 0 & 2u & 0 & 0 \\
0 & a & 0 & 0 & 0 & 0 & 0 & 0 & 0 & 0 & 2u & 0 \\
0 & 0 & a & 0 & 0 & 0 & 0 & 0 & 0 & 0 & 0 & 2u \\
b & 0 & 0 & 0 & 0 & 0 & 0 & 0 & 0 & 2v & 0 & 0 \\
0 & b & 0 & 0 & 0 & 0 & 0 & 0 & 0 & 0 & 2v & 0 \\
0 & 0 & b & 0 & 0 & 0 & 0 & 0 & 0 & 0 & 0 & 2v
\end{bmatrix}
\begin{bmatrix}
Z_x \\ Z_y \\ Z_t \\ U_x \\ U_y \\ U_t \\ V_x \\ V_y \\ V_t \\ W_x \\ W_y \\ W_t
\end{bmatrix}
=
\begin{bmatrix}
- u_x Z - W \\
- u_y Z \\
- u_t Z \\
- v_x Z \\
- v_y Z - W \\
- v_t Z \\
- C - a_x Z - 2u_x W \\
- a_y Z - 2u_y W \\
- a_t Z - 2u_t W \\
- b_x Z - 2v_x W \\
- C - b_y Z - 2v_y W \\
- b_t Z - 2v_t W
\end{bmatrix}
\tag{19}
$$

This is a system of linear equations in first order derivatives in x, y and t of surface depth and spatial velocity. The determinant of the coefficient matrix is $8 f^6 (a v - u b)^3$, which means it is proportional to the cube of the area expanded by the optic acceleration vector and the optic flow vector in the image plane. The system (19) will then be regular with an unambiguous solution if these two vectors are non zero and non aligned.

We note, that the system (19) may easily be extended for determination of second order derivatives of surface depth and surface velocity at the image point $(x, y, t)$ in question by taking partial derivatives in x and y and t on either side of equations (18) and (11). We also note that a consistency test between the calculated results and our assumption of a rigid and accelerating surface may be performed by examining the calculated derivatives of velocities: $U_x = U_y = V_x = V_y = W_x = W_y = 0$ for rigidity, and $U_t = A$, $V_t = B$, $W_t = C$ for acceleration.

We shall now derive an alternative for determination of derivatives of distance -Z; assume that spatial depth -Z and velocity (U, V, W) has been determined, by example by the methods of sec. 3-4, and assume we have a motion invariant M in the image sequence, perhaps image irradiance. If we eliminate (u, v) from (16c-d) and insert it in (13a) we get:

$$f M_x U + f M_y V + (xM_x + yM_y) W - M_t Z = 0 \qquad (20)$$

By taking partial derivatives on either side of (20), we then get:

$$f M_{xx} U + f M_{yx} V + (xM_{xx} + M_x + y M_{yx}) W - M_{tx} Z - M_t p = 0 \qquad (21a)$$

$$f M_{xy} U + f M_{yy} V + (xM_{xy} + M_y + y M_{yy}) W - M_{ty} Z - M_t q = 0 \qquad (21b)$$

$$f M_{xt} U + f M_{yt} V + (xM_{xt} + y M_{yt}) W - M_{tt} Z +$$
$$f M_x A + f M_y B + (xM_x + yM_y) C - M_t g = 0 \qquad (21c)$$

$$f M_{xxx} U + f M_{yxx} V + (xM_{xxx} + 2 M_{xx} + y M_{yxx}) W - M_{txx} Z$$
$$- 2 M_{tx} p - M_t r = 0 \qquad (21d)$$

$$f M_{xxy} U + f M_{yxy} V + (xM_{xxy} + 2 M_{xy} + y M_{yxy}) W$$
$$- M_{txy} Z - M_{tx} q - M_{ty} p - M_t s = 0 \qquad (21e)$$

$$f M_{xyy} U + f M_{yyy} V + (xM_{xyy} + 2 M_{yy} + y M_{yyy}) W$$
$$- M_{tyy} Z - 2 M_{ty} q - M_t t = 0 \qquad (21f)$$

$$f M_{xxt} U + f M_{yxt} V + (xM_{xxt} + M_{xt} + y M_{yxt}) W - M_{txt} Z +$$
$$f M_{xx} A + f M_{yx} B + (xM_{xx} + M_x + yM_{yx}) C - M_{tx} g - M_{tt} p - M_t l = 0 \qquad (21g)$$

$$f M_{xyt} U + f M_{yyt} V + (xM_{xyt} + M_{yt} + y M_{yyt}) W - M_{tyt} Z +$$
$$f M_{xy} A + f M_{yy} B + (xM_{xy} + M_y + yM_{yy}) C - M_{ty} g - M_{tt} q - M_t m = 0 \qquad (21h)$$

$$f M_{xtt} U + f M_{ytt} V + (xM_{xtt} + y M_{ytt}) W - M_{ttt} Z +$$
$$f M_{xt} A + f M_{yt} B + (xM_{xt} + yM_{yt}) C - 2M_{tt} g - M_t n = 0 \qquad (21i)$$

We note, that the quantities (p, q, g, r, s, t, l, m, n) of image space may be determined unambiguously from the equations (21) by simple elimination, if $M_t \neq 0$. We also note, that in order to obtain the surface normal and Gaussian curvature, we must transform the quantities of image space to the quantities of metric space (P, Q, G, R, S, T, L, M, N) using (7); a surface normal is then (-P, -Q, 1) and the Gaussian curvature is $(RT - S^2) / (1+P^2+Q^2)^2$.

## 6 Conclusion

Linear equations have been derived for determination of surface velocity, depth and geometry during a motion with known acceleration, not aligned with the current velocity. Surface velocity and depth may be determined for non rigid surfaces and the motion may contain rotation. Surface orientation and shape may be determined for rigid and non rotating surfaces. Experiments have been beyond the scope of this theoretic framework.

**References** (* contain extensive literature references for further reading)
[1]* J. J. Gibson, *The Perception of the Visual World* , repr. by Greenwood Publishers 1974 (original 1950).
[2]* D. Marr,*Vision, W. H. Freeman*, San Francisco, 1982.
[3] J. J. Koenderink, Optic Flow, *Vision Research* , vol 26, no. 1, 1986.
[4] A. Waxman and K. Wohn, Image Flow Theory, Sensory Robotics Lab, Boston University, jan. 1986.
[5]* B. K. P. Horn, *Robot Vision* , McGrawHill, 1986.
[6] B. K. P Horn and B. G. Schunck, Determination of Optical Flow, *Artificial Intelligence*, vol. 17, 1981.
[7] J. Arnspang, Notes on Local Determination of Optical Flow, DIKU Technical Report 88/1, 1988.
[8] K. Wohn et al, Motion Estimation based on multiple local Constraints, *Pattern Recognition* 16, 1983.
[9] A. Mitiche et al, Experiments in computing Optical Flow, *Pattern Recognition*, vol. 20, no. 2, 1987.
[10] H. H. Nagel, On the estimation on Optic flow, *Artificial Intelligence* , vol. 33, 1987.

# Raum-zeitliche Filter für eine top-down Steuerung der Bewegungsanalyse

Michael Mohnhaupt, David Fleet[1]
Universität Hamburg, Fachbereich Informatik
Bodenstedtstr. 16, D-2000 Hamburg 50

mohnhaupt@rz.informatik.uni-hamburg.dbp.de
fleet@ai.toronto.edu


## 1   Einleitung

Wir untersuchen in diesem Beitrag eine Integration von top-down Information in die Bewegungsanalyse. Aufgrund von sprachlichen Äußerungen berechnete Vorerwartungen über eine Szene werden dazu benutzt, räumliche und zeitliche Beschränkungen für die Bewegungsanalyse zu berechnen. Mit diesen Einschränkungen kann gezielt und effektiv nach den erwarteten Objekten und deren Trajektorien gesucht werden. Unsere Überlegungen werden durch experimentelle Ergebnisse gestützt.

Vorerwartungen können mithilfe von Ereignismodellen ausgedrückt werden, welche an Verben der Bewegung, wie z.B. 'überholen' und 'abbiegen', angelehnt sind. Ein erwartetes Abbiegeereignis führt dazu, daß gezielt an bestimmten Stellen der Szene (einer Kreuzung) nach bestimmten Objekten (einem Auto) mit bestimmtem Geschwindigkeitsverhalten gesucht werden kann.

Als Szenenrepräsentation auf niedriger Ebene verwenden wir eine Familie von drei-dimensionalen linearen, ortsinvarianten Filtern, welche jeweils für einen bestimmten Bereich von Orientierung, Normalgeschwindigkeit und Skalierung sensitiv sind. Die Filterfamilie liefert eine vollständige und effiziente Repräsentation der anfänglich pixelbasierten Information. Die Anzahl der Filter, deren Geschwindigkeits- und Orientierungsabhängigkeit, sowie deren Lokalisation in Raum und Zeit folgen aus den Randbedingungen Vollständigkeit und Effizienz. Diese Repräsentation ist gut geeignet für die Integration bewegungs-, orientierungs- und skalierungsspezifischer top-down Information, weil diese Informationen explizit repräsentiert werden.

Wir beschreiben in Abschnitt 2, wie die Information in einer sprachlichen Äußerung Vorhersagen über die Szene erlaubt, und auf welche Weise diese Information in räumlich-zeitliche Beschränkungen für die Szenenanalyse umgesetzt werden kann.

In Abschnitt 3 erläutern wir die von uns auf niedriger Ebene verwendete Szenenrepräsentation. Wir stellen mit drei-dimensionalen Gaborfiltern eine einfach zu analysierende Klasse von linearen ortsinvarianten Filtern vor. Die Filter sind bewegungs-, orientierungs- und skalierungsspezifisch. Es wird deutlich, daß Bewegung als Orientierung im $x$-$y$-$t$ Raum angesehen werden kann. Außerdem wird demonstriert, daß räumlich-zeitliche Beschränkungen lokalen Gebieten im drei-dimensionalen Frequenzraum entsprechen. Eine top-down gesteuerte Szenenanalyse kann deshalb als lokale Analyse im drei-dimensionalen Frequenzraum ausgedrückt werden. Die lokale Analyse wird von entsprechend eingestellten Gaborfiltern durchgeführt.

## 2   Top-down Information mithilfe von Ereignismodellen

Top-down Informationen spielen eine wichtige Rolle für intelligente Sehsysteme. Um in einer Umwelt adäquat reagieren und handeln zu können, ist eine möglichst schnelle visuelle Analyse nötig. In vielen Situationen ist nur durch die Berücksichtigung von top-down Information eine Szeneninter-

---

[1] Department of Computer Science, University of Toronto, 10 King's College Road, Toronto, Ont., Canada M5S 1A4

pretation unter den oft harten zeitlichen Randbedingungen möglich. Top-down Information kann im wesentlichen geliefert werden durch:

- Intention (Will man z.B. einen Raum verlassen, so interessiert nur der mögliche Weg zur Tür; andere Objekte im Raum sind in diesem Fall unwichtig und müssen nicht analysiert werden),

- Information von außen (z.B. eine sprachliche Beschreibung einer Szene kann Vorinformation liefern),

- räumlichen und zeitlichen Kontext (eine beobachtete Szene muß nicht immer wieder neu analysiert werden; es kann auf bereits Analysiertes zurückgegriffen werden und durch bereits Erkanntes auf noch Unerkanntes geschlossen werden).

Es ist ungeklärt, wie weit top-down Informationen 'nach unten' sinnvoll integriert werden sollten, und ob z.B. die Prozesse der niederen Bildverarbeitung von top-down Information steuerbar sein sollten. *Marr 82* geht z.B. davon aus, daß bis zu einer Objekterkennung fast alle Berechnungen auf bottom-up Prozessen beruhen. Psychologische Experimente zeigen zwar, daß Menschen unbekannte Objekte problemlos ohne Vorinformation erkennen können, dies bedeutet aber nicht, daß top-down Information nicht integriert wird, wenn sie vorhanden ist. Viele psychologische Daten (z.B. *Ball + Sekuler 81*, *Sekuler + Blake 85*, *Rock 83*) lassen vermuten, daß auch Prozesse auf sehr niedriger Ebene von top-down Informationen beeinflußbar sind.

Wir befassen uns mit der Integration von Information, die durch sprachliche Äußerungen gegeben ist. Wir nehmen an, daß die Bedeutung einer Äußerung in Form von Kasusrahmen vorliegt. Wird z.B. von einem Abbiegevorgang gesprochen, liegen Einträge über den Agent, den Ort und das Verb vor. Der Verbeintrag steuert die Auswahl eines Ereignismodells. Das Ereignismodell liefert Angaben über typische Ereignisverläufe und gestattet, ausgehend von aktuellen Daten, den weiteren Verlauf der Szene zu prognostizieren. Dies beinhaltet Angaben über den erwarteten Ort und die erwartete Geschwindigkeit der Objekte. Wir verzichten hier auf eine detailierte Beschreibung der Ereignismodelle und deren Erlernung durch Beobachtung (siehe dazu *Mohnhaupt 87*, *Mohnhaupt + Neumann 88*). In diesem Abschnitt ist wichtig, welcher Art die berechneten räumlich-zeitlichen Beschränkungen sind. Dies zeigen wir anhand eines Beispiels.

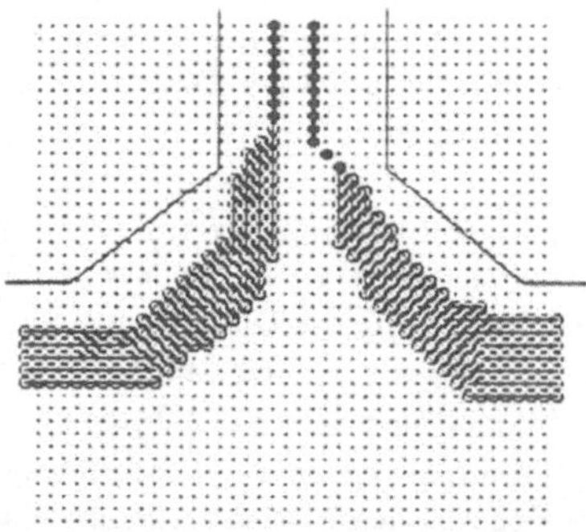

**Abbildung 1**: Vorhergesagte Abbiegevorgänge ausgehend von unterschiedlichen Startpunkten. Schwarze Kreise markieren aktuelle Daten aus der Szenenanalyse, offene Kreise markieren vorhergesagte typische Verläufe, aufgrund eines Ereignismodells für 'abbiegen'. Neben dem Ortsbereich liefert das Modell auch Vorhersagen über erwartete Geschwindigkeiten.

Top-down berechnete Vorhersagen beinhalten demzufolge Angaben über Ort, Struktur und Geschwindigkeitsverhalten der Objekte. Eine Szenenanalyse kann i.A. auf diese räumlich-zeitlichen

Vorhersagen eingeschränkt werden. Die Beschränkungen müssen angemessen in eine Szenenrepräsentation auf niedriger Ebene integrierbar sein. Wir verwenden als Szenenrepräsentation die Ausgaben raum-zeitlicher Gaborfilter. In Abschnitt 3 beschreiben wir diese Repräsentation und zeigen ihre Eignung für die Integration von top-down Informationen.

# 3   Raum-zeitliche Filter

## 3.1   Bewegung als Orientierung im $x$-$y$-$t$ Raum

Wir betrachten zunächst 2-dimensionale Abbildungen von Bewegungen. Es ist nützlich sich vorzustellen, daß die Bewegung eines Objektes einen drei-dimensionalen Raum belegt, in dem $x$ und $y$ die räumlichen Dimensionen und $t$ die zeitliche Dimension darstellt. In Abbildung 2 ist ein drei-dimensionales raum-zeitliches Diagramm eines Balkens zu sehen, der sich nach rechts bewegt (nach *Adelson + Bergen 85*).

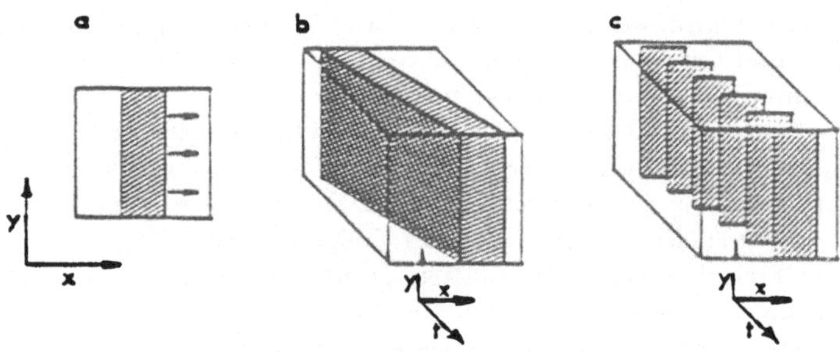


**Abbildung 2:** Das linke Bild zeigt die Abbildung eines Balkens, der sich nach rechts bewegt. Das mittlere Bild zeigt ein kontinuierliches raum-zeitliches Diagramm des Balkens und das rechte Bild zeigt eine diskretes raum-zeitliches Diagramm

Das Diagramm legt nahe, daß man die Berechnung von Bewegungsinformation ansehen kann als Extraktion von raum-zeitlicher Orientierung. Dies wird aus Abbildung 3 (nach *Adelson + Bergen 85*) deutlich. Sie zeigt verschiedene raum-zeitliche Diagramme von bewegten Balken. In **a** bewegt sich der Balken schnell nach links, in **b** bewegt er sich langsam nach links, in **c** ist er stationär, in **d** bewegt er sich langsam nach rechts und in **e** schnell nach rechts.

Wenn man also Bewegung als Orientierung im $x$-$y$-$t$ Raum auffaßt, kann man Bewegung entdecken und messen, indem man geeignete lineare orientierungsselektive Filter konstruiert.

## 3.2   Lineare Filter im Frequenzraum

Ein wichtiges Hilfsmittel bei der Analyse linearer Filter ist eine Betrachtung im Frequenzraum. Wir verweisen auf die einschlägige Fachliteratur (z.B. *Oppenheim + Schafer 75*) und zählen hier nur wichtige Beziehungen zwischen Orts-Zeit-Raum und Frequenzraum auf (*Fleet 84*):

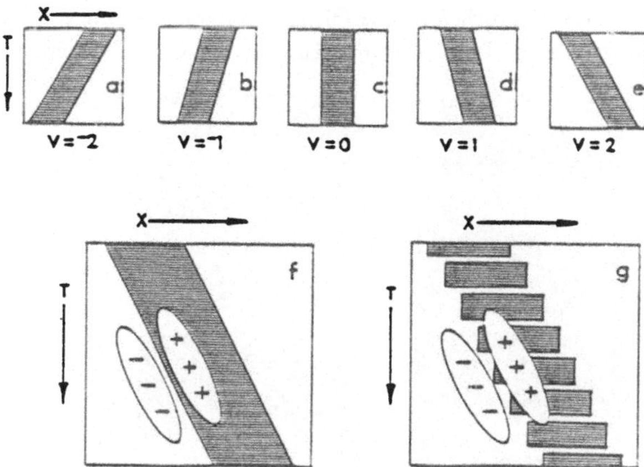



**Abbildung 3**: **a-e**: Bewegte Balken mit verschiedenen Geschwindigkeiten. Bewegung ist Orientierung im $x$-$t$ Raum. **f, g**: orientierte rezeptive Felder können benutzt werden, um Bewegung zu detektieren.

- Eine Gerade mit einer bestimmten Orientierung im $x$-$y$ Raum entspricht im $\kappa_1, \kappa_2$ Frequenzraum einer Geraden durch den Ursprung, deren Orientierung orthogonal zu der Geraden im $x$-$y$ Raum ist.

- Eine bewegte Ebene im $x$-$y$-$t$ Raum entspricht einer Ebene durch den Ursprung im $\kappa_1, \kappa_2, \omega$ Frequenzraum. Der Winkel der Ebene relativ zur Zeitfrequenzachse wird vom Betrag der Geschwindigkeit bestimmt, die Orientierung relativ zur Zeitfrequenzachse wird durch die Geschwindigkeitsrichtung bestimmt.

- Es besteht ein 'trade-off' zwischen Lokalisierung im Orts-Zeitraum und Lokalisierung im Frequenzraum. Je besser die Auflösung eines linearen Operators im Orts-Zeitraum ist, desto schlechter ist seine Auflösung im Frequenzraum. Dies gilt auch umgekehrt und ist als 'Unsicherheitsrelation' bekannt. Die Forderung nach skalierungsspezifischen Operatoren (d.h. Lokalisierung im Frequenzraum) bedeutet also gleichzeitig eine gewisse Unschärfe im Raum. Es ist bekannt, daß Gaborfilter die Unsicherheitsrelation minimieren (*Gabor 46*).

## 3.3  Gaborfilter

Wir verwenden Gaborfilter (*Gabor 46*) zur Bewegungs-, Orientierungs- und Skalierungsmessung. Gaborfilter sind einfach zu analysierende lineare ortsinvariante Filter. Sie wurden ebenfalls von *Fleet + Jepson 84*, *Adelson + Bergen 85* und *Adelson + Bergen 86* verwandt. Ein eindimensionaler Gaborfilter besteht aus einer Gaußfunktion multipliziert mit einer Sinusschwingung (oder Kosinusschwingung):

$$G(x) = \frac{1}{\sqrt{2\pi}\sigma} \cdot \exp\frac{-x^2}{2\sigma^2} \cdot \sin(\kappa_0, x). \tag{1}$$

Gaborfilter sind einfach auf drei Dimensionen erweiterbar (*Daugman 80*). Im Diskreten wird die Ausdehnung der räumlichen und zeitlichen Fenster durch die Standardabweichungen bestimmt. Ein

Gaborfilter kann für beliebige räumlich-zeitliche Orientierungen eingestellt werden. Die Bandbreite im Frequenzbereich bestimmt seine Lokalisierungsfähigkeit im Orts-Zeitbereich.

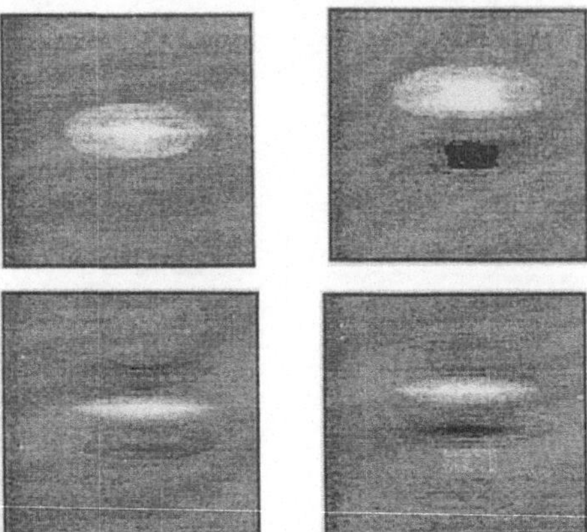

**Abbildung 4**: Vergrößerte rezeptive Felder von Gaborfiltern (x-y-Diagramm), Bandbreite = 1.5 Oktaven (untere Reihe 0.8), Grundfrequenz = 7.0 Pixel (untere Reihe 3.5)

Die Abbildung 4 zeigt stark vergrößerte rezeptive Felder von unterschiedlichen zweidimensionalen Gaborfiltern, deren Orientierung identisch ist. Es ist jeweils das rezeptive Feld eines symmetrischen Gaborfilters (Gaußfunktion multipliziert mit Kosinusschwingung) und eines antisymmetrischen Gaborfilters (Gaußfunktion multipliziert mit Sinusschwingung) zu sehen. Die unterschiedliche Auflösung der Zellen äußert sich durch die unterschiedliche Breite der schwarzen und weißen Streifen, und die unterschiedliche Bandbreite der Zellen wird durch die unterschiedliche Anzahl der Streifen im rezeptiven Feld deutlich.

## 3.4  Berechnung des Leistungsspektrums

Die im vorherigen Abschnitt diskutierten raum-zeitlichen Gaborfilter sind nützlich für die Messung von Orientierungen und Bewegungen, haben aber einen Nachteil: Ihr Antwortverhalten hängt von der Phase des zugrundeliegenden Musters ab. D.h., die Filterausgabe hängt davon ab, wie die beobachtete Struktur relativ zu den Gewichten der Gaborzelle im rezeptiven Feld liegt. Dies gilt auch für bewegungssensitives Ausgabeverhalten. Die Ausgabe oszilliert zwischen negativen und positiven Werten, wenn sich etwas im rezeptiven Feld entlang bewegt. Die Ausgabe ist also nicht direkt verwendbar. Außerdem hängt die Antwort einer Zelle vom lokalen Kontrast ab, d.h., ein schwarzer Balken auf hellem Grund führt zu einer im Betrag gleichen, aber im Vorzeichen anderen Ausgabe als ein heller Balken auf schwarzem Grund.

Man kann einen phasenunabhängigen Bewegungsdetektor konstruieren, indem man die Ausgaben zweier gleichorientierter Zellen kombiniert, einer symmetrischen und einer antisymmetrischen mit gleicher Auflösung und gleicher Grundfrequenz. Dabei nutzt man die folgende Beziehung:

$$(\sin \alpha)^2 + (\cos \alpha)^2 = 1 \tag{2}$$

Die resultierende Ausgabe ist immer positiv und wird als Leistungsspektrum (siehe Abbildung 5) bezeichnet (*Adelson + Bergen 85*). Sie hängt nicht mehr von dem Kontrast im rezeptiven Feld ab. Eine gleichmäßig im rezeptiven Feld bewegte Struktur wird eine konstante Ausgabe produzieren. Anschaulich gesprochen, antwortet eine Leistungsspektrumszelle auf eine bestimmte Struktur mit

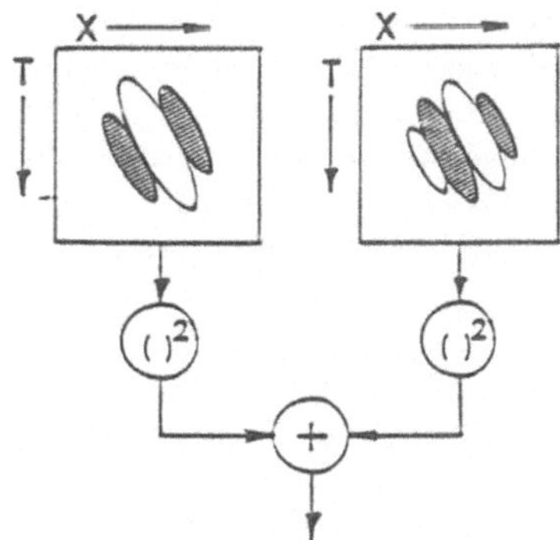

**Abbildung 5**: Berechnung des Leistungsspektrums

einer bestimmten Geschwindigkeit in ihrem rezeptiven Feld, unabhängig davon, wo die Struktur im rezeptiven Feld liegt. Der Nachteil dieser Operation besteht darin, daß mögliche genauere Positionierungsinformation verlorengeht, weil die Phaseninformation verlorengeht. Im nächsten Abschnitt werden einige Beispiele von Leistungsspektren für eine Straßenverkehrsszene gezeigt.

## 3.5  Top-down Information als selektierter Bereich im Frequenzraum

Wir demonstrieren in diesem Abschnitt, daß sich top-down berechnete Einschränkungen bei einer Bildanalyse auf niedriger Ebene mit räumlich-zeitlichen Filtern berücksichtigen lassen. Die Beschränkungen können als ein Unterraum im drei-dimensionalen Frequenzraum angesehen werden.

Modellgesteuerte Erwartungen führen zur Berechnung eines bestimmten Szenenausschnittes als Suchbereich (siehe Abschnitt 2). Außerdem wird eine bestimmte räumliche Struktur (ein Fahrzeug) erwartet, welche sich mit einer bestimmten Geschwindigkeit in eine bestimmte Richtung bewegt. Dabei sind gewisse Unschärfen zugelassen.

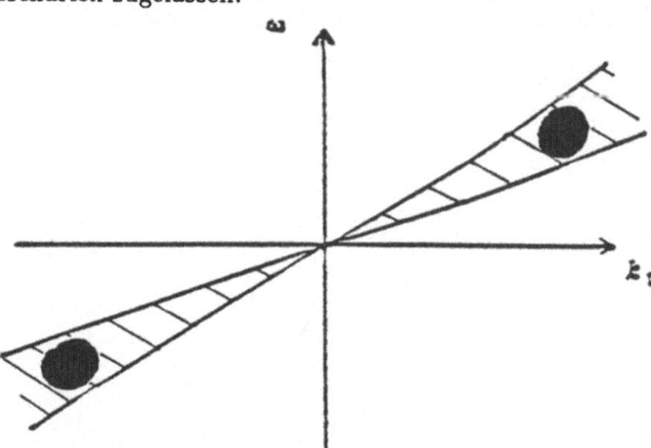

**Abbildung 6**: Selektion im Frequenzraum mithilfe von top-down Informationen

Eine bestimmte räumliche Struktur mit einer bestimmten Geschwindigkeit und einer bestimmten Richtung hat ein Analogon im Frequenzraum. Dieses raum-zeitliche Ereignis führt zu einem Leistungsspektrum in einem lokal begrenzten Bereich im drei-dimensionalen Frequenzraum. Liegen Annahmen über Objekt und Geschwindigkeit vor, kann gezielt im Frequenzraum gesucht werden. Es müssen also nur bestimmte Filterwerte berücksichtigt werden, nämlich diejenigen, in denen die wesentliche Information erwartet wird. Dies ist in Abbildung 6 angedeutet. Es wurde in der Darstellung, wegen der Symmetrie und der besseren Anschaulichkeit, auf eine der beiden Ortsfrequenzen verzichtet. $\omega$ markiert die Zeitfrequenz und $\kappa_1$ eine Ortsfrequenz. Eine Szenenanalyse kann auf den von den beiden Diagonalen eingegrenzten Bereich eingeschränkt werden, falls entsprechende top-down Information vorliegt. Die Orientierung der Diagonalen ergibt sich durch den erwarteten Geschwindigkeitsbereich (ein Fußgänger bewegt sich langsamer als ein PKW), der Winkel zwischen den Diagonalen durch die modellabhängige Unsicherheit. Liegt außerdem Information über die Skalierung der erwarteten Objekte vor (ein LKW ist grösser als ein Fußgänger, er ist daher in einer gröberen Skalierung detektierbar), kann eine Analyse auf diese Skalierung (schwarze Kreise) beschränkt werden.

Eine Szenenanalyse kann also mithilfe von top-down Information erheblich eingeschränkt werden, weil die Repräsentation auf niederer Ebene eine Zerlegung der Szeneninformation in Bestandteile vornimmt, die für eine top-down Steuerung direkt verwendbar sind.

Wir zeigen experimentelle Ergebnisse, in denen die Filter auf bestimmte Werte eingestellt sind und damit bestimmte raum-zeitliche Strukturen auswählen. Implementationsdetails können *Fleet 88* entnommen werden.

Abbildung 7: 10. und 20. Bild der Bildfolge

**Abbildung 8**: Leistungsspektrum im 10. und 20. Bild der Bildfolge (Geschwindigkeit = -1.0 Pixel pro Bild, Orientierung = 45-Grad, Bandbreite = 0.8 Oktaven, Wellenlänge (Sinusanteil der Gaborzelle) = 4.5 Pixel)

Die Abbildung 8 demonstriert, daß die wesentliche Information über das Taxi im Leistungsspektrum von entsprechend eingestellten Filtern enthalten ist. Stationäre Information wird von diesen Filtern ebenso wenig berücksichtigt, wie Bewegungsinformation in andere Richtungen.

In der Abbildung 9 sind Filterausgaben zu sehen, die auf den schwarzen Golf eingestellt sind und in Abbildung 10 sieht man Filterausgaben, welche am meisten sensitiv für die Strukturen

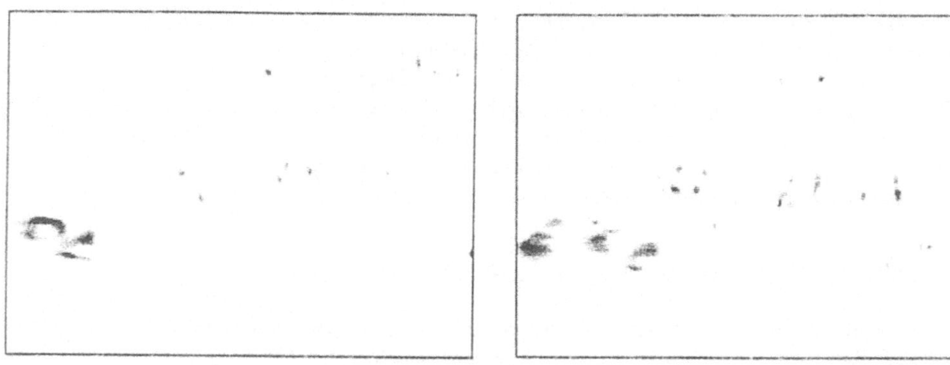

**Abbildung 9**: Leistungsspektrum im 10. und 20. Bild der Bildfolge Geschwindigkeit = +1.73, Orientierung = 90-Grad, Bandbreite = 0.8 Oktaven, Wellenlänge = 5.1 Pixel)

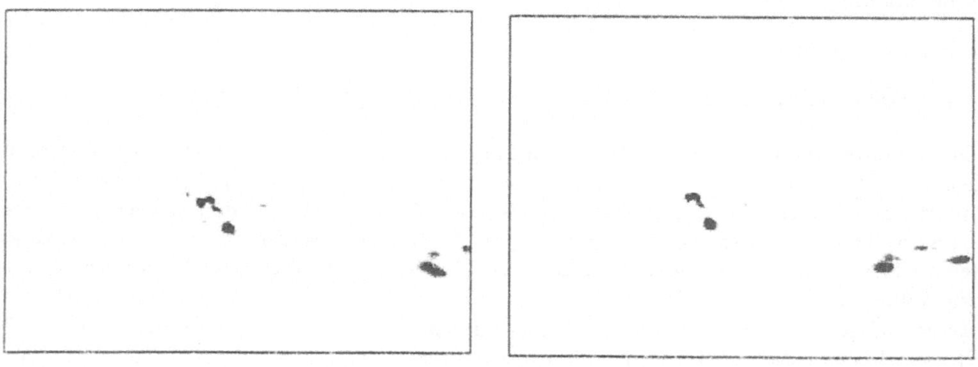

**Abbildung 10**: Leistungsspektrum im 10. und 20. Bild der Bildfolge (Geschwindigkeit = -1.73, Orientierung = 90-Grad, Bandbreite = 0.8 Oktaven, Wellenlänge = 5.1 Pixel)

und Geschwindigkeiten des grauen Lieferwagens sind. Senkrechte Kanten des Taxis sind ebenfalls sichtbar, da sie sich mit ähnlicher Geschwindigkeit bewegen. Für den Golf und den Lieferwagen kann z.B. ein verbal beschriebenes 'Vorbeifahrereignis' die nötige Vorinformation geliefert haben.

In allen gezeigten Filterausgaben liefert eine durch top-down Information geeignet eingeschränkte Szenenanalyse die wesentliche Information über die erwarteten Ereignisse. Eine volle Szenenanalyse ist damit nicht nötig. Die Parameter der Filterfamilie sind szenenunabhängig. Sie ergeben sich aus Effizienz- und Vollständigkeitsbetrachtungen.

# 4 Zusammenfassung und Ausblick

Eine Szene bietet i.A mehr Information, als in der zur Verfügung stehenden Zeit analysierbar ist. Die zeitlichen Randbedingungen sind durch die Ressourcen eines Sehsystems vorgegeben. Nur ein ideales Sehsystem, welches beliebige Szenenbestandteile in beliebig schneller Zeit analysieren kann, hat bei einer Analyse nicht das Problem, Wichtiges von Unwichtigem zu trennen. Intention, Information von außen, sowie räumlicher und zeitlicher Kontext können sinnvolle Einschränkungen für eine Analyse liefern.

Wir haben aufgezeigt, wie mithilfe von top-down Information, gegeben durch sprachliche Äußerungen, eine Szenenanalyse geeignet eingeschränkt werden kann. Mit Ereignismodellen, die an Verben der Bewegung angelehnt sind, lassen sich Vorhersagen über eine Szene berechnen und als räumliche und zeitliche Beschränkungen für eine Szenenanalyse auf niedriger Ebene benutzen.

Als Szenenrepräsentation auf niedriger Ebene haben wir Leistungsspektren verwandt, welche aus den Ausgaben von drei-dimensionalen Gaborfiltern berechnet werden können.

Lineare raum-zeitliche Filtermodelle erlauben eine Zerlegung der Szeneninformation in

- orientierungsspezifische,

- geschwindigkeitsspezifische,

- und skalierungsspezifische Informationen.

Damit werden funktional wichtige Dimensionen für eine Szenenanalyse auf niedriger Ebene explizit gemacht. Die Repräsentation ist geeignet für die Berücksichtigung von top-down Informationen. Räumliche und zeitliche Einschränkungen entsprechen lokalen Gebieten im drei-dimensionalen Frequenzraum, die durch entsprechend eingestellte Filter abgedeckt werden können. Eine top-down gesteuerte Szenenanalyse kann deshalb als lokale Analyse im drei-dimensionalen Frequenzraum ausgedrückt werden.

Es ist weitgehend ungeklärt, wie die Filterausgaben weiter interpretiert werden sollten, z.B. durch Berechnung einzelner Geschwindigkeitsvektoren (siehe *Heeger 88*). Daran könnte sich dann z.B. eine Gruppierung der Vektoren zu Objektkandidaten anschließen.

Außerdem ist Gegenstand der Überlegungen, ob drei-dimensionale Gaborfilter die 'beste' Repräsentation mit linearen Filtern darstellen. Denkbar ist z.B., noch orientierungsspezifischere und geschwindigkeitsspezifischere Filter zu verwenden, wie sie z.B. in *Fleet + Jepson 85a* und *Fleet + Jepson 88* vorgeschlagen werden.

**Danksagung**

Wir danken Bernd Neumann und Allan Jepson für unzählige hilfreiche Diskussionen und Carsten Schröder für das kritische Durchsehen dieses Beitrages. Diese Arbeit wurde durch die Deutsche Forschungsgemeinschaft gefördert.

# Literatur

[Adelson + Bergen 85]   *Spatiotemporal energy models for the perception of motion.* Edward H. Adelson, James R. Bergen. *Journal of the Optical Society of America* A **2** (1985) 284-299.

[Adelson + Bergen 86]   *The extraction of spatiotemporal energy in human and machine vision.* Edward H. Adelson, James R. Bergen. in: Workshop on Motion: Representation and Analysis, South Carolina, May 1986.

[Ball + Sekuler 81]   *Cues reduce direction uncertainty and enhance motion detection.* Karlene Ball, Robert Sekuler. *Perception and Psychophysics* **30** (1981) 119-128.

[Daugman 80]   *Two-dimensional analysis of cortical receptive fields.* J. G. Daugman. *Vision Research* **20** (1980) 846-856.

[Fleet 84]   *The Early Processing of Spatio-Temporal Visual Information.* David J. Fleet. Technical Report, RBCV-TR-84-7, University of Toronto, 1984.

[Fleet + Jepson 84]   *A cascaded filter approach to the construction of velocity selective mechanisms.* David J. Fleet, Allan D. Jepson. Technical Report, RBCV-TR-84-6, University of Toronto, 1984.

[Fleet + Jepson 85a]   *On the hierarchical construction of orientation and velocity selective filters.* David J. Fleet, Allan D. Jepson. Technical Report, RBCV-TR-85-8, University of Toronto, 1985.

[Fleet 88]   *Implementation of Velocity-Tuned Filters and Image Encoding.* David J. Fleet. Mitteilung, FBI-HH, Universität Hamburg, 1988.

[Fleet + Jepson 88]   *On the hierarchical construction of orientation and velocity selective filters.* David J. Fleet, Allan D. Jepson. *IEEE Transactions on Pattern Analysis and Machine Intelligence* (1988) to appear.

[Gabor 46]   *Theory of communication.* D. Gabor. *J. IEE London* **93** (1946) 429-457.

[Heeger 88]   *Optical Flow Using Spatiotemporal Filters.* David J. Heeger. *International Journal of Computer Vision* **1** (1988) 279-302.

[Marr 82]   *Vision.* David Marr. W. H. Freeman, San Francisco 1982.

[Mohnhaupt 87]   *On Modelling Events with an Analogical Representation.* Michael Mohnhaupt. Proc. German Workshop on Artificial Intelligence GWAI-11, 1987, 31-40.

[Mohnhaupt + Neumann 88]   *Some aspects of learning and reorganisation in an analogical representation.* Michael Mohnhaupt, Bernd Neumann. Proc. International workshop on knowledge representation and knowledge (re)organisation in machine learning, to appear.

[Oppenheim + Schafer 75]   *Digital Signal Processing.* Alan V. Oppenheim, Ronald W. Schafer. Prentice-Hall 1975.

[Rock 83]   *The logic of perception.* Irvin Rock. MIT Press, Cambridge 1983.

[Sekuler + Blake 85]   *Perception.* Robert Sekuler, Randolph Blake. Alfred A. Knopf, Inc., 1985.

# Tutorial: Konnektionismus

Christel Kemke
Universität des Saarlandes

In diesem Tutorial sollen dem Hörer Grundlagen, Zielsetzungen und Forschungsfragen des Gebietes 'Konnektionismus' bzw. 'Neuronale Netzwerke' nahegebracht und Anwendungsmöglichkeiten Neuronaler-Netzwerk-Modelle in der KI-Forschung aufgezeigt werden.

In der allgemeinen Einführung wird zunächst ein Überblick über die Entstehungsgeschichte des Konnektionismus gegeben. Nach einer kurzen Begriffsexplikation erfolgt eine Einordnung der Forschungsrichtung im Grenzbereich zwischen Neurophysiologie und Psychologie.

Ein kurzer Einblick in die Grundlagen der Neurophysiologie soll die wesentlichen Struktur- und Funktionsprinzipien biologischer neuronaler Netzwerke verdeutlichen, die gemeinsame Basis aller Neuronalen-Netzwerk-Modelle sind. Diese Prinzipien sind reflektiert in einem formalen Grundmodell Neuronaler Netzwerke, dessen Grundelemente Verarbeitungseinheiten und Kommunikationsverbindungen zwischen diesen Einheiten sind.

Eine Klassifikation konnektionistischer Modelle wird

o anhand der Parameter der Verarbeitungselemente, i.e. im wesentlichen der Funktionen, die ihre Arbeitsweise bestimmen,
o der Topographie des Netzwerks, das die Kommunikationswege festlegt, und
o des Verarbeitungsmodus, in dem die Netzwerke betrieben werden (z.B. synchron/asynchron),

durchgeführt. Bedeutende Modellklassen sind das *lineare Modell*, das *einfache Schwellwertmodell*, zu dem auch das legendäre Perceptron gehört, und *thermodynamische Modelle*, die in neuerer Zeit publik geworden sind.

Ein wesentlicher Grund für das Interesse an Neuronalen Netzwerken ist - neben der parallelen Informationsverarbeitung - ihre Fähigkeit zur Selbstorganisation durch Modifikation der zugrundeliegenden Verbindungsstruktur. Es werden die Grundlagen des Lernens und verschiedene Lernverfahren für Neuronale Netzwerke vorgestellt.

Auf der Basis dieses Grundwissens können die Besonderheiten konnektionistischer Modelle in einer Abgrenzung von 'klassischen' KI- oder generell Informatik-Methodiken dargestellt werden.

Im zweiten Teil des Tutorials werden typische Anwendungen Neuronaler Netzwerke vorgestellt.

Klassisch werden Neuronale Netzwerke als Assoziativspeicher eingesetzt; sie eignen sich für Aufgaben der Musterklassifikation und Mustervervollständigung. Neuere Anwendungen, die einen engeren Bezug zur KI-Forschung haben, liegen im Bereich der Verarbeitung natürlicher Sprache und des Bildverstehens. Aktuell ist derzeitig auch der Einsatz Neuronaler Netzwerke zur Behandlung von Optimierungsproblemen.

Abschließend werden einige Hinweise auf Hard- und Software-Unterstützungen für die Entwicklung und den Einsatz konnektionistischer Modelle gegeben.

**Literatur**

Einführungen in den Konnektionismus und weitere Literaturhinweise finden sich in:

Fahlman, S.E. & Hinton, G.E.: Connectionist Architectures for Artificial Intelligence. *COMPU-TER, January 1987, 100-109*

Tank, D.W. & Hopfield, J.J.: Kollektives Rechnen mit neuronenähnlichen Schaltkreisen. *Spektrum der Wissenschaft, Februar 2/1988, 46-54*

Kinzel, W. & Deker, U.: Über ganz andere Computer: Denken nach Menschenart. *Bild der Wissenschaft, 1 - 1988, 36-47*

Kemke, C.: Der Neuere Konnektionismus - Ein Überblick. *Informatik-Spektrum, Band 11, Heft 13, Juni 1988, 143-162*

Palm, G.: Assoziatives Gedächtnis und Gehirntheorie. *Spektrum der Wissenschaft, Juni 6/1988, 54-64*

Rumelhart, D.E. & McClelland, J.L. & The PDP Research Group: Parallel Distributed Processing. Vol.1 and 2. *MIT Press, Cambridge, MA, 1986*

Interessante Stellungnahmen zur Relevanz konnektionistischer Modelle sind auch in:

*TINLAP-3 Proceedings: Theoretical Issues in Natural Language Processing, Las Cruces, NM, 1987*

# Zu Wesen und Grenzen der KI


Egbert Lehmann
Institut für Informatik
Universität Stuttgart


Mit der zunehmenden Aufmerksamkeit, die die KI neuerdings in der Öffentlichkeit erfährt, werden Defizite der Konsensbildung über Inhalt und Ursprung, Sinn und Zweck, Chancen und Risiken der KI unter den Vertretern dieser Fachdisziplin immer deutlicher, die den Nährboden für viele fragwürdige Betrachtungsweisen und Spekulationen abgeben. Ohne Zugang zu Primärinformationen kann der allgemein interessierte Zeitgenosse auf Grund der auf ihn einströmenden Informationen zu höchst einseitigen, extrem unterschiedlichen Vorstellungen über Wesen und Stellenwert von KI gelangen. Ist KI für einige die vielversprechendste Kulturtechnologie unserer Zeit, so sehen andere darin pseudowissenschaftliche Banalitäten oder schlicht "Teufelszeug".

Sicher sind wir als Vertreter dieser Disziplin, anderswo und auch hierzulande, nicht ganz unschuldig an diesem Zustand. Aber auch die Vielschichtigkeit der Sache selbst und die rasante Expansion von KI-Anwendungen in den letzten Jahren trugen dazu bei.

So erscheint eine Diskussion über "Grenzen der KI" nützlich und aktuell geboten. Sie sollte zu mehr kritischer Reflexion des Selbstverständnisses unserer Disziplin anregen. Als natürliche Untergliederung der Frage nach den Grenzen der KI bietet sich wohl die folgende Dreiteilung an:
1. Die Frage nach der Spezifik und Abgrenzung der KI als Fachdisziplin
    ("Was ist und was will die KI?")
2. Die Frage nach prinzipiellen Grenzen des durch KI Erreichbaren
    (Was kann KI?")
3. Die Frage nach wünschenswerten oder unerwünschten Aktivitäten,
    Resultaten und Auswirkungen der KI ("Was soll KI?")

Herbert Stoyan, Gerhard Heyer und Christian Freksa haben sich auf meine Bitte in unterschiedlich akzentuierten Positionspapieren zu diesem Themenkreis geäußert. Als Denkanstoß (zu 1. und 2.) sind auch die folgenden skitzzenhaften Ausführungen zu verstehen.

## 1. Was ist KI?

Unter dieser Überschrift verbirgt sich ein ganzes Bündel von Fragen nach Gegenstandsbereich, Methode, generellem Forschungsinteresse, speziellen Forschungszielen, angestrebten konkreten Ergebnissen, dem derzeitigen Reifezustand und der Kohärenz der betrachteten Disziplin, natürlich auch das Bedürfnis nach inhaltlicher Abgrenzung gegenüber anderen Wissenschaftsdisziplinen. In diesem Zusammenhang sollte wohl auch ausdrücklich gesagt werden, was KI nicht ist.

Zur Zerstreuung einiger weitverbreiteter Mißverständnisse oder Legenden seien zunächst die folgenden Anmerkungen zusammengestellt:

- Es ist ein ziemlich nutzloses Unterfangen, bei der Erläuterung oder Kritik der KI von tiefsinnigen Betrachtungen über die Bedeutung von "Intelligenz" und "künstlich" auszugehen. Bei der Bezeichnung KI (oder AI) handelt es sich um ein Kürzel oder Etikett, das weder die stenografische Abkürzung eines klar definierten Forschungsprogramms noch ein wissenschaftliches Glaubensbekenntnis darstellt. Was KI ist, läßt sich nicht durch Dechiffrierung dieses Kürzels oder durch freies Assoziieren darüber in Erfahrung bringen, sondern am ehesten durch Durchsicht der einschlägigen Fachliteratur.
- Wie erfolgreich jemand auf dem Gebiet der KI forschen kann ist ganz unabhängig davon, ob er glaubt, künstliche Systeme könnten prinzipiell irgendwann einmal einen höheren Grad von Intelligenz aufweisen als der heutige Mensch (allein Maßstäbe für einen solchen Vergleich sind heute wohl noch kaum vorstellbar!) oder dies heftig bezweifelt. Auch für die Abwägung von Vorzügen und Nachteilen der in absehbarer Zeit zu erwartenden praktischen Ergebnisse der KI ist diese Frage kaum von Belang. Das Bestreben, "intelligentere" Maschinen zu entwickeln (als man sie heute kennt), ist vollkommen legitim und unabhängig davon, ob auf diese Weise das Niveau menschlicher Intelligenz erreichbar ist oder nicht. (Eine ganz andere Frage ist es, zu welchen Zwecken der praktische Einsatz von Maschinen wünschenswert erscheint.)
- Die Begriffe "intelligent" und "Intelligenz" werden hier wie in der KI allgemein in einem intuitiven, vagen, vorwissenschaftlichen, metaphorischen Sinne verwendet; etwa so, wie man von intelligenteren und weniger intelligenten Reitpferden sprechen würde, oder bestimmten Tierarten mehr Intelligenz als anderen zuschreibt. Meines Wissens gibt es keine maßgebliche, streng wissenschaftliche Definition von Intelligenz. Auch in der psychologischen Forschung der letzten hundert Jahre war der Begriff immer eine etwas kontroverse hypothetische Größe.
- Der (erstaunlich junge) Begriff "Intelligenz" in unserer Alltagssprache ist keinesfalls als Synonym für "Geist", "Seele" oder die Gesamtheit mentaler Fähigkeiten des Menschen zu betrachten, sondern charakterisiert sehr vage das Zusammenwirken einiger solcher Fähigkeiten (wie Kombinationsfähigkeit, Sprachbeherrschung, räumliches Vorstellungsvermögen, Rechenfähigkeit), soweit es durch Beobachtung und rationale Analyse oder den vordergründigen "Lebenserfolg" erschließbar erscheint. Einen unstreitigen Kernbereich davon stellen Verstandestätigkeiten dar, während andere psychische Erscheinungen (Willen, Gefühl, Gewissen, Schönheitssinn, Geschicklichkeit) nicht zur Intelligenz zählen.

- Die Bezeichnung "Artificial Intelligence" ist ursprünglich nicht als Werbeslogan oder "catch word" zur Umsatzsteigerung bestimmter Produkte in die Welt gesetzt worden (diesen Effekt kann man allenfalls in den letzten Jahren beobachten), sondern als Identifikation erleichterndes Emblem für den zunächst internen Gebrauch eines Häufleins von Wissenschaftlern mit partiell überlappenden Forschungsinteressen.
- Die Industrie interessierte sich lange Zeit kaum für KI, und bis in die späten siebziger Jahre hinein sprach man von AI in den USA als dem "no win field of computer science".
- Die KI verdankt ihr Entstehen nicht primär militärischen Interessen. Auch steht das englische Wort "intelligence" in "artificial intelligence" nicht in der Wortbedeutung von "Geheimdienst" (Es gibt also keine wesensmäßigen semantischen Beziehungen zwischen AI und CIA!).

**Charakter und Entwicklungsstadium der KI**

Als Geburtsstunde der Artificial Intelligence gilt allgemein die Dartmouth-Konferenz, die 1956 unter diesem Titel stattfand. Damit ist die KI nicht viel jünger als die Informatik, die wissenschaftliche Beschäftigung mit Computern und Informationsverarbeitung (engl. Computer Science). Gleichwohl scheint es unverkennbar, daß sich heute, nach reichlich drei Jahrzehnten, die KI immer noch in einem relativ frühen Entwicklungsstadium befindet, das reifere Wissenschaften wie Mathematik, Physik oder auch Biologie längst hinter sich gelassen haben.

Inzwischen sollte klar geworden sein: Die Entwicklung der KI braucht Zeit. Sie schreitet nicht mit rasantem Tempo voran. Sie scheint sogar (dies ist zumindest mein persönlicher Eindruck) durch drastisches Aufstocken von Entwicklungskapazität und Forschungsmitteln nur relativ schwach beeinflußbar zu sein. Sie kann in bester Absicht ohne subtiles Verständnis ihrer Weseneigentümlichkeit leicht überfordert und bis zum Identitätsverlust fehlgeleitet oder ruiniert werden.

Als in diesem Gebiet Tätiger kann man die Entwicklung der KI wie die eines heranwachsenden KIndes mit wachem Interesse und hoffnungsvoller Erwartung, gemischt mit Sorge, verfolgen; man wird gelegentlichen Enttäuschungen und Fehlschlägen ebenso wie manchen Unarten und Verfehlungen mit verständnisvoller Kritik oder Nachsicht begegnen und darin Symptome eines noch verschiedene Durchgangsstadien durchlaufenden Entwicklungsprozesses erkennen. Unverkennbar ist bereits der in früheren Jahrzehnten demonstrativ zur Schau gestellte Hang zum Unkonventionellen, Autistischen, Provokativen in Auftreten und Selbsteinschätzung einer bedächtigeren und wohl auch bescheideneren Gangart gewichen. Doch ist der weitere Entwicklungsprozeß permanent von gewissen Gefahren bedroht. Noch ist nicht sicher, daß die Welt die Reifung und Vollendung der vielversprechenden Anlagen des Kindes erleben wird. Die verfrühte

Eingliederung in die Sachzwänge der modernen Arbeitswelt ist wohl nicht immer der beste Weg, die in ihm angelegten Möglichkeiten zur Entfaltung zu bringen. Die Träume und Zukunftspläne des Kindes sind viel zu weitreichend und wolkig, als daß die nächsten fünf bis zehn Jahre Klarheit darüber bringen könnten, was davon tatsächlich in Erfüllung gehen kann. Die fernere Zukunft liegt im Dunkeln.

**Kritiker und Apologeten der KI**

Wie wenig die derzeitige Situation danach verlangt, sich voller Stolz auf die bisherigen Erfolge in die Brust zu werfen oder Wetten über das zukünftige Schicksal der KI abzuschließen und diesbezügliche Stammesfehden und Glaubenskämpfe zu führen, liegt auf der Hand. Ähnliches gilt - mit umgekehrtem Vorzeichen - aber auch bezüglich einer die Technik dämonisierenden Betrachtungsweise, deren Anhänger nach neuen negativen Identifikationsobjekten Ausschau halten. Sehr oft werden die Metaphern und Anthropomorphismen im Sprachgebrauch der KI aus ihrem Zusammenhang gerissen und wörtlich genommen, woraus sich dann leicht sehr bedenkliche Rückschlüsse und Konsequenzen ableiten lassen. Leider haben viele dieser Kritiken nur einen sehr geringen Realitätsbezug. Einige Kritiker der KI werden nicht müde, nachzuweisen, wie unseriös, dilletantisch und ergebnislos in der KI gearbeitet wird, andere sehen es als erwiesen an, daß aus prinzipiellen Gründen intelligentes Verhalten nicht maschinell nachgebildet werden kann, wieder andere sind davon überzeugt, daß in der KI äußerst wirkungsvolle und innovative Formen der Informationsverarbeitung - leider mit überwiegend negativen Auswirkungen - entwickelt werden. Mitunter wird gerade die Gefahr darin gesehen, daß eine an sich zu schwache Technik in Verkennung ihrer Eigenart überschätzt und in unverantwortlicher Weise zur Substitution menschlicher Entscheidungen mißbraucht wird. In der Tat sollte die Gefahr eines verfrühten Einsatzes einer zu wenig ausgereiften Technik ernstgenommen und nicht bagatellisiert werden.

In der Öffentlichkeit den Eindruck zu erwecken, als sei KI die perfektionierte Großtechnologie, die selbstverständlich immer dann eine brilliante Antwort parat hat, wenn konventionelle technische Lösungsversuche scheitern, ist nicht gerechtfertigt. Auch die Auffassung, KI hätte nun, nach langem, vielleicht allzu langem Verharren im Forschungsstadium endgültig diese Phase hinter sich gelassen und sei Anfang der 80er Jahre in einen neuen Aggregatszustand, das Stadium des praktischen Einsatzes und der "Industrialisierung" übergegangen, wirkt irreführend. Sie suggeriert, daß die für verschiedenste Anwendungen benötigten Forschungsergebnisse und technischen Hilfsmittel ("AI-Tools") heute im wesentlichen vorliegen. Auch davon kann ernstlich keine Rede sein. Die Hochglanzbroschüren von neu entstandenen KI-Firmen haben maßgeblich zur Verbreitung unrealistischer Erwartungen hinsichtlich der Leichtigkeit und Gewinnträchtigkeit eines wirtschaftlichen Engagements in KI und letztlich zu weitverbreiteten Ansichten über KI beigetragen. Durch Konfrontation solchen Wunschdenkens mit den harten Tatsachen ernüchtert, stellt sich bei vielen Menschen Enttäuschung und Skepsis der KI gegenüber ein.

## KI und Informatik

Die Beziehung der KI zur Informatik ist nach wie vor ziemlich ungeklärt..So wäre durchaus denkbar, daß das eine im anderen aufgehen könnte. Wodurch unterscheidet sich die KI als Fachdisziplin von der Informatik? Vielfach wird die KI als ein Kind der Informatik betrachtet; in den Augen nicht weniger Informatiker scheint es sich dabei um ein ausgemachtes *enfant terrible* zu handeln. Wenn man KI - wie durchaus üblich - als ein Teilgebiet der Informatik definiert, so ist dies aus der Sicht der KI nicht nur eine Loyalitätserklärung, sondern zugleich auch eine Einflußnahme darauf, was Informatik ist oder sein soll. Doch bei genauerem Hinsehen beginnen schon hier die Konturen zu verschwimmen. Fest steht, daß für die KI ebenso wie für die Informatik insgesamt das Faktum Computer eine herausragende Bedeutung hat. Doch wo liegt die Spezifik der KI?

Als ureigenstes Arbeitsfeld der KI kann betrachtet werden: die Entwicklung methodischer Vorgehensweisen dafür, wie man in einem dynamischen Prozeß physische Symbolsysteme, implementiert durch Computersoftware, als Modelle existierender oder gewünschter realer Systeme entwirft, anwendet, verfeinert, überträgt. Dabei wird versucht, Elemente höherer geistiger Fähigkeiten des Menschen nachzubilden und beim Computereinsatz überzeugend zur Geltung zu bringen. Das Vorgehen der KI ist dadurch gekennzeichnet, daß sie sich an typisch menschlichen Fähigkeiten und Bedürfnissen orientiert und über die Schranken des jeweils technisch Möglichen hinwegzusetzen trachtet. Man könnte versucht sein zu sagen: Die Informatik beschäftigt sich mit den der jeweiligen Informationstechnik immanenten oder auf abstrakter Grundlage lösbaren Problemen; die KI neigt demgegenüber zur technischen Grenzüberschreitung, zum Transzendieren der Technik auf den Menschen hin. Gerade dadurch konnte sie schon in der Vergangenheit ganz wesentliche Impulse für die Weiterentwicklung der Formen des menschlichen Umgangs mit informationsverarbeitenden Maschinen geben. Nur besteht bei manchen KI-Forschern die Gefahr, Wunsch und Wirklichkeit zu wenig auseinanderzuhalten. Experimentelle KI-Systeme, die vielleicht zur Erklärung und Illustration gewisser kognitiver Phänomene - etwa beim menschlichen Sprachverstehen - sehr anregend sein können, müssen deshalb noch lange nicht als praktikable technische Lösungen vorteilhaft sein.

Unter den zahlreichen Definitionen von KI in der Literatur scheint mir die folgende besonders gelungen:
> *Artificial Intelligence (A.I.) is the study of how to make computers do things*
> *at which, at the moment, people are better.*     *(Elaine Rich, 1983)*

Sie bringt in ihrer Kürze und Naivität die hintergründige Vertracktheit des Anliegens der KI wie auch den Unterschied zur klassischen Informatik hervorragend zum Ausdruck. Aus der Sicht der meisten Informatiker scheint es vernünftigerweise geboten, sich mit solchen Leistungsbereichen des Computers (wie Rechnen, Datenspeicherung) zu befassen, die offensichtlich entsprechenden menschlichen Fähigkeiten überlegen sind, und die Dinge, die der Mensch besser kann, im Rahmen der "Arbeitsteilung" auch weiterhin dem Menschen zu überlassen. Die KI schwimmt hier offensichtlich gegen den Strom, kümmert sich mehr um Erkenntnisgewinn und Innovation als um Nützlichkeit, versucht das offenbar anwendungstechnisch wenig Sinnvolle und oft Unmögliche und muß überdies zusehen, wie ihr die wenigen wirklich erfolgreich bearbeiteten Teilgebiete, die einer eleganten computertechnischen Behandlung zugeführt werden konnten, unter den Händen zerrinnen, da sie dann - nach obiger Definition - nicht mehr zur KI gerechnet werden können.

Wiederholt sich vielleicht mit einer zeitlichen Verschiebung der Prozeß der Emanzipation der KI von der Informatik nach dem gleichen Muster wie sich zuvor die Informatik von Mathematik und Elektrotechnik emanzipiert hat? Dies ist nicht auszuschließen, scheint aber auch nicht unvermeidlich. Vielleicht ist das derzeitige Wechselverhältnis von KI und klassischer Informatik - etwas mehr wechselseitiges Verständnis vorausgesetzt - doch recht produktiv.

**Ursachen für die Heterogenität der KI**

Das Forschungsinteresse der KI erscheint auch daher oft so diffus, weil es sich sowohl (a) auf die Weiterentwicklung der bestehenden Informationstechnik, vor allem im Sinne der qualitativen Verbesserung und Zugangserleichterung, als auch (b) auf die formale und algorithmische Durchdringung neuer Anwendungsgebiete, vielfach solcher, die bereits im Interessenfokus anderer Einzelwissenschaften liegen, und nicht zuletzt (c) (als Cognitive Science) auf die Selbstreflexion und das Verstehen kognitiver Prozesse des Menschen im Lichte neuer informationstechnischer Modelle und Erfahrungen richtet. Die so angelegte Mischung aus unterschiedlichen wissenschaftlichen und technischen Orientierungen führt unvermeidlich zu beträchtlicher Heterogenität im Erscheinungsbild der KI. Sie legt auch die Vermutung nahe, daß es sich bei der KI mehr um ein interdisziplinäres Unternehmen, einen Brückenschlag zwischen den Wissenschaften oder eine Metawissenschaft wie die Philosophie handeln könnte als um eine Einzeldisziplin neben anderen.

Hinzu kommt noch die folgende, eigenartige, aber für die KI typische Situation: Die KI leistet Pionierarbeiten bei der Entwicklung von Methoden des wirkungsvolleren Computereinsatzes und der Erschließung von neuen Anwendungsbereichen. Diese finden in einem außerordentlich weit auseinandergezogenen Frontbereich statt, was immer wieder Zweifel an der Kohärenz dieser Forschungsdisziplin nährt. Die Front verschiebt sich an ihren einzelnen Abschnitten mit unterschiedlichem Tempo nach vorn. Die Bereiche, in denen die KI erfolgreich tätig war, werden von dieser relativ schnell wieder geräumt und von anderen, auf die jeweilige Anwendung spezialisierten Disziplinen wieder in Besitz genommen, während die KI-Aktivitäten - mit einem wachsenden Fundus ungelöster Probleme belastet - weiter ins wissenschaftliche Niemandsland vorstoßen.

Der Terminus "Künstliche Intelligenz" ist noch in einer anderen Hinsicht mehrdeutig geworden:, er steht in verschiedenen Kontexten offensichtlich für ganz verschiedene Dinge: für eine Faschdisziplin, für deren Ziel, für wünschenswerte Eigenschaften praktischer Informationssysteme, eine Technologie, einen Wirtschaftszweig, Markt etc. Hier sind nun wirklich die Werbetexter erfolgreich gewesen. Mir erscheint es dringend geboten, zur ursprünglichen Wortverwendung zurückzukehren und mit KI allein unsere Forschungsrichtung zu bezeichnen, solange sich dafür keine andere Bezeichnung einbürgert. Allerdings ist es angesichts der massiven wirtschaftlichen Aktivitäten und Erwartungen auf dem Feld der sog. "KI-Anwendungen" schwer zu verhindern, daß aus deren Erfordernissen heraus neu zu definieren versucht wird, was KI an weiterem Vorlauf zu erbringen hat.  Da sich aber bei praxiswirksamen "KI-Anwendungen"  meist ein eher kleiner KI-Anteil mit einem zunehmenden Anteil anderer Informationstechnologie mischt, ist von Fall zu Fall zu prüfen, ob die Wünsche und Forderungen von KI-Anwendern an die KI überhaupt von der KI-Forschung oder von anderen Disziplinen zu bearbeiten sind.

**KI und angrenzende Disziplinen**

Wie wir bereits gesehen haben, sucht die KI nach einem präziseren Verständnis gewisser menschlicher Fähigkeiten, indem sie in Fallstudien Methoden für die unkonventionelle Behandlung anspruchsvoller Aufgaben mit Computern entwickelt. Hinsichtlich der Auswahl ihrer Fallbeispiele ist sie dabei extrem variabel, läßt sich also nicht auf eine Affinität zu bestimmtem Material oder bevorzugten Anwendungsbereichen festlegen. Vor allem aus Verallgemeinerung der in Fallstudien gewonnenen Erfahrungen, also auf induktivem Wege, versucht sie zu generelleren Erkenntnissen zu kommen. Dabei bricht sie leicht ungewollt und etwas naiv in das angestammte Territorium bereits etablierter Fachdisziplinen ein, die dies je nach den Umständen empört, mißtrauisch, spöttisch oder auch erfreut zur Kenntnis nehmen.

In Unkenntnis oder Geringschätzung der wissenschaftlichen Methoden anderer Disziplinen werden mitunter bekannte Dinge zum zweitenmal erfunden oder benannt. Nicht selten bringt die KI mit ihrer pragmatisch-spekulativen Ausrichtung und ihrer Vorliebe für modernste Informationstechnik aber auch neue Impulse in bestimmte Gebiete, die von diesen gern aufgegriffen werden. In günstigen Fällen kann sich daraus zeitweilig eine äußerst fruchtbare Symbiose entwickeln. Nur ist davon auszugehen , daß die KI nach einer gewissen Zeit ihre Mission erfüllt hat. So sind die Grenzen der KI gegenüber Nachbardisziplinen immer in Bewegung. Wenn man über längere Zeit KI-Forschung mit ausdrücklicher Orientierung auf ein ganz bestimmtes Anwendungsgebiet betreiben will, landet man wohl ganz zwangsläufig in diesem Gebiet, dessen Terminologie und Denkweise man sich zu eigen machen muß.

**Zu den prinzipiellen Grenzen der KI**

Fragt man sich, welche prinzipiellen Barrieren für das weitere Fortschreiten der KI in Richtung auf komplexere Fähigkeiten menschlicher Existenz es gibt oder warum der Vergleich zwischen KI-Systemen und Menschen so offenkundig hinkt, so muß man sich vor allem daran erinnern, daß menschliche Intelligenz eben nicht als isolierte Erscheinung auftritt, sondern als Attribut von "leibhaftigen" Wesen, die sich in einer äußerst komplizierten Welt behaupten und mit dieser und anderen Menschen interagieren müssen. Verglichen damit sind die Softwaresysteme der KI, so kunstvoll sie auch gestrickt sein mögen, Retortenprodukte, die bisher von jeder Art von Körperlichkeit und unmittelbarem Weltbezug isoliert sind. Auch heutige KI-Systeme sind praktisch immer vorgedachte Algorithmen ausführende und vorgedachte Daten (deduktiv) verknüpfende Computer ohne direkten Informationsaustausch mit der Umwelt und ohne Fähigkeit aus eigenen Erfahrungen zu lernen. Dies kann sich natürlich allmählich ändern und berechtigt nicht dazu, einfürallemal festlegen zu wollen, was eine Maschine prinzipiell nie können wird. Schon allein, um zu "Wissensbasen" zu kommen, die diese Bezeichnung verdienen, scheint ein über lange Zeit kontinuierlich betriebener Prozeß der Wissensakkumulation und Erprobung an vielen Beispielen erforderlich, der sich von den heutigen Vorgehensweisen des Software Engineering grundlegend unterscheidet und eher mit der Erziehung und Ausbildung heranwachsender Menschen oder dem Ansammeln von Wissen in der Entwicklung einer Wissenschaft vergleichbar ist. Ich bin davon überzeugt, daß intelligentere Systeme nicht im Ergebnis einzelner genialer Erkenntnisse (wie etwa einer Art "Weltformel für Intelligenz") und umwälzender Forschungsdurchbrüche entstehen können, sondern höchstens durch Wachstum, Aufnahme vorhandenen Wissens und induktiver Wissenserschließung auf der Basis des Sammelns von "Erfahrungen".

Nachdem in der KI das Paradigma der Wissensverarbeitung während der letzten 15 Jahre dominierte, werden neuerdings unter der Bezeichnung Konnektionismus oder Neuronale Netze wieder andere, von neurophysiologischen Analogiebetrachtungen inspirierte Herangehensweisen vorangetrieben, die sich besonders zur Modellierung bestimmter Formen der Sinneswahrnehmung und Lernfähigkeit bei stark parallelisierter Informationsverarbeitung eignen. Wieweit es sich dabei um ein Teilgebiet der KI oder eine eher alternative Forschungsrichtung handelt, ist bisher noch als undefiniert zu betrachten;

unbegründet wäre nur die Behauptung, dies sei die neue KI, und die alte, symbol- und wissensverarbeitende KI sei nun passé. Betrachtet man den Aufbau des menschlichen Gehirns und Nervensystems, so ist die Vielfalt und Heterogenität der dort benutzten Verarbeitungseinheiten und -prinzipien offenkundig. Es wäre daher recht überraschend, wenn dies bei zukünftigen KI-Systemen nicht auch stärker der Fall wäre. Warum sollte Sprachverarbeitung, Bildverarbeitung, Interpretation optischer und akustischer Reize, Steuerung und Koordinierung von Bewegung nach einem einzigen einheitlichen Schema erfolgen? Um passendere Vergleiche mit menschlichen Fähigkeiten anzustellen sollte man sich weniger auf Softwaresysteme als auf sog. "intelligente Roboter" mit einem gewissen Grad von Fortbewegungsfähigkeit und Autonomie orientieren. Diese stecken allerdings noch so sehr in den Kinderschuhen, das solche Vergleiche vorerst auch nicht besonders inspirierend sind.

So scheint es das Dilemma solcher Diskussionen über prinzipielle Grenzen der KI zu sein, daß diese entweder zu kurzsichtig dem Hier und Heute verhaftet sind oder sich im Bereich ungehemmt schweifender Phantasie und science fiction kritischer Überprüfung entziehen.

# Grenzen der KI

## Herbert Stoyan

Die KI ist eine Wissenschaft, deren Ziel die Realisierung von Computer-Programmen ist, die Aufgaben lösen können, zu denen der Mensch Intelligenz benötigt.

Die Grenzen einer Wissenschaft, das heißt, die Grenzen zwischen dem dieser Wissenschaft Möglichen und den nicht mehr möglichen Erkenntnissen, sind entweder dem Ziele immanent oder folgen aus den methodologischen Grundansätzen. Wir müssen also sowohl das Ziel als auch die Methodik untersuchen, um zu den jeweiligen Grenzen kommen zu können.

Wenn wir im Untersuchungsgegenstand begründete Grenzen annehmen, so verlassen wir damit den unreflektierten Erkenntnisoptimismus – genauer gesagt, den naiven Machbarkeitsoptimismus. Wenn wir die vielen von Menschen verarbeiteten Eindrücke betrachten, so wird es wahrscheinlich prinzipiell unmöglich sein, eine Maschine (Rechner + Programm) mit demselben Datenmaterial auszustatten.

ROSZAK zum Beispiel argumentiert, daß menschliche Erfahrung sich der Vorhersage prinzipiell entziehe: " Erfahrung ... ähnelt mehr einem großen Eintopf als einem Aktensystem. ... Wie diese Komponenten sich ... in einem bestimmten Moment zusammenfügen und was aus ihnen hervorgehen wird, liegt gänzlich jenseits des Vorhersagbaren..."[5][S.148-9] Desweiteren sei die Fähigkeit zur Selbstreflexion nicht auf Computern modellierbar: "Im Gegensatz zu jedem Computer, der jemals gebaut werden sollte, ist der Geist mit der Macht einer nicht unterdrückbaren Selbstüberschreitung ausgestattet... Die Unfähigkeit des Geistes seine eigene Natur zu fixieren, ist genau der Grund, warum es unmöglich ist, eine Maschine zu erfinden, die dem Geist gleichkommt ..." [5][157]

Dreyfus behauptet [1], daß "alle Formen menschlichen Verhaltens nichtprogrammierbare menschliche Fähigkeiten aufweisen". Dazu legt er *deskriptive* und *phänomenologische* Beweise vor und weist gegenteilige *empirische* Beweisversuche zurück. Das menschliche Gehirn arbeite mehr wie ein Analog-Computer statt wie ein Digital-Computer. Man kann Dreyfus' Aussage, daß ein KI-Programm, das wesentliche Bestandteile menschlicher Intelligenz realisiert, auf einem "unglaublich komplexen Formalismus" beruhen würde, "den niemand bisher hat entdecken oder erfinden können" durchaus akzeptieren. Selbst wenn das Lern-Problem und alle Modellierungsprobleme gelöst sind, bleibt immer noch das Datenproblem, d.h. das Problem, das Programm (die Maschine) mit einem Datenvorrat (Wissensvorrat) auszurüsten, der dem Wissen eines normalen Menschen entspricht. Bei den einigen 10 000 Fakten, an die MINSKY einst glaubte, wird es wohl nicht bleiben können.

Menschliche Intelligenz ist schwer beschreibbar und entzieht sich bisher einer klaren knappen Definition. Insofern ist auch das Ziel der KI unklar.

Hier liegt auch ein wesentlicher Grund, mit dem etwa MINSKY immer die Ansicht abgelehnt hat, ein Rechner könne nicht *denken* oder *verstehen* oder ähnliches[4]. Solange keine präzise Definition der entsprechenden menschlichen Tätigkeit bzw. keine präzisenKriterien für die Leistungen des Menschen im Unterschiede zur "mechanischen" Maschine vorgelegt sind, lohnt ein Streit um diese Grenze nicht.

Die Behauptungen der Brüder DREYFUS bezüglich der prinzipiellen Unmöglichkeit von Künstlicher Intelligenz mittels Digitalrechnern[2] gehen hier ins Leere. Demgegenüber sind ihre Kritiken der übertriebenen Hoffnungen der KI-Wissenschaftler bzw. ihrer unrealistischen Einschätzungen erreichter Leistungen noch akzeptabel.

Das Gehirn als Träger der menschlichen Intelligenz kann durchaus als Computer – wenn auch nicht des von-Neumann-Typs – angesehen werden. Als solcher ist es natürlich den Einschränkungen GÖDELs unterworfen. Alle Argumentationen, die belegen sollten, daß es zu mehr fähig sei, sind bisher wenig überzeugend geblieben. Demnach werden wir hier zwar prinzipielle Grenzen der KI sehen, doch liegen diese in der Natur der Sache begründet: Was der Mensch nicht können kann, muß auch die Maschine nicht können, also etwa beliebige prädikatenlogischen Formeln widerlegen oder beweisen. (Natürlich ist eine Maschine, die 'geistige' Operationen ausführen kann, zu denen der Mensch nicht in der Lage ist, ein hocherwünschtes Werkzeug.)

Im Methodischen können natürlich Einschränkungen resultieren, die den Radius des Erforschbaren unnötig klein machen. Das herrschende Symbolverarbeitungsparadigma mit dem zentralen Beispiel der formallogischen Formeln und ihrer Manipulation in logischen Kalkülen mag dem statistisch-netz-orientierten Paradigma unterlegen sein. Bisher sind allerdings keinerlei überzeugende Hinweise auf diese Überlegenheit vorgelegt worden. Die Beziehungen konkreter Verarbeitungsmodelle zu Neuronennetzen sind ja sehr vage und oberflächlich. Wesentliche Charakteristika biologischer Neuronennetze sind nicht modelliert.

Natürlich ist das herrschende Paradigma nicht ohne Probleme. Schon die erforderliche *Diskretisierung* ist einschneidend. Andere bekannte Probleme sind: Das *Frame-Problem*, das *Qualifikationsproblem*, das *Nebenläufigkeitsproblem*, usw.

Argumente gegen das Paradigma, die auf der introspektiv begründeten Behauptung fußen, diese oder jene (oder gar alle) menschlichen geistigen Aktivitäten basierten nicht auf Regeln, greifen m.E. nicht: Das gleiche Argument, mit dem wir Gehirnvorgänge vom Denken trennen, weil in der Modellierungsebene verschieden, erlaubt uns, unterbewußte Regeln anzunehmen. Damit ist die Einsicht verbunden, daß *Knowledge Engineering* diese Regeln nicht zu jeder menschlichen geistigen Aktivität extrahieren kann.

Doch scheint mir diese Konzentration auf *Regeln* ohnehin fehl am Platze: Wenn man nicht darunter das *Gesetzmäßige* an sich verstehen, dann muß die Beschreibung geistiger Vorgänge keinesfalls mittels Regeln optimal erfolgen. Die KI hat in den 30 Jahren ihres Bestehens eine Vielfalt von Beschreibungsformalismen und -modellen vorgelegt – und es ist nicht einzusehen, daß darunter schon optimale sein sollen.

Wird man jemals sagen wollen, ein Computer "verstehe" die natürliche Sprache? Dies scheint ziemlich sicher zu sein, weil bisher die Sprachalternativen zu unbequehm oder unaussprechlich (wie sind Anführungsstriche zu sprechen?) sind. Wenn sich wirklich prinzipielle Unterschiede herausgestellt haben, so wird man vielleicht neue Worte erfinden.

Es ist dies derselbe Grund, aus dem wir vom "fliegenden" Flugzeug und vom "schwimmenden" Schiff, vom "steuernden" Autopiloten, vom "fühlenden" Sensor oder vom "rechnenden" Automaten" sprechen [3]: Obwohl wir wissen, daß keines dieser Geräte um die Bedeutung und Auswirkungen seiner Funktion für Menschen "weiß" bzw. mit dieser Funktion subjektive Zwecke, Gefühle, oder Interessen verbindet. Es ist eben einfacher, ungenauer zu sein.

Wird ein Rechner (samt Programm) je sinnvolle Ziele haben können? Ford[3] geht nur davon aus, daß es ein Effizienz-Ziel geben könne: Sparen von Zeit und Energie. Doch muß ein Roboter, der den Mars erforschen soll, sicher auch mit dem Ziel, zu überleben (neben dem, möglichst viel zu erforschen) ausgestattet werden. Doch kann dieses Ziel aus dem Effizienz-Ziel abgeleitet werden. Es besteht kein Grund, anzunehmen, daß das Ziel, eine eingebaute Funktion möglichst gut zu erfüllen, weniger zum Ordnen und Modellieren (sprich: *Verstehen*) der Welt geeignet sein soll, als etwa das Ziel, sich oder die Art zu erhalten.

# References


[1] H. Dreyfus: Die Grenzen der künstlichen Intelligenz. Athenäum, Königsstein, 1985

[2] H. Dreyfus, S.Dreyfus: Künstliche Intelligenz — Von den Grenzen der Denkmaschinen. Rowohlt, Hamburg, 1986

[3] N. Ford: How Machines Think. J. Wiley, Chichester etc., 1987

[4] M.L. Minsky: Why People Think Computers Can't. AI Magazine, Fall 1982, S.3-15

[5] T. Roszak: Der Verlust des Denkens. Droemer-Knaur, München, 1986

# Fünf Thesen zum kognitiven Anspruch
# und der industriellen Relevanz Künstlicher Intelligenz

*Gerhard Heyer*
*TA TRIUMPH-ADLER AG, Nürnberg*



**1.**

Die Aufgaben und Ziele der <u>KI-Forschung</u> werden oft, einem breiten Konsens folgend, wie folgt definiert:

> "Artificial Intelligence (AI) is a domain of research, application, and instruction concerned with programming computers to perform in ways that, if observed in human beings, would be regarded as intelligent".[1]

Ein Programm, das Fähigkeiten simuliert, von denen angenommen werden kann, daß sie Intelligenz realisieren, wird demzufolge oft selber als "intelligent" bezeichnet.

Dieser Wortgebrauch verdient eine kurze Erläuterung. Es sind mit John Searle zwei Thesen zu unterscheiden. Erstens: KI Programme sind ein nützliches und mächtiges Werkzeug bei der Erforschung des menschlichen Geistes; so können z.B. Hypothesen über informationsverarbeitende Prozesse beim Menschen präziser formuliert und effektiver getestet werden. Zweitens: KI Programme sind nicht nur ein Mittel bei der Überprüfung psychologischer Erklärungen, sondern sie können vielmehr selber als Erklärungen kognitiver Prozesse angesehen werden. Während die Computersimulation eines Wirbelsturmes natürlich nicht selber ein Wirbelsturm ist, ist die Simulation eines kognitiven Prozesses, so die zweite These, selber ein kognitiver Prozess, da in diesem Fall das Simulierte und seine Simulation nach denselben Prinzipien der Symbolmanipu-

---

[1]H.A.Simon, "Guest Foreword", Encyclopedia of Artificial Intelligence, Vol. 1, Wiley: New York, S.xi. Vgl. auch den Artikel von E.Rich, a.a.O., S.9.

lation arbeiten. Die erste Aussage soll die schwache These der KI, die zweite Aussage die starke These der KI heißen.[2]

Das Selbstverständnis, der wissenschaftliche Anspruch und die Legitimation der KI-Forschung orientieren sich im allgemeinen an der voraussetzen, _starken_ _These_ der KI. Nur wenn ich voraussetze, daß menschliche und maschinelle Intelligenz nach denselben Prinzipien der Symbolverarbeitung funktionieren, kann ich auch einem Programm, das bestimmte Intelligenz erfordernde Aufgaben löst, ggf. eben diese "Intelligenz" zusprechen. Aber wir sollten hier vorsichtig sein: Intelligenz erscheint mir kein absoluter, sondern ein relativer Begriff zu sein. Eine große Fliege ist ebensowenig ein großes Tier, wie eine intelligente Maschine ein intelligentes Wesen ist.

2.

Die KI-Forschung stellt zweifellos eine wichtige technologische Neuerung und substantielle Herausforderung für die traditionelle Philosophie und Psychologie dar. Ihrerseits in epistemologischen und wissenschaftstheoretischen Überlegungen des _Wiener_ _Kreises_ verwurzelt,[3] hat die KI-Forschung maßgeblich zur Überwindung des Behaviourismus und zur Initiierung der Cognitive Science beigetragen. Ihr ist die Einsicht zu verdanken, daß es nicht nur wissenschaftlich sinnvoll ist, sich auf mentale Zustände und kognitive Prozesse zu beziehen, sondern auch in exakter Weise möglich, ohne in das behaviouristische Paradigma von Reiz und

---

[2]John Searle, "Minds, Brains, and Programs", The Behavioral and Brain Sciences (1980):417.

[3]Vgl. dazu R.Kese, "Wissensrepräsentation, Bedeutung und Reduktionismus. Einige neopositivistische Wurzeln der KI", in: Heyer/Krems/Görz, Wissensarten und ihre Darstellung, Springer: Berlin 1987. - Die Philosophie des Wiener Kreises läßt sich demnach in zwei Entwicklungslinien verfolgen: Einer kritischen, die von Wittgenstein über Quine bis zu Putnam reicht, und die durch ihre Kritik am Wiener Kreis der analytischen Philosophie des 20.Jahrhunderts wesentliche Impulse gegeben hat; und eine affirmative, welche Mitte der 50er Jahre von der KI aufgegriffen und mit neuen technischen Mitteln und überarbeiteten Prämissen fortgeführt worden ist.

Reaktion zurückzufallen. Die Bezugnahme auf interne kognitive Prozesse, das Wie einer intelligenten Lösung eines Problems, stellt dabei eine entscheidende Aspekterweiterung gegenüber der bis dahin noch vorherrschenden antimentalistischen Erkenntnistheorie dar. Die Frage nach der Gültigkeit einer Theorie wird ergänzt durch die Frage nach ihrer Entstehung.[4]

3.

Die weitreichende Zielsetzung der KI und ihre philosophischen Voraussetzungen haben neben begeisterter Zustimmung[5] schon früh zu philosophischem Widerspruch gereizt.[6] Indessen denke ich, daß die Frage, ob das Forschungsprogramm der KI Erfolg haben kann, nicht einfach und a priori beantwortet werden kann. Ich beschränke mich an dieser Stelle auf eine kurze Zusammenfassung von Ergebnissen, die ich an anderer Stelle ausführlich dargelegt habe.[7] Auf der Grundlage ihrer funktionalistischen Prämissen kann die KI zur Klärung einiger notwendiger Bedingungen für Verstehen und einer präzisen, weil computerüberprüfbaren, Theoriebildung in den Kognitiven Wissenschaften beitragen. Aber sie kann keinen Beitrag leisten zu der faktischen Zuschreibung von Verstehen, weil die Zuschreibung von Geist und Verstehen an Bedingungen geknüpft ist, die mit den Mitteln der KI nicht modellierbar sind. So gehört es zu den Zuschreibungsbedingungen von Geist und

---

[4]Dies gilt für die Rolle, welche Heuristiken seit Simon in der KI spielen. Dagegen wird das Verstehen selber gerade nicht genetisch erklärt.

[5]H.Putnam, "Minds and Machines", in: Mind, Language, and Reality, Cambridge UP: Cambridge 1975

[6]H.Dreyfus, What Computers can't do, New York, revised edition 1979; dt. Die Grenzen Künstlicher Intelligenz - Was Computer nicht können, Frankfurt 1985

[7] Vgl. G.Heyer, "Geist, Verstehen und Verantwortung. Philosophische Grundlagen der KI", KI 1/2, 1988.

Verstehen, daß das System, dem man Verstehen zusprechen will, als ein System, auf das man sich in einem moralischen Sinne verläßt und dem man entsprechende Verantwortung überträgt, <u>anerkannt</u> wird.

Die philosophische Frage nach den Grenzen der KI, die Frage, inwieweit die KI ihr ursprüngliches Ziel einer Simulierung kognitiver Prozesse bzw. die Konstruktion von Maschinen, die denken, erreichen oder nicht erreichen kann, könnte daher einfach falsch gestellt sein: Ob eine Maschine denkt oder nicht kann nicht unabhängig davon beurteilt werden, ob und wie dieser Maschine die Fähigkeit zu denken <u>zugeschrieben</u> wird.

4.

Bei aller Relevanz der Debatte um die philosophischen Grundlagen der KI erscheint mir jedoch die Auseinandersetzung mit der traditionellen Informatik und den industriellen Anforderungen an KI-Systeme für das forschungspolitische Überleben der KI entscheidender zu sein. Das Paradigma "wissensbasierter" Programmierung, die effiziente Implementierung und Verfügbarkeit KI-orientierter Programmiersprachen wie LISP und PROLOG, sowie die Ausarbeitung etablierter Techniken zur Repräsentation von Wissen und zur Verarbeitung großer Suchräume haben die KI zweifellos gegenüber der traditionellen Datenverarbeitung als eigenständigen Teil der Informatik etabliert. In der Praxis steht die KI jedoch nach wie vor in der Pflicht, den Nachweis <u>industrieller</u> Relevanz zu erbringen.

Ich möchte die Divergenz zwischen kognitivem Anspruch und praktischer Relevanz der KI am Beispiel natürlichsprachlicher Systeme verdeutlichen.

Motiviert von dem Interesse am menschlichen Geist und seinen Verstehensleistungen wird von der Computerlinguistik vor allem die <u>kognitive</u> <u>Adäquatheit</u> der linguistischen Beschreibung gefordert, die eo ipso im Sinne der <u>starken</u> <u>These</u> <u>der</u> <u>KI</u> als Computermodell gedacht wird. Implizit wird dabei oft die These vertreten, daß die Moduln eines natürlichsprachlichen Systems möglichst <u>generell</u> - in einem zunächst noch unreflektierten Sinne - sprachliches Wissen repräsentieren und verarbeiten sollten.

Im Ergebnis richtet sich das gegenwärtige Hauptinteresse in der Computerlinguistik auf <u>unifikationsbasierte</u> <u>Grammatiken</u> und <u>prädikatenlogisch</u> <u>orientierte</u> <u>Semantiken.</u> Als Grundlage dieser Entwicklung kann darüber hinaus eine deutliche <u>Interessenkonvergenz</u> von Theoretischer Linguistik und Computerlinguistik angesehen werden.

Für die akademische Diskussion an Einfluß verloren haben dagegen Ansätze und Techniken, welche vor allem eine hohe <u>Robustheit</u> (Toleranz gegenüber Eingabefehlern und falschen Eingabedaten), <u>Zuverlässigkeit</u> (Wahrscheinlichkeit der Erfüllung der durch die Spezifikation festgelegten Funktion) und gutes <u>Antwortzeitverhalten</u> gewährleisten. Die Gründe hierfür liegen zum einen in der geforderten Generalität natürlichsprachlicher Systeme. Die Beschränkung auf eine <u>sublanguage,</u> wie sie Sagers Ansatz zur Reduzierung syntaktischer und semantischer Komplexität wesentlich zugrunde liegt,[8] steht hierzu ganz offensichtlich im Widerspruch. Zum anderen läßt aber auch die geforderte kognitive Relevanz wenig Raum für syntaktisch-semantische Beschränkungen und die Verwendung einfacherer Verarbeitungstechniken, wie sie allein schon aus Effizienzgründen für kommerziell interessante <u>Sprachprodukte</u> unabdingbar sind.[9]

---

[8]N.Sager, Dungworth und McDonald, English Special Languages, Brandstetter Verlag: Wiesbaden 1980

[9]Eine umfassende Übersicht über die auf dem Markt angebotenen Sprachprodukte gibt T.Johnson, Natural Language Computing: The Commercial Applications, OVUM Ltd.: London 1985, Ergänzung 1987.

In der Summe dieser Faktoren ergibt sich eine Situation, in der der Computer primär als Werkzeug zur Implementierung und Überprüfung linguistischer Theorien (auf der Grundlage kognitionswissenschaftlicher Fragestellungen) zu dienen scheint. Der Einsatz natürlicher Sprache zur Verbesserung der Mensch-Computer-Interaktion und die Entwicklung einer entsprechenden anwndungsorientierten Theorie sind demgegenüber in den Hintergrund getreten.


5.
Die Computerlinguistik steht hier <u>exemplarisch</u> für einen Trend in der KI, welcher mehr an einer theorie-orientierten Weiterentwicklung der Grundlagen des Faches interessiert ist, als an einer ingenieurmäßigen Ausarbeitung bereits gesicherter Forschungsergebnisse für die industrielle Praxis. Im Prinzip scheint mir die KI (und die Computerlinguistik im besonderen) den Nachweis ihrer industriellen Relevanz durchaus erbringen zu können. Aber sie wird darin nicht selten durch ein falsches Verständnis der kognitiven Fragestellung behindert.

Betrachten wir zur Verdeutlichung wieder ein Beispiel aus der Verarbeitung natürlicher Sprache. Die <u>Genauigkeit</u> der syntaktisch-semantischen Verarbeitung, die <u>Abstraktheit</u> der semantischen Repräsentation, die <u>Generalität</u> des Programmsystems, seine <u>kognitive</u> <u>Adäquatheit</u> und seine <u>Übertragbarkeit</u> auf einen anderen Anwendungsbereich stehen in einem engen und systematischen Zusammenhang. Die Notwendigkeit einer abstrakten syntaktisch-semantischen Repräsentation für die Zwecke der Übertragbarkeit eines natürlichsprachlichen Systems von einem Anwendungsbereich auf einen anderen ist unbestritten. Eine abstrakte syntaktisch-semantische Repräsentation erhöht auch die Generalität des Programmsystems in dem Sinne, daß es möglichst viele Fälle tatsächlicher Sprachverwendung abdeckt. Aber eine durch die Abstraktheit der syntaktisch-semantischen Repräsentation erhöhte Generalität bedeutet nicht selbstverständlich auch eine erhöhte kognitive Adäquatheit des Programmsystems. So ist es beispielsweise denkbar, daß unser Verstehen eben <u>nicht</u> <u>monosystemisch</u> aufgebaut ist, sondern aus einer Vielzahl problemangepaßter und spezialisierter Moduln besteht, die miteinander kommunizieren bzw. von einem Metaprozessor aufgerufen werden können. In ähnlicher Weise kann auch die Genauigkeit einer syntaktisch-semantischen Repräsentation unabhängig von der Abstraktheit des Repräsentationsformalismus sein, ohne an kognitiver Adäquatheit zu verlieren.

Grundlage einer Simulation kognitiver Fähigkeiten muß eine exakte Begrifflichkeit sein, mit der wir die <u>Spielarten</u> kognitiver Systeme - und damit die <u>Mehrdimensionalität</u> kognitiver Begriffe - beschreiben können.[10] Nur zu oft wird von einem bestimmten Bild einer kognitiven Architektur ausgegangen, das einem den Blick für Alternativen verstellt. Eine Berücksichtigung realer Anforderungen an KI-Produkte kann jedoch in diesem Sinne mit der kognitiven Orientierung der KI sehr wohl kompatibel sein und im Einzelfall zu einer fruchtbaren Synthese der Interessen führen.

---

[10]Aaron Sloman hat in seinem Aufsatz "What enables a machine to understand?", in: A.Joshi (ed.), Proceedings of IJCAI 1985, Morgan Kaufmann: Los Altos 1985, verschiedene Formen von Verstehen untersucht, und kommt zu dem Ergebnis: "...there is a complex set of prototypical conditions, different subsets of which may be exemplified in different animals or machines, yielding a complex space of possible systems which we are only just beginning to explore". Zu unterstellen, daß der Begriff des Verstehens nur einen klaren Fall, nämlich das menschliche Verstehen, meint, stellt eine grobe Vereinfachung der Sachlage dar. Die Frage nach den Bedingungen von Verstehen stellt sich ja nicht zuletzt deshalb, weil die Anwendungsbedingungen des Verstehensbegriffs aufgrund der Ergebnisse der KI zunehmend unschärfer werden.

# Mit welchen Themen soll sich die KI auseinandersetzen?

Christian Freksa
Technische Universität München

Egbert Lehmann hat mich gebeten, zu der spekulativsten der drei Fragen für diese Podiumsdiskussion Stellung zu beziehen. Um eine Diskussion hierzu in Gang zu bringen, erscheint es mir sinnvoll, zunächst -- ohne Anspruch auf Vollständigkeit -- einige Dimensionen aufzuzeigen, anhand derer sie angegangen werden kann. Das ´soll´ in der Frage spricht im wesentlichen zwei Bereiche an: die Ethik und die Ratio. Nach der Einführung einiger Bewertungsdimensionen in diesen beiden Bereichen werde ich zunächst auf unterschiedliche Forschungsrichtungen in der KI zu sprechen kommen und dann auf Forschungsumgebungen, in denen sie erfolgreich verwirklicht werden könnten. Da ethische Gesichtspunkte zunächst gegenüber rationalen Vorrang haben, möchte ich die ethischen Gesichtspunkte zuerst ansprechen.

## Ethische Aspekte der KI-Forschung

Der Bereich der Ethik läßt sich gliedern in Gesichtspunkte, die das zugrundegelegte Weltbild betreffen und in Gesichtspunkte, die das Menschenbild betreffen. Insoweit, als der KI ein spezifisches Potential zur Herausforderung von Welt- oder Menschenbildern zuerkannt wird, sind die damit verbundenen Aspekte als KI-spezifisch anzusehen.

Das Weltbild spielt insofern eine Rolle, als von ihm abhängen kann, was für ein Erkenntnisgewinn anzustreben ist. Ein theozentrisches Weltbild, zum Beispiel, kann zu der Überzeugung führen, was Gott geschaffen habe sei gut; daher solle man nicht versuchen, es zu entlarven, zu hinterfragen oder gar nachzuahmen. Oder aber werden Wissenschaftler gerade durch das Staunen über Gottes Schöpfung dazu motiviert die Welt zu ergründen. Ein anthropozentrisches Weltbild kann einerseits zu der Überzeugung führen, wir Menschen seien durch exklusive Ausstattung mit Intelligenz prinzipiell die Größten, daher könne es gar keine künstliche Intelligenz geben, die sich mit der natürlichen messen ließe, andererseits zu der Meinung, wir sollten uns keine Konkurrenz schaffen, sofern dies als möglich erachtet werde. Eine bezüglich der Rolle des Menschen neutrale (radikal-) darwinistische Weltanschauung schließlich würde dafür plädieren, daß das leistungsfähigste -- in unserem Fall intelligenteste -- System sich durch Bewährung im Überlebenskampf herausstellen sollte, und zwar ohne Rücksicht auf Verluste. Dabei wird offenbar davon ausgegangen, daß das globale Optimum erreicht wird und daß es keine lokalen Fangzustände gibt.

Das Menschenbild kommt ins Spiel, wenn es darum geht, Erkenntnisgewinn gegen andere menschliche Zielsetzungen abzuwägen. Im Falle der KI sind insbesondere die Dimensionen Neugier, Macht, gesellschaftliche Folgen, Verantwortung und Humanität zu nennen. Die Neugier betrifft sowohl wissenschaftliche Erkenntnis als auch Wissen über Mitmenschen, welches menschlichen Interessen wie Erhaltung der Privatsphäre oder gar Vorstellungen von dem ´Sinn des Menschseins´ zuwiderlaufen kann. Machtinteressen können der Motor für Wissensanreicherung mit menschenfeindlichen Folgen sein nach dem Motto *Wissen ist Macht*. Ähnlich wie in der Physik stellt sich in der modernen Informationstechnologie im allgemeinen und in der KI im speziellen die Frage nach den Folgen der jeweiligen Technologien für die Mit- und Nachmenschen sowie die Frage nach der Reife der betroffenen Menschen bzw. gesellschaftlichen Systeme für den Umgang mit diesen Technologien. Abhängig von dem jeweiligen Menschenbild stellt sich dann die Frage nach der Verantwortung, die ein Individuum bzw. ein gesellschaftliches System auszuüben hat, oder konkreter: mit welchen Themen *darf* sich die KI auseinander-setzen bzw. mit welchen Themen *muß* sich die KI auseinandersetzen.

Nach der Aufzählung einiger Dimensionen, die im wesentlichen einer ethischen Beurteilung unterliegen, möchte ich im folgenden auf Dimensionen zu sprechen kommen, die eher einer rationalen Behandlung zugänglich sind. Die relative Bewertung dieser Dimensionen jedoch unterliegt wiederum ethischen Auffassungen und die Ergebnisse rationaler Überlegungen können die Bildung ethischer Anschauungen beeinflussen. Aus diesem Grunde unterliegt eine Antwort auf die Frage *was soll die KI?* wesentlich unsichereren Einflußgrößen als eine Antwort auf die Fragen *was ist die KI?* bzw. *was kann die KI?*


## Rationale Aspekte der KI-Forschung

Eine Voraussetzung für verantwortungsvolle Entwicklung und Einsetzbarkeit von KI-Technologien ist die Abschätzbarkeit bzw. Eingrenzbarkeit der Folgen ihrer Entwicklung und ihrer Nicht-Entwicklung. In diesem Zusammenhang stellt sich die Frage, ob KI-Forschung zweckorientiert oder freilaufend betrieben werden solle.

Eine Dimension, die rationaler Behandlung besonders zugänglich erscheint, ist die der Ökonomie. Allerdings hat sich schon im Bereich wohleingeführter Wissenschaften wie der Physik gezeigt, daß ökonomische Betrachtungen oft zu wenige betroffene Dimensionen in die Überlegung einbeziehen; dies wurde insbesondere an den Wirtschaftlichkeitsberechnungen von Kernkraftwerken deutlich. Bei den Informationstechnologien war dies ähnlich -- allerdings wurde hier das wirtschaftliche Potential zunächst stark unterschätzt. In beiden Bereichen hing das damit zusammen, daß fast nur primäre Folgen (Verbilligung der Energieproduktion bzw. Rationalisierung im Verwaltungssektor) in Betracht gezogen wurden -- wobei man sich schon bei diesen primären Folgen sehr verschätzt hat.

Sekundäreffekte erhielten jedoch schon nach kurzer Zeit die Oberhand (Sicherheitsmaßnahmen bzw. Entwicklung vielfältiger neuer Branchen).

Interessanter, aber einer schlüssigen rationalen Behandlung vermutlich noch weniger zugänglich, ist die Frage nach den Konsequenzen massiver Wissensanreicherung und somit nach den Folgen eines umfassenderen Verständnisses von Zusammenhängen. Primär ist diese Frage nicht KI-spezifisch, da sich alle Wissenschaften mit der Anreicherung von Wissen befassen. Die KI jedoch mag insofern eine besondere Rolle spielen, als sie sich mit Verfahren zur Darstellung und Anreicherung von Wissen befaßt, was -- im Falle eines Erfolges -- zu einer Potenzierung des verwertbaren Wissens führen könnte. Auf den ersten Blick und mit traditionsgeprägtem Bewußtsein erscheint die Aussicht auf ein umfassendes Weltverständnis faszinierend und anstrebenswert. Stellt man sich jedoch mögliche Konsequenzen einer Erkenntnisexplosion vor, so ist unklar, wie die Menschheit damit fertig werden kann.

Mit der formalen Berücksichtigung entscheidender Dimensionen in direktem Zusammenhang steht auch die in der KI häufiger aufgeworfene Frage nach der Kompetenz von KI-Systemen oder anders ausgedrückt: nach der Sicherheit der dargestellten Expertise. Bei medizinischen Expertensystemen manifestiert sich diese Frage besonders deutlich: Darf ein Arzt sich auf das (rational begründete) Urteil seines Expertensystems verlassen? Oder umgekehrt: Darf ein Arzt heutzutage Entscheidungen treffen, ohne das von Expertensystemen aufgearbeitete Wissen zu berücksichtigen?

Eine weitere Dimension, die ursprünglich vorwiegend mit emotionalen Argumenten angegangen wurde, inzwischen jedoch für die Kognitionsforschung von zunehmendem Interesse ist, ist die Sinnesvielfalt bei Menschen im Zusammenhang mit der Entdinglichung von Computerrepräsentationen: Welche Rolle spielt die Tatsache, daß Menschen sehen, hören, fühlen, schmecken, riechen können, daß sie der Schwerkraft ausgesetzt sind und sich bewegen, daß sie eine Herkunft und Ziele haben und daß sie eingebunden sind in eine Gesellschaft in einer begrenzten Welt; und welche Konsequenzen hat diese Rolle bei KI-Modellen für intelligentes Verhalten? Was für einen Effekt auf das Selbstbildnis der Menschen hat der ständige Umgang mit Computerrepräsentationen der Welt anstatt mit der Welt selbst?

Nachdem ich im ersten Abschnitt vorwiegend Aspekte angesprochen habe, die rational gar nicht behandelt werden können und im zweiten Abschnitt Aspekte, die zwar *im Prinzip* rational angegangen werden können, aber in der Praxis zu keinen verwertbaren Ergebnissen führen, möchte ich im folgenden versuchen, Fragen zu behandeln, die eher den KI-Alltag betreffen. Die Beiträge von Stoyan und Heyer befassen sich mit den aktuellen bzw. den prinzipiellen Möglichkeiten der KI; ich möchte anhand weniger Gesichtspunkte meine Einschätzung darstellen, wo die Schwerpunkte gesetzt werden sollen und weshalb. Hierzu werde ich zunächst meine Präferenzen zu verschiedenen Forschungsrichtungen angeben und dann versuchen, eine Forschungslandschaft zu skizzieren, in der diese Vorstellungen realisiert werden könnten.

## KI als Naturwissenschaft

KI-Forschung wurde und wird von zwei Seiten aus angegangen: erstens von der Nachahmung biologischer Systeme und ihres Verhaltens und zweitens vom Studium formaler Systeme. Beides ist notwendig und der Erfolg der KI kann am größten sein, wenn beide Ansätze zu enger Interaktion führen -- ähnlich wie Entwurfsprozesse mit top-down - bottom-up Interaktion bessere Ergebnisse liefern als ihre puristischen Varianten. Es gibt jedoch Situationen, in denen eine Entscheidung getroffen werden muß entweder zugunsten eines biologischen Vorbildes oder zugunsten eines formalen Darstellungsmittels. Die jeweiligen Vorteile liegen auf der Hand: im einen Fall kann man Vergleiche mit den Vorbildern anstellen, im anderen Fall kann man die Schlüssigkeit innerhalb eines wohlfundierten Formalismus überprüfen. Der Nachteil der biologischen Vorbilder ist, daß die zugrundeliegenden Mechanismen meist nicht im Detail verstanden sind, der Nachteil der formalen Darstellungsmittel hingegen, daß sie nicht automatisch eine adäquate Sprache für die Darstellung der biologisch-kognitiven Phänomene sind.

Aus zwei Gründen plädiere ich in diesen Zweifelsfällen für eine Orientierung nach biologischen Vorbildern, also für einen naturwissenschaftlichen Ansatz. Erstens ist die Intuition für die KI die stärkste Kraft für die Entwicklung von Modellen; diese wird vermutlich noch für geraume Zeit stärker aus der Vielfalt funktionierender kognitiver Systeme gespeist werden als aus formalen Systemen. Zweitens -- und dieser Aspekt ist mir noch wichtiger -- sollten wir bei der Entwicklung kognitiver Systeme, mit denen wir dann umgehen werden, primär darauf achten, daß sie unseren menschlichen Bedürfnissen gerecht werden und sollten nicht unsere Anpassungsfähigkeit dazu verwenden, den Anforderungen der bisher nicht besonders adaptiven Computersysteme entgegenzukommen.

## Grundlagenbasierte oder anwendungsbasierte Forschung?

Die KI hat ihren Aufschwung in den 80er Jahren weniger durch grundsätzliche Erkenntnisse als durch hohe Erwartungen in KI-Anwendungen erlangt. Diese oft sehr weitgehenden Erwartungen können bei dem gegenwärtigen Forschungs- und Ausbildungsstand in der KI nicht erfüllt werden. Im Rahmen einer soliden KI-Ausbildung sehe ich das größte Potential für Fortschritte bei anwendungsnaher aber grundlagenorientierter anstatt bei anwendungsorientierter Forschung. Der Unterschied besteht darin, daß man die zu bearbeitenden Grundprobleme nach intellektuellen Anforderungen auswählt und an einem dafür geeigneten Sachgebiet erprobt und demonstriert, anstatt von vorneherein ohne einen gesicherten Bestand von Techniken reale Probleme in voller Komplexität zu behandeln, worunter die Rigorosität der Grundlagenerkenntnisse leidet. (Mc Carthy 1978: *applications are easier to work on but thinking is much more efficient*).


## Allgemeine oder spezielle Forschungsprobleme?

Anfängliche Hoffnungen, eine einheitliche Theorie für intelligente kognitive Prozesse formulieren zu können, sind ebenso aufgegeben worden wie die Suche nach der ´Weltformel´ in der Physik. Die Entwicklung sehr spezifischer Anwendungssysteme geht aber im gegenwärtigen Stadium der KI zu weit in die andere Richtung. Der Eindruck, Intelligenz sei eine Kombination spezieller, verallgemeinerbarer Fähigkeiten anstatt eine allgemeine Begabung setzt sich immer stärker durch. Den größten verwertbaren Erkenntnisgewinn verspreche ich mir bei dem gegenwärtigen Stand der KI von Projekten *exemplarischen* Charakters, d.h. mit konkreter Ausrichtung aber mit Erweiterbarkeit in verschiedene Richtungen. Die konkrete Ausrichtung ist nützlich zur Förderung der Intuitionen, zum Test der Leistung und zur Demonstration des Geleisteten, die Erweiterbarkeit soll die gefundenen Erkenntnisse für breitere Bereiche verwertbar machen.


## Die Rolle einer KI-Ausbildung

Die anwendungsorientierten KI-Entwicklungsprojekte dienen vielfach der mehr oder weniger unsystematischen Ausbildung von Projektmitarbeitern in der Industrie und an den Hochschulen. Der größte Engpaß liegt nach wie vor im Mangel einer *strukturierten* KI-Ausbildung, welche eine effiziente Bearbeitung von Forschungs- und Entwicklungsprojekten ermöglichen würde. Man stelle sich beispielsweise vor, was für Ausgangsbedingungen wir für Esprit II haben könnten, wenn Esprit I seine pre-kompetitive Forschung nicht im Rahmen der Entwicklung von Anwendungssystemen sondern im Rahmen strukturierter internationaler Ausbildungsprogramme vorgenommen hätte: Ein Teil der Ausgebildeten stünden jetzt für die Ausbildung wissenschaftlichen Nachwuchses zur Verfügung, der Großteil jedoch für konzentrierte Anwendung des Gelernten im Rahmen von Esprit II. Wir hätten jetzt eine Infrastruktur für die KI-Ausbildung; die internationalen Kontakte, an denen der EG besonders gelegen ist, wären eher intensiver geworden, als sie jetzt sind, etc.

Dabei hätten wir nicht auf die verwertbaren Produkte von Esprit I verzichten müssen; denn im Kontext einer Graduiertenausbildung kann hervorragende Grundlagenforschung betrieben werden, wie wir am Beispiel amerikanischer Universitäten sehen. Die Ergebnisse sind dabei nicht selten so konkret, daß kommerzielle Produkte direkt daraus entwickelt werden können. Ich denke dabei an Entwicklungen wie das Unix-Betriebssystem, das Ingres-Datenbanksystem, die LISP-Maschine, die SUN-Workstation, die Connection-Machine; all diese Produkte sind in Forschungsprojekten im Rahmen von Ausbildungsprogrammen an Universitäten entstanden. Die Durchführung solcher Projekte erfordert eine hohe Kompetenz des Ausbildungspersonals sowie eine Entschlossenheit der Universitäten, ihre Studenten bis zu einem Niveau zu bringen, auf dem reale Probleme von den Absolventen kompetent angegangen werden können. Von beiden Voraussetzungen kann nicht immer ausgegangen werden.


**Die Auswahl geeigneter Sachgebiete**

Unter der Voraussetzung, daß KI in Europa nicht ´mit dem Rücken zur Wand´ betrieben wird indem wir unsere Forschungs- und Entwicklungsleistungen an den KI-Produkten aus anderen Ländern orientieren, sondern uns entsprechend unserer eigenen Bedürfnissen und Möglichkeiten ein eigenes Forschungspotential aufbauen, stellt sich die Frage, in welchen Bereichen wir Europäer am wirkungsvollsten KI-Forschung betreiben können.

Im Rahmen eines universitären Forschungsszenarios, wie ich sie in den letzten Abschnitten skizziert habe, bietet sich an, Sachgebiete aus der universitären Minigesellschaft zu behandeln, die als exemplarisch für Probleme von allgemeinerem Interesse angesehen werden können. Die Vorteile liegen auf der Hand: erstens sind die zu behandelnden Sub-Probleme in der eigenen Umgebung leichter übersehbar und beeinflußbar, da die jeweiligen Experten verfügbar sind und die Anforderungen intern definiert werden können; zweitens hat man gute Testmöglichkeiten; drittens sind Problemlösungsansätze, die man im eigenen Bereich erfolgreich einsetzt, für externe Interessenten glaubwürdiger als Lösungen zu Problemen, die man selbst gar nicht hat; viertens ist fast jedes reale Problem exemplarisch an einer Universität wiederzufinden und die Themen bleiben für Langzeitprojekte verfügbar. Einige Bereiche, die sich unmittelbar für KI-Projekte anbieten würden, seien exemplarisch genannt: Wissensaufbereitung und -verfügbarmachung für Lehre und Forschung, Kommunikationssysteme, Verwaltung u.v.a.m. Zu den oben genannten Gründen kommt hinzu, daß Studenten (und andere Menschen) erfahrungsgemäß hochmotiviert sind, wenn sie in ihrem eigenen Wirkungsbereich kreativ werden können.

Im Rahmen von Forschungs- und Entwicklungsprojekten in der realen Welt plädiere ich dafür, zunächst Nischen für Sachgebiete zu suchen, bei denen man nicht von vorneherein im Wettbewerb mit fortgeschrittenen Gruppen steht oder bei denen die zu entwickelnden Systeme in Wettbewerb mit Menschen treten. Vielmehr sollte man Bereiche wählen, bei denen die spezifische Konstellation einen gewissen Vorsprung erwarten läßt und bei denen damit zu rechnen ist, daß sie mittelfristig globale Bedeutung erlangen werden. In Deutschland bietet sich hierfür zum Beispiel die wissensbasierte Bearbeitung von Themen im Bereich der Ökologie an, weil wir von manchen ökologischen Problemen stärker betroffen sind als andere Länder, weil sich bei uns ein stärkeres ökologisches Bewußtsein entwickelt hat als in anderen Ländern und weil wir wissen, daß dies über kurz oder lang weltweit ein Bereich sein wird, von dessen Bewältigung das Überleben vieler Arten abhängen wird.


## KI - eine Disziplin wie jede andere?

Zum Abschluß möchte ich auf eine Chance der KI hinweisen, die wir nicht verspielen sollten. Die KI ist bisher kein wohldefiniertes Sachgebiet; sie ist ein Forschungsbereich, der Verbindungen zu sehr unterschiedlichen Disziplinen etabliert hat und versucht hat, Wissen, das durch diese Verbindungen greifbar wurde, mit neuen Methoden zu Formalisieren und in größerem Zusammenhang verwertbar zu machen. Die Chance der KI sehe ich darin, daß sie noch für einige Zeit die Rolle einer ´offenen Wissenschaft´ gegenüber den etablierten Disziplinen spielen kann -- ähnlich wie dies die Philosophie lange Zeit gegenüber den Naturwissenschaften getan hat.

In der KI bemühen wir uns zur Zeit, ein Curriculum zu entwickeln, um das Fach überhaupt mit einer gewissen Systematik unterrichten zu können. Wir sollten dabei darauf achten daß wir nicht den augenblicklichen Entwicklungsstand der KI für lange Zeit festschreiben sondern daß das Gebiet noch einige Zeit jung bleiben kann. Dies kann man zum Teil dadurch erreichen, daß man das Gebiet durch eine Ansammlung von Merkmalen charakterisiert, anstatt dadurch, daß man Teilbereiche durch Abgrenzung zu anderen Bereichen festschreibt, wodurch häufig unerwünschte Barrieren geschaffen werden.

Für einen KI-Ausbildungsgang bedeutet dies insbesondere, daß die Möglichkeit zu einer unkonventionellen interdisziplinären Zusammensetzung der Studienfächer ermöglicht oder gar ermutigt werden sollte, ähnlich wie dies an berühmten amerikanischen Universitäten sogar für etabliertere Gebiete wie Informatik oder Elektrotechnik der Fall ist. In unserem streng disziplinierten Hochschulsystem dürfte die Einrichtung solch eines offenen Faches allerdings gewisse Schwierigkeiten bereiten.